注册安全工程师职业资格考试配套题库

# 安全生产法律法规
# 仿真训练与真题详解
# （2021 新版）

主　编：王起全

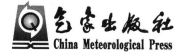

气象出版社

**China Meteorological Press**

## 内容简介

本书作为《注册安全工程师职业资格考试配套题库》丛书的一个分册,紧扣应急管理部发布的《中级注册安全工程师职业资格考试大纲》,直击历年考点、预测当年重点,在对 2004—2020 年考试真题进行系统梳理的基础上,根据最新考试大纲及辅导教材各章节内容,针对"安全生产法律法规"考试科目编排试题及答案,并补充、修改、完善了 2019 年、2020 年全套考试真题及答案与解析。力求为读者提供大量典型的注册安全工程师考试辅导练习题,帮助考生在最短的时间内高效备考、顺利通过考试。

**图书在版编目(CIP)数据**

安全生产法律法规仿真训练与真题详解/王起全主编. —北京:气象出版社,2021.4
注册安全工程师职业资格考试配套题库
ISBN 978-7-5029-7409-1

Ⅰ. ①安… Ⅱ. ①王… Ⅲ. ①安全生产－安全法规－中国－资格考试－习题集 Ⅳ. ①D922.54-44

中国版本图书馆 CIP 数据核字(2021)第 063081 号

Anquan Shengchan Falü Fagui　Fangzhen Xunlian yu Zhenti Xiangjie
**安全生产法律法规　仿真训练与真题详解**
主　编:王起全

出版发行:气象出版社
地　　址:北京市海淀区中关村南大街 46 号　　　　邮政编码:100081
电　　话:010-68407112(总编室)　010-68408042(发行部)
网　　址:http:www.qxcbs.com　　　　E-mail:qxcbs@cma.gov.cn
责任编辑:彭淑凡　　　　　　　　　　　　终　审:吴晓鹏
责任校对:张硕杰　　　　　　　　　　　　责任技编:赵相宁
封面设计:艺点设计
印　　刷:三河市百盛印装有限公司
开　　本:787mm×1092mm　1/16　　　　印　张:17.25
字　　数:464 千字
版　　次:2021 年 4 月第 1 版　　　　　　印　次:2021 年 4 月第 1 次印刷
定　　价:68.00 元

# 前　　言

　　自 2002 年注册安全工程师制度实施以来,安全生产形势发生了深刻变化,国家对注册安全工程师制度建设提出了新要求。2007 年 3 月颁布的《注册安全工程师管理规定》(国家安全生产监督管理总局令第 11 号),以及 2007 年 9 月颁布的《关于实施〈注册安全工程师执业资格制度暂行规定〉补充规定的通知》,不仅进一步规范注册安全工程师的管理,而且推动注册安全工程师队伍不断发展壮大。2014 年新修订的《安全生产法》确立了注册安全工程师的法律地位。2016 年 12 月印发的《中共中央 国务院关于推进安全生产领域改革发展的意见》明确要求完善注册安全工程师制度。2017 年 11 月国家安全生产监督管理总局联合人力资源社会保障部印发了《注册安全工程师分类管理办法》,对注册安全工程师的分级分类、考试、注册、配备使用、职称对接、职责分工等作出了新规定。2019 年 1 月,应急管理部、人力资源社会保障部联合发布了《注册安全工程师职业资格制度规定》和《注册安全工程师职业资格考试实施办法》(以下分别简称《制度规定》和《考试实施办法》)。

　　《制度规定》和《考试实施办法》修订工作主要是在总结实践经验基础上,按照新的法规制度要求进行的,有利于加强安全生产领域专业化队伍建设,有利于防范遏制重特大生产安全事故发生,推动安全生产形势持续稳定好转。主要包括如下变化:一是将注册安全工程师设置为高级、中级、初级三个级别,划分为煤矿安全等 7 个专业类别。二是按照统分结合的管理方式,明确了有关部门职责。应急管理部、人力资源社会保障部共同制定注册安全工程师职业资格制度,按照职责分工负责注册安全工程师职业资格制度的实施与监管,同时增加了住房城乡建设部、交通运输部编制相应类别考试大纲、负责相应类别注册初审等职责。三是调整了中级注册安全工程师职业资格考试报名条件、考试科目和考试成绩滚动周期(由 2 年调整为 4 年),扩大了中级注册安全工程师职业资格考试部分科目免试人员范围。四是明确了申请注册的人员年龄限制,延长了中级注册安全工程师的注册有效期,增加了注册信息公开共享、使用电子注册证书等条款。五是按照专业类别制定了执业行业界定表,细化了注册安全工程师执业行业范围。六是增加了推进注册安全工程师职业资格国际化的要求。

　　注册安全工程师资格考试自 2004 年首次开展,至今已举办了 16 年(2016 年停考)。考试大纲先后于 2005 年、2006 年、2008 年、2011 年、2017 年和 2019 年修订,2019 年考试由"执业资格考试"改为"职业资格考试"。2011 年至 2018 年考试沿用的都是 2011 版(2017 年修订)的考试大纲和辅导教材,2019 年考试相关制度调整后,启用新的考试大纲和辅导教材。

　　2019 年起,中级注册安全工程师考试仍为 4 个考试科目,调整了科目名称,将原"安全生产法及相关法律知识""安全生产管理知识""安全生产技术""安全生产事故案例分析"分别调整为"安全生产法律法规""安全生产管理""安全生产技术基础""安全生产专业实务"。其中,"安全生产法律法规""安全生产管理""安全生产技术基础"为公共科目,"安全生产专业实务"为专业科目。专业科目分为煤矿安全、金属非金属矿山安全、化工安全、金属冶炼安全、建筑施工安全、道路运输安全、其他安全(不包括消防安全)7 个专业类别。考生在报名时可根据实际工作需要选择其一。

为帮助考生顺利通过考试,编者在总结分析历年考试真题的基础上,结合注册安全工程师考试大纲和考试辅导教材的变动、更新内容,策划编写了《注册安全工程师职业资格考试配套题库》丛书,针对四个考试科目分为《安全生产法律法规 仿真训练与真题详解》《安全生产管理 仿真训练与真题详解》《安全生产技术基础 仿真训练与真题详解》《安全生产专业实务 仿真训练与真题详解》四个分册。每个分册对 2004—2020 年真题进行分类汇编,分为仿真训练部分和真题部分,其中仿真训练包含"基础训练""能力提升"两类练习题,真题部分包含 2019 年真题和 2020 年真题,并给出参考答案与详细解析。

《安全生产法律法规 仿真训练与真题详解》作为《注册安全工程师职业资格考试配套题库》丛书的一个分册,紧扣应急管理部发布的《中级注册安全工程师职业资格考试大纲》,直击历年考点、预测当年重点,在对 2004—2020 年考试真题进行系统梳理的基础上,根据最新考试大纲及辅导教材各章节内容,针对"安全生产法律法规"考试科目编排试题及答案,并补充、修改、完善了 2019 年、2020 年全套考试真题及答案与解析。力求为读者提供大量典型的注册安全工程师考试辅导练习题,帮助考生在最短的时间内高效备考、顺利通过考试。

本书由王起全担任主编,李王杰、宋磊担任副主编,还有以下人员参与编写:于作蛟、吴昊、文陈、余红文、李静、鲍子淇、崔雨泽、王坤、徐进、谢洪庚、徐丹、郭锐江、杨松柳、杨亚男、叶周景、程颖、王戈、史晓慧、陈敬、李兵、李伟、纪新元、赵丽、朱瑞典、钱洪美、杨松立、张人夫、张超、李铁、陈嘉祥、池森蓬、李运航、王明明等,对各位参编者的辛勤劳作表示感谢。

本书在编写和推广的过程中,得到以下培训机构的大力支持:瑞安国培培训中心、环球培训中心、中哲培训中心、航天三院培训中心、南京金陵交运职业技术学校、宜兴天安咨询有限公司等,在此致以诚挚的谢意!

考生如需体验免费试听课,请联系气象出版社责任编辑彭淑凡(电话:010-68408040,电子邮箱:psfkitty@163.com)。

由于编者水平有限,书中难免出现疏漏,衷心期望读者给予批评指正。

王起全

2021 年 3 月

# 目　　录

# 考试大纲

一、考试目的

考查专业技术人员掌握和运用现行安全生产法律、法规、规章的有关规定和要求,分析、判断和解决安全生产实际问题的能力。

二、考试内容及要求

**(一)习近平新时代中国特色社会主义思想有关内容**

深刻理解习近平新时代中国特色社会主义思想和党的十九大精神,掌握习近平总书记关于依法治国、安全生产的重要论述精神以及中共中央国务院印发的有关安全生产重要文件。

**(二)安全生产法律体系**

依照我国安全生产法律体系的框架和内容,判断安全生产相关法律、行政法规、规章和标准的地位和效力。了解安全生产依法行政与法治政府等内容。

**(三)中华人民共和国安全生产法**

依照本法分析、解决生产经营单位的安全生产保障、安全管理机构与人员的职责、从业人员的安全生产权利义务和安全生产的监督管理、生产安全事故的应急救援与调查处理以及安全生产标准化等方面的有关法律问题,判断违法行为及应负的法律责任。

**(四)安全生产单行法律**

**1.《中华人民共和国矿山安全法》。**依照本法分析、解决矿山建设、开采的安全保障和矿山企业安全管理等方面的有关法律问题,判断违法行为及应负的法律责任。

**2.《中华人民共和国消防法》。**依照本法分析、解决火灾预防、消防组织建设和灭火救援等方面的有关法律问题,判断违法行为及应负的法律责任。

**3.《中华人民共和国道路交通安全法》。**依照本法分析、解决车辆和驾驶人、道路通行条件、道路通行规定和道路交通事故处理等方面的有关法律问题,判断违法行为及应负的法律责任。

**4.《中华人民共和国特种设备安全法》。**依照本法分析、解决特种设备生产、经营、使用,检验、检测,监督管理,事故应急救援与调查处理等方面的有关法律问题,判断违法行为及应负的法律责任。

**5.《中华人民共和国建筑法》。**依照本法分析、解决建筑工程设计、建筑施工等安全生产及监督管理方面的有关法律问题,判断违法行为及应负的法律责任。

**(五)安全生产相关法律**

**1.《中华人民共和国刑法》**中与安全生产有关内容和**《最高人民法院、最高人民检察院关于办理危害生产安全刑事案件适用法律若干问题的解释》。**依照生产安全刑事犯罪和处罚的基本规定,分析生产安全犯罪应承担的刑事责任,判断生产安全犯罪的主体、定罪标准及相关疑难问题的法律适用。

**2.** 《中华人民共和国行政处罚法》。依照本法分析、解决涉及安全生产的行政处罚的种类和设定,行政处罚的实施机关,行政处罚的管辖和适用,行政处罚的决定,行政处罚的执行以及行政管理相对人的合法权益保护等方面的有关法律问题,判断违法行为及应负的法律责任。

**3.** 《中华人民共和国劳动法》。依照本法分析劳动安全卫生、女职工和未成年工特殊保护、社会保险和福利、劳动安全卫生监督检查等方面的有关法律问题,判断违法行为及应负的法律责任。

**4.** 《中华人民共和国劳动合同法》。依照本法分析劳动合同制度中关于安全生产的有关法律问题,判断违法行为及应负的法律责任。

**5.** 《中华人民共和国突发事件应对法》。依照本法分析突发事件的预防与应急准备、监测与预警、应急处置与救援等方面的有关法律问题,判断违法行为及应负的法律责任。

**6.** 《中华人民共和国职业病防治法》。依照本法分析职业病危害预防、劳动过程中的防护与管理等方面的有关法律问题,判断违法行为及应负的法律责任。

（六）安全生产行政法规

**1.** 《安全生产许可证条例》。依照本条例分析企业取得安全生产许可证应具备的条件、应遵守的程序和安全生产许可监督管理等方面的有关法律问题,判断违法行为及应负的法律责任。

**2.** 《煤矿安全监察条例》。依照本条例分析煤矿安全监察和煤矿事故调查处理方面的有关法律问题,判断违法行为及应负的法律责任。

**3.** 《国务院关于预防煤矿生产安全事故的特别规定》。依照本规定判断煤矿的重大安全生产隐患和行为,分析煤矿停产整顿、关闭的有关法律问题,判断违法行为及应负的法律责任。

**4.** 《建设工程安全生产管理条例》。依照本条例分析建设工程建设、勘察、设计、施工及工程监理等方面的有关法律问题,判断违法行为及应负的法律责任。

**5.** 《危险化学品安全管理条例》。依照本条例分析危险化学品生产、储存、使用、经营、运输以及事故应急救援等方面的有关法律问题,判断违法行为及应负的法律责任。

**6.** 《烟花爆竹安全管理条例》。依照本条例分析烟花爆竹生产、经营、运输和烟花爆竹燃放等方面的有关法律问题,判断违法行为及应负的法律责任。

**7.** 《民用爆炸物品安全管理条例》。依照本条例分析民用爆炸物品生产、销售、购买、运输、储存以及爆破作业等方面的有关法律问题,判断违法行为及应负的法律责任。

**8.** 《特种设备安全监察条例》。依照本条例分析特种设备生产、使用、检验检测、监督检查以及事故预防和调查处理等方面的有关法律问题,判断违法行为及应负的法律责任。

**9.** 《生产安全事故应急条例》。依照本条例分析生产安全事故应急工作体制、应急准备和应急救援等方面的有关法律问题,判断违法行为及应负的法律责任。

**10.** 《生产安全事故报告和调查处理条例》。依照本条例分析生产安全事故报告、调查和处理等方面的有关法律问题,判断违法行为及应负的法律责任。

**11.** 《工伤保险条例》。依照本条例分析工伤保险费缴纳、工伤认定、劳动能力鉴定和给予工伤人员工伤保险待遇等方面的有关法律问题,判断违法行为及应负的法律责任。

**12.** 《大型群众性活动安全管理条例》。依照本条例分析大型群众性活动安全责任、安全管理等方面的有关法律问题,判断违法行为及应负的法律责任。

**13.** 《女职工劳动保护特别规定》。依照本规定分析女职工禁忌从事的劳动范围、孕产期从业等方面的有关法律问题,判断违法行为及应负的法律责任。

（七）安全生产部门规章及重要文件

**1.** 《注册安全工程师分类管理办法》及相关制度文件。依照本办法及相关制度文件,分析注册安全工程师分类管理和注册安全工程师应负职责等方面的有关法律问题,判断违反本办法和相关制度文件的行为及应负的法律责任。

**2.** 《注册安全工程师管理规定》。依照本规定分析生产经营单位和安全生产专业服务机构配备注册安全工程师的要求,注册安全工程师注册、执业、权利和义务、继续教育的要求,判断违反本规定的行为及应负的法律责任。

**3.** 《生产经营单位安全培训规定》。依照本规定分析生产经营单位主要负责人、安全生产管理人员、特种作业人员和其他从业人员安全培训等方面的有关法律问题,判断违反本规定的行为及应负的法律责任。

**4.** 《特种作业人员安全技术培训考核管理规定》。依照本规定分析特种作业人员安全技术培训、考核、发证和复审等方面的有关法律问题,判断违反本规定的行为及应负的法律责任。

**5.** 《安全生产培训管理办法》。依照本办法分析安全培训机构、安全培训、考核、发证、监督管理等方面的有关法律问题,判断违反本办法的行为及应负的法律责任。

**6.** 《安全生产事故隐患排查治理暂行规定》。依照本规定分析安全生产事故隐患排查和治理方面的有关法律问题,判断违反本规定的行为及应负的法律责任。

**7.** 《生产安全事故应急预案管理办法》。依照本办法分析生产安全事故应急预案编制、评审、发布、备案、培训、演练方面的有关法律问题,判断违反本办法的行为及应负的法律责任。

**8.** 《生产安全事故信息报告和处置办法》。依照本办法分析生产安全事故信息报告、处置方面的有关法律问题,判断违反本办法的行为及应负的法律责任。

**9.** 《建设工程消防监督管理规定》。依照本规定分析建设工程消防设计审核、消防验收以及备案审查方面的有关法律问题,判断违反本规定的行为及应负的法律责任。

**10.** 《建设项目安全设施"三同时"监督管理办法》。依照本办法分析建设项目安全条件论证、安全预评价、安全设施设计审查、施工和竣工验收等方面的有关法律问题,判断违反本办法的行为及应负的法律责任。

**11.** 《煤矿企业安全生产许可证实施办法》。依照本办法分析煤矿企业安全生产条件、安全生产许可证的申请和颁发、安全生产许可证的监督管理等方面的有关法律问题,判断违反本办法的行为及应负的法律责任。

**12.** 《煤矿建设项目安全设施监察规定》。依照本规定分析煤矿建设项目的安全评价、设计审查、施工和联合试运转、竣工验收等方面的有关法律问题,判断违反本规定的行为及应负的法律责任。

**13.** 《煤矿安全规程》。依照本规程分析煤矿企业安全生产、应急救援等方面的要求,判断违反本规程的行为。

**14.** 《煤矿安全培训规定》。依照本规定分析煤矿企业从业人员安全培训、考核、发证及监督管理等方面的有关法律问题,判断违反本规定的行为及应负的法律责任。

**15.** 《非煤矿矿山企业安全生产许可证实施办法》。依照本办法分析非煤矿矿山企业应具备的安全生产条件和安全生产许可证的申请、受理、审核和颁发、延期和变更、监督管理等方面的有关法律问题,判断违反本办法的行为及应负的法律责任。

**16.** 《非煤矿山外包工程安全管理暂行办法》。依照本办法分析非煤矿山外包工程发包单位的安全生产职责、承包单位的安全生产职责、监督管理等方面的有关法律问题,判断违反本办法的行为及应负的法律责任。

**17.** 《尾矿库安全监督管理规定》。依照本规定分析尾矿库建设、运行、回采和闭库、监督管理等方面的有关法律问题,判断违反本规定的行为及应负的法律责任。

**18.** 《冶金企业和有色金属企业安全生产规定》。依照本规定分析冶金企业和有色金属企业的安全生产保障、监督管理等方面的有关法律问题,判断违反本规定的行为及应负的法律责任。

**19.** 《烟花爆竹生产企业安全生产许可证实施办法》。依照本办法分析烟花爆竹生产企业申请安全生产许可证的条件和安全生产许可证的申请、颁发、变更、延期、监督管理等方面的有关法律问题,判断违反本办法的行为及应负的法律责任。

**20.** 《烟花爆竹经营许可实施办法》。依照本办法分析烟花爆竹经营许可证的申请、审查、颁发、监督管理等方面的有关法律问题,判断违反本办法的行为及应负的法律责任。

**21.** 《烟花爆竹生产经营安全规定》。依照本规定分析烟花爆竹生产经营单位的安全生产保障、监督管理等方面的有关法律问题,判断违反本规定的行为及应负的法律责任。

**22.** 《危险化学品生产企业安全生产许可证实施办法》。依照本办法分析危险化学品生产企业申请安全生产许可证的条件和安全生产许可证的申请、颁发、监督管理等方面的有关法律问题,判断违反本办法的行为及应负的法律责任。

**23.** 《危险化学品经营许可证管理办法》。依照本办法分析经营危险化学品的企业申请经营许可证的条件、经营许可证的申请与颁发、经营许可证的变更和延期、监督管理等方面的有关法律问题,判断违反本办法的行为及应负的法律责任。

**24.** 《危险化学品安全使用许可证实施办法》。依照本办法分析使用危险化学品从事生产的化工企业申请安全使用许可证的条件和安全使用许可证的申请、颁发、监督管理等方面的有关法律问题,判断违反本办法的行为及应负的法律责任。

**25.** 《危险化学品输送管道安全管理规定》。依照本规定分析危险化学品输送管道的规划、建设、运行和监督管理方面的有关法律问题,判断违反本规定的行为及应负的法律责任。

**26.** 《危险化学品建设项目安全监督管理办法》。依照本办法分析危险化学品建设项目安全条件审查、建设项目安全设施设计审查、建设项目试生产(使用)、建设项目安全设施竣工验收、监督管理等方面的有关法律问题,判断违反本办法的行为及应负的法律责任。

**27.** 《危险化学品重大危险源监督管理暂行规定》。依照本规定分析危险化学品重大危险源辨识与评估、安全管理、监督检查等方面的有关法律问题,判断违反本规定的行为及应负的法律责任。

**28.** 《工贸企业有限空间作业安全管理与监督暂行规定》。依照本规定分析工贸企业有限空间作业的安全保障、监督管理等方面的有关法律问题,判断违反本规定的行为及应负的法律责任。

**29.** 《食品生产企业安全生产监督管理暂行规定》。依照本规定分析食品生产企业安全生产的基本要求、作业过程的安全管理以及监督管理等方面的有关法律问题,判断违反本规定的行为及应负的法律责任。

**30.** 《建筑施工企业安全生产许可证管理规定》。依照本规定分析建筑施工企业安全生产条件、安全生产许可证申请与颁发以及监督管理方面的有关法律问题,判断违反本规定的行为及应负的法律责任。

**31.** 《建筑起重机械安全监督管理规定》。依照本规定分析建筑起重机械的租赁、安装、拆卸、使用以及监督管理方面的有关法律问题,判断违反本规定的行为及应负的法律责任。

**32.** 《建筑施工企业主要负责人、项目负责人和专职安全生产管理人员安全生产管理规定》。依照本规定分析建筑施工企业安全生产管理人员考核、安全责任以及监督管理方面的有关法律问题,判断违反本规定的行为及应负的法律责任。

**33.** **《危险性较大的分部分项工程安全管理规定》。** 依照本规定分析危险性较大的分部分项工程在前期保障、专项施工方案和现场安全管理等方面的有关法律问题,判断违反本规定的行为及应负的法律责任。

**34.** **《海洋石油安全生产规定》。** 依照本规定分析海洋石油开采企业和向作业者提供服务的企业或者实体的安全生产保障、监督管理、应急预案与事故处理等方面的有关法律问题,判断违反本规定的行为及应负的法律责任。

**35.** **《海洋石油安全管理细则》。** 依照本细则分析海洋石油生产设施的备案管理、生产作业的安全管理、安全培训、应急管理、事故报告和调查处理、监督管理等方面的有关法律问题,判断违反本细则的行为及应负的法律责任。

**36.** **有关行业重大生产安全事故隐患判定标准。** 依据《煤矿重大生产安全事故隐患判定标准》《金属非金属矿山重大生产安全事故隐患判定标准(试行)》《化工和危险化学品生产经营单位重大生产安全事故隐患判定标准(试行)》《烟花爆竹生产经营单位重大生产安全事故隐患判定标准(试行)》《工贸行业重大生产安全事故隐患判定标准》判定相应行业生产经营单位重大生产安全事故隐患。

**37.** **《淘汰落后安全技术工艺、设备目录》。** 依据该目录分析判定煤矿安全、危险化学品、工贸企业、职业健康等方面应淘汰的落后安全技术工艺、设备。

**(八)其他安全生产法律、法规和规章**

考生应掌握的新发布、新修订的安全生产法律、法规和规章。

# 第一章　习近平新时代中国特色社会主义思想有关内容

大纲要求：

深刻理解习近平新时代中国特色社会主义思想和党的十九大精神,掌握习近平总书记关于依法治国、安全生产的重要论述精神以及中共中央国务院印发的有关安全生产重要文件。

**一、单项选择题**

1. 习近平总书记在党的十九大报告中强调:坚持总体国家安全观,统筹发展和安全,增强忧患意识,做到居安思危,是我们党治国理政的一个重大原则。安全,关乎人民的最基本利益,(　　)是国家的最基本职责。

A. 维护国家利益、保障人民安居　　　　B. 维护人民利益、保障人民安全

C. 维护国际环境、保障国家安全　　　　D. 维护国家安全、保障人民利益

2. 针对全国多个地区接连发生多起重特大安全生产事故,习近平总书记作出重要指示:(　　)。

A. 人命关天,发展决不能以牺牲人的生命为代价,这必须作为一条不可逾越的红线

B. 管生产必须管安全、谁主管谁负责

C. 安全生产工作必须坚持党政同责、一岗双责、齐抓共管

D. 要把安全责任落实到岗位,落实到人头,失职追责

3. 习近平总书记视察北京城市副中心建设情况时强调:安全生产必须落实到工程建设各环节、各方面,防止各种安全隐患,确保(　　),做到安全第一。

A. 工程进度　　　B. 工程质量　　　C. 文明施工　　　D. 安全施工

4. 针对安全生产工作,习近平总书记强调:所有企业都必须认真履行安全生产主体责任,做到安全责任到位、(　　)、基础管理到位、应急救援到位,确保安全生产。

A. 安全生产责任到位、安全教育到位　　　B. 安全生产资金到位、安全管理体系到位

C. 安全投入到位、安全培训到位　　　　D. 安全隐患排查到位、安全责任落实到位

5. 习近平总书记主持召开中央政治局常委会专题研究安全生产工作时强调:安全生产工作必须坚持(　　)、一岗双责、齐抓共管。

A. 党政同责　　　　　　　　　　B. 安全责任落实到岗位

C. 谁主管谁负责　　　　　　　　D. 失职追责

6. 针对青岛"11·22"管道爆炸事故,习近平总书记强调:要把安全责任落实到岗位、落实到人头,(　　)。

A. 一岗双责、齐抓共管

B. 坚持管行业必须管安全、管业务必须管安全

C. 谁主管谁负责

D. 管生产必须管安全,谁主管谁负责

7. 党的十九大,习近平代表第十八届中央委员会向大会作报告指出:树立安全发展理念,弘扬生命至上、安全第一的思想,健全公共安全体系、完善安全生产责任制,坚决遏制重特大安全事

故,( )能力。

A. 提升应急管理　　　　　　　　　B. 保障安全发展的

C. 保障人民群众生命安全的　　　　D. 提升防灾减灾救灾

8. 《中共中央关于全面深化改革若干重大问题的决定》针对公共安全体系提到:深化安全生产管理体制改革,建立隐患排查治理体系和安全预防控制体系,遏制重特大安全事故,健全( )体制。

A. 安全发展　　　B. 应急救援　　　C. 防灾减灾救灾　　　D. 改善民生

9. 习近平总书记对全国安全生产工作作出重要指示。他指出:安全生产事关人民福祉,事关( )大局。

A. 经济社会发展　　B. 安全发展　　C. 民心所向　　D. 社会安全

10. 依据《生产安全事故报告和调查处理条例》,事故调查组成员应具有以下要求( )。

A. 具有事故调查专业经验

B. 与事故现场无关人员

C. 具有事故现场管理特长,与所调查的事故没有利益关系

D. 具有事故调查所需要的知识和专长,与所调查的事故没有直接利害关系

11. 依据《生产安全事故报告和调查处理条例》的有关规定,一般事故设区市级人民政府向省、自治区、直辖市人民政府上报的时间应在( )小时内。

A. 1　　　　　　B. 2　　　　　　C. 3　　　　　　D. 4

12. 依据《生产安全事故报告和调查处理条例》的有关规定,事故调查组由有关( )派人组成,并应当邀请人民检察院派人参加。

①有关人民政府

②安全生产监督管理部门

③负有安全生产监督管理职责的有关部门

④监察机关

⑤公安机关、人民检察院

⑥工会

A. ①②③　　　　B. ①②③④　　　　C. ①②③④⑤　　　　D. ①②③④⑤⑥

13. 依据《生产安全事故报告和调查处理条例》的有关规定,较大级别事故的调查由( )负责。

A. 设区的市级人民政府　　　　　　B. 安全生产监督管理部门

C. 省级人民政府　　　　　　　　　D. 公安机关

14. 依据《生产安全事故报告和调查处理条例》的规定,事故调查组应当自事故发生之日起60日内提交事故调查报告,但此事故技术鉴定所用时间为5日,因特殊情况,经批准,提交事故调查报告的期限可以延长( )日。

A. 35　　　　　　B. 60　　　　　　C. 65　　　　　　D. 90

15. 依据《生产安全事故报告和调查处理条例》的规定,事故发生后,事故现场有关人员应当立即向本单位负责人报告;单位负责人接到报告后,应当于( )小时内向事故发生地县级以上人民政府安全生产监督管理部门和负有安全生产监督管理职责的有关部门报告。

A. 1　　　　　　B. 2　　　　　　C. 12　　　　　　D. 24

16. 依据《生产安全事故报告和调查处理条例》的规定,造成10人以上30人以下死亡,或者50人以上100人以下重伤,或者5000万元以上1亿元以下直接经济损失的事故为( )。

A．特别重大事故　　　B．重大事故　　　　　C．较大事故　　　　　D．一般事故

17．依据《国务院关于进一步加强企业安全生产工作的通知》要求,以煤矿、非煤矿山、交通运输、建筑施工、(　　)、烟花爆竹、民用爆炸物品、冶金等行业(领域)为重点,全面加强企业安全生产工作。

　　A．危险化学品　　　B．纺织品　　　　　C．轻工业　　　　　D．制造业

18．依据《国务院安委会办公室关于贯彻落实国务院〈通知〉精神　加强企业班组长安全培训工作的指导意见》规定,已在岗的班组长每年接受安全培训的时间不得少于(　　)学时。

　　A．12　　　　　　　B．16　　　　　　　C．24　　　　　　　D．32

19．依据《国务院安全生产委员会关于加强企业安全生产诚信体系建设的指导意见》要求,建立健全安全生产诚信体系的重点领域包括煤矿、金属与非金属矿山、交通运输、建筑施工、危险化学品、烟花爆竹、民用爆炸物品、(　　)等工贸行业。

　　A．纺织加工　　　B．特种设备和冶金　　　C．城市轨道交通运营　　D．食品加工

20．依据《国务院安全生产委员会关于加强企业安全生产诚信体系建设的指导意见》要求,建立健全安全生产诚信体系的目标包括实现由"要我安全向(　　)"转变,建立完善持续改进的安全生产工作机制,实现科学发展、安全发展。

　　A．本质安全、科学发展　　　　　　　　B．我要安全
　　C．我要安全、我保安全　　　　　　　　D．诚信安全

21．依据《国务院安全生产委员会关于加强企业安全生产诚信体系建设的指导意见》要求,建立安全生产承诺制度的重点。承诺内容包括加强安全生产标准化建设和建立(　　)制度。

　　A．安全生产检查　　　　　　　　　　　B．隐患排查治理
　　C．职业健康体系　　　　　　　　　　　D．建设项目"三同时"

22．依据《国务院安全生产委员会关于加强企业安全生产诚信体系建设的指导意见》要求,企业要结合自身特点,制定明确各个层级一直到(　　)的双向安全承诺事项,并签订和公开承诺书。

　　A．部门和个人　　　B．岗位人员　　　　C．部门科室　　　　D．区队班组岗位

23．依据《国务院安全生产委员会关于加强企业安全生产诚信体系建设的指导意见》要求,生产经营单位有违反承诺及下列情形(　　)之一的,会被安全监管监察部门和行业主管部门列入安全生产不良信用记录。

　　A．执法检查发现存在职业病危害隐患的
　　B．生产经营单位发生职工轻伤事故的
　　C．执法检查发现存在安全生产隐患的
　　D．未按规定开展企业安全生产标准化建设的

24．依据《国务院安全生产委员会关于加强企业安全生产诚信体系建设的指导意见》要求,对责任事故的不良信用记录,实行分级管理,纳入国家相关征信系统。原则上,生产经营单位一年内发生伤人责任事故的,纳入(　　)安全生产不良信用记录。

　　A．国家级　　　　　B．省级　　　　　　C．市(地)级　　　　D．县(区)级

25．依据《国务院安全生产委员会关于加强企业安全生产诚信体系建设的指导意见》要求,不良信用记录管理期限一般为(　　)。

　　A．一年　　　　　　B．两年　　　　　　C．三年　　　　　　D．18个月

26．依据《国务院安全生产委员会关于加强企业安全生产诚信体系建设的指导意见》要求,企业安全生产诚信"黑名单"的主要判定依据是(　　)。

A. 企业伤亡事故情况　　　　　　　　B. 企业安全隐患情况

C. 不良信用记录　　　　　　　　　　D. 企业安全生产标准化建设情况

27. 依据《国务院安全生产委员会关于加强企业安全生产诚信体系建设的指导意见》要求，根据企业存在问题的严重程度和整改情况，列入"黑名单"管理的期限一般为（　　），对发生重大事故管理的期限为（　　）。

A. 一年　一年　　　B. 一年　二年　　　C. 二年　二年　　　D. 二年　三年

28. 依据《国务院安全生产委员会关于加强企业安全生产诚信体系建设的指导意见》要求，安全生产诚信"黑名单"管理一般遵循的程序为（　　）。

A. 信息采集、信息告知、企业申辩、信息删除　B. 信息采集、企业申辩、信息公布、信息删除

C. 信息采集、信息告知、信息公布、信息删除　D. 信息采集、信息评价、信息公布、信息删除

29. 依据《国务院安全生产委员会关于加强企业安全生产诚信体系建设的指导意见》要求，被列入"黑名单"的企业，（　　）后向相关部门提出删除申请。

A. 经整改验收合格　　　　　　　　　B. 管理期限届满

C. 经自查自改　　　　　　　　　　　D. 经安全评价

30. 依据《国务院安全生产委员会关于加强企业安全生产诚信体系建设的指导意见》要求，开展安全生产诚信评价，把企业（　　）评定的等级作为安全生产诚信等级，原则上不再重复评级。

A. 安全生产标准化建设　　　　　　　B. 安全生产监督管理部门

C. 安全管理体系审核机构　　　　　　D. 安全现状评价

31. 依据《国务院安全生产委员会关于加强企业安全生产诚信体系建设的指导意见》要求，安全生产标准化等级的发布主体是安全生产诚信等级的授信主体，（　　）向社会发布一次。

A. 半年　　　　B. 一年　　　　C. 二年　　　　D. 三年

32. 依据《国务院安全生产委员会关于加强企业安全生产诚信体系建设的指导意见》要求，加强安全生产诚信分级分类动态管理，重点是（　　）。

A. 一级上水平、二级上台阶、三级打基础　B. 巩固一级、促进二级、激励三级

C. 一级作示范、二级去促进、三级要帮扶　D. 稳固一级、促进二级、严查三级

33. 依据《国务院安全生产委员会关于加强企业安全生产诚信体系建设的指导意见》要求，各级政府及有关部门对安全生产诚实守信企业，开辟"绿色通道"，在相关安全生产行政审批等工作中（　　）。

A. 予以免检　　　B. 简化审批　　　C. 减免收费　　　D. 优先办理

34. 依据《国务院关于特大安全事故行政责任追究的规定》，负责行政审批的政府部门或机构，未依照规定履行职责，发生特大安全事故的，对部门或机构的正职负责人，根据情节轻重，给予的行政处分是（　　）。

A. 警告或记过　　　B. 记过或记大过　　　C. 记大过或降级　　　D. 撤职或开除公职

35. 依据《国务院关于特大安全事故行政责任追究的规定》，市、县人民政府组织有关部门进行安全检查时，发现存在特大事故隐患的，应（　　）。

A. 严格检查　　　　　　　　　　　　B. 责令立即排除

C. 责令停止使用　　　　　　　　　　D. 广泛征求处理意见

36. 依据《国务院关于特大安全事故行政责任追究的规定》，本地区特大安全事故应急处理预案报上一级人民政府备案前，应经（　　）签署。

A. 安全生产委员会主要负责人　　　　B. 政府主要领导人

C. 安全生产监督管理部门主要负责人　　　　D. 煤矿安全监察机构主要负责人

37. 依据《国务院关于特大安全事故行政责任追究的规定》,地方政府领导人对特大安全事故的防范、发生,有失职、渎职情形或者负有领导责任的,依法(　　)。

　　A. 给予行政处分　　　B. 给予民事制裁　　　C. 承担赔偿责任　　　D. 追究经济责任

38. 依据《国务院关于特大安全事故行政责任追究的规定》,中小学校对学生进行劳动技能教育以及组织学生参加社会公益劳动等实践活动,必须确保学生安全,严禁组织学生从事接触易燃、易爆、有毒、有害等危险品的活动,否则,对校长给予(　　)的处分。

　　A. 记大过　　　　　　B. 降级　　　　　　　C. 撤职　　　　　　　D. 开除

39. 某中学将学校场地出租作为烟花爆竹的经营场所,依据《国务院关于特大安全事故行政责任追究的规定》,应对该学校校长给予(　　)的行政处分。

　　A. 记过　　　　　　　B. 记大过　　　　　　C. 降级　　　　　　　D. 撤职

40. 依据《国务院关于特大安全事故行政责任追究的规定》,关于特大安全事故,社会影响特别恶劣或者性质特别严重的,由国务院对负有领导责任的(　　)正职负责人给予行政处分。

　　A. 省级安全监管机构　　　　　　　　　　B. 设区的市级人民政府

　　C. 省(区、市)级人民政府　　　　　　　　D. 省人大机关

41. 依据《国务院关于特大安全事故行政责任追究的规定》,对中小学违法组织学生从事接触易燃、易爆、有毒、有害等危险品的劳动,要按学校隶属关系追究(　　)人民政府主要领导人和同级人民政府教育行政主管部门负责人和学校校长的行政责任。

　　A. 县(市、区)、乡(镇)　　　　　　　　B. 设区的市

　　C. 省、自治区、直辖市　　　　　　　　　D. 地方各级

**参考答案:**

| 1. B | 2. A | 3. D | 4. C | 5. A |
|------|------|------|------|------|
| 6. B | 7. D | 8. C | 9. A | 10. D |
| 11. B | 12. D | 13. A | 14. B | 15. A |
| 16. B | 17. A | 18. C | 19. B | 20. C |
| 21. B | 22. D | 23. D | 24. D | 25. A |
| 26. C | 27. B | 28. C | 29. C | 30. A |
| 31. B | 32. B | 33. D | 34. D | 35. B |
| 36. B | 37. A | 38. C | 39. D | 40. C |
| 41. A | | | | |

**二、多项选择题**(全书多项选择题统一记分标准:每题2分。每题的备选项中,有2个或2个以上符合题意,至少有1个错项。错选,本题不得分;少选,所选的每个选项得0.5分)

1. 习近平总书记在十九大报告中指出:树立安全发展理念,弘扬生命至上、安全第一的思想,健全(　　),完善(　　),坚决遏制重特大安全事故,提升防灾减灾救灾能力。

　　A. 一岗双责体系　　　　B. 党政同责的责任制　　　C. 公共安全体系

　　D. 全民安全意识　　　　E. 安全生产责任制

2. 针对安全生产工作,习近平总书记指出:安全生产必须(　　),否则就会给国家和人民带来不可挽回的损失。

　　A. 一岗双责　　　　　　B. 党政同责　　　　　　　C. 警钟长鸣

　　D. 常抓不懈　　　　　　E. 丝毫不得放松

3. 针对安全生产工作,习近平总书记强调:所有企业都必须认真履行安全生产主体责任,做到(　　),确保安全生产。

A. 安全投入到位　　　　B. 安全培训到位　　　　C. 基础管理到位

D. 隐患排查到位　　　　E. 应急救援到位

4. 习近平总书记强调:安全责任(　　),如果一次又一次在同样的问题上付出生命和血的代价,那就不是工作态度和工作作风的问题了,而是(　　)。

A. 不得推卸　　B. 重于泰山　　C. 玩忽职守　　D. 草菅人命　　E. 人民的罪人

5. 针对安全生产工作,习近平总书记强调:安全检查要坚持"全覆盖、零容忍、严执法、重实效"的总要求。采用(　　),防止形式主义走过场。

A. 四不两直　　B. 暗查暗访　　C. 严查严防　　D. 纠错必改　　E. 绝不姑息

6. 依据《国务院安全生产委员会关于加强企业安全生产诚信体系建设的指导意见》的规定,建立健全安全生产诚信体系的重点领域包括煤矿、金属与非金属矿山、(　　)、烟花爆竹、民用爆炸物品、特种设备和冶金等工贸行业。

A. 交通运输　　　　　　B. 纺织　　　　　　C. 建筑施工

D. 城市轨道交通运营　　E. 危险化学品

7. 依据《国务院安全生产委员会关于加强企业安全生产诚信体系建设的指导意见》的规定,生产经营单位定期向安全监管监察部门或行业主管部门报告安全生产诚信履行情况,重点包括哪些方面的情况(　　)。

A. 落实安全生产责任和管理制度

B. 安全投入、安全培训

C. 安全质量标准化建设

D. 隐患排查治理

E. 职业病防治和应急管理

8. 依据《国务院安全生产委员会关于加强企业安全生产诚信体系建设的指导意见》的规定,生产经营单位有违反承诺及下列情形(　　)之一的,安全监管监察部门和行业主管部门要列入安全生产不良信用记录。

A. 生产经营单位一年内发生生产安全责任事故

B. 非法违法组织生产经营建设的

C. 执法检查发现存在重大安全生产隐患、重大职业病危害隐患的

D. 未按规定开展企业安全生产标准化建设的或在规定期限内未达到安全生产标准化要求的

E. 未依法依规报告事故、组织开展抢险救援的

9. 依据《国务院安全生产委员会关于加强企业安全生产诚信体系建设的指导意见》的规定,生产经营单位有下列情况(　　)之一的,纳入国家管理的安全生产诚信"黑名单"。

A. 一年内发生生产安全重大责任事故,或累计发生责任事故死亡10人(含)以上的

B. 重大安全生产隐患不及时整改或整改不到位的

C. 发生暴力抗法的行为,或未按时完成行政执法指令的

D. 发生事故隐瞒不报、谎报或迟报,故意破坏事故现场、毁灭有关证据的

E. 未按规定开展企业安全生产标准化建设的或在规定期限内未达到安全生产标准化要求的

10. 依据《国务院安全生产委员会关于加强企业安全生产诚信体系建设的指导意见》的规

定,用于强化对安全失信企业或列入安全生产诚信"黑名单"企业实行联动管制的措施包括( )。

A. 在审批相关企业发行股票等事项时,予以严格审查

B. 在其参与土地出让的公开竞争中,依法予以限制或禁入

C. 禁止金融机构向其发放贷款

D. 暂扣或吊销其安全生产许可证

E. 相关机构应当将其作为评级、信贷准入、管理和退出的重要依据

11. 依据《国务院关于特大安全事故行政责任追究的规定》,发生特大安全事故,社会影响特别恶劣或者性质特别严重的,由国务院对负有领导责任的( )给予行政处分。

A. 自治区人大机构正职负责人

B. 设区的市人民政府正职负责人

C. 直辖市人民政府正职负责人

D. 省级安全生产监督管理部门

E. 国务院有关部门正职负责人

12. 依据《国务院关于特大安全事故行政责任追究的规定》,明确规定的特大安全事故有( )。

A. 特大火灾事故      B. 特大公共卫生事故      C. 特大交通安全事故

D. 特大建筑质量事故      E. 特大矿山事故

13. 2020年4月10日习近平总书记强调,生命重于泰山。各级党委和政府务必把安全生产摆到重要位置,树立安全发展理念,绝不能只重发展不顾安全,更不能将其视作无关痛痒的事,搞形式主义、官僚主义。要针对生产安全事故主要特点和突出问题做到( )、( )、( ),从根本上消除事故隐患,有效遏制重特大事故发生。

A. 落实主体责任      B. 逐级排查隐患      C. 层层压实责任

D. 狠抓整改落实      E. 强化风险防控

**参考答案:**

| 1. CE | 2. CDE | 3. ABCE | 4. BD | 5. AB |
|---|---|---|---|---|
| 6. ACE | 7. ABDE | 8. BCDE | 9. ABCD | 10. ABE |
| 11. CE | 12. ACDE | 13. CDE | | |

# 第二章 安全生产法律体系

大纲要求：

依照我国安全生产法律体系的框架和内容,判断安全生产相关法律、行政法规、规章和标准的地位和效力。了解安全生产依法行政与法治政府等内容。

## 一、单项选择题

1. 地方人民代表大会制定的有关安全生产的地方性法规,与（　　）相抵触,属于无效。

A. 行政法规　　　　　　　　　　　　B. 部门规章

C. 地方政府规章　　　　　　　　　　D. 国际公约

2. 法的层级不同,其法律地位和效力也不相同。下列对安全生产立法按照法律地位和效力由高到低的排序,正确的是（　　）。

A. 法律、行政法规、部门规章　　　　B. 法律、地方性法规、行政法规

C. 行政法规、部门规章、地方性法规　D. 地方性法规、地方政府规章、部门规章

3. 某省人大常务委员会公布实施了《某省安全生产条例》,随后省政府公布实施了《某省生产经营单位安全生产主体责任规定》。下列关于两者法律地位和效力的说法,正确的是（　　）。

A. 《某省安全生产条例》属于行政法规

B. 《某省生产经营单位安全生产主体责任规定》属于地方性法规

C. 《某省安全生产条例》和《某省生产经营单位安全生产主体责任规定》具有同等法律效力

D. 《某省生产经营单位安全生产主体责任规定》可以对《某省安全生产条例》没有规定的内容作出规定

4. 行业安全生产标准对同一安全生产事项的技术要求（　　）国家安全生产标准。

A. 可以高于　　　B. 不得高于　　　C. 应当高于　　　D. 必须等于

5. 法律规范由假定、处理和（　　）三要素构成。

A. 结果　　　　　B. 纠正　　　　　C. 制裁　　　　　D. 措施

6. 安全生产行政法规是指由（　　）依法制定的有关安全生产的规范性文件。

A. 国务院　　　　　　　　　　　　　B. 国务院部委和直属机构

C. 国务院部委　　　　　　　　　　　D. 国务院、国务院部委和直属机构

7. 我国社会主义法对人的效力,采取（　　）的原则。

A. 属地主义　　　　　　　　　　　　B. 属人主义

C. 属地主义和属人主义相结合　　　　D. 属人主义和保护主义相结合

8. 《安全生产法》所确立的安全生产监督管理法律制度,充分体现了（　　）的宗旨。

A. 综合治理　　　B. 联合执法　　　C. 综合监管　　　D. 强化监管

9. 《安全生产法》确立了（　　）的安全生产监督管理体制。

A. 国家监察与地方监管相结合　　　　B. 国家监督与行业管理相结合

C. 综合监管与专项监管相结合　　　　D. 行业管理与社会监督相结合

10. 同一层级的不同安全生产法律法规对同一类问题都有规定时,应当采取的适用原则是（    ）。

A. 普通法优于特殊法原则

B. 特殊法优于普通法原则

C. 以适用普通法为基本原则,以适用特殊法为例外原则

D. 以适用特殊法为基本原则,以适用普通法为例外原则

11. 按照我国有关法律的规定,有权制定安全生产部门规章的国家机关是（    ）。

A. 设区的市级以上人民各级政府

B. 国务院有关部委

C. 省、自治区、直辖市安全生产监督管理部门

D. 全国人大及常委会

12. 按照我国有关法律的规定,省、自治区、直辖市人民政府有权制定（    ）。

A. 地方性法规　　　　B. 地方政府规章　　　　C. 行政法规　　　　D. 部门规章

13. 关于安全生产地方性法规的法律效力,下列说法中,正确的是（    ）。

A. 安全生产地方性法规和安全生产行政法规具有同等法律效力

B. 安全生产地方性法规的法律效力低于安全生产部门规章

C. 安全生产地方性法规的法律效力高于安全生产地方政府规章

D. 安全生产地方性法规和安全生产地方政府规章具有同等法律效力

14. 社会主义法治的基本要求是以法律作为人们的行动准则,其中心环节是（    ）。

A. 有法可依,人人守法　　　　　　　　B. 有法必依,依法办事

C. 以事实为根据,以法律为准绳　　　　D. 执法必严,违法必究

15. 下列关于法的效力的说法中,正确的是（    ）。

A. 《安全生产法》作为安全生产领域的综合性法律,法律效力高于其他专门法律

B. 安全生产行政法规的法律效力低于有关安全生产法律

C. 地方性法规和地方性政府规章具有同等法律效力

D. 部门规章的法律效力高于地方性法规

16. 安全生产行政法规一般专指国务院制定的有关安全生产规范性文件。下面关于其法律地位和有效力说法正确的是（    ）。

A. 低于行政规章、国家强制性标准　　　　B. 高于安全生产法,低于宪法

C. 低于宪法和安全生产法　　　　　　　　D. 与应急管理部令效力一致

17. 下列关于我国安全生产法律法规效力层级的说法,正确的是（    ）。

A. 《安全生产法》和《建设工程安全生产管理条例》在安全生产法律体系中,属于同一法律效力层级

B. 安全生产法规可分为国务院行政法规、部门规章和地方性行政法规

C. 经济特区安全生产法规的法律地位高于地方性安全生产法规

D. 《矿山安全法》是矿山安全生产领域的综合性法,也是整个矿山安全生产领域的单行法

18. 关于法的效力的说法,正确的是（    ）。

A. 宪法和法律具有最高的法律效力

B. 行政法规和地方性法规具有同等效力

C. 地方性法规和地方政府规章具有同等效力

D. 部门规章和地方政府规章具有同等效力

**参考答案：**

| 1. A | 2. A | 3. D | 4. A | 5. C |
|------|------|------|------|------|
| 6. A | 7. C | 8. D | 9. C | 10. B |
| 11. B | 12. B | 13. C | 14. B | 15. B |
| 16. C | 17. D | 18. D | | |

### 二、多项选择题

1. 下列关于安全生产执法公开原则的表述,正确的是(　　　)。

A. 执法的标准、条件要公开

B. 执法行为的程序要公开

C. 执法活动中取得的一切证据要公开

D. 执法活动的全部内容一律公开

E. 执法中对当事人作出的处理决定要公开

2. 下列关于法的特征的表述,正确的有(　　　)。

A. 法是按照特定程序制定

B. 法是调整人们行为的社会规范

C. 法是由特定国家机关制定的

D. 法的实施不需要依靠全体社会成员的共同自觉遵守

E. 法具有国家强制性

3. 依法行政的基本要求包括(　　　)。

A. 合法行政　　　　B. 合理行政　　　　C. 程序正当　　　　D. 诚实守信　　　　E. 等价有偿

4. 下列关于我国安全生产法律体系的表述,正确的有(　　　)。

A. 《安全生产法》《消防法》《道路交通安全法》《矿山安全法》是我国安全生产法律体系中有关安全生产的单行法律

B. 《安全生产法》是安全生产领域的普通法,普遍适用于生产经营活动的各个领域

C. 《矿山安全法》既是我国安全生产法律体系中有关矿山安全生产的单行法律,又是矿山安全生产的综合法律

D. 《消防法》《道路交通安全法》的规定不同于《安全生产法》的,应该适用《安全生产法》

E. 地方政府安全生产规章是最有针对性的安全生产立法,其法律效力高于其他法

5. 同一层级的法律文件在同一问题有不同规定时,在法律适用上应为(　　　)。

A. 上位法优于下位法　　　　B. 成文法优于判例法　　　　C. 单行法优于综合法

D. 特殊法优于普通法　　　　E. 普通法优于特殊法

6. 下列关于安全生产法律效力的说法中,正确的有(　　　)。

A. 《安全生产法》在安全生产领域具有普遍适用的法律效力

B. 《消防法》的法律效力高于《消防监督检查规定》

C. 中华人民共和国应急管理部制定的规范性文件的效力高于地方政府的规章

D. 同一层级的安全生产立法对同一问题规定不一致时,特殊法优于普遍法

E. 地方政府规章的效力高于行政法规

7. 下列关于法的分类和效力的说法,正确的有(　　　)。

A. 按照法律效力范围的不同,可以将法律分为成文法和不成文法

B. 按照法律的内容和效力强弱所做的分类,可以将法律分为特殊法和一般法

C. 按照法律规定的内容不同,可以将法律分为实体法和程序法

D. 行政规章可以分为部门规章和地方政府规章,效力高于地方性法规

E. 宪法在我国具有最高的法律效力,任何法律都不能与其抵触,否则无效

8. 2021 年如何防范化解重大安全风险,推动地方党政领导干部安全生产"职责清单和年度工作清单",用好(　　)、(　　)、(　　)组合拳,提高考核巡查质量。

A. 责任追究　　　　　　B. 约谈通报　　　　　　C. 警示曝光

D. 警示警告　　　　　　E. 督导回访

**参考答案：**

| 1. ABE | 2. ABCE | 3. ABCD | 4. BC | 5. BD |
| --- | --- | --- | --- | --- |
| 6. ABCD | 7. CE | 8. BCE | | |

# 第三章　中华人民共和国安全生产法

大纲要求：

依照本法分析、解决生产经营单位的安全生产保障、安全管理机构与人员的职责、从业人员的安全生产权利义务和安全生产的监督管理、生产安全事故的应急救援与调查处理以及安全生产标准化等方面的有关法律问题，判断违法行为及应负的法律责任。

**一、单项选择题**

1. 2011 年 4 月 25 日，某服装公司发生火灾，造成 18 人死亡、34 人受伤。该公司董事长王某年龄比较大，因患病常年在医院接受治疗，不能主持该公司的日常工作。公司总经理李某于 2010 年 6 月出国参加学习一直未归。总经理出国期间，由公司常务副总经理张某全面主持工作。公司由综合管理部负责安全生产管理工作，综合管理部主任是刘某，另外还配备一名专职的安全员负责现场安全监督管理工作。依据《安全生产法》，针对该事故，该公司应当被追究法律责任的主要负责人是(　　)。

A. 董事长王某 　　　　　　　　　B. 总经理李某

C. 常务副总经理张某 　　　　　　D. 综合管理部主任刘某

2.《安全生产法》规定，矿山、金属冶炼、建筑施工、道路运输单位和危险物品的(　　)单位，应当设置安全生产管理机构或者配备专职安全生产管理人员。

A. 生产、运输、储存 　　　　　　B. 生产、储存、使用

C. 生产、运输、使用 　　　　　　D. 生产、经营、储存

3. 某企业委托依法设立的为安全生产提供技术、管理服务的机构，为本企业安全生产工作提供技术、管理服务。请问该企业保证安全生产的责任由(　　)负责。

A. 提供安全技术、管理服务机构 　B. 本企业

C. 负有安全生产监督管理职责的部门 　D. 提供安全技术、管理服务的人员

4. 为保证生产设施、作业场所与周边建筑物、设施保持安全合理的空间。依据《安全生产法》，某烟花爆竹厂的下列做法中，违反法律规定的是(　　)。

A. 生产车间南面 200 米处单独设置员工宿舍

B. 将成品仓库设置在生产车间隔壁

C. 在单身职工公寓底层设烟花爆竹商店

D. 在生产车间设置视频监控设施

5.《安全生产法》规定，生产经营单位对重大危险源未登记建档，或者未进行评估、监控，或者未制定应急预案的责令限期改正，可以处 10 万元以下的罚款；逾期未改正的，责令停产停业整顿，并处 10 万元以上(　　)万元以下的罚款，对其直接负责的主管人员和其他直接责任人员处 2 万元以上 5 万元以下的罚款；构成犯罪的，依照刑法有关规定追究刑事责任。

A. 20 　　　　　　B. 30 　　　　　　C. 40 　　　　　　D. 50

6.《安全生产法》规定，生产经营单位采用新工艺、新技术、(　　)，必须了解、掌握其安全

技术特征,采取有效的安全防护措施。

  A. 新仪器      B. 新方法      C. 新标准      D. 新材料

  7. 一家机械制造企业,为了保障从业人员身体健康,自行研究制造了符合本企业标准的劳动防护用品,并要求从业人员正确佩戴。该企业应为从业人员提供符合( )的劳动防护用品。

  A. 国际标准            B. 企业标准

  C. 国家标准或者行业标准       D. 行业标准或者企业标准

  8. 小张在一家生产企业上班,某一天车间发生了生产安全事故,小张受到了严重的伤害,小张除依法享有工伤保险外,有权向( )提出获得赔偿的权利。

  A. 安全生产监督管理部门       B. 工伤保险经办机构

  C. 劳动和社会保障部门        D. 本企业

  9. 一家承担安全检测机构,收取了某家生产经营单位4万元费用,并为该单位出具了虚假证明,根据《安全生产法》规定,没收违法所得;对其直接负责的( )和其他直接责任人员( )的罚款;给他人造成损害的,与生产经营单位承担连带赔偿责任;构成犯罪的,依照刑法有关规定追究刑事责任。

  A. 上级领导   处违法所得二倍以上五倍以下的罚款

  B. 上级部门   处5万元以上10万元以下的罚款

  C. 主管人员   处2万元以上5万元以下的罚款

  D. 主管部门   并处2万元以上5万元以下的罚款

  10. 某单位将生产经营场所出租给其他单位,并在租赁合同中约定各自的安全生产管理职责。出租单位对承租单位的安全生产工作应该( )。

  A. 实施委托管理         B. 统一协调管理

  C. 定期进行安全检查        D. 不承担任何责任

  11. 张师傅是起重吊车的司机,张师傅带的徒弟小李已经学习了两年,张师傅对小李的人品、工作态度非常认可,并且小李已通过本单位的技能考试且合格。最近张师傅身体欠佳,单位的起重吊车的工作任务就交给了小李。依照《安全生产法》第二十七条规定,小李( )可以上岗作业。

  A. 经主管领导批准,经过本单位安全考试合格

  B. 经专门的安全生产教育和培训,取得相应资格证书

  C. 在特殊情况下,代替张师傅

  D. 必须了解、掌握设备的安全技术特性后

  12. 《安全生产法》规定,从业人员( )了解其作业场所和工作岗位存在的危险因素、防范措施及事故应急措施。

  A. 无权      B. 经批准可以      C. 特殊情况下有权    D. 有权

  13. 《安全生产法》确立的安全生产工作机制是( )。

  A. 生产经营单位负责、行业自律、社会监督、国家监察

  B. 生产经营单位负责、政府监管、国家监察、中介机构提供服务

  C. 生产经营单位负责、职工参与、行业自律、中介机构提供服务

  D. 生产经营单位负责、职工参与、政府监管、行业自律、社会监督

  14. 《安全生产法》规定,县级以上地方各级人民政府应当组织有关部门制定本行政区域内生产安全事故( ),建立应急救援体系。

  A. 赔偿制度     B. 应急救援预案     C. 调查处理程序     D. 责任追究规定

15. 一家生产经营单位按照《劳动法》与新招聘的从业人员签订了劳动合同,为了明确从业人员的安全生产责任专门订立了安全生产协议,该协议明确提出因从业人员不认真履行安全规章制度造成的伤亡事故,单位负责协助办理工伤保险的索赔,同时免除单位对其承担的一切责任。请问这家生产经营单位是否可以免责(　　)。

　　A. 可以　　　　　　　　　　　　　　B. 经有关部门批准可以

　　C. 根据协议约定可以　　　　　　　　D. 不可以

16. 生产经营单位发生生产安全事故后,按照《安全生产法》第八十条,生产经营单位的负责人接到事故报告后,应当迅速采取有效措施,组织抢救,防止事故扩大,减少人员伤亡和财产损失,并按照国家规定立即如实报告当地(　　)。

　　A. 公安部门　　　　　　　　　　　　B. 监察部门

　　C. 有关主管部门　　　　　　　　　　D. 负有安全生产监督管理职责的部门

17. 依据《安全生产法》的规定,下列安全生产工作,属于生产经营单位主要负责人职责的是(　　)。

　　A. 建立、健全本单位安全生产责任制

　　B. 组织或者参与本单位应急救援演练

　　C. 组织或者参与本单位安全生产教育和培训,如实记录安全生产教育和培训情况

　　D. 检查本单位的安全生产状况,及时排查生产安全事故隐患,提出改进安全生产管理的建议

18. 依据《安全生产法》的规定,储存危险品的车间、仓库不得与员工宿舍在同一座建筑物内,并应当与员工宿舍保持安全距离。以下(　　)经营商店不可以设在员工宿舍楼底商部位。

　　A. 食品和烟酒　　　　　　　　　　　B. 纺织品和服装

　　C. 油漆和电动工具　　　　　　　　　D. 药品和医疗器具

19. 依据《安全生产法》所称生产经营单位,是指在中华人民共和国领域内从事生产经营活动的(　　)。

　　A. 工商注册的公司　　　　　　　　　B. 生产经营主体

　　C. 基本生产经营单元　　　　　　　　D. 个体工商户

20. 《安全生产法》规定的安全生产违法行为的法律责任形式,包括(　　)。

　　A. 行政责任和刑事责任　　　　　　　B. 宪法责任、行政责任和刑事责任

　　C. 司法责任和民事责任　　　　　　　D. 行政责任、民事责任和刑事责任

21. 依据《安全生产法》的规定,生产经营单位应当按照国家有关规定将本单位重大危险源及有关安全措施、应急措施报(　　)备案。

　　A. 有关地方人民政府公安部门和消防机构

　　B. 有关地方人民政府劳动管理部门和监督管理部门

　　C. 有关地方人民政府负责安全生产监督管理的部门和有关部门

　　D. 有关地方人民政府公安部门和安全生产监督管理部门

22. 依据《安全生产法》的规定,从业人员的工伤保险费由(　　)缴纳。

　　A. 从业人员　　　　　　　　　　　　B. 生产经营单位和从业人员共同

　　C. 生产经营单位主要负责人　　　　　D. 生产经营单位

23. 依据《安全生产法》的规定,作业场所和工作岗位的危险因素、防范措施、事故应急措施由(　　)如实告知从业人员。

　　A. 劳动和社会保障部门　　　　　　　B. 生产经营单位

C. 安全生产监管部门      D. 工会组织

24. 依据《安全生产法》的规定,生产经营单位与从业人员订立协议,免除或者减轻其对从业人员因生产安全事故伤亡依法应承担的责任的,该协议无效;对生产经营单位的(　　)处2万元以上10万元以下的罚款。

  A. 主要负责人、直接责任人      B. 直接责任人、相关负责人

  C. 法定代表人、直接责任人      D. 主要负责人、个人经营的投资人

25. 依据《安全生产法》的规定,负有安全生产监督管理职责的部门依法开展安全生产行政执法工作时,对检查中发现的安全生产违法行为,应当(　　)。

  A. 当场作出行政处罚并限期改正

  B. 责令停业整顿并依法给予罚款处罚

  C. 当场予以纠正或者要求限期改正

  D. 责令立即停止违法行为并当场作出行政处罚

26. 依据《安全生产法》的规定,安全生产监督检查人员应当将检查的时间、地点、内容、发现的问题及其处理情况,作出书面记录,并由检查人员和被检查单位的负责人签字;被检查单位的负责人拒绝签字的,检查人员应当(　　)。

  A. 通知被检查单位的其他负责人到场签字,并向安全生产监督管理部门备案

  B. 对其进行批评教育,予以罚款处罚,并向安全生产监督管理部门备案

  C. 将情况记录在案,并向负有安全生产监督管理职责的部门报告

  D. 依法对其采取行政强制措施,并向安全生产监督管理部门登记备案

27. 依据《安全生产法》规定,生产经营项目、场所发包或者出租给其他单位的,生产经营单位应当与承包单位、承租单位签订专门的安全生产管理协议,或者在承包合同、租赁合同中约定各自的安全生产管理职责;(　　)对承包单位、承租单位的安全生产工作统一协调、管理,定期进行安全检查,发现安全问题的,应当及时督促整改。

  A. 生产经营单位      B. 当地人民政府

  C. 承包和承租单位联合体      D. 安全生产监督部门

28. 依据《安全生产法》的规定,(　　)应当组织有关部门制定本行政区域内生产安全事故应急救援预案,建立应急救援体系。

  A. 各级人民政府

  B. 县级以上地方各级人民政府

  C. 省级以上人民政府

  D. 省级以上具有安全生产监督管理职责的部门

29. 《安全生产法》规定,事故调查处理应当按照(　　)的原则,及时、准确地查清事故原因,查明事故性质和责任,总结事故教训,提出整改措施,并对事故责任者提出处理意见。事故调查报告应当依法及时向社会公布。事故调查和处理的具体办法由国务院制定。

  A. 及时、准确、合法

  B. 以事实为根据、以法律为准绳

  C. 公开、公正、公平

  D. 科学严谨、依法依规、实事求是、注重实效

30. 一家企业对从业人员权利和义务作出了有关规定,当在发现直接危及人身安全的紧急情况时,正确的是从业人员(　　)。

  A. 要立即向现场安全管理人员报告

B. 要采取一切技术手段抢险救灾

C. 在采取必要的个人防护措施后,在现场静观事态变化,听从主管人员的指示

D. 有权停止作业或者在采取可能的应急措施后撤离作业现场

31. 依据《安全生产法》的规定,予以关闭的行政处罚由( )按照国务院规定的权限决定。

A. 负有安全生产监督管理职责的部门

B. 负有安全生产监督管理职责的部门会同工商、公安部门

C. 负有安全生产监督管理职责的部门报请县级以上人民政府

D. 负有安全生产监督管理职责的部门会同相关行业主管部门

32. 依据《安全生产法》的规定,生产经营单位发生生产安全事故造成人员伤亡、他人财产损失的,应当依法承担赔偿责任;拒不承担或者其负责人逃匿的,由( )依法强制执行。

A. 安全生产监督管理机关　　　　　　　B. 公安机关

C. 安全生产监督管理机关提请公安机关　D. 人民法院

33. 依据《安全生产法》的规定,生产经营单位不具备本法和其他有关法律、行政法规和国家标准或者行业标准规定的安全生产条件,经停产停业整顿仍不具备安全生产条件的,予以( );有关部门应当依法吊销其有关证照。

A. 吊销营业执照　　B. 关闭　　　　C. 取缔　　　　D. 罚款

34. 依据《安全生产法》的规定,承担安全评价、认证、检测、检验工作的机构出具虚假证明,给他人造成损害的,( )。

A. 与生产经营单位承担连带赔偿责任　　B. 不承担责任

C. 与生产经营单位分担赔偿责任　　　　D. 承担技术责任

35. 依据《安全生产法》的规定,负有安全生产监督管理职责的部门,要求被审查、验收的单位购买其指定的安全设备、器材或者其他产品的,在对安全生产事项的审查、验收中收取费用的,由其上级机关或者( )责令改正,并责令退还收取的费用。

A. 公安机关　　　　B. 监察机关　　　C. 纪检部门　　　D. 人事部门

36. 依据《安全生产法》的规定,生产经营单位使用的危险物品的容器、运输工具,以及涉及人身安全、危险性较大的海洋石油开采特种设备和矿山井下特种设备,必须按照国家有关规定,由( )生产,并经具有专业资质的检测、检验机构检测、检验合格,取得安全使用证或者安全标志,方可投入使用。检测、检验机构对检测、检验结果负责。

A. 指定生产单位　　B. 委托生产单位　C. 法定生产单位　D. 专业生产单位

37. 依据《安全生产法》的规定,因生产安全事故受到损害的从业人员依法享有工伤保险外,( )要求生产经营单位给予赔偿的权利。

A. 自动丧失　　　　B. 不得享有　　　C. 应当放弃　　　D. 仍然享有

38. 甲公司将其施工项目发包给乙公司,乙公司将其中部分业务分包给丙公司,丙公司又分包给挂靠在丁公司的蔡某,依据《安全生产法》的规定,负责统一协调,管理各个方面的安全生产工作的责任主体是( )。

A. 蔡某　　　　　　B. 甲公司　　　　C. 乙公司　　　　D. 丙公司

39. 下列公司员工总数均不超过100人。依据《安全生产法》的规定,应当设置安全生产机构或配备专职安全生产管理人员的是( )。

A. 某生鲜产品运输公司　　　　　　　　B. 某汽车配件制造公司

C. 某废旧金属回收公司　　　　　　　　D. 某精密机械加工公司

40. 依据《安全生产法》的规定,安全生产监督检查人员应当将检查的时间、地点、内容、发现

的问题及其处理情况（    ）。

A. 作出书面记录，并由检查人员和被检查单位的负责人签字

B. 口头告知被检查单位，责令立即整改

C. 作出书面记录，并由安全管理部门负责人签字

D. 作出书面记录，并由负有安全生产监督管理职责的部门负责人签字

41. 依据《安全生产法》的规定，生产经营单位（    ）工程项目的安全设施，必须与主体工程同时设计、同时施工、同时投入生产或者使用。

A. 新建、改建、扩建　　　　　　　　　　B. 新建、扩建、引进

C. 扩建、改建、翻修　　　　　　　　　　D. 新建、改建、装修

42. 依据《安全生产法》的规定，生产经营单位从业人员安全生产培训教育的费用由（    ）承担。

A. 从业人员　　　　B. 安全培训机构　　　　C. 政府主管部门　　　　D. 生产经营单位

43. 目前，我国实行"一岗双责、党政同责"，但承担安全生产主体责任的是（    ）。

A. 生产经营单位　　　　　　　　　　　　B. 生产经营单位主要负责人

C. 生产经营单位安全生产主管部门　　　　D. 地方人民政府负责人

44. 依据《安全生产法》的规定，负责生产、储存危险物品的建设项目安全设施验收工作的单位是（    ）。

A. 行业主管部门　　　　　　　　　　　　B. 投资主管部门

C. 建设单位　　　　　　　　　　　　　　D. 安全生产监督管理部门

45. 依据《安全生产法》的规定，事故调查处理应当按照"科学严谨、依法依规、实事求是、注重实效"的原则，及时、准确地查清事故原因，查明事故性质和责任，总结事故教训，提出整改措施，并对事故责任者提出处理意见。（    ）应当依法及时向社会公布。

A. 事故性质　　　　B. 事故原因　　　　C. 事故调查报告　　　　D. 事故整改措施

46. 依据《安全生产法》的规定，生产经营单位的从业人员有权了解其作业场所和工作岗位存在的危险因素、防范措施及（    ）。

A. 劳动用工情况　　　B. 安全技术措施　　　C. 安全投入资金情况　D. 事故应急措施

47. 依据《安全生产法》的规定，安全生产监督管理部门和其他负有安全生产监督管理职责的部门对有根据认为不符合保障安全生产的国家标准或者行业标准的设施、设备、器材以及违法生产、储存、使用、经营、运输的危险物品应当（    ）。

A. 立即责令停止使用，并在 30 日内依法追究直接责任人的法律责任

B. 予以没收，并在 15 日内依法追究生产经营单位主要负责人的法律责任

C. 予以查封或者扣押，并依法作出处理决定

D. 立即扣押或者没收，并在 30 日内依法追究相关责任人的法律责任

48. 依据《安全生产法》的规定，由（    ）依法对负有安全生产监督管理职责的部门及其工作人员履行安全生产监督管理职责实施监察。

A. 纪检机关　　　　B. 监察机关　　　　C. 检察机关　　　　D. 司法机关

49. 依据《安全生产法》的规定，居民委员会、村民委员会发现其所辖区域内的生产经营单位存在的事故隐患或者安全生产违法行为时，（    ）。

A. 应当依法给予行政处罚　　　　　　　　B. 应当立即下达整改通知书

C. 必须向生产经营单位的安全管理部门举报　D. 应当向当地人民政府或者有关部门报告

50. 依据《安全生产法》的规定，从事生产经营活动的股份有限公司，由其（    ）决定安全投

入的资金。

    A. 股东会            B. 监事会            C. 董事会            D. 总经理

51. 依据《安全生产法》的规定,下列关于生产经营单位重大危险源安全管理的说法,正确的是( )。

    A. 生产经营单位应当将本单位重大危险源及安全措施、应急措施向社会通报

    B. 生产经营单位应当对重大危险源进行登记建档、定期检测、评估、监控,并制定应急预案

    C. 设区的市级人民政府应当对重大危险源进行定期监测、评估、监控,并告知相关人员应当采取的应急措施

    D. 省级人民政府应当对重大危险源进行定期检测、评估、监控,并告知相关人员应当采取的应急措施

52. 《安全生产法》第一次在安全生产立法中设定了( )责任,这是安全生产立法的一大突破。

    A. 刑事赔偿            B. 经济补偿            C. 民事赔偿            D. 国家赔偿

53. 依据《安全生产法》的规定,生产经营单位的主要负责人在本单位发生生产安全事故时,不立即组织抢救或者在事故调查处理期间擅离职守或者逃匿的,给予( )的处分,并由安全生产监督管理部门处上一年年收入百分之六十至百分之一百的罚款;对逃匿的处十五日以下拘留;构成犯罪的,依照刑法有关规定追究刑事责任。

    A. 撤职、开除        B. 降级、降职        C. 记过、降级        D. 降级、撤职

54. 某机械制造企业委托具有相关资质的中介机构的专业技术人员为其提供安全生产管理服务。依据《安全生产法》,保证企业安全生产的责任由( )负责。

    A. 专业技术人员                   B. 中介服务机构

    C. 专业技术人员和中介服务机构        D. 机械制造企业

55. 依据《安全生产法》,生产经营单位的主要负责人在本单位发生生产安全事故时( ),处 15 日以下拘留;构成犯罪的,依法追究刑事责任。

    A. 不立即组织抢救的                B. 擅离职守的

    C. 逃匿的                         D. 不妥善保护现场的

56. 依据《安全生产法》,关于安全生产违法行为责任主体,下列说法中,正确的是( )。

    A. 责任主体包括生产经营单位及从业人员,不包括其他主体

    B. 责任主体包括生产经营单位、个体工商户和合伙组织,不包括国家机关工作人员

    C. 责任主体包括生产经营单位,不包括生产经营单位从业人员

    D. 责任主体包括政府及其有关部门工作人员、生产经营单位及其从业人员、中介机构及相关人员

57. 依据《安全生产法》的规定,责令生产经营单位关闭的处罚决定只能由( )作出。

    A. 县级以上人民政府安全部门        B. 县级以上人民政府行业主管部门

    C. 县级以上人民政府工商管理部门      D. 县级以上人民政府

58. 依据《安全生产法》,生产经营单位与从业人员订立协议,免除或减轻其对从业人员因生产安全事故伤亡依法应当承担的责任的,该协议无效,对生产经营单位( )。

    A. 责令停止生产

    B. 责令停产整顿

    C. 要请人民政府予以关闭

    D. 主要负责人、个人经营的投资人给予罚款处罚

59. 某市食品加工厂原有员工50人,因业务发展需要,又新增员工100人。依据《安全生产法》,该厂安全生产管理人员的配备符合要求的是(    )。

A. 配备10名兼职安全生产管理人员

B. 配备20名具有国家规定的相关专业技术资格的工程技术人员作为兼职的安全生产管理人员

C. 委托具有国家规定的相关专业技术资格的工程技术人员提供安全生产管理服务

D. 配备2名专职安全生产管理人员

60. 某施工单位项目部将自己的业务发包给不具备经营资质的施工队。在施工过程中,因施工队不注意安全防护导致在建工程基坑坍塌,造成1人死亡、2人重伤。依据《安全生产法》,下列关于此次事故伤亡赔偿责任的说法中,正确的是(    )。

A. 由施工队承担赔偿责任                    B. 由施工单位项目部承担赔偿责任

C. 由施工单位承担赔偿责任                  D. 由施工单位与施工队承担连带赔偿责任

61. 依据《安全生产法》的规定,矿山、金属冶炼建设项目或者用于(    )危险物品的建设项目没有安全设施设计或者安全设施设计未按照规定报经有关部门审查同意的,责令停止建设或者停产停业整顿,限期改正;逾期未改正的,处50万元以上100万元以下的罚款,对其直接负责的主管人员和其他直接责任人员处2万元以上5万元以下的罚款;构成犯罪的,依照刑法有关规定追究刑事责任。

A. 使用              B. 储存              C. 运输              D. 处置

62. 依据《安全生产法》的规定,生产经营单位与从业人员订立的劳动合同,应当载明有关保障从业人员(    )的事项,以及依法为从业人员办理工伤保险的事项。

A. 工资待遇、岗位津贴                      B. 劳动时间、休假制度

C. 劳动安全、防止职业危害                  D. 聘用条件、解聘规定

63. 依据《安全生产法》的规定,生产经营单位未采取措施消除事故隐患的,责令立即消除或者限期消除;生产经营单位拒不执行的,责令停产停业整顿,并处(    )的罚款,对其直接负责的主管人员和其他直接责任人员处(    )的罚款。

A. 10万元以上50万元以下  2万元以上5万元以下

B. 10万元以上50万元以下  1万元以上2万元以下

C. 10万元以上20万元以下  2万元以上5万元以下

D. 10万元以上20万元以下  1万元以上2万元以下

64. 依据《安全生产法》的规定,下列组织中,有权对建设项目的安全设施与主体工程同时设计、同时施工、同时投入生产和使用情况进行监督并提出意见的是(    )。

A. 工会              B. 行业协会          C. 设计单位          D. 施工单位

65. 依据《安全生产法》的规定,下列关于《安全生产法》适用范围的说法中,正确的是(    )。

A. 有关法律、行政法规对非煤矿山另有规定的,不适用《安全生产法》

B. 铁路交通安全的有关法律、行政法规没有规定的,适用《安全生产法》

C. 有关法律、行政法规对烟花爆竹、民用爆破器材安全另有规定的,不适用《安全生产法》

D. 有关法律、行政法规对危险化学品安全另有规定的,不适用《安全生产法》

66. 依据《安全生产法》的规定,生产经营单位必须遵守本法和其他有关安全生产的法律、法规,加强安全生产管理,建立、健全安全生产责任制和安全生产规章制度,改善安全生产条件,推进(    )建设,提高安全生产水平,确保安全生产。

A. 职业安全健康管理体系      B. 6S

C. 安全评价      D. 安全生产标准化

67. 依据《安全生产法》的规定，从业人员有 80 人的某机械制造企业应当（   ）。

A. 设置安全生产管理机构

B. 设置安全生产管理机构并配备专职安全生产管理人员

C. 配备不低于从业人员 20％比例的注册安全工程师

D. 配备专职或兼职安全生产管理人员

68. 依据《安全生产法》，生产经营单位使用的危险物品的容器、运输工具，以及涉及人身安全、危险性较大的海洋石油开采特种设备和矿山井下特种设备，必须按照国家有关规定，由专业生产单位生产，并经具有专业资质的检测、检验机构检测、检验合格，取得（   ），方可投入使用。检测、检验机构对检测、检验结果负责。

A. 检测检验合格证或者运输准运证      B. 安全使用证或者安全标志

C. 安全认证标志或安全警示标志      D. 安全生产许可证或安全警示标志

69. 某安全评价服务中心为一家生产剧毒磷化物的企业进行安全评价，收取 9 万元服务费，出具了虚假安全评价报告。根据《安全生产法》，安全监管部门应当依法没收该机构违法所得，并处（   ）的罚款。

A. 2 万元以上 5 万元以下      B. 5 万元以上 10 万元以下

C. 15 万元以上 25 万元以下      D. 10 万元以上 20 万元以下

70. 依据《安全生产法》，生产经营单位制定或者修改有关安全生产的规章制度，应当听取（   ）的意见。

A. 安全部门      B. 生产部门      C. 工会      D. 人力资源部门

71. 依据《安全生产法》的规定，从业人员发现直接危及人身安全的紧急情况时，可以（   ）后撤离作业场所。

A. 经安全管理人员同意      B. 采取可能的应急措施

C. 经现场负责人同意      D. 经单位负责人批准

72. 依据《安全生产法》的规定，因生产安全事故受到伤害的人员，有权依法得到相应的赔偿。下列关于赔偿的说法中，正确的是（   ）。

A. 只能依法获得工伤保险赔偿

B. 工伤保险赔偿不足的，可以依据有关民事法律提出赔偿要求

C. 除依法享有工伤保险赔偿外，可以依据有关民事法律提出赔偿要求

D. 只能依照有关民事法律提出赔偿要求

73. 依据《安全生产法》的规定，危险物品的生产、经营、储存单位以及矿山、金属冶炼、城市轨道交通运营、建筑施工单位应当建立应急救援组织；生产经营规模较小的，可以不建立应急救援组织，但应当（   ）。

A. 与政府监管部门签订救援协议      B. 与保险公司签订意外伤害保险协议

C. 指定专职的应急救援人员      D. 指定兼职的应急救援人员

74. 依据《安全生产法》的规定，生产经营单位发生生产安全事故后，事故现场有关人员应当立即报告（   ）。

A. 本单位负责人      B. 安全生产监管人员

C. 所在地安全生产监管部门      D. 所在地人民政府

75. 一企业不依照《安全生产法》有关规定保证安全生产所必需的资金投入，导致发生生产

安全事故,尚不构成犯罪的,给予主要负责人(    )的行政处分。

A. 降级 　　　　　　B. 降职 　　　　　　C. 撤职 　　　　　　D. 开除

76. 依据《安全生产法》的规定,承担安全评价、认证、检测、检验工作的机构,出具虚假证明的,没收违法所得;违法所得在 10 万元以上的,并处违法所得二倍以上五倍以下的罚款;没有违法所得或者违法所得不足 10 万元的,单处或者并处 10 万元以上 20 万元以下的罚款;对其直接负责的主管人员和其他直接责任人员处(    );给他人造成损害的,与生产经营单位承担连带赔偿责任;构成犯罪的,依照刑法有关规定追究刑事责任。

A. 暂扣或者吊销其相应资格 　　　　　B. 处 1 万元以上 2 万元以下的罚款

C. 处 2 万元以上 5 万元以下的罚款 　　D. 5 年内不得从事安全评价工作

77. 依据《安全生产法》的规定,生产经营单位进行爆破、吊装以及其他危险作业,未安排专门人员进行现场安全管理的,责令限期改正,可以处 10 万元以下的罚款;逾期未改正的,责令停产停业整顿,并处(    )的罚款,对其直接负责的主管人员和其他直接责任人员处 2 万元以上 5 万元以下的罚款;构成犯罪的,依照刑法有关规定追究刑事责任。

A. 5 万元以下 　　　　　　　　　　B. 10 万元以上 20 万元以下

C. 2 万元以上 10 万元以下 　　　　D. 5 万元以上 20 万元以下

78. 依据《安全生产法》的规定,各级人民政府及其有关部门应当采取多种形式,加强对有关安全生产的法律、法规和安全生产知识的宣传,增强(    )的安全生产意识。

A. 广大民众 　　　　B. 农民工 　　　　C. 全社会 　　　　D. 领导

79. 依据《安全生产法》的规定,矿山、金属冶炼、建筑施工、道路运输单位和危险物品的生产、经营、储存单位以外的其他生产经营单位,从业人员超过(    )人的,应当设置安全生产管理机构或者配备专职安全生产管理人员。

A. 200 　　　　　　B. 300 　　　　　　C. 100 　　　　　　D. 50

80. 根据《安全生产法》的规定,发现危及从业人员生命安全的情况时,工会有权(    )从业人员撤离危险场所。

A. 代表生产经营单位决定 　　　　　B. 向生产经营单位建议组织

C. 命令现场负责人组织 　　　　　　D. 采取紧急措施指挥

81. 依据《安全生产法》的规定,生产经营单位将生产经营项目、场所或设备发包或者出租给不具备安全生产条件的单位或者个人,导致发生生产安全事故造成他人损害的,与承包方、承租方承担(    )责任。

A. 同等补偿 　　　　B. 连带赔偿 　　　　C. 按份补偿 　　　　D. 等额赔偿

82. 依据《安全生产法》的规定,生产经营单位进行爆破、吊装以及国务院安全生产监督管理部门会同国务院有关部门规定的其他危险作业,应当安排专门人员进行现场(    ),确保操作规程的遵守和安全措施的落实。

A. 安全评估 　　　　B. 安全管理 　　　　C. 安全监察 　　　　D. 设施检测

83. 依据《安全生产法》的规定,生产经营单位的主要负责人有前款违法行为,导致发生生产安全事故的,给予撤职处分;构成犯罪的,依照刑法有关规定追究刑事责任;生产经营单位的主要负责人依照前款规定受刑事处罚或者撤职处分的,自刑罚执行完毕或者受处分之日起,5 年内不得担任任何生产经营单位的主要负责人;对重大、特别重大生产安全事故负有责任的,(    )不得担任本行业生产经营单位的主要负责人。

A. 10 年 　　　　　　B. 20 年 　　　　　　C. 30 年 　　　　　　D. 终身

84. 依据《安全生产法》,危险物品的(    )单位以及矿山、金属冶炼单位的安全生产管理人员的任免,应当告知主管的负有安全生产监督管理职责的部门。

A. 经营、使用　　　B. 加工、运输　　　C. 生产、储存　　　D. 生产、使用

85. 依据《安全生产法》的规定,从业人员发现事故隐患或者其他不安全因素的,应当立即(　　)。

A. 撤离现场

B. 向上级安全监督部门报告

C. 向政府有关部门报告

D. 向现场安全管理人员或本单位负责人报告

86. 依据《安全生产法》的规定,(　　)组织依照法律、行政法规和章程,为生产经营单位提供安全生产方面的信息、培训等服务,发挥自律作用,促进生产经营单位加强安全生产管理。

A. 县级政府　　　B. 有关协会　　　C. 行业部门　　　D. 安全事务所

87. 依据《安全生产法》的规定,有关生产经营单位应当按照规定提取和使用(　　),专门用于改善安全生产条件。

A. 安全生产费用　　B. 风险抵押金　　　C. 生产投入费用　　D. 工伤保险费用

88. 依据《安全生产法》的规定,生产经营单位应当对从业人员进行安全生产教育和培训,保证从业人员具备必要的安全生产知识,熟悉有关的安全生产规章制度和安全操作规程,掌握本岗位的安全操作技能,了解(　　),知悉自身在安全生产方面的权利和义务。未经安全生产教育和培训合格的从业人员,不得上岗作业。

A. 现场的环境　　　　　　　　　B. 现场工艺设备

C. 危险源及职业危害　　　　　　D. 事故应急处理措施

89. 依据《安全生产法》的规定,生产经营单位接收中等职业学校、高等学校学生实习的,应当对实习学生进行相应的安全生产教育和培训,提供必要的(　　)。学校应当协助生产经营单位对实习学生进行安全生产教育和培训。生产经营单位应当建立安全生产教育和培训档案,如实记录安全生产教育和培训的时间、内容、参加人员以及考核结果等情况。

A. 工具和器材　　B. 工作服　　　C. 劳动防护用品　　　D. 食宿

90. 依据《安全生产法》的规定,生产经营单位必须依法参加工伤保险,为从业人员缴纳保险费。国家鼓励生产经营单位投保(　　)。

A. 意外伤害险　　B. 人寿保险　　　C. 安全生产责任保险　D. 医疗保险

91. 依据《安全生产法》的规定,县级以上地方各级人民政府应当根据本行政区域内的安全生产状况,组织有关部门按照职责分工,对本行政区域内容易发生重大生产安全事故的生产经营单位进行严格检查。安全生产监督管理部门应当按照分类分级监督管理的要求,制订(　　),并进行监督检查,发现事故隐患,应当及时处理。

A. 安全生产季度监督检查计划　　B. 日监督检查计划

C. 安全生产年度监督检查计划　　D. 安措计划

92. 依据《安全生产法》的规定,负有安全生产监督管理职责的部门依照相关规定采取停止供电措施,除有危及生产安全的紧急情形外,应当提前(　　)小时通知生产经营单位。生产经营单位依法履行行政决定、采取相应措施消除事故隐患的,负有安全生产监督管理职责的部门应当及时解除前款规定的措施。

A. 12　　　　　B. 24　　　　　C. 36　　　　　D. 48

93. 依据《安全生产法》的规定,国家加强生产安全事故应急能力建设,在重点行业、领域建立应急救援基地和应急救援队伍,鼓励生产经营单位和其他社会力量建立应急救援队伍,配备相

应的( ),提高应急救援的专业化水平。

    A. 应急救援装备和物资          B. 应急器材

    C. 应急产品                          D. 应急医疗部门

94. 依据《安全生产法》的规定,生产经营单位应当制定本单位生产安全事故应急救援预案,与所在地( )以上地方人民政府组织制定的生产安全事故应急救援预案相衔接,并定期组织( )。

    A. 县级 培训      B. 市级 教育      C. 县级 演练      D. 市级 演练

95. 依据《安全生产法》的规定,生产经营单位的主要负责人对本单位安全生产工作负有七个方面的职责,首要的是( )。

    A. 保证本单位安全生产投入的有效实施

    B. 建立、健全本单位安全生产责任制

    C. 及时、如实报告生产安全事故

    D. 组织制定并实施本单位安全生产教育和培训计划

96. 依据《安全生产法》的规定,生产安全一般事故、较大事故、重大事故、特别重大事故的划分标准由( )规定。

    A. 安全生产管理部门                  B. 地方政府

    C. 国务院                         D. 工会

97. 依据《安全生产法》的规定,生产经营单位的主要负责人在本单位发生生产安全事故时,不立即组织抢救或者在事故调查处理期间擅离职守或者逃匿的,给予降级、撤职的处分,并由安全生产监督管理部门处上一年年收入( )的罚款。

    A. 百分之十至百分之一百          B. 百分之三十至百分之一百

    C. 百分之五十至百分之一百          D. 百分之六十至百分之一百

98. 依据《安全生产法》的规定,生产经营单位的主要负责人未履行本法规定的安全生产管理职责,导致发生生产安全( )事故的,由安全生产监督管理部门依照下列规定处以上一年年收入百分之三十的罚款。

    A. 一般          B. 较大          C. 重大          D. 特别重大

99. 依据《安全生产法》的规定,生产经营单位的从业人员不服从管理,违反安全生产规章制度或者操作规程的,由生产经营单位给予批评教育,依照有关规章制度给予( )。

    A. 行政处罚      B. 处分      C. 追究刑事责任      D. 批评教育

100. 依据《安全生产法》的规定,两个以上生产经营单位在同一作业区域内进行可能危及对方安全生产的生产经营活动,未签订安全生产管理协议或者未指定专职安全生产管理人员进行安全检查与协调的,责令限期改正,可以处( )以下的罚款。

    A. 1 万元      B. 2 万元      C. 5 万元      D. 10 万元

101. 依据《安全生产法》规定,负有安全生产监督管理职责的部门在监督检查中,应当互相配合,实行( )检查。

    A. 专项          B. 交叉          C. 联合          D. 定期

102. 依据《安全生产法》的规定,某公司安全生产管理人员在检查本公司的安全生产状况和事故隐患工作时,下列做法正确的是( )。

    A. 对检查中发现的安全问题,立即处理,同时向主管的负有安全监管职责的部门报告,检查处理及报告情况,如实记录在案

    B. 对检查中发现的重大事故隐患,立即向本公司有关负责人报告,有关负责人不及时处理

的,可以向主管的负有安全监管职责的部门报告

C. 对检查中发现的安全问题,立即报告本公司有关负责人,同时向主管的有安全监管职责的部门报告,报告情况如实记录在案

D. 对检查中发现的重大事故隐患,立即处理,并向本公司主要负责人报告,同时立即向主管的负有安全监管职责的部门报告

103. 依据《安全生产法》的规定,事故隐患排查治理情况应当(　　),并向从业人员通报。

A. 及时报告　　　　B. 书面报告　　　　C. 如实记录　　　　D. 予以公布

104. 依据《安全生产法》的规定,生产经营单位对重大危险源应当(　　),进行定期检测、评估、监控,并制定应急预案,告知从业人员和相关人员在紧急情况下应当采取的应急措施。

A. 登记建档　　　　B. 专人值守　　　　C. 立即排除　　　　D. 做好记录

105. 依据《安全生产法》的规定,生产经营单位应当在有较大危险因素的生产经营场所和有关设施、设备上,设置明显的(　　)。

A. 安全操作规程　　　　B. 使用说明书　　　　C. 安全警示标志　　　　D. 应急逃生路线

106. 依据《安全生产法》的规定,生产经营单位应当建立安全生产教育和培训档案,如实记录安全生产教育和培训的时间、内容、参加人员以及(　　)等情况。

A. 学习地点　　　　B. 授课情况　　　　C. 考试合格率　　　　D. 考核结果

107. 甲化工厂年产5万吨40%乙二醛、2万吨蓄电池硫酸、2万吨发烟硫酸。甲厂计划明年调整部分生产业务,将硫酸生产线外包给其他单位。依据《安全生产法》,甲厂的下列调整计划中,符合规定的是(　　)。

A. 将蓄电池硫酸生产线外包给乙蓄电池装配厂,由乙厂全面负责安全管理

B. 将发烟硫酸生产线外包给丙磷肥厂,由甲厂全面负责安全管理

C. 与承包方签订协议,约定外包生产线的安全责任由承包单位全部承担

D. 外包的同时,该工厂还负责统一协调、管理外包生产线的安全生产工作

108. 依据《安全生产法》的规定,生产经营单位应当依法为从业人员办理的是(　　)。

A. 养老保险　　　　B. 工伤社会保险　　　　C. 人身意外伤害保险　　D. 医疗保险

109. 某机械股份有限公司因未及时整改隐患发生3人死亡,5人受伤的生产安全事故,该公司总经理张某因此受到刑事处罚。依据《安全生产法》,张某自刑罚执行完毕之日起(　　)不得担任生产经营单位的主要负责人。

A. 1年内　　　　B. 3年内　　　　C. 5年内　　　　D. 终身

110. 依据《安全生产法》的规定,生产经营单位应当具备的安全生产条件所必需的资金投入,由生产经营单位的决策机构、(　　)或者个人经营的投资人予以保证,并对由于安全生产所必需的资金投入不足导致的后果承担责任。

A. 总会计师　　　　　　　　　　　　B. 主要负责人

C. 主管安全生产的副职　　　　　　　D. 项目负责人

111. 某股份公司董事长由上一级单位的总经理担任,长期在外地。该公司的总经理在党校脱产学习一年,期间日常工作由常务副总经理负责,分管安全生产的副总经理协助其工作。根据《安全生产法》,此期间对该公司安全生产工作全面负责的主要负责人是(　　)。

A. 董事长　　　　　　　　　　　　　B. 总经理

C. 常务副总经理　　　　　　　　　　D. 分管安全生产的副总经理

112. 张某为某国营粮库的法定代表人,负责粮库的生产经营活动。根据《安全生产法》,下列关于该粮库安全生产的职责中,不属于张某基本职责的是(　　)。

A. 组织制定粮库安全生产规章制度      B. 保证粮库安全生产投入的有效实施

C. 组织制定粮库事故应急救援预案      D. 为职工讲授安全生产培训课程

113. 依据《安全生产法》的规定,下列生产经营单位应当设置安全生产管理机构或者配备专职安全生产管理人员的是( )。

A. 从业人员 80 人的危险化学品使用单位      B. 从业人员 60 人的机械制造单位

C. 从业人员 90 人的食品加工单位      D. 从业人员 50 人的建筑施工单位

114. 某水泥厂实施爆破拆除,根据《安全生产法》,该厂应当采取的措施是( )。

A. 申请公安机关实施警戒      B. 通知环境保护部门实施监测

C. 安排专门人员进行现场安全管理      D. 报告安全监管部门实施监控

115. 甲公司在 50 米高立脚仓现场施工作业中,委托乙公司承担仓顶防水材料吊装作业,委托丙公司承担仓内设备安装作业,委托丁监理公司负责施工监理。三家公司同时开展相关作业,根据《安全生产法》,对上述作业活动进行相应安全管理的做法中,正确的是( )。

A. 甲公司与乙公司、丙公司签订安全生产管理协议,约定各自的安全生产管理职责

B. 甲公司与乙公司、丙公司签订安全生产管理协议,约定由乙公司、丙公司承担安全生产管理职责

C. 甲公司与丁公司签订安全生产管理协议,约定由丁公司承担安全生产管理职责

D. 甲公司指定丁公司监理人员对乙公司、丙公司的安全生产工作进行统一协调管理

116. 某生产车间进行吊装作业,为防止吊装物料大量滑落,班长要求工人站在吊装的物料上。根据《安全生产法》,工人正确的做法是( )。

A. 执行班长的工作指令      B. 系上安全带进行作业

C. 拒绝班长的工作指令      D. 穿上防滑鞋进行作业

117. 某贸易公司、煤业公司、当地投资公司按 4∶3∶3 的比例共同成立一家化工公司。该化工公司的董事长由常驻海外的贸易公司张某担任;总经理由贸易公司王某担任,全面负责生产经营活动;副总经理由煤业公司孙某担任,负责日常生产管理;安全总监由投资公司赵某担任,负责安全管理。依据《安全生产法》的规定,负责组织制定并实施该化工公司安全生产应急预案的是( )。

A. 张某      B. 王某      C. 孙某      D. 赵某

118. 某企业有基层员工 146 人,管理人员 10 人,主要经营环氧乙烷,并提供运输服务。依据《安全生产法》的规定,下列关于该企业安全生产管理机构设置和人员配备的说法,正确的是( )。

A. 应委托某注册安全工程师事务所提供安全生产管理服务

B. 应委托某注册安全工程师提供安全生产管理服务

C. 应配备专职安全生产管理人员

D. 应配备兼职安全生产管理人员

119. 依据《安全生产法》的规定,企业与职工订立合同,免除或者减轻其职工因生产安全事故伤亡依法应承担的责任,该合同无效。对该违法行为应当实施的处罚是( )。

A. 责令停产整顿      B. 提请所在地人民政府关闭企业

C. 对企业主要负责人给予治安处罚      D. 对责任负责人给予罚款

120. 某厂焊接工张某因生产安全事故受到伤害。依据《安全生产法》的规定,下列关于张某获取赔偿的说法中,正确的是( )。

A. 只能依法获得工伤社会保险赔偿

B. 只能依照有关民事法律提出赔偿要求

C. 工伤社会保险赔偿不足的,应当向民政部门提出赔偿要求

D. 除依法享有工伤保险赔偿外,可以依照有关民事法律提出赔偿要求

121. 某省建设行政管理部门在对一大型施工工地进行安全检查时发现,有两个施工单位在一个作业区域进行可能危及生产安全的施工作业。这两个施工单位未签订安全生产管理协议,而且未确定专职安全生产管理人员进行安全检查与协调。该省建设行政管理部门当即下达逾期整改通知书,但这两个施工单位逾期仍未改正。依据《安全生产法》的规定,该省建设行政管理部门应当( )。

A. 对两个施工单位处以罚款      B. 责令两个施工单位停业整顿

C. 吊销两个单位的安全生产许可证      D. 吊销两个单位的施工许可证

122. 某安全监测中介机构在对某钢铁厂新安装的设备进行检测验收时,未按规定进行检验,便出具了检测验收报告,致使设备投入使用后不久因其存在的重大隐患引发事故,造成多人死亡。依据《安全生产法》的规定,安全监管部门对该安全监测中介机构除处以罚款、对相关责任者追究行政责任外,还应给予的行政处罚是( )。

A. 吊销营业执照      B. 责令停业整顿

C. 吊销检测机构资格      D. 吊销检测机构负责人资格

123. 某县安全监管部门在调查一起死亡事故时,发现某生产经营单位与从业人员订立的劳动合同中,有减轻该单位对从业人员因生产安全事故伤亡依法应承担责任的条款。依据《安全生产法》的规定,可以对该单位的主要负责人给予罚款,处罚金额符合规定的是( )。

A. 5000 元      B. 15000 元      C. 40000 元      D. 120000 元

124. 某食品生产企业有员工 350 人,管理人员 30 人。依据《安全生产法》的规定,下列关于该企业安全生产管理机构设置和人员配备的说法,正确的是( )。

A. 应委托某注册安全工程师提供安全生产管理服务

B. 应委托某注册安全工程师事务所提供安全生产管理服务

C. 应配备专职的安全生产管理人员

D. 应配备兼职的安全生产管理人员

125. 某电厂的火电机组脱硫改造项目,由甲公司负责总体设计,乙公司承担其中的土建及设备基础工程,丙公司承担其中的钢结构安装、加固及管道工程,委托丁公司负责施工监理。四家公司同时开展相关工作。依据《安全生产法》的规定,下列关于签订安全生产管理协议的做法,正确的是( )。

A. 甲公司与乙、丙公司分别签订安全生产管理协议,由乙、丙公司负责该改造项目安全生产工作的统一协调和管理

B. 电厂分别与甲、乙、丙、丁公司签订安全生产管理协议,并指定专职安全生产管理人员进行安全检查与协调

C. 甲公司与丁公司签订安全生产管理协议,由丁公司负责该改造项目安全生产工作的统一协调和管理

D. 乙、丙公司与丁公司签订安全生产管理协议,由丁公司负责承包范围内的安全生产工作的协调和管理

126. 某钢铁公司要建一个厂房,选定由甲公司和乙公司承建,并与其签订专门的安全生产管理协议。甲公司没有相关资质,在施工当中发生了人身伤亡事故。依据《安全生产法》的规定,下列关于安全生产管理职责的说法,错误的是( )。

A. 钢铁公司将建设项目发包给甲公司违反规定

B. 钢铁公司已经与甲、乙公司签订安全生产管理协议,因此,事故发生后钢铁公司不承担安全生产责任

C. 钢铁公司与乙公司可以在承包合同中约定各自的安全生产管理责任

D. 钢铁公司需要对甲、乙公司的建设工程的安全生产进行统一协调、管理

127. 某企业施工队队长甲某率队开挖沟槽。作业中,现场未采取任何安全支撑措施。工人乙认为风险很大,要求暂停作业,但甲某以不下去干活就扣本月奖金相威胁,坚持要求继续作业,乙拒绝甲某的指挥。依据《安全生产法》的规定,下列关于企业对乙可采取措施的说法,正确的是( )。

A. 不得给予乙任何处分                 B. 可以给予乙通报批评、记过等处分

C. 可以解除与乙订立的劳动合同         D. 可以降低乙的工资和福利待遇

128. 某煤矿企业与矿工签订的用工协议中规定:如果矿工作业时发生事故而丧失部分劳动能力,将得到一次性补偿金20000元,完全丧失劳动能力则一次性补偿50000元,此后企业与矿工不再有任何关系,不再负责其他善后事项。依据《安全生产法》的规定,下列关于该企业用工协议的说法,正确的是( )。

A. 该协议无效,应对企业的主要负责人给予10日以下拘留

B. 该协议具有法律效力,若矿工因工受伤,应遵照办理

C. 该协议无效,因工受伤的矿工有权向企业提出赔偿要求

D. 该协议中的赔偿事项成立,数额不足部分由企业补足

129. 某企业的主要负责人甲某因未履行安全生产管理职责,导致发生生产安全事故,于2008年9月12日受到撤职处分。该企业改制分立新企业拟聘甲某为主要负责人。依据《安全生产法》的规定,甲某可以任职的时间是( )。

A. 2009年9月12日后                 B. 2010年9月12日后

C. 2011年9月12日后                 D. 2013年9月12日后

130. 依据《安全生产法》的规定,下列关于各级人民政府安全生产职责的说法,正确的是( )。

A. 县级以上地方各级人民政府履行本行政区域内的安全监管职责,对生产经营单位安全生产状况实施监督检查

B. 县级以上各级人民政府应当根据国民经济和社会发展规划制定安全生产规划,并组织实施

C. 乡、镇人民政府应当支持、督促各有关部门依法履行安全监管职责,建立健全安全生产工作协调机制,及时协调、解决安全生产监督管理中存在的重大问题

D. 街道办事处、开发区管理机构等地方人民政府的派出机关对本行政区域内的安全生产工作实施综合监督管理,加强对本行政区域内生产经营单位安全生产状况的监督检查

131. 张某为某服装厂安全主管,王某为某食品厂安全主管,李某为某炼钢厂安全主管,赵某为某建筑公司安全主管。依据《安全生产法》的规定,上述人员的任免应当告知安全监管主管部门的是( )。

A. 张某           B. 王某           C. 李某           D. 赵某

132. 某危险物品储存单位有从业人员25人。依据《安全生产法》的规定,下列关于该单位设置安全生产管理机构和配备安全生产管理人员的说法,正确的是( )。

A. 应当配备专职或者兼职的安全生产管理人员

B. 可以不配备专职的安全生产管理人员,但必须配备兼职的安全生产管理人员

C. 可以不设置安全生产管理机构,但必须配备专职安全生产管理人员

D. 不需要设置安全生产管理机构或配备专职安全生产管理人员,可委托具有相关安全资质的服务机构提供安全生产管理服务

133. 依据《安全生产法》的规定,下列建设项目需要进行安全评价的是(　　)。

A. 150 万吨/年花岗岩矿项目　　　　　　B. 20 万辆/年乘用车项目

C. 15000 平方米日用品仓储项目　　　　　D. 220 千伏变电站项目

134. 某地铁运营企业的安全生产管理人员张某在日常安全检查中发现重大事故隐患。依据《安全生产法》的规定,下列关于张某报告隐患的正确做法应该是(　　)。

A. 立即报告所在地安全监管部门　　　　　B. 立即报告所在地的市政主管部门

C. 立即报告地铁运营企业有关负责人　　　D. 立即报告所在地交通主管部门

135. M 公司在其粮仓扩建项目中,将仓顶防水作业委托给 N 公司,同时委托 L 公司承担仓内电气设备安装作业,委托 W 公司负责施工监理。防水和安装作业同时开展。依据《安全生产法》的规定,下列关于上述作业活动安全管理职责的说法,正确的是(　　)。

A. M 公司应与 W 公司签订安全生产管理协议,约定由 W 公司承担安全生产管理职责

B. M 公司应与 N 公司、L 公司签订安全生产管理协议,约定安全生产管理职责由 N 公司、L 公司承担

C. M 公司应与 N 公司、L 公司签订安全生产管理协议,约定各自安全生产管理职责

D. M 公司应委托安全服务机构对该扩建项目的安全生产工作进行统一协调管理

136. 依据《安全生产法》的规定,当企业发生生产安全事故时,企业有关人员的正确做法应该是(　　)。

A. 企业事故现场人员立即报告当地安全监管部门

B. 企业事故现场人员应立即撤离作业场所,并在 2 小时内报告安全监管部门

C. 企业负责人应当迅速组织抢救,减少人员伤亡和财产损失

D. 企业负责人因组织抢救破坏现场的,必须请安全监管部门批准

137. 依据《安全生产法》的规定,下列关于从业人员安全生产义务的说法,错误的是(　　)。

A. 在作业过程中,严格遵守安全生产规章制度和操作规程,服从管理,正确佩戴和使用劳动防护用品

B. 具备与本单位所从事的生产经营活动相应的安全生产知识和能力,并由有关行政主管部门考核合格

C. 接受安全生产教育和培训,掌握工作所需的安全生产知识,提高安全生产技能,增强事故预防和应急处理能力

D. 发现事故隐患或者其他不安全因素,应当立即向现场安全生产管理人员或本单位负责人报告

138. 某农药生产企业存在重大事故隐患,安全监管部门对该企业作出停产停业整顿处罚,但该企业仍然继续生产,安全监管部门决定对该企业采取停止供电措施。依据《安全生产法》的规定,通知对该生产经营单位停止供电措施的时间应当至少提前(　　)。

A. 8 小时　　　　　B. 12 小时　　　　　C. 24 小时　　　　　D. 48 小时

139. 按照年度安全监督检查计划,某地级市安全监管部门负责危化品监管的执法人员张某,深入该市某化工企业检查其危化品生产和储存情况。依据《安全生产法》的规定,张某在检查过程中的正确做法应该是(　　)。

A. 检查前,向企业负责人出示工作证

B. 企业未实施风险公告,当即责令其停产整改

C. 检查中涉及技术秘密,仍要求企业提供相关工艺参数

D. 检查结束,未要求企业负责人在检查记录上签字

140. 某县安全监管部门王某,对本县的某企业进行了现场检查,并针对检查发现的问题,采取了处置措施。依据《安全生产法》的规定,王某下列履职行为,正确的是( )。

A. 发现一台进口的设备未进行危险有害因素识别,予以查封

B. 发现安全生产教育和培训记录作假,给予 3 万元罚款处罚

C. 现场发现 10 多例违章作业行为,责令企业停产停业整顿

D. 发现一厂房有倒塌危险,提请当地人民政府对该企业予以关闭

141. 依据《安全生产法》的规定,下列关于安全监管人员履行监管职责的说法,错误的是( )。

A. 负有安全监管职责的部门在监督检查中,应当互相配合,实行联合检查

B. 执行监督检查任务时,对涉及被检查单位的技术秘密和业务秘密予以保密

C. 对违法生产、储存、使用、经营危险物品的作业场所予以查封

D. 将检查发现的问题及其处理情况以口头形式告知被检查单位的负责人

142. 县级以上各级人民政府要依法履行生产安全事故应急救援职责,做好应急救援准备,尽可能减少事故造成的人员伤亡和财产损失。依据《安全生产法》的规定,下列不属于政府应急救援相关职责的是( )。

A. 地方各级人民政府应加强生产安全事故应急能力建设,在重点领域建立应急救援基地

B. 国务院安全监管部门负责建立全国统一的生产安全事故应急救援信息系统

C. 县级以上地方各级人民政府应当组织有关部门制定本行政区域内较大以上事故应急救援预案

D. 地方各级人民政府鼓励生产经营单位建立应急救援队伍,配备相应的应急救援装备和物资

143. 依据《安全生产法》的规定,下列关于生产经营单位应急救援工作的说法,错误的是( )。

A. 生产经营单位应当制定本单位生产安全事故应急救援预案,并与所在地县级以上地方人民政府的生产安全事故应急救援预案相衔接

B. 生产经营单位应当建立应急救援组织,生产经营规模较小的可以不建立应急救援组织,但应当指定兼职的应急救援人员

C. 危险物品的生产经营单位应当配备必要的应急救援器材、设备和物资,并进行经常性的维护保养,保证正常运转

D. 生产经营单位发生生产安全事故后,应当迅速采取有效措施,组织抢救,防止事故扩大

144. 某化工集团预投资建设生产剧毒磷化物的工厂,委托某机构进行安全评价。该机构在对项目的评价过程中,发现了若干不符合安全条件的问题,在化工集团将原定的服务报酬标准提高至 50 万元后,出具了建设项目符合要求的安全评价报告。依据《安全生产法》的规定,对该机构出具虚假报告的处罚应该是( )。

A. 没收违法所得,并处 40 万元的罚款　　　　B. 没收违法所得,并处 80 万元的罚款

C. 没收违法所得,并处 150 万元的罚款　　　　D. 没收违法所得,并处 450 万元的罚款

145. 某大型仓储企业有闲置厂房多处,为盘活固定资产,对外出租闲置厂房。依据《安全生

产法》的规定,下列做法正确的是(　　)。

A. 将某闲置厂房出租给某矿山企业存放民用爆炸物品,并与该企业签订专门的安全生产管理协议,约定由该企业全权负责安全管理并承担安全责任

B. 将某闲置厂房出租给某物流公司,在租赁合同中明确双方安全职责,并按照合同约定由出租方定期对该公司进行安全检查,发现安全问题及时督促整改

C. 将某闲置厂房出租给某大型连锁超市,双方签订专门的安全生产管理协议,规定出租方不承担对该连锁超市安全生产监察的责任

D. 将某闲置厂房出租给某保险公司做营业用房。考虑到保险公司业务特点,在租赁合同中对双方安全职责未作明确规定

146. 某公司发生生产安全事故,根据《安全生产法》的规定,关于该公司事故报告和应急救援的说法,正确的是(　　)。

A. 发生一般及以上生产安全事故时,该公司负责人应当立即组织抢救,并按有关规定立即如实报告有关部门

B. 发生较大及以上生产安全事故时,该公司负责人应当立即组织抢救,一般事故由该公司安全员立即组织抢救

C. 发生重大及以上生产安全事故时,该公司负责人应当立即组织抢救,一般事故和较大事故由该公司安全管理人员立即组织抢救

D. 发生特别重大生产安全事故时,该公司负责人应当立即组织抢救,其他事故由该公司安全管理机构负责人立即组织抢救

147. 2017年安全生产月期间,某市安全监管部门对本市企业进行安全生产随机抽查。依据《安全生产法》的规定,安全生产监督检查人员在执法检查中的做法,正确的是(　　)。

A. 在对某化工企业检查时,为保证检查效果,先要求企业停产配合检查,后发现某机电设备为国家明令淘汰禁止使用产品,依法作出予以查封的处理决定

B. 在对某煤矿企业检查时,发现该煤矿采煤工作面上隅角瓦斯超限,属于重大生产安全事故隐患,责令立即从该工作面撤出作业人员,并对该矿依法作出行政处罚决定

C. 在对某加油站检查时,发现该加油站安全距离不符合规定,依法作出责令该加油站停止营业的行政处罚,加油站拒不执行决定,遂直接通知供电部门停止供电

D. 在对某危险化学品仓储企业检查时,发现未随身携带安全生产执业证件,恰好与该企业某副总认识,说明情况后对该企业进行了安全检查

148. 某安监站依法对某建筑施工企业进行安全检查。依据《安全生产法》的规定,下列关于安全检查人员的做法,正确的是(　　)。

A. 对检查中发现的问题作出书面记录,并要求被检查单位安全管理人员签字

B. 发现施工人员佩戴的安全帽不符合规定,要求购买某合格品牌安全帽

C. 为便于进入危险区域检查,保证检查安全,责令该企业停止施工接受检查

D. 对检查中了解到的该企业节能环保内墙保温涂层技术秘密,严格为其保密

149. 依据《安全生产法》的规定,下列与事故报告和应急救援工作的说法,正确的是(　　)。

A. 危险物品的生产、经营、储存单位都应建立应急救援组织,配备必要的应急救援器材、设备和物资

B. 负有安全监管职责的部门接到事故报告后,应在3小时内核实上报事故情况

C. 安全监督部门接到生产安全事故报告后,应在2小时内赶赴事故现场

D. 有关地方政府负责人接到生产安全事故报告后,应按要求立即赶到事故现场,组织事故

抢救

150. 依据《安全生产法》的规定,下列生产经营规模较大的公司中,应当建立应急救援组织的是(    )。

A. 食品加工公司    B. 建筑施工公司    C. 钟表制造公司    D. 服装加工公司

151. 根据《安全生产法》,关于安全生产基本规定的说法,正确的是(    )。

A. 安全生产工作应当建立生产经营单位负责、专业服务机构参与、监察部门监管、行业自律和社会监督的机制

B. 国务院和县级以上地方各级人民政府对安全生产工作实施综合监督管理

C. 工会对生产经营单位的安全生产工作实施监督管理,维护职工安全生产方面的合法权益

D. 生产经营单位委托专业服务机构提供安全生产技术、管理服务的,保证安全生产的责任仍由本单位负责

152. 某化工公司为某跨国集团公司的子公司,集团公司董事长李某为集团公司和化工公司的法定代表人。李某长期在海外总部工作,不负责化工公司的日常工作,化工公司总经理张某自2014 年 12 月起一直因病在医院接受治疗,张某生病期间由副总经理王某全面主持化工公司的工作,副总经理赵某具体负责安全生产管理工作。2016 年 5 月,该化工公司发生爆炸,造成 5 人死亡、12 人受伤。根据《安全生产法》,针对该起事故,应当以化工公司主要负责人身份被追究法律责任的是(    )。

A. 李某    B. 张某    C. 王某    D. 赵某

153. 根据《安全生产法》,关于生产经营单位主要负责人违法行为处罚的说法,正确的是(    )。

A. 未履行《安全生产法》规定的安全生产管理职责受撤职处分的,自受处分之日起,七年内不得担任本行业生产经营单位的主要负责人

B. 未履行《安全生产法》规定的安全生产管理职责受刑事处罚的,自刑罚执行完毕之日起,十年内不得担任任何生产经营单位的主要负责人

C. 未履行《安全生产法》规定的安全生产管理职责受撤职处分、对特别重大生产安全事故负有责任的,自受处分之日起,终身不得担任本行业生产经营单位的主要负责人

D. 未履行《安全生产法》规定的生产管理职责、对重大生产安全事故负有责任受刑事处罚的,自刑罚执行完毕之日起,终身不得担任任何生产经营单位的主要负责人

154. 根据《安全生产法》,关于事故发生时生产经营单位相关负责人职责的说法,正确的是(    )。

A. 生产经营单位发生较大及以上生产安全事故时,单位的主要负责人应当立即组织抢救,一般事故由安全生产管理机构负责人组织抢救

B. 生产经营单位发生任何生产安全事故时,单位的主要负责人都应当立即组织抢救

C. 生产经营单位发生重大及以上生产安全事故时,单位的主要负责人应当立即组织抢救,一般事故由单位安全生产管理机构负责人组织抢救,较大事故由单位分管负责人组织抢救

D. 生产经营单位发生特别重大生产安全事故时,单位的主要负责人应当立即组织抢救,重大及以下事故由单位其他负责人协同有关部门负责人组织抢救

155. 根据《安全生产法》,关于项目发包安全管理的说法,正确的是(    )。

A. 甲公司在任何情况下都不得将生产经营项目发包给不具备安全生产条件的丙

B. 甲公司将生产经营项目发包给不具备安全生产条件的乙公司,则甲公司必须将乙公司的安全生产工作统一管理起来,确保安全生产

C. 甲公司将生产经营项目发包给丁公司,甲公司应当与丁公司签订专门的安全生产管理协议,明确由甲公司或者丁公司对该项目的安全生产工作进行统一协调、管理

D. 甲公司将生产经营项目发包给戊公司,应当与戊公司签订专门的安全生产管理协议,或者在发包合同中约定各自的安全生产管理职责,并明确戊公司对该项目的安全生产工作统一管理

156. 根据《安全生产法》,下列生产经营单位的工作中,属于安全生产管理人员职责的是(    )。

A. 健全本单位安全生产责任制

B. 组织制定并实施本单位的事故应急救援预案

C. 如实记录本单位安全生产教育和培训情况

D. 保证本单位安全生产投入的有效实施

157. 刘某为县安全监管部门一名工作人员。按照部门工作安排,刘某对辖区内甲、乙、丙、丁4家企业进行安全生产检查。根据《安全生产法》,下列刘某执法检查的做法中,正确的是(    )。

A. 对乙企业检查时,为保证检查效果,刘某要求企业先停产配合检查

B. 对丙企业检查时,未随身携带安全生产执法证件,刘某向该企业负责人说明情况后继续进行安全检查

C. 对丁企业检查时,发现情节较为严重的安全生产违法行为,因与该企业负责人熟识,刘某作出限期改正、不予行政处罚的决定

D. 对甲企业检查时,发现重大生产安全事故隐患,因隐患排除过程无法保证安全,刘某责令企业立即撤出作业人员、暂时停产停业

158. 根据《安全生产法》,负有安全监管职责的部门,在依法开展安全生产监督检查工作时,可以履行的职权包括(    )。

A. 现场检查权、当场处理权、查封扣押权

B. 现场检查权、查封扣押权、行政拘留权

C. 当场处理权、紧急处置权、停水停电权

D. 当场处理权、查封扣押权、停产关闭权

159. 安全监管执法人员按照安全生产监督检查计划对某化工企业进行现场安全检查。根据《安全生产法》,关于安全生产监督检查的说法,正确的是(    )。

A. 对该企业的所有检查情况一律公开

B. 该企业生产活动应当服从检查需要

C. 应当将检查的时间、地点、内容、发现的问题及处理情况,作出书面记录

D. 如该企业负责人拒绝在检查记录上签字,应当给予警告和罚款处罚

160. 某大型建筑施工企业有职工1500人,其中管理人员160人。根据《安全生产法》,关于该企业应急救援的说法,正确的是(    )。

A. 可以不建立应急救援组织,但必须配备必要的应急救援器材、设备

B. 应当指定兼职的应急救援人员,并配备必要的应急救援器材、设备

C. 可以不建立应急救援组织,但应当委托外部应急救援机构开展应急管理工作

D. 应当建立应急救援组织,并配备必要的应急救援器材、设备

161. 根据《安全生产法》,关于生产安全事故应急救援与调查处理的说法,正确的是(    )。

A. 除尚未查清伤亡人数、财产损失等原因外,必须立即将事故报告当地安全监管部门

B. 生产经营单位发生生产安全事故后,事故现场有关人员应当立即报告本单位负责人

C. 除尚未核实事故起因和伤亡人数等原因外,不得迟报事故

D. 除确有必要并经有关部门批准,不得故意破坏事故现场和毁灭有关证据

162. 甲公司为纺织企业,有从业人员 500 人;乙公司为危险化学品生产企业,有从业人员 150 人;丙公司为食品生产企业,有从业人员的 95 人;丁公司为建筑施工企业,有从业人员 85 人。根据《安全生产法》,(    )应当配备专职或者兼职的安全生产管理人员。

A. 甲公司          B. 乙公司          C. 丁公司          D. 丙公司

163. 根据《安全生产法》,从业人员安全生产权利与义务包括(    )。

A. 发现直接危及人身安全的紧急情况时,从业人员有权立即撤离作业现场

B. 从业人员有权拒绝接受生产经营单位提供的安全生产教育培训

C. 从业人员发现事故隐患,立即报告现场安全管理人员或者本单位负责人

D. 从业人员受到事故伤害获得工伤保险后,不再享有获得民事赔偿的权利

164. 根据《安全生产法》,关于建设项目安全设施"三同时"的说法,正确的是(    )。

A. 矿山建设项目的施工单位按照批准的安全设施设计施工,并对安全设施的工程质量负责

B. 新建项目安全设施必须与主体工程同时设计、施工、投入生产和使用,改建项目安全设施则不需要同时设计、施工、投入生产和使用

C. 改扩建项目安全设施报经有关部门批准,可以在批准期限内先于主体工程施工

D. 建设项目安全设施竣工后必须经建设行政主管部门验收合格,方可投入使用

165. 两家公司在同一作业区域内进行生产经营活动,为避免危及对方生产安全,两家公司签订了安全生产管理协议,明确了各自的安全职责和应当采取的安全措施。根据《安全生产法》,两家公司应当(    )进行安全检查与协调。

A. 指定专职或者兼职安全生产管理人员

B. 指定专职安全生产管理人员

C. 指定兼职安全生产管理人员

D. 指定专职、兼职安全管理人员或者委托具有国家规定专业技术资格的工程技术人员

**参考答案:**

| | | | | |
|---|---|---|---|---|
| 1. C | 2. D | 3. B | 4. C | 5. A |
| 6. D | 7. C | 8. D | 9. C | 10. B |
| 11. B | 12. D | 13. D | 14. B | 15. D |
| 16. D | 17. A | 18. C | 19. C | 20. D |
| 21. C | 22. D | 23. B | 24. D | 25. C |
| 26. C | 27. A | 28. B | 29. D | 30. D |
| 31. C | 32. D | 33. B | 34. A | 35. B |
| 36. D | 37. D | 38. B | 39. A | 40. A |
| 41. A | 42. D | 43. A | 44. C | 45. C |
| 46. D | 47. C | 48. B | 49. D | 50. C |
| 51. B | 52. C | 53. D | 54. D | 55. C |
| 56. D | 57. D | 58. D | 59. D | 60. D |
| 61. B | 62. C | 63. A | 64. A | 65. B |
| 66. D | 67. D | 68. D | 69. D | 70. C |
| 71. B | 72. C | 73. D | 74. A | 75. C |

续表

| | | | | |
|---|---|---|---|---|
| 76. C | 77. B | 78. C | 79. C | 80. B |
| 81. B | 82. B | 83. D | 84. C | 85. D |
| 86. B | 87. A | 88. D | 89. C | 90. C |
| 91. C | 92. B | 93. A | 94. C | 95. B |
| 96. C | 97. D | 98. A | 99. B | 100. C |
| 101. C | 102. B | 103. C | 104. A | 105. C |
| 106. D | 107. D | 108. B | 109. C | 110. B |
| 111. C | 112. D | 113. D | 114. C | 115. A |
| 116. C | 117. B | 118. C | 119. D | 120. C |
| 121. B | 122. C | 123. C | 124. C | 125. B |
| 126. B | 127. A | 128. C | 129. D | 130. B |
| 131. C | 132. C | 133. A | 134. C | 135. C |
| 136. C | 137. B | 138. C | 139. A | 140. A |
| 141. D | 142. C | 143. B | 144. C | 145. B |
| 146. A | 147. B | 148. D | 149. D | 150. B |
| 151. D | 152. C | 153. C | 154. B | 155. A |
| 156. C | 157. D | 158. A | 159. C | 160. C |
| 161. B | 162. D | 163. C | 164. A | 165. B |

**二、多项选择题**

1. 安全生产服务机构具有( 　　)的特征。

A. 服务性　　　　B. 独立性　　　　C. 有偿性　　　　D. 规范性　　　　E. 专业性

2. 依据《安全生产法》的规定,生产经营单位采用( 　　)或者使用新设备,必须了解掌握其安全技术特性,采取有效的安全防护措施,并对从业人员进行安全生产教育和培训。

A. 新材料　　　　B. 新原料　　　　C. 新工艺　　　　D. 新能源　　　　E. 新技术

3. 依据《安全生产法》的规定,生产经营单位应当在有较大危险因素的生产经营场所和有关设施、设备上,设置明显的安全警示标志。安全警示标志通常以( 　　)表示。

A. 色彩　　　　B. 字母　　　　C. 图形　　　　D. 符号　　　　E. 文字

4. 根据《安全生产法》,关于生产经营单位主要负责人职责的说法,正确的有( 　　)。

A. 组织制定本单位安全生产规章制度和操作规程

B. 督促、检查本单位的安全生产工作,及时消除生产安全事故隐患

C. 督促落实本单位重大危险源的安全管理措施

D. 及时、如实报告生产安全事故

E. 检查本单位的安全生产状况,及时排查生产安全事故隐患,提出改进安全生产管理的建议

5. 根据《安全生产法》,下列安全生产管理机构和安全生产管理人员的配置中,正确的有( 　　)。

A. 某铁矿有 66 名员工,未设置安全生产管理机构,配备了专职和兼职安全生产管理人员

B. 某道路运输公司有 45 名员工,未设置安全生产管理机构,配备了多名专职和兼职安全生产管理人员

C. 某建筑公司有 89 名员工,未设置安全生产管理机构,未配备专职安全生产管理人员,但配备了多名兼职安全生产管理人员

D. 某纺织厂有102名员工,未设置安全生产管理机构,配备了多名专职安全生产管理人员

E. 某服装公司有12名员工,设置了安全生产管理机构,配备了专职的安全生产管理人员

6. 依据《安全生产法》的规定,生产经营单位的(　　)不依照安全生产法规定保证安全生产所必需的资金投入,致使生产经营单位不具备安全生产条件的,责令限期整改,提供必需的资金。

A. 决策机构　　　　　　　B. 主要负责人　　　　　　　C. 个人经营的投资人

D. 从业人员　　　　　　　E. 安全管理人员

7. 《安全生产法》对安全生产监督检查人员履行职责提出的要求包括(　　)。

A. 忠于职守,坚持原则,秉公执法

B. 执行监督检查任务时,必须出示有效的监督执法证件

C. 不准在生产经营单位入股分红或者提供有偿技术咨询服务

D. 必须严格按照程序履行职责,规范执法,保守秘密

E. 履行监督检查职责不得影响被检查单位的正常生产经营活动

8. 依据《安全生产法》的规定,生产经营单位的主要负责人对本单位安全生产工作负有的职责有(　　)。

A. 督促、检查本单位的安全生产工作,及时消除安全生产事故隐患

B. 向从业人员如实告知作业场所存在的危险因素,监督劳动防护用品的使用

C. 及时、如实报告生产安全事故

D. 组织制定并实施本单位的生产安全事故应急救援预案

E. 保证本单位安全生产投入的有效实施

9. 依据《安全生产法》的规定,(　　)的主要负责人和安全生产管理人员,应当由主管的负有安全生产监督管理职责的部门对其安全生产知识和管理能力考核合格。

A. 矿山单位　　　　　　　B. 建筑施工单位　　　　　　C. 危险物品使用单位

D. 危险物品经营单位　　　E. 金属冶炼单位

10. 依据《安全生产法》的规定,生产经营单位与从业人员订立的劳动合同,应当载明有关(　　)。

A. 保障从业人员劳动安全的事项

B. 保障从业人员防止职业危害的事项

C. 保障从业人员接受教育培训的事项

D. 保障从业人员缴纳工伤社会保险费和获得民事赔偿的事项

E. 依法为从业人员办理工伤社会保险的事项

11. 依照《安全生产法》的规定,可以依法被追究安全生产违法犯罪刑事责任的主体有(　　)。

A. 政府负有安全生产监管职责部门的工作人员

B. 工会组织的工作人员

C. 生产经营单位的主要负责人

D. 生产经营单位的从业人员

E. 安全生产服务机构的有关人员

12. 依据《安全生产法》的规定,依法设立的安全生产服务机构应当依照(　　)的要求为生产经营单位提供安全生产技术、管理服务。

A. 法律　　　　　　　　　B. 委托合同约定　　　　　　C. 行政法规

D. 企业规章制度　　　　　E. 执业准则

13. 依据《安全生产法》的规定,(　　　　)的建设项目,应当按照国家有关规定进行安全评价。

A. 矿山

B. 金属冶炼

C. 用于生产、储存、装卸危险物品

D. 发电厂

E. 使用危险物品

14. 依据《安全生产法》的规定,生产经营单位的安全生产管理机构以及安全生产管理人员履行职责有(　　　　)。

A. 组织或者参与拟订本单位安全生产规章制度、操作规程和生产安全事故应急救援预案

B. 组织或者参与拟订本单位安全生产教育和培训,如实记录安全生产教育和培训情况

C. 保证本单位的安全投入有效实施,制止和纠正违章指挥、强令冒险作业、违反操作规程的行为

D. 组织或者参与本单位应急救援演练

E. 检查本单位的安全生产状况,及时排查生产安全事故隐患,提出改进安全生产管理的建议,并督促落实本单位安全生产整改措施

15. 依据注册安全工程师按专业分类管理,(　　　　)应当有注册安全工程师从事安全生产管理工作。鼓励其他生产经营单位聘用注册安全工程师从事安全生产管理工作。

A. 危险物品生产单位　　　　B. 金属矿山企业　　　　　　C. 建筑施工单位

D. 危险物品储存单位　　　　E. 金属冶炼单位

16. 依据《安全生产法》的规定,下列关于安全生产资金投入的说法中,正确的是(　　　　)。

A. 个人投资公司的安全投入,由投资者即股东决定

B. 有限责任公司的安全投入,由董事会决定

C. 非公司制的生产经营单位的安全投入,由主要负责人决定

D. 个体工商户的安全投入,由个体工商户户主决定

E. 学校的安全投入,由职工代表大会决定

17. 依据《安全生产法》的规定,生产经营单位必须执行的安全生产标准包括(　　　　)。

A. 国家标准　　B. 行业标准　　C. 地方标准　　D. 企业标准　　E. 国际标准

18. 依据《安全生产法》的规定,下列企业中,必须设置安全生产管理机构或者配备专职安全管理人员的企业包括(　　　　)。

A. 从业人员 90 人的矿山企业

B. 从业人员 90 人的机械制造企业

C. 从业人员 90 人的纺织企业

D. 从业人员 90 人的危险物品生产、经营、储存企业

E. 从业人员 90 人的建筑施工企业

19. 依据《安全生产法》的规定,安全设备的设计、制造、安装、使用、(　　　　)和报废,应当符合国家标准或者行业标准。

A. 检测　　　　B. 保养　　　　C. 维修　　　　D. 改造　　　　E. 处置

20. 依据《安全生产法》的规定,负有安全生产监督管理职责部门的工作人员,对不符合法定安全生产条件的安全生产事项予以批准或者验收通过的;在监督检查中发现重大事故隐患,不依法及时处理的,给予的行政处分有(　　　　)。

A. 记大过　　　　B. 降级　　　　C. 降职　　　　D. 撤职　　　　E. 开除

21. 依据《安全生产法》的规定,危险物品的生产、经营、储存单位的下列违法情形中,可以责令限期改正,可以处 5 万元以下的罚款;逾期未改正的,责令停产停业整顿,并处 5 万元以上 10 万元以下的罚款,对其直接负责的主管人员和其他直接责任人员处 1 万元以上 2 万元以下的罚款的有(    )。

    A. 未按照规定设置安全生产管理机构

    B. 主要负责人和安全生产管理人员未按照规定经考核合格

    C. 对重大危险源未登记建档

    D. 未按照规定制定生产安全事故应急救援预案或者未定期组织演练的

    E. 未按照规定对从业人员、被派遣劳动者、实习学生进行安全生产教育和培训,或者未按照规定如实告知有关的安全生产事项的

22. 依据《安全生产法》的规定,(    )应当配备必要的应急救援器材、设备和物资,并进行经常性维护、保养,保证正常运转。

    A. 危险物品生产、经营、储存、运输单位

    B. 城市轨道交通运营

    C. 火电厂

    D. 建筑施工单位

    E. 金属冶炼单位

23. 依据《安全生产法》的规定,负有安全生产监督管理职责的部门依法对存在重大事故隐患的生产经营单位作出(    )的决定,生产经营单位应当依法执行,及时消除事故隐患。生产经营单位拒不执行,有发生生产安全事故的现实危险的,在保证安全的前提下,经本部门主要负责人批准,负有安全生产监督管理职责的部门可以采取通知有关单位停止供电、停止供应民用爆炸物品等措施,强制生产经营单位履行决定。通知应当采用书面形式,有关单位应当予以配合。

    A. 关闭               B. 停产停业             C. 停止施工

    D. 限期整改          E. 停止使用相关设施或者设备

24. 依据《安全生产法》的规定,生产经营单位应当告知从业人员的事项包括(    )。

    A. 生产经营计划         B. 作业场所危险因素         C. 环境保护政策

    D. 事故应急措施         E. 安全防范措施

25. 依据《安全生产法》的规定,对安全生产违法行为的行政处罚的形式有(    )。

    A. 责令停产整顿         B. 责令停止建设         C. 没收违法所得

    D. 撤销行政职务         E. 行政拘留

26. 依据《安全生产法》的规定,生产经营单位不具备(    )规定的安全生产条件,经停产停业整顿仍不具备安全生产条件的,予以关闭。

    A. 法律        B. 行政法规        C. 部门规章        D. 国家标准        E. 行业标准

27. 依据《安全生产法》的规定,生产经营单位未按国家有关规定为从业人员提供符合国家标准或者行业标准的劳动防护用品,可对其实施的行政处罚有(    )。

    A. 责令限期改正         B. 责令停产整顿         C. 吊销营业执照

    D. 处 5 万元以下罚款         E. 责令关闭

28. 依据《安全生产法》的规定,生产经营单位的安全生产责任制应当明确各岗位的(    )等内容。生产经营单位应当建立相应的机制,加强对安全生产责任制落实情况的监督考核,保证安全生产责任制的落实。

    A. 责任人员        B. 责任范围        C. 考核标准        D. 监督标准        E. 绩效工资

29. 依据《安全生产法》的规定,(      )应当设置安全生产管理机构或者配备专职安全生产管理人员。前款规定以外的其他生产经营单位,从业人员超过 100 人的,应当设置安全生产管理机构或者配备专职安全生产管理人员;从业人员在 100 人以下的,应当配备专职或者兼职的安全生产管理人员。

  A. 汽车制造企业      B. 金属冶炼单位      C. 道路运输单位

  D. 非煤矿山      E. 危险化学品生产、经营、储存单位

30. 依据《安全生产法》的规定,负有安全生产监督管理职责的部门应当建立安全生产违法行为信息库,如实记录生产经营单位的安全生产违法行为信息;对违法行为情节严重的生产经营单位,应当向社会公告,并通报(      )。

  A. 行业主管部门      B. 投资主管部门      C. 国土资源主管部门

  D. 证券监督管理机构      E. 当地政府

31. A 公司总经理李某为了确保年度利润指标的完成,减少安全投入,减少安全管理人员,取消月度安全例会和季度安委会会议,暂停年度安全培训和应急救援预案演练等,弱化了安全管理。不到一年时间,公司发生了一起死亡 7 人、重伤 6 人、轻伤 5 人的生产安全事故。经安全监管部门调查,事故与李某的上述一系列做法存在因果关系,是一起责任事故。依据《安全生产法》的规定,下列关于对李某法律责任追究的说法,正确的有(      )。

  A. 撤销李某的总经理职务

  B. 构成犯罪的,依照刑法的有关规定追究李某的刑事责任

  C. 处李某上一年年收入 40% 的罚款

  D. 终身禁止李某担任本行业生产经营单位的主要负责人

  E. 自刑罚执行完毕或者受处分之日起,五年内李某不得担任任何生产经营单位的主要负责人

32. 依据《安全生产法》的规定,生产经营单位的主要负责人未履行本法规定的安全生产管理职责,导致发生生产安全事故的,由安全生产监督管理部门依照(      )处以罚款。

  A. 发生一般事故的,处上一年年收入百分之二十的罚款

  B. 发生较大事故的,处上一年年收入百分之四十的罚款

  C. 发生重大事故的,处上一年年收入百分之六十的罚款

  D. 发生特别重大事故的,处上一年年收入百分之八十的罚款

  E. 发生特别重大事故的,处上一年年收入百分之九十的罚款

33. 依据《安全生产法》的规定,下列关于生产经营单位的安全生产管理机构和人员配置要求的说法中,正确的有(      )。

  A. 化工厂应当设置安全生产管理机构或者配备专职安全生产管理人员

  B. 从业人员在 100 人以下的造纸厂,应当配备专职或者兼职的安全生产管理人员

  C. 从业人员在 100 人以下的机械加工厂,可以委托具有国家规定的相关专业技术资格的工程技术人员提供安全生产管理服务

  D. 从业人员超过 100 人的冶炼厂,由本单位的工程技术人员兼职负责本单位的安全生产管理

  E. 从业人员超过 100 人的纺织厂,应当设置安全生产管理机构或者配备专职安全生产管理人员

34. 某化工企业存在一重大危险源。根据《安全生产法》,针对该重大危险源,企业必须采取的措施有(      )。

  A. 对重大危险源进行登记建档

  B. 对重大危险源进行定期检测、评估、监控

  C. 委托安全评价机构对重大危险源进行安全评价

D. 制定重大危险源应急预案,并告知从业人员和相关人员在紧急情况下应当采取的应急措施

E. 将重大危险源及有关安全措施、应急措施等情况报所在地安全生产监督管理部门备案

35. 依据《安全生产法》的规定,生产经营单位主要负责人在本单位发生重大生产安全事故时,不立即组织抢救或者在事故调查处理期间擅离职守或者逃匿的,可追究的责任有(　　)。

A. 降级处分

B. 处上一年年收入60%至100%的罚款

C. 撤职处分

D. 开除公职处分

E. 对逃匿的处15日以下拘留

36. 某安全评价机构为帮助某危险化学品企业取得安全生产许可证,出具了虚假评价报告,共获得15万元收入,由于该企业存在重大隐患,导致发生了1人死亡的中毒窒息事故。根据《安全生产法》,安全监管部门可对该安全评价机构及其有关人员实施的处罚有(　　)。

A. 没收其违法所得15万元,并处以2倍以上5倍以下的罚款

B. 对负责此次评价的主管人员处2万元以上5万元以下的罚款

C. 吊销其营业执照

D. 追究其与该企业承担连带赔偿责任

E. 吊销其安全评价资格

37. 甲公司是一家烟花爆竹生产企业,有从业人员288人。乙公司是一家纺织企业,有从业人员450人。丙公司是一家机械厂,有从业人员50人。依据《安全生产法》的规定,下列关于安全生产管理机构设置和安全生产管理人员配备的说法,正确的是(　　)。

A. 甲公司可以不设置安全生产管理机构,但应当配备专职或者兼职安全生产管理人员

B. 甲公司应当设置安全生产管理机构或者配备专职安全生产管理人员

C. 乙公司可以不设置安全生产管理机构,但应当配备专职或者兼职安全生产管理人员

D. 乙公司应当设置安全生产管理机构或者配备安全生产管理人员

E. 丙公司可以不设置安全生产管理机构,但可以委托具有国家规定的相关专业技术资格的工程技术人员提供安全生产管理服务

38. 张某是某国有企业的主要负责人。依据《安全生产法》的规定,下列关于张某安全生产工作职责的说法,正确的有(　　)。

A. 督促、检查本企业的安全生产工作,及时消除生产安全事故隐患

B. 组织或者参与本企业的安全生产教育和培训,如实记录安全生产教育和培训情况

C. 组织制定并实施本企业的生产安全事故应急救援预案

D. 保证本企业安全生产投入的有效实施

E. 及时、如实报告本企业的生产安全事故

39. 依据《安全生产法》的规定,下列四家企业设置安全生产管理机构和配备安全生产管理人员,正确的做法有(　　)。

A. 某铁矿未设置安全生产管理机构和配备专职安全生产管理人员,但配备了兼职安全生产管理人员

B. 某冶炼厂有从业人员86人,未设置安全生产管理机构,但配备了专职的安全生产管理人员

C. 某服装厂有员工97人,未设置安全生产管理机构和配备专职安全生产管理人员,但配备了7名兼职安全生产管理人员

D. 某机械加工厂有员工 112 人,未设置安全生产管理机构,但配备了专职、兼职安全生产管理人员

E. 某木料公司有员工 52 人,未设置安全生产管理机构或配备专职、兼职安全生产管理人员,但委托具有相关资格的专业人员提供安全生产管理服务

40. 依据《安全生产法》的规定,生产、储存、装卸危险物品的建设项目的施工单位未按照批准的安全设施设计施工的有关规定,则(　　)。

A. 撤销安全生产有关的资格

B. 责令停止建设或者停产停业整顿

C. 限期整改,逾期未改正的,并处罚款

D. 构成犯罪的,依照刑法有关规定追究刑事责任

E. 取消其生产经营许可证

41. 依据《安全生产法》的规定,安全生产工作应当强化和落实生产经营单位的主体责任,建立(　　)、社会监督的机制。

A. 生产经营单位负责　　B. 职工参与　　C. 政府监管

D. 行业自律　　E. 政府负责

42. 依据《安全生产法》的规定,国家对在(　　)等方面取得显著成绩的单位和个人,给予奖励。

A. 改善安全生产条件　　B. 举报贪污受贿责任人　　C. 防止生产安全事故

D. 参加抢险救护　　E. 组织安全生产教育培训

43. 依据《安全生产法》的规定,生产经营单位的主要负责人对本单位安全生产工作全面负责,主要职责有:(　　);保证本单位安全生产投入的有效实施;督促、检查单位的安全生产工作,及时消除按生产安全事故隐患;组织制定并实施本单位的生产安全事故应急救援预案。

A. 建立、健全本单位安全生产责任制

B. 组织制定本单位安全生产规章制度和操作规程

C. 组织制定并实施本单位安全生产教育和培训计划

D. 及时、如实报告生产安全事故

E. 组织开展安全生产标准化建设

44. 依据《安全生产法》的规定,下列企业中,必须设置安全生产管理机构或者配备专职安全管理人员的企业包括(　　)。

A. 从业人员 110 人的生产经营单位

B. 从业人员 80 人的机械制造单位

C. 从业人员 60 人的道路运输单位

D. 从业人员 50 人的危险物品生产、经营、储存单位

E. 从业人员 100 人的金属冶炼单位

45. 依据《安全生产法》的规定,生产经营单位的安全生产管理机构以及安全生产管理人员应当履行的职责包括(　　)。

A. 督促落实本单位重大危险源的安全管理措施

B. 组织或者参加本单位应急救援演练

C. 制止和纠正违章指挥、强令冒险作业、违反操作规程的行为

D. 组织制定并实施本单位安全生产教育培训和培训计划

E. 组织或者参加本单位安全生产教育和培训

46. 依据《安全生产法》的规定,生产经营单位作出涉及安全生产的经营决策,应当听取( )的意见。

A. 工会组织        B. 安全生产管理机构        C. 工程技术人员

D. 安全生产管理人员        E. 安全生产监督人员

47. 依据《安全生产法》的规定,( )的主要负责人和安全生产管理人员,应当由主管的负有安全生产监督管理职责的部门对其安全生产知识和管理能力考核合格。

A. 金属冶炼单位        B. 道路运输单位        C. 危险用品的储存单位

D. 建筑施工单位        E. 事业单位

48. 依据《安全生产法》的规定,生产经营单位使用被派遣劳动者的,应当对被派遣劳动者进行( )的教育和培训。

A. 岗位安全操作规程        B. 劳动法        C. 安全生产操作技能

D. 合同法        E. 管理能力

49. 依据《安全生产法》的规定,生产经营单位应当建立安全生产教育和培训档案,如实记录安全生产教育和培训的( )以及考核结果等情况。

A. 时间        B. 地点        C. 内容        D. 参加人员        E. 方式

50. 依据《安全生产法》的规定,( )的建设项目,应当按照国家有关规定进行安全评价。

A. 矿山

B. 金属冶炼

C. 中小学校

D. 用于生产、储存、装卸危险物品

E. 住宅楼

51. 依据《安全生产法》的规定,建设项目安全设施的( )应当对安全设施设计负责。

A. 负责人        B. 设计人        C. 主管单位        D. 设计单位        E. 施工单位

52. 某新建矿山项目在安全设施未经验收合格的情况下即投入生产。根据《安全生产法》,负有安全监管职责的部门对该项目建设单位和相关人员可以实施的处罚有( )。

A. 责令停产停业整顿,限期改正

B. 警告

C. 建设单位逾期未改正的,对建设单位处 50 万元以上 100 万元以下的罚款

D. 建设单位逾期未改正的,对相关责任人员处 2 万元以上 5 万元以下的罚款

E. 吊销安全生产许可证

53. 依据《安全生产法》的规定,( )、使用危险物品或者处置废弃危险物品的,由有关主管部门依照有关法律、法规的规定和国家标准或者行业标准审批并实施监督管理。

A. 生产        B. 经营        C. 运输        D. 储存        E. 装卸

54. 依据《安全生产法》的规定,两个以上生产经营单位在同一作业区域内进行生产经营活动,签订安全生产管理协议,应明确以下内容( )。

A. 各自的安全生产管理职责        B. 应采取的安全措施

C. 各自使用的消防器材        D. 各自的安全生产投入

E. 指定专职安全生产管理人员进行安全检查与协调

55. 依据《安全生产法》的规定,生产经营项目、场所有多个承包单位、承租单位的,生产经营单位应当( )。

A. 与承包、承租单位签订专门的安全生产管理协议

B. 对承包、承租单位的安全工作统一协调、管理

C. 定期进行安全检查,发现安全问题,应当及时督促整改

D. 在承包、承租合同中约定各自的安全管理职责

E. 对生产安全事故承担主要责任

56. 依据《安全生产法》第三章,明确赋予从业人员的权利有(    )。

    A. 知情权      B. 赔偿请求权    C. 检举权     D. 安全保障权    E. 批评权

57. 依据《安全生产法》的规定,从业人员有权对本单位安全生产工作中存在的问题提出(    );有权拒绝违章指挥和强令冒险作业。

    A. 否决         B. 批评         C. 检举         D. 控告         E. 赔偿

58. 依据《安全生产法》的规定,从事危险物品生产作业的从业人员,一旦发现将要发生危险物品泄漏、燃烧、火灾、爆炸等紧急情况,且无法避免时,法律赋予从业人员享有(    )的权利。

    A. 停止作业            B. 紧急撤离             C. 揭发检举

    D. 拒绝违章指挥       E. 得知危险因素、防范措施和事故应急措施

59. 依据《安全生产法》的规定,关于从业人员的安全生产义务,下列说法中,正确的是(    )。

    A. 严格遵守本单位安全生产规章制度和操作规程的义务

    B. 服从管理的义务

    C. 正确佩戴和使用劳动防护用品的义务

    D. 消除事故隐患或者其他不安全因素的义务

    E. 对建设项目"三同时"进行监督的义务

60. 依据《安全生产法》的规定,从业人员接受安全生产教育和培训的目的是(    )。

    A. 掌握本职工作所需的安全生产知识      B. 增强事故应急处理能力

    C. 提高安全生产技能                 D. 增强事故预防能力

    E. 了解自身的安全生产义务

61. 依据《安全生产法》的规定,安全生产监督管理部门和其他负有安全生产监督管理职责的部门依法开展安全生产行政执法工作,对生产经营单位执行有关安全生产的法律、法规和国家标准或者行业标准的情况进行监督检查时,可以依法行使的职权有(    )。

    A. 现场检查权          B. 当场予以纠正权       C. 责令立即排除权

    D. 查封扣押权          E. 刑事拘留权

62. 依据《安全生产法》的规定,安全生产监督管理部门和其他负有安全生产监督管理职责的部门依法对违法(    )危险物品的作业场所予以查封,并依法作出处理决定。

    A. 生产       B. 经营       C. 储存       D. 使用       E. 装卸

63. 依据《安全生产法》的规定,安全生产监督检查人员应当将检查的(    )作出书面记录,并由检查人员和被检查单位的负责人签字。

    A. 时间、地点、内容        B. 现场人数         C. 天气状况

    D. 发现的问题          E. 问题的处理情况

64. 依据《安全生产法》的规定,某企业与从业人员订立的劳务协议中规定,"如因员工个人原因造成工伤事故,本厂不承担任何责任"。该企业因此而承担的违反《安全生产法》的法律责任是(    )。

    A. 协议无效

    B. 责令改正

    C. 对生产经营单位的主要负责人、个人经营的投资人处以罚款

D. 对生产经营单位的主要负责人追究刑事责任

E. 对生产经营单位的主要负责人追究行政责任

65. 依据《安全生产法》的规定,生产经营规模较小的生产经营单位在建立应急救援组织时,（　　）。

　　A. 必须建立应急救援组织　　　　　　　B. 可以不建立应急救援组织

　　C. 应当指定专职的应急救援人员　　　　D. 应当指定兼职的应急救援人员

　　E. 必须配备应急救援器材

66. 依据《安全生产法》的规定,生产经营单位负责人接到事故现场有关人员的事故报告后,应当（　　）。

　　A. 立即展开事故调查

　　B. 迅速采取有效措施,组织抢救

　　C. 立即对事故责任人做出处理

　　D. 立即如实向报告当地负有安全生产监督管理职责的部门

　　E. 立即通知伤亡人员的家属

67. 依据《安全生产法》的规定,生产经营单位的主要负责人不依照本法规定保证安全生产所必需的资金投入,致使生产经营单位不具备安全生产条件的,其处罚措施有（　　）。

　　A. 责令限期改正,提供必需的资金

　　B. 逾期未改的,责令停产停业整顿

　　C. 导致发生生产安全事故,对主要负责人给予撤职处分

　　D. 导致发生生产安全事故,对个人经营的投资人不予以处罚

　　E. 构成犯罪的,依照刑法有关规定追究刑事责任

68. 依据《安全生产法》的规定,特种作业人员未按照规定经专门的安全作业培训并取得相应资格,上岗作业的,则（　　）。

　　A. 责令限期改正,可并处罚款　　　　　B. 逾期未改正的,责令停产停业整顿

　　C. 逾期未改正的,并处罚款　　　　　　D. 依照刑法有关规定追究刑事责任

　　E. 暂停或撤销生产经营单位的安全生产资格

**参考答案:**

| | | | | |
|---|---|---|---|---|
| 1. ABCE | 2. ACE | 3. ACDE | 4. ABD | 5. ABDE |
| 6. ABC | 7. ABDE | 8. ACDE | 9. ABDE | 10. ABE |
| 11. ACDE | 12. ACE | 13. ABC | 14. ABDE | 15. ABDE |
| 16. ABCD | 17. AB | 18. ADE | 19. ACD | 20. BD |
| 21. ABDE | 22. ABDE | 23. BCE | 24. BDE | 25. ABCE |
| 26. ABDE | 27. ABD | 28. ABC | 29. BCDE | 30. ABCD |
| 31. ABCE | 32. BCD | 33. ABCE | 34. ABDE | 35. ABCE |
| 36. ABDE | 37. BD | 38. ACDE | 39. BCD | 40. BCD |
| 41. ABCD | 42. ACD | 43. ABCD | 44. ACDE | 45. ABCE |
| 46. BD | 47. ABCD | 48. AC | 49. ACD | 50. ABD |
| 51. BD | 52. AC | 53. ABCD | 54. ABE | 55. ABCD |
| 56. ABCD | 57. BCD | 58. AB | 59. ABC | 60. ABCD |
| 61. ABCD | 62. ABCD | 63. ADE | 64. AC | 65. BD |
| 66. BD | 67. ABCE | 68. ABC | | |

# 第四章 安全生产单行法律

## 第一节 中华人民共和国矿山安全法

大纲要求:

《中华人民共和国矿山安全法》(以下简称《矿山安全法》)。依照本法分析、解决矿山建设、开采的安全保障和矿山企业安全管理等方面的有关法律问题,判断违法行为及应负的法律责任。

### 一、单项选择题

1. 《矿山安全法》规定的矿山建设工程的"三同时",是指矿山建设工程的安全设施必须和主体工程(    )。

A. 同时设计、同时勘察、同时施工

B. 同时施工、同时修复、同时投入生产和使用

C. 同时审批、同时设计、同时施工

D. 同时设计、同时施工、同时投入生产和使用

2. 依照《矿山安全法》的规定,(    )应当定期向职工代表大会或者职工大会报告安全生产工作,发挥职工代表大会的监督作用。

A. 矿长                           B. 董事长

C. 各班组长                       D. 安全生产管理人员

3. 根据《矿山安全法》,关于矿山建设安全保障要求的说法,错误的是(    )。

A. 矿山必须有与外界相通的、符合安全要求的运输和通信设施

B. 矿山的提升、运输系统必须符合矿山安全规程

C. 矿山建设工程必须按照矿山企业的主管部门批准的设计文件施工

D. 每个矿井必须有 3 个以上能行人的安全出口,出口之间的直线水平距离必须符合矿山安全规程

4. 依据《矿山安全法》的规定,矿山企业(    )安排女职工从事矿山井下劳动。

A. 可以        B. 特殊情况下可以        C. 一般不得        D. 不得

5. 依据《矿山安全法》的规定,矿山企业工会在生产过程中发现明显重大事故隐患和职业危害时,有权(    )。

A. 要求立即停止作业                B. 要求限期改正

C. 组织职工撤离危险现场            D. 提出解决的建议

6. 依据《矿山安全法》的规定,矿山企业的(    )必须接受专门培训,经考核合格取得操作资格证书,方可上岗作业。

A. 特种作业人员       B. 专业技术人员       C. 质量监督员       D. 安全检查人员

7. 依据《矿山安全法》的规定,矿山企业必须从(　　)中按照国家规定提取安全技术措施专项费用。

A. 矿产品销售额　　　　　　　　B. 矿长专项资金

C. 矿山基建资金　　　　　　　　D. 矿山安全资金

8. 依据《矿山安全法》的规定,矿山企业必须对作业场所中的有毒有害物质和井下空气的(　　)进行检测,保证符合安全要求。

A. 含氢量　　　　B. 含氮量　　　　C. 含氧量　　　　D. 含氩量

9. 依据《矿山安全法》的规定,对矿山建设的安全保障规定,下列对矿井安全出口和运输通信设施的安全保障要求中,属于强制要求的是(　　)。

A. 每个矿井必须有两个以上能行人的安全出口

B. 矿井通信设施可以有所不同但必须与外界相通

C. 安全出口之间的距离必须符合相关的技术规范

D. 矿山运输设施必须能够安全正常运行并预防事故

10. 依据《矿山安全法》的规定,矿山企业工会发现危及职工生命安全的情况时,有权采取的措施是(　　)。

A. 立即作出停止作业的决定

B. 立即组织员工撤离危险现场

C. 向矿山企业行政部门建议组织员工撤离危险现场

D. 立即启动企业安全生产应急救援预案

11. 依据《矿山安全法》的规定,矿山企业中,应当具备安全专业知识,具有领导安全生产和处理矿山事故的能力,并必须经过考核的人员是(　　)。

A. 总工程师　　　　　　　　B. 安全生产管理人员

C. 矿长　　　　　　　　　　D. 特种作业人员

12. 依据《矿山安全法》的规定,矿山企业可以安排已满(　　)岁的男性从事矿山井下劳动。

A. 14　　　　B. 15　　　　C. 16　　　　D. 18

参考答案:

| 1. D | 2. A | 3. D | 4. D | 5. D |
| 6. A | 7. A | 8. C | 9. A | 10. C |
| 11. C | 12. D | | | |

## 二、多项选择题

1. 依据《矿山安全法》的规定,工会在矿山企业安全管理工作中具有(　　)的基本权利和职责。

A. 依法维护职工生产安全合法权益,组织职工对矿山安全工作进行监督

B. 组织矿山事故抢险救灾

C. 参与事故调查处理

D. 组织职工进行安全生产培训

E. 发现危及职工生命安全的情况时,有权提出撤离作业现场的建议

2. 矿山设计必须符合以下哪些矿山安全规程和行业技术规范(　　)。

A. 供电系统　　　　B. 供水系统　　　　C. 提升、运输系统

D. 防水、排水系统　　　E. 防火、灭火、防尘系统

**参考答案：**

| 1. ACE | 2. ACDE | | | |
|--------|---------|--|--|--|

# 第二节　中华人民共和国消防法

**大纲要求：**

《中华人民共和国消防法》(以下简称《消防法》)。依照本法分析、解决火灾预防、消防组织建设和灭火救援等方面的有关法律问题,判断违法行为及应负的法律责任。

**一、单项选择题**

1. 依据《消防法》的规定,消防工作贯彻(　　)的方针。

A. 消防安全、效率为主　　　　　　　　B. 预防为主、消防安全

C. 预防为主、全民消防　　　　　　　　D. 预防为主、防消结合

2. 依据《消防法》的规定,人员密集场所发生火灾时,该场所的现场工作人员不履行组织、引导在场人员疏散的义务,情节严重,尚不构成犯罪的,给予(　　)的行政处罚。

A. 警告　　　　　　　　　　　　　　　B. 罚款

C. 5 日以上 10 日以下拘留　　　　　　D. 开除

3. 依据《消防法》的规定,建设单位应当将建筑工程的消防设计文件及有关资料报送(　　)审核。

A. 安全生产监督管理部门　　　　　　　B. 消防救援机构

C. 国土资源和规划局　　　　　　　　　D. 住房和城乡建设主管部门

4. 依据《消防法》的规定,建筑构件和建筑材料的防火性能必须符合(　　)。

A. 地方标准或者行业标准　　　　　　　B. 企业标准或者行业标准

C. 地方标准或者企业标准　　　　　　　D. 国家标准或者行业标准

5. 依据《消防法》的规定,国家综合性消防救援队扑救火灾,(　　)。

A. 所损耗的燃料、灭火剂等,被救单位应依照规定给予补偿

B. 不得向发生火灾的单位、个人收取任何费用

C. 所损耗的器材、装备等,被救单位应依照规定给予补偿

D. 发生火灾的单位、个人应付给劳务费用

6. 依据《消防法》的规定,消防救援机构应当责令当场改正的行为是(　　)。

A. 擅自举办大型集会具有火灾危险的　　B. 对火灾隐患不及时消除的

C. 阻拦报火警或者谎报火警的　　　　　D. 不能保障疏散通道畅通的

7. 消防救援机构依法对机关、团体、企业、事业单位进行监督检查时,发现火灾隐患,应当及时通知有关单位或者个人采取以下哪项措施(　　)。

A. 立即停止作业　　B. 撤离危险区域　　C. 消除隐患　　　　D. 给予警告和罚款

8. 依据《消防法》的规定,地方各级人民政府应当将包括消防安全布局、消防站、消防供水、消防通信、消防车通道、消防装备等内容的消防规划纳入(　　),并负责组织实施。

A. 整体规划　　　　B. 城乡规划　　　　C. 城市规划　　　　D. 发展规划

9. 依据《消防法》的规定,举行大型集会、灯会等群众性活动,具有火灾危险的,主办单位应

当制定（　　），落实消防安全措施，并经消防机构检查合格后，方可举办。

  A. 消防演练计划       B. 灭火和应急疏散预案并组织演练

  C. 事故应急救援预案      D. 火灾预防计划

  10. 依据《消防法》的规定，因特殊情况需要在具有火灾、爆炸危险的场所使用明火作业的，应当按照规定事先办理（　　）手续。

  A. 备案    B. 认证    C. 审批    D. 认定

  11. 北京大兴国际机场建设项目是国家重点工程。依据《消防法》的规定，国家工程建设消防技术标准需要进行消防设计的建设工程，实现建设工程（　　）。

  A. 消防设计核准制度      B. 消防设计审查验收制度

  C. 消防救援机构建设审查制度    D. 消防设施设备监管制度

  12. 依据《消防法》的规定，建设单位未在工程验收后报住房和城乡建设主管部门备案的，应由（　　）。

  A. 消防救援机构暂扣营业执照

  B. 工商管理机关吊销营业执照

  C. 住房和城乡建设主管部门责令改正，处 5000 元以下罚款

  D. 消防救援机构责令停止使用

  13. 依据《消防法》的规定，按照国家工程建设消防技术需要进行消防设计的建设工程竣工时，建设单位应当向（　　）申请消防验收。

  A. 住房和城乡建设主管部门    B. 公安机关消防机构

  C. 有相关资质的中介机构     D. 安全生产监管部门

  14. 依据《消防法》的规定，志愿消防队参加扑救外单位火灾所损耗的燃料、灭火剂和器材、装备等，由（　　）给予补偿。

  A. 火灾发生地人民政府消防救援机构  B. 火灾发生地人民政府

  C. 火灾发生单位        D. 火灾发生地专职消防队

  15. 依据《消防法》的规定，机关、团体、企业、事业单位应当对建筑消防设施每（　　）至少进行一次全面检测，确保完好有效，检测记录应当完整准确，存档备查。

  A. 季度    B. 半年    C. 一年    D. 二年

  16. 依据《消防法》的规定，消防安全重点单位应当实行（　　）防火巡查，并建立巡查记录。

  A. 每日    B. 每周    C. 每月    D. 每季度

  17. 依据《消防法》的规定，公众聚集场所未经消防安全检查或者经检查不符合消防安全要求，有关单位擅自投入使用、营业的，由住房和城乡建设主管部门、消防救援机构按照各职权责令停产停业，并处（　　）罚款。

  A. 1 万元以上 10 万元以下    B. 2 万元以上 20 万元以下

  C. 3 万元以上 30 万元以下    D. 5 万元以上 50 万元以下

  18. 依据《消防法》的规定，擅自拆封或者使用被消防救援机构查封的场所、部位，情节较轻的，给予（　　）的处罚。

  A. 通报批评或者罚款      B. 警告或者罚款

  C. 训诫或者罚款       D. 拘留或者罚款

  19. 依据《消防法》的规定，下列单位中，应当建立单位专职消防队，承担本单位的火灾扑救工作的是（　　）。

  A. 某大型购物中心      B. 某大型民用机场

C. 某大型钢材仓库　　　　　　　　　D. 某省级重点文物保护单位

20. 依据《消防法》的规定,下列关于灭火救援的说法,正确的是(　　)。

A. 乡镇人民政府应当组织有关部门针对本行政区域内的火灾特点制定应急预案,提供装备等保障

B. 单位、个人为火灾报警提供便利的,应获得适当报酬

C. 任何单位发生火灾,必须立即组织力量扑救,邻近单位应当给予支援

D. 公安机关消防机构统一组织和指挥火灾现场扑救,应当优先保障国家财产安全

21. 依据《消防法》的规定,企业销售不合格或者国家明令淘汰的消防产品,可由(　　)从重处罚。

A. 消防救援机构　　　　　　　　　　B. 工商行政管理部门
C. 应急管理部门　　　　　　　　　　D. 消费者协会

22. 依据《消防法》的规定,餐馆的火灾自动报警、消火栓等设施应当每(　　)全面检测一次。

A. 半年　　　　　B. 一年　　　　　C. 两年　　　　　D. 三年

23. 依据《消防法》的规定,消防工作贯彻预防为主、防消结合的方针,按照(　　)、公民积极参与的原则,实行消防安全责任制,建立健全社会化的消防工作网络。

A. 政府监管、部门执法、单位负责

B. 政府统一领导、部门依法监管、单位全面负责

C. 政府指导、部门主管、单位协助

D. 政府统一领导、部门执法监管、单位协同管理

24. 依据《消防法》的规定,任何单位和个人都有维护消防安全、保护(　　)、预防火灾、报告火警的义务。任何单位和成年人都有参加有组织的灭火工作的义务。

A. 人员和财产安全　　　　　　　　　B. 公共财产安全
C. 消防设施　　　　　　　　　　　　D. 消防设备

25. 依据《消防法》的规定,国家鼓励、支持消防(　　),推广使用先进的消防和应急救援技术、设备;鼓励、支持社会力量开展消防公益活动。

A. 科学研究和技术创新　　　　　　　B. 技术研究和新产品应用
C. 技术创新和新工艺使用　　　　　　D. 技术推广和产品换代

26. 依据《消防法》的规定,机关、团体、企业、事业等单位应当按照(　　)标准配置消防设施、器材,设置消防安全标志,并定期组织检验、维修,确保完好有效。

A. 规范和国家　　B. 国家和行业　　C. 行业和企业　　D. 设计

27. 依据《消防法》的规定,同一建筑物由两个以上单位管理或者使用的,应当明确各方的消防安全责任,并确定责任人对共用的疏散通道、安全出口、建筑消防设施和消防车通道进行(　　)。

A. 协调管理　　　B. 指定责任人　　C. 统一管理　　　D. 有效管理

28. 依据《消防法》的规定,住宅区的物业服务企业应当对管理区域内的共用消防设施进行维护管理,提供(　　)。

A. 应急管理疏散服务　　　　　　　　B. 安全保障服务
C. 消防救援协助服务　　　　　　　　D. 消防安全防范服务

29. 依据《消防法》的规定,举办大型群众性活动,承办人应当依法向公安机关申请(　　)。

A. 报备　　　　　　　　　　　　　　B. 活动前安全检查

C. 活动过程中安全检查 　　　　　　　　D. 安全许可

30. 依据《消防法》的规定,储存可燃物资仓库的管理,必须执行(　　)和管理规定。

A. 国家安全标准 　　　　　　　　　　　B. 行业安全标准

C. 消防技术标准 　　　　　　　　　　　D. 安全技术标准

31. 依据《消防法》的规定,建筑构件、建筑材料和室内装修、装饰材料的防火性能必须符合国家标准;没有国家标准的,必须符合行业标准。人员密集场所室内装修、装饰,应当按照(　　)的要求,使用不燃、难燃材料。

A. 国家安全标准 　　　　　　　　　　　B. 行业安全标准

C. 消防技术标准 　　　　　　　　　　　D. 安全技术标准

32. 依据《消防法》的规定,任何单位、个人不得(　　)或者擅自拆除、停用消防设施、器材,不得埋压、圈占、遮挡消火栓或者占用防火间距,不得占用、堵塞、封闭疏散通道、安全出口、消防车通道。

A. 损坏、挪用 　　B. 转移、占用 　　C. 擅自更换 　　　D. 据为己有

33. 依据《消防法》的规定,国家鼓励、引导公众聚集场所和生产、储存、运输、销售易燃易爆危险品的企业投保(　　)保险。

A. 公共安全责任 　　B. 火灾公众责任 　　C. 意外伤害 　　　D. 第三者责任

34. 依据《消防法》的规定,任何人发现火灾都应当立即报警。任何单位、个人都应当(　　)为报警提供便利,不得阻拦报警。严禁谎报火警。

A. 有偿 　　　　　B. 无偿 　　　　　　C. 帮助 　　　　　D. 协助

35. 依据《消防法》的规定,国家综合性消防救援队、专职消防队参加火灾以外的其他重大灾害事故的应急救援工作,由(　　)统一领导。

A. 国家应急救援部 　　　　　　　　　　B. 国家综合性消防救援队

C. 当地人民政府 　　　　　　　　　　　D. 县级以上人民政府

36. 依据《消防法》的规定,消防救援机构、专职消防队扑救火灾、应急救援,(　　)费用。

A. 不得收取任何 　　　　　　　　　　　B. 根据耗材情况收取

C. 按照收费标准收取 　　　　　　　　　D. 适当收取

37. 依据《消防法》的规定,建筑施工企业不按照消防设计文件和消防技术标准施工,降低消防施工质量的,或者与工程监理单位串通,弄虚作假,降低消防施工质量的,由住房和城乡建设主管部门责令改正或者停止施工,并处(　　)罚款。

A. 1 万元以上 5 万元以下 　　　　　　　B. 1 万元以上 10 万元以下

C. 5 万元以上 10 万元以下 　　　　　　 D. 10 万元以上 20 万元以下

38. 依据《消防法》的规定,下列单位中应组建专职消防队的是(　　)。

A. 位于市区的学生人数达到 2 万名的高校　B. 位于市郊的大型水泥厂

C. 某小型危险化学品生产企业 　　　　　D. 某大型发电厂

39. 依据《消防法》的规定,生产经营单位发生火灾后,统一组织和指挥火灾现场扑救的单位是(　　)。

A. 火灾发生单位上级部门 　　　　　　　B. 火灾发生单位消防部门

C. 消防救援机构 　　　　　　　　　　　D. 人民政府安全监管部门

40. 甲企业与乙企业相邻,甲企业发生火灾后乙企业立即给予支援,最终消防救援队伍成功扑灭大火。依据《消防法》的规定,乙企业损耗的灭火剂、器材及装备等应由(　　)给予补偿。

A. 甲企业 　　　　B. 保险公司 　　　　C. 当地人民政府 　　　D. 公安消防队

41. 根据《消防法》,应当建立专职消防队的单位是( )。

A. 位于市中心的大型购物超市　　　　　B. 位于市中心的大型歌剧院

C. 位于市郊的中型水电站　　　　　　　D. 位于市郊的小型民用机场

42. 根据《消防法》,关于灭火救援的说法正确的是( )。

A. 专职消防队参加火灾以外的其他重大灾害事故的应急救援工作,由设区的市级以上人民政府统一领导

B. 设区的市级以上地方人民政府应当组织有关部门针对本行政区域内的火灾特点制定应急预案

C. 消防车前往执行应急救援任务时,不受行驶速度、行驶路线的限制,但不得逆向行驶

D. 火灾现场总指挥根据扑救火灾的需要,有权决定使用各种水源

**参考答案:**

| 1. D | 2. C | 3. D | 4. D | 5. B |
|------|------|------|------|------|
| 6. D | 7. C | 8. B | 9. B | 10. C |
| 11. B | 12. C | 13. B | 14. B | 15. C |
| 16. A | 17. C | 18. B | 19. B | 20. C |
| 21. B | 22. B | 23. B | 24. C | 25. A |
| 26. B | 27. C | 28. D | 29. D | 30. C |
| 31. C | 32. A | 33. B | 34. B | 35. D |
| 36. A | 37. B | 38. D | 39. C | 40. C |
| 41. D | 42. D | | | |

**二、多项选择题**

1. 依据《消防法》的规定,生产易燃易爆危险物品的单位,对产品应当( )。

A. 附有燃点数据的说明书　　　　　　　B. 附有闪点数据的说明书

C. 附有爆炸极限数据的说明书　　　　　D. 附有安全标志的说明书

E. 注明防火防爆注意事项

2. 依据《消防法》的规定,对营业性场所( )的,责令改正,处5000元以上5万元以下罚款。

A. 对火灾隐患经消防救援机构通知后不及时采取措施消除

B. 消防设施、器材或者消防安全标志的配置、设置不符合国家标准、行业标准,或者未保持完好有效

C. 占用、堵塞、封闭疏散通道、安全出口或者有其他妨碍安全疏散行为

D. 不设立业余消防队伍

E. 职工不经过消防专业知识培训

3. 依据《消防法》的规定,扰乱火灾现场秩序或者拒不执行火灾现场指挥员指挥,影响火灾救援的,尚不构成犯罪的,可以给予的行政处罚包括( )。

A. 警告　　　　　　　B. 记过　　　　　　　C. 罚款

D. 吊销资质证书　　　E. 15日以下拘留

4. 依据《消防法》的规定,下列单位中,应当建立单位专职消防队,承担本单位的火灾扑救工作的包括( )。

A. 大型发电厂　　　　B. 宾馆　　　　　　　C. 主要港口

D. 民用机场　　　　　E. 重点文物保护单位

5. 企事业单位违反《消防法》的下列情形中,应当给予责令改正,处 5000 元以上 5 万元以下罚款的有( )。

A. 消防设计经消防救援机构依法抽查不合格,不停止施工的

B. 损坏、挪用或者擅自拆除、停用消防设施、器材的

C. 建筑施工企业不按照消防设计文件和消防技术标准施工,降低消防施工质量的

D. 占用、堵塞、封闭疏散通道、安全出口或者有其他妨碍安全疏散行为的

E. 埋压、圈占、遮挡消火栓或者占用防火间距的

6. 依据《消防法》的规定,建设单位应当将消防设计文件报送住房和城乡建设主管部门进行审核的项目是( )。

A. 高层住宅楼     B. 特殊建设工程     C. 大型人员密集场所

D. 电影院、商场     E. 高档住宅楼

7. 依据《消防法》的规定,下列哪些单位应当建立专职消防队( )。

A. 大型核设施单位、大型发电厂、民用机场、主要港口

B. 生产、储存易燃易爆危险品的大型企业

C. 储备可燃的重要物资的大型仓库、基地

D. 大型商场、幼儿园、学校

E. 郊外全国重点文物保护单位的古建筑群

8. 依据《消防法》的规定,火灾现场总指挥根据扑救火灾的需要,有权决定下列哪些事项( )。

A. 使用各种水源,截断电力、可燃气体

B. 划定警戒区,实行局部交通管制

C. 防止火势蔓延,拆除或者破损毗邻火灾现场的建筑物

D. 调动军事、民事应急救援力量,边防、森林、水电、武警部队等有关力量协助救援

E. 调动供水、供电、供气、通信、医疗救护、交通运输、环境保护等有关单位协助救援

9. 某栋写字楼由甲、乙两个单位共同使用,根据《消防法》,甲、乙两单位应明确各自的消防安全责任,并确定责任人对共用的( )进行统一管理。

A. 安全出口     B. 消防车通道     C. 建筑消防设施

D. 大堂     E. 疏散通道

10. 依据《消防法》的规定,下列行为之一的可依照《治安管理处罚法》进行处罚( )。

A. 谎报火警的

B. 在火灾发生后阻拦报警的

C. 阻碍消防车执行任务的

D. 非法携带易燃易爆危险品进入公共场所或者乘坐公共交通工具的

E. 阻碍消防救援机构的工作人员依法执行公务的

11. 为了预防和减少火灾危害,加强应急救援工作,维护公共安全,依据《消防法》的规定,下列单位中,应当建立专职消防队,承担本单位火灾扑救工作的有( )。

A. 生产黑火药的大型企业  B. 大型建筑施工企业    C. 储存黑火药的大型仓库

D. 大型火力发电厂    E. 从事金矿开采的大型企业

12. 依据《消防法》的规定,下列关于消防安全重点单位的消防安全职责的说法,正确的有( )。

A. 确定消防安全管理人,组织实施本单位的消防安全管理工作

B. 建立消防档案,确定消防安全重点部位

C. 设置防火标志,实行严格管理

D. 实行每周防火巡查,并建立巡查记录

E. 对职工进行岗前消防安全培训,定期组织消防安全培训和消防演练

13. 根据《消防法》,生产经营单位应当履行的消防安全职责有(　　　)。

A. 组织进行有针对性的消防演练

B. 指导、支持和帮助属地村民委员会、居民委员会开展群众性的消防工作

C. 对建筑消防设施每年至少进行一次全面检测,确保完好有效,检测记录应当完整准确,存档备查

D. 按照国家标准、行业标准配置消防设施、器材,设置消防安全标志,并定期组织检验、维修,确保完好有效

E. 保障疏散通道、安全出口、消防车通道畅通,保证防火防烟分区、防火间距符合消防技术标准

参考答案:

| 1. ABCE | 2. ABC | 3. ACE | 4. ACD | 5. BDE |
| 6. BCD | 7. ABCE | 8. ABCE | 9. ABCE | 10. ACDE |
| 11. ACD | 12. ABCE | 13. ACDE | | |

# 第三节　中华人民共和国道路交通安全法

大纲要求:

《中华人民共和国道路交通安全法》(简称《道路交通安全法》)。依照本法分析、解决车辆和驾驶人、道路通行条件、道路通行规定和道路交通事故处理等方面的有关法律问题,判断违法行为及应负的法律责任。

## 一、单项选择题

1. 依据《道路交通安全法》的规定,学校、幼儿园、医院、养老院门前的道路没有行人过街设施的,应当(　　　),设置提示标志。

A. 设置安全岛　　　　　　　　　B. 安装交通红绿灯

C. 发放宣传材料　　　　　　　　D. 施划人行横道线

2. 张三因骑电动车横穿马路被机动车辆撞伤并昏迷,过路群众拦截其他机动车将张三送往附近医院急诊室后,护送人员全部离开了该医院。因无人办理张三缴费手续,医护人员也无法与张三家属取得联系,情急之下不知如何处理。依据《道路交通安全法》的有关规定,应当(　　　)。

A. 及时抢救,不得因抢救费用未及时交付而拖延救治

B. 及时抢救,由保险公司支付医疗费用

C. 及时抢救,由肇事方、保险公司和受害人筹集医疗费用

D. 应支付医疗费用后再实施抢救

3. 依据《道路交通安全法》的规定,肇事车辆未参加机动车第三者责任强制保险或者肇事后逃逸的,事故受伤人员的抢救费用由(　　　)先行垫付部分或者全部抢救费用。

A. 当地人民政府公安机关交通管理部门　　B. 当地人民政府民政管理部门

C. 医疗机构　　　　　　　　　　　　　　D. 道路交通事故社会救助基金

4. 依据《道路交通安全法》的规定,行人、非机动车、拖拉机、轮式专用机械车、铰接式客车、全挂拖斗车以及其他(　　　)低于 70 km 的机动车,不得进入高速公路。

A. 行驶时速　　　　　B. 平均时速　　　　　C. 设计最高时速　　　D. 额定时速

5. 依据《道路交通安全法》的规定,对有证据证明交通事故中非机动车驾驶人、行人违反道路交通安全法律、法规,机动车驾驶人已经采取必要处置措施的情形,关于双方责任的承担,下列说法中,正确的是(　　　)。

A. 免除机动车一方的责任　　　　　　　B. 双方承担同等责任

C. 减轻机动车一方的责任　　　　　　　D. 机动车一方仍应承担全部责任

6. 依据《道路交通安全法》的规定,对交通事故损害赔偿有争议的,当事人可以请求公安机关交通管理部门(　　　),也可以直接向人民法院提起民事诉讼。

A. 裁决　　　　　　　B. 仲裁　　　　　　　C. 裁定　　　　　　　D. 调解

7. 依据《道路交通安全法》的规定,行驶最高时速低于(　　　)km 的机动车,不得进入高速公路。

A. 70　　　　　　　　B. 75　　　　　　　　C. 80　　　　　　　　D. 85

8. 某机动车与行人之间发生交通事故,机动车一方面没有过错。依据《道路交通安全法》的规定,下列关于机动车一方面在事故中赔偿责任的说法,正确的是(　　　)。

A. 机动车一方不承担赔偿责任

B. 机动车一方承担不超过百分之十的赔偿责任

C. 机动车一方承担不超过百分之二十的赔偿责任

D. 机动车一方承担主要赔偿责任

9. 依据《道路交通安全法》的规定,道路交通事故的损失是由非机动车驾驶员、行人故意碰撞机动车造成的,机动车一方(　　　)赔偿责任。

A. 应当承担　　　　　B. 适当减轻　　　　　C. 可以承担　　　　　D. 不承担

10. 依据《道路交通安全法》的规定,道路交通安全违法行为的行政处罚种类有(　　　)。

A. 警告、罚款、暂扣或者吊销机动车驾驶证、拘役

B. 警告、罚款、暂扣或者吊销机动车驾驶证、管制

C. 警告、罚款、暂扣或者吊销机动车驾驶证、拘留

D. 警告、罚金、暂扣或者吊销机动车驾驶证、拘留

11. 依据《道路交通安全法》的规定,下列车辆通行的说法,正确的是(　　　)。

A. 机动车通过没有交通信号灯的交叉路口时,应当减速慢行,并让行人先行

B. 机动车载运爆炸物品应当按照最短路线、指定的时间和速度行驶

C. 电动自行车在非机动车道内行驶时,最高时速不能超过30公里

D. 铰接式客车驶入高速公路,最高时速不得超过120公里

12. 依据《道路交通安全法》的规定,下列道路通行条件的说法,正确的是(　　　)。

A. 工程建设挖掘道路,施工作业完毕无须经过验收即可恢复通行

B. 在城市道路施划停车泊位必须报经公安交通管理部门批准

C. 无行人过街设施的城市医院门前的道路应施划人行横道线并设置提示标志

D. 道路出现坍塌,公安交通管理部门和安全监管部门应当及时修复

13. 依据《道路交通安全法》的规定,残疾人机动轮椅车、电动自行车在非机动车道内行驶时,最高时速不得超过(　　　)。

A. 15公里　　　　　　B. 20公里　　　　　　C. 25公里　　　　　　D. 30公里

14. 根据《道路交通安全法》,关于车辆通行的说法,正确的是(　　　)。

A. 机动车装载爆炸物品应当按最短路线和公安机关指定的时间、速度行驶,悬挂警示标志

并采取必要的安全措施

 B. 高速公路限速标志标明的最高时速不得超过120公里

 C. 电动自行车在非机动车道内行驶时,最高时速不得超过20公里

 D. 全挂拖斗车驶入高速公路,最高时速不得超过70公里

15. 依据《道路交通安全法》的规定,机动车在车道减少的路段、路口,或者在没有交通信号灯、交通标志、交通标线或者交通警察指挥的交叉路口遇到停车排队等候或者缓慢行驶时,正确的做法应该是(　　)。

 A. 停车避让　　　　B. 抓紧快行　　　　C. 鸣笛提醒通行　　　　D. 依次交替通行

**参考答案:**

| 1. D | 2. A | 3. D | 4. C | 5. C |
| --- | --- | --- | --- | --- |
| 6. D | 7. A | 8. B | 9. D | 10. C |
| 11. A | 12. C | 13. A | 14. B | 15. D |

**二、多项选择题**

1. 交通警察调查处理道路交通安全违法行为和交通事故时,应当回避的情形是(　　)。

 A. 本案的当事人或者当事人的近亲属　　　　B. 本人或者近亲属与本案有利害关系

 C. 本案当事人表哥的同学　　　　D. 与本案当事人同一地区的

 E. 与本案当事人没有其他利害关系

2. 依据《道路交通安全法》的规定,有权对交通事故损害赔偿争议进行处理的部门是(　　)。

 A. 人民法院　　　　B. 安全生产监督管理部门　　　C. 公安机关交通管理部门

 D. 公安机关督察部门　　　　E. 道路主管部门

3. 依据《道路交通安全法》的规定,道路施工作业或者道路出现损毁,未及时设置警示标识、未采取防护措施,或者(　　),致使同行的人员、车辆及其他财产遭受损失的,负有相关职责的单位应当依法承担赔偿责任。

 A. 未安排交通警察执勤　　　　B. 未按照规定设置交通标志

 C. 未按照规定设置交通标线　　　　D. 未安排交通协管员协助管理

 E. 未按照规定设置交通信号灯

4. 依据《道路交通安全法》的规定,如果上路行驶的机动车(　　),公安机关交通管理部门应当扣留机动车,并可以依法予以处罚。

 A. 未悬挂机动车号牌的　　　　B. 未放置检验合格标志的

 C. 未放置保险标志的　　　　D. 未随身携带行驶证、驾驶证的

 E. 未随身携带机动车登记证的

5. 交警在公路上检查车辆,发现一辆小轿车的号牌是套用其他车辆的。公安机关交通管理部门将按《道路交通安全法》的有关规定进行怎样的处理(　　)。

 A. 该机动车号牌予以收缴　　　　B. 扣留该机动车

 C. 处10日以下拘留　　　　D. 处2000元以上5000元以下罚款

 E. 构成犯罪的,依法追究法律责任

6. 依据《道路交通安全法》的规定,对道路交通安全违法行为行政处罚的种类有(　　)。

 A. 责令学习交通法规　　　　B. 警告、罚款

 C. 暂扣或者吊销机动车驾驶证　　　　D. 拘留

E. 劳动教养

7. 依据《道路交通安全法》的规定,下列有关道路通行条件的说法,正确的有(　　)。

A. 交通信号灯中的黄灯表示停止

B. 未经许可,任何单位和个人不得占用道路从事非交通活动

C. 挖掘道路施工作业完毕,应当迅速清除道路上的障碍物,消除安全隐患后,立即恢复通行

D. 学校、幼儿园、医院、养老院门前的道路没有行人过街设施的,应当施划人行横道线,设置提示标志

E. 城市主要道路的人行道,应当按照规划设置盲道

8. 根据《道路交通安全法》,关于道路通行条件的说法,正确的有(　　)。

A. 因工程建设需要占用、挖掘道路,影响交通安全的,应当征得公安机关交通管理部门的同意

B. 穿越道路架设、增设管线设施,应当征得道路主管部门的同意

C. 道路两侧及隔离带上种植的树木或者其他植物,不得遮挡交通信号灯、交通标志

D. 铁路与道路平面交叉的道口,应当设置警示灯、警示标志或者安全防护设施

E. 道路出现坍塌,公安机关交通管理部门应当及时修复

**参考答案:**

| 1. ABC | 2. AC | 3. BCE | 4. ABCD | 5. ABD |
|--------|-------|--------|---------|--------|
| 6. BCD | 7. BDE | 8. CD | | |

# 第四节　中华人民共和国特种设备安全法

**大纲要求:**

《中华人民共和国特种设备安全法》(简称《特种设备安全法》)。依照本法分析、解决特种设备生产、经营、使用,检验、检测,监督管理,事故应急救援与调查处理等方面的有关法律问题,判断违法行为及应负的法律责任。

**一、单项选择题**

1. 依据《特种设备安全法》的规定,特种设备安全工作应当坚持"安全第一、预防为主、(　　)、综合治理"的原则。

A. 防消结合　　　　　B. 防治结合　　　　　C. 安全环保　　　　　D. 节能环保

2. 依据《特种设备安全法》的规定,因生产原因造成特种设备存在危及安全的同一性缺陷的,特种设备生产单位应当立即(　　)。

A. 通知销售商,采取告知义务　　　　　B. 停止生产,查找原因

C. 停止生产,等待退货　　　　　D. 停止生产,主动召回

3. 一家企业建设办公楼购买了两部电梯,经电梯安装单位安装完成后应该由(　　)在电梯投入使用前或者投入使用后 30 日内,向负责特种设备安全监督管理部门办理使用登记,取得使用登记证书。

A. 建设施工单位　　　　　B. 电梯购买单位

C. 电梯使用单位　　　　　D. 电梯安装单位

4. 在经营环节,销售和出租的特种设备必须符合(　　)要求。

A. 生产许可　　　　B. 环保　　　　C. 节能　　　　D. 安全

5. 依据《特种设备安全法》的规定,国家鼓励投保特种设备(　　)保险。

A. 安全责任　　　B. 意外伤害　　　C. 安全事故责任　　　D. 自然损坏

6. 进口特种设备,应当向(　　)负有特种设备安全监督管理的部门履行提前告知义务。进口的特种设备应当符合我国安全技术规范的要求,并经检验合格;需要取得我国特种设备生产许可的,应当取得许可。

A. 安装地　　　　B. 使用地　　　　C. 出口地　　　　D. 进口地

7. 特种设备在出租期间,如果双方当事人没有约定对该特种设备的使用管理和维护保养义务的,其责任应由(　　)承担。

A. 安装单位　　　B. 使用单位　　　C. 承租单位　　　D. 出租单位

8. 依据《特种设备安全法》的规定,下列关于特种设备的生产、经营、使用的说法,正确的是(　　)。

A. 电梯安装验收合格、交付使用后,使用单位应当对电梯的安全性能负责

B. 锅炉改造完成后,施工单位应当及时将改造方案等相关资料归档保存

C. 进口大型起重机,应当向进口地的安全监管部门履行提前告知义务

D. 压力容器的使用单位应当向特种设备安全监管部门办理使用登记

9. 受甲公司委托,乙锅炉压力容器检测检验站委派具有检验资格的张某,到甲公司对一200立方米的球型液氧储罐进行检测检验。该球罐是由丙公司制造、丁施工公司安装的。依据《特种设备安全法》的规定,下列关于张某检测和执业的说法,正确的是(　　)。

A. 检验发现球罐有重大缺陷,张某应当立即向当地安全监管部门报告

B. 张某检验球罐所需的技术资料,应由丙公司和丁公司提供,并对资料的真实性负责

C. 甲公司需要购置新球罐的,张某不得向其推荐产品

D. 张某经批准可以同时在两个检测、检验机构中执业

10. 依据《特种设备安全法》的规定,下列关于特种设备监督管理执法的说法,错误的是(　　)。

A. 发现特种设备存在事故隐患时,应当以书面形式发出特种设备安全监察指令,责令有关单位及时采取措施予以改正或者消除事故隐患

B. 对有证据表明不符合安全技术规范要求或者存在严重事故隐患的特种设备实施查封、扣押

C. 特种设备安全监管部门实施安全检查时,应当至少有3名特种设备安全监察员参加

D. 发现特种设备存在事故隐患,紧急情况下立即要求有关单位采取紧急处置措施,随后补发特种设备安全监察指令

11. 根据《特种设备安全法》,关于特种设备安全监督管理的说法,正确的是(　　)。

A. 锅炉的设计文件,应当经特种设备安全监管部门核准的检验机构鉴定,方可用于制造

B. 特种设备属于共有的,不得委托物业服务单位或者其他管理人管理

C. 进口特种设备的产品铭牌,应当有完整的外文说明

D. 特种设备检验、检测人员经有关部门批准,可以同时在两个检验、检测机构中执业

12. 根据《特种设备安全法》,关于特种设备经营的说法,正确的是(　　)。

A. 特种设备在出租期间的使用管理义务由承租单位承担,法律另有规定的除外

B. 特种设备在出租期间的维护保养义务由出租单位承担,当事人另有约定的除外

C. 经营企业销售未经检验的特种设备,应当报经特种设备安全监管部门批准

D. 进口特种设备的安装及使用维护保养说明,应当采用中文和英文两种文字

13. 根据《特种设备安全法》,(　　)的设计文件,应当经特种设备安全监管部门核准的检验机构鉴定,方可用于制造。

A. 压力容器　　　　　B. 气瓶　　　　　C. 压力管道　　　　　D. 起重机械

**参考答案:**

| 1. D | 2. D | 3. C | 4. D | 5. A |
|------|------|------|------|------|
| 6. D | 7. D | 8. D | 9. C | 10. C |
| 11. A | 12. B | 13. B | | |

**二、多项选择题**

1. 《特种设备安全法》确立了"三位一体"特种设备管理体制,即(　　)。

A. 明确主体责任　　　　　B. 企业是主体　　　　　C. 政府是监管

D. 社会是监督　　　　　E. 政府是监察

2. 《特种设备安全法》确立了特种设备安全监督管理的部门应当对公众聚集场所的特种设备,实施重点安全监督检查,如以下场所(　　)。

A. 宾馆　　　　　B. 饭店　　　　　C. 车站　　　　　D. 商场　　　　　E. 学校

3. 根据《特种设备安全法》,关于特种设备的说法,正确的有(　　)。

A. 特种设备使用单位可以在特种设备投入使用后 30 日内,向负责特种设备安全监管的部门办理使用登记,取得使用登记证书

B. 特种设备使用单位应当使用取得许可生产并经检验合格的特种设备

C. 进口特种设备,应当向使用地负责特种设备安全监管的部门履行提前告知义务

D. 达到设计使用年限的特种设备即使按照安全技术规范要求检验或评估合格,也必须强制报废

E. 特种设备出厂时,应当随附安全技术要求的设计文件等相关技术资料和文件

4. 依据《特种设备安全法》,以下哪些属于特种设备(　　)。

A. 锅炉　　　　　B. 压力容器(不含气瓶)　　　　　C. 压力管道

D. 客运索道　　　　　E. 大型游乐设施

5. 一家建筑施工企业向特种设备租赁公司租赁了一台塔吊,该台塔吊应有下列哪些随机文件和标识(　　)。

A. 产品质量合格证明

B. 安装及使用维护保养说明书

C. 监督检验证明

D. 显著位置应有产品铭牌

E. 安全警示标志

6. 在地铁一名乘客发现一女士带着一个男童在拨弄滚梯的控制盘,这名乘客上前制止,男童的妈妈非常不满意,而后发生激烈的争执。这名乘客随后报了警,双方被乘警带走。请问乘警根据《特种设备安全法》将如何处理(　　)。

A. 乘客只能劝阻,无须报警

B. 乘客有权举报涉及特种设备安全的违法行为

C. 乘警有权对男童的妈妈进行罚款处理

D. 乘警应对男童的妈妈和男童进行批评教育

E. 男童的妈妈不服从批评教育可以进行拘禁处理

7. 某公司从事机械制造需使用起重机械。依据《特种设备安全法》的规定,下列关于起重机械使用的说法,正确的有(　　)。

A. 该公司使用的起重机械必须经检验合格

B. 起重机械出现故障或者发生异常情况,该公司应当对其进行全面检查,消除事故隐患

C. 该公司使用起重机械,应当在投入使用后60日内办理使用登记

D. 该公司使用起重机械,应当建立岗位责任、隐患治理等安全管理制度,制定操作规程

E. 该公司应当按要求在检验合格有效期届满前一个月向特种设备检验检测机构提出定期检验要求

**参考答案:**

| 1. BCD | 2. CDE | 3. ABE | 4. ACDE | 5. ACDE |
|--------|--------|--------|---------|---------|
| 6. BD | 7. ABDE | | | |

# 第五节　中华人民共和国建筑法

**大纲要求:**

《中华人民共和国建筑法》。依照本法分析、解决建筑工程设计、建筑施工等安全生产及监督管理方面的有关法律问题,判断违法行为及应负的法律责任。

**一、单项选择题**

1. 依据《中华人民共和国建筑法》的规定,建设单位应当自领取施工许可证之日起(　　)内开工。因故不能按期开工的,应当向发证机关申请延期;延期以两次为限,每次不超过(　　)。既不开工又不申请延期或者超过延期时限的,施工许可证自行废止。

A. 1个月　1个月　　B. 2个月　2个月　　C. 3个月　3个月　　D. 6个月　6个月

2. 某建筑工程在建期间因变更原有设计中止了施工,建设单位在中止施工之日起30日内,向颁发施工许可证的发证机关进行了报告,并按照规定做好建筑工程的维护管理工作。该工程中止施工满1年后,在工程恢复施工前,(　　)应当报发证机关核验施工许可证。

A. 设计单位　　　B. 施工单位　　　C. 监理单位　　　D. 建设单位

3. 某国家重点建筑工程依据《中华人民共和国建筑法》的规定,应向国务院建设部申报批准开工报告。该工程因故不能按期开工超过(　　),应当由建设单位重新办理开工报告的批准手续。

A. 3个月　　　　B. 6个月　　　　C. 9个月　　　　D. 12个月

4. 依据《中华人民共和国建筑法》的规定,从事建筑活动的专业技术人员,应当依法取得(　　)证书,并在执业资格证书许可的范围内从事建筑活动。

A. 专业技术人员资格　　　　　　　　B. 注册一级建筑师

C. 注册安全工程师　　　　　　　　　D. 相应的执业资格

5. 某建筑施工企业承揽了"大型建筑工程且结构复杂的建筑工程"。依据《中华人民共和国建筑法》的规定,请指出该建筑施工企业正确的做法是(　　)。

A. 可以超越本企业资质等级许可的业务范围进行施工

B. 可以用其他建筑施工企业的名义承揽该项工程

C. 可以分包给其他施工单位,也可以再分包给个人

D. 可以由两个以上的承包单位联合共同承包

6. 甲建筑施工企业资质等级为建筑工程总承包一级,专业承包二级;乙建筑施工企业资质等级为建筑工程总承包二级,专业承包三级。甲、乙企业实行联合共同承包工程时,因两个企业不同资质等级,依据《中华人民共和国建筑法》的规定,两个企业承揽工程资质等级应该是( )。

A. 建筑工程总承包一级,专业承包二级

B. 建筑工程总承包二级,专业承包三级

C. 建筑工程总承包二级,专业承包二级

D. 以资质较高的企业为准

**参考答案:**

| 1. C | 2. D | 3. B | 4. D | 5. D |
|------|------|------|------|------|
| 6. B | | | | |

## 二、多项选择题

1. 甲建筑施工企业承包了一项新建住宅项目,由于甲建筑施工企业近期资金短缺就将承包的全部建筑工程转包给乙施工企业,乙施工企业将此全部建筑工程肢解后,以分包的名义分别转包给他人。依据《中华人民共和国建筑法》的规定,以下正确的是( )。

A. 禁止承包单位将其承包的全部建筑工程转包给他人

B. 禁止总承包单位将工程分包给不具备相应资质条件的单位

C. 禁止分包单位将其承包的工程再分包

D. 禁止总承包单位、分包单位共同承担建筑工程

E. 禁止承包单位将其承包的全部建筑工程肢解以后以分包的名义分别转包给他人

2. 依据《中华人民共和国建筑法》的规定,国家扶持建筑业的发展,支持建筑科学技术研究,提高房屋建筑设计水平,鼓励节约能源和保护环境,提倡采用( )和现代管理方式。

A. 先进方法                 B. 先进技术                 C. 先进设备

D. 先进工艺                 E. 新型建筑材料

3. 依据《中华人民共和国建筑法》的规定,申请领取施工许可证,应当具备的下列条件是( )。

A. 已经办理该建筑工程用地批准手续

B. 依法应当办理建设工程规划许可证的,已经取得建设工程规划许可证

C. 需要拆迁的,其拆迁进度符合施工要求

D. 有满足施工需要的人员安排

E. 有保证工程质量和安全的具体措施

4. 依据《中华人民共和国建筑法》的规定,从事建筑活动的建筑施工企业、勘察单位、设计单位和工程监理单位,应当具备的下列条件是( )。

A. 有符合国家规定的注册资本

B. 有与其从事的建筑活动相适应的具有法定执业资格的专业技术人员

C. 有从事相关建筑活动所应有的技术装备

D. 有安全生产监督管理机构

E. 法律、行政法规规定的其他条件

5. 依据《中华人民共和国建筑法》的规定,有下列情形( )之一的,建设单位应当按照国

家有关规定办理申请批准手续。

    A. 需要临时占用规划批准范围以外场地的

    B. 可能损坏道路、管线、电力、邮电通信等公共设施的

    C. 需要停水、停电、中断燃气供应的

    D. 需要进行爆破作业的

    E. 需要临时停水、停电、中断道路交通的

**参考答案：**

| 1. ABCE | 2. BCDE | 3. ABCE | 4. ABCE | 5. ABDE |
|---------|---------|---------|---------|---------|

# 第五章　安全生产相关法律

## 第一节　中华人民共和国刑法

大纲要求：

《中华人民共和国刑法》(简称《刑法》)中与安全生产有关内容和《最高人民法院、最高人民检察院关于办理危害生产安全刑事案件适用法律若干问题的解释》。依照生产安全刑事犯罪和处罚的基本规定,分析生产安全犯罪应承担的刑事责任,判断生产安全犯罪的主体、定罪标准及相关疑难问题的法律适用。

### 一、单项选择题

1. 消防责任事故罪的犯罪主体是(　　)。

　A. 违反消防管理规定的一切人员　　　　　　B. 对消防责任事故负有直接责任的人员

　C. 消防行政管理部门的执法人员　　　　　　D. 生产经营单位的负责人

2. 违反爆炸性、易燃性、放射性、毒害性、腐蚀性物品的管理规定,在生产、储存、运输、使用中发生重大事故,造成严重后果的,构成(　　)。

　A. 重大责任事故　　　B. 滥用职权罪　　　C. 危险物品肇事罪　　D. 玩忽职守罪

3. 依据《刑法》的规定,负有安全生产监督管理职责的部门,对生产安全事故隐瞒不报、谎报或者拖延不报的,依据(　　)的规定处罚。

　A. 贪污罪　　　　　　B. 受贿罪　　　　　　C. 不报、谎报事故罪　　D. 重大责任事故罪

4. 依据《刑法》的规定,危险物品肇事罪犯罪后果特别严重的,最高可判处(　　)年有期徒刑。

　A. 5　　　　　　　　B. 7　　　　　　　　C. 10　　　　　　　　D. 15

5. 依据《刑法》的规定,存在(　　)的违法行为,因而发生重大伤亡事故或者造成其他严重后果的,处 5 年以下有期徒刑或者拘役;情节特别恶劣的,处 5 年以上有期徒刑。

　A. 在生产、作业中违反有关安全管理规定

　B. 强令他人违章冒险作业,或者明知存在重大事故隐患而不排除,仍冒险组织作业的

　C. 安全生产设施或者安全生产条件不符合国家规定

　D. 举办大型群众性活动违反安全管理规定

6. 依据《刑法》的规定,构成消防责任事故罪的客观要件是(　　)。

　A. 违反消防管理法规,经消防监督机构通知采取改正措施而拒绝执行,造成严重后果

　B. 违反消防管理法规,不及时采取消防安全防护措施,造成严重后果

　C. 违反消防管理法规,不配备专门的消防器材,造成严重后果

　D. 违反消防管理法规,采用暴力手段抗拒消防监督机构执法,造成严重后果

7. 依据《刑法》的规定,在安全事故发生后,负有报告职责的人员不报或者谎报事故情况,贻误事故抢救,情节严重的,处 3 年以下有期徒刑或拘役;情节特别严重的,处 3 年以上 7 年以下有期徒刑。依据《最高人民法院、最高人民检察院关于办理危害矿山安全生产刑事案件具体应用法律若干问题的解释》,下列情形中,应当认定为情节特别严重的是( )。

　　A. 导致事故后果扩大,增加死亡 2 人的

　　B. 导致事故后果扩大,增加重伤 5 人的

　　C. 采用命令方式阻止他人报告事故情况导致事故后果扩大的

　　D. 导致事故后果扩大,导致经济损失 260 万元的

8. 一有色金属矿已经通过验收,在前 3 个月运行期间发生了重大的生产安全事故,经事故调查属于国家机关工作人员对不符合安全生产条件的事项予以批准、验收,致使事故发生,造成了公共财产、国家和人民利益受到重大损失。该事故属于国家机关工作人员安全生产犯罪的( )。

　　A. 渎职罪　　　　　　　　　　　　　　　B. 妨害公务罪

　　C. 徇私枉法罪　　　　　　　　　　　　　D. 重大劳动安全事故罪

9. 某仓储公司叉车司机赵某,在货场驾驶叉车从事搬运工作时,违反操作规程超速驾驶,将在现场从事货物整理工作的陈某撞倒在地,当场死亡。依据《刑法》有关安全生产犯罪的规定,对赵某应当按( )处理。

　　A. 重大劳动安全事故罪　　　　　　　　　B. 交通肇事罪

　　C. 重大责任事故罪　　　　　　　　　　　D. 玩忽职守罪

10. 某施工单位承接一校舍加固工程时,发生脚手架坍塌,造成 2 名工人死亡,最后查明,该施工单位没有配置安全员,现场施工安全管理混乱。根据《刑法》,该施工单位负责人的行为涉嫌构成的罪名是( )。

　　A. 强令违章冒险作业罪　　　　　　　　　B. 重大责任事故罪

　　C. 重大劳动安全事故罪　　　　　　　　　D. 重大伤亡事故罪

11. 依据《刑法》的规定,安全生产设施不符合国家规定,因而发生重大伤亡事故或者造成其他严重后果的,构成( )。

　　A. 重大责任事故罪　　　　　　　　　　　B. 重大劳动安全事故罪

　　C. 大型群众性活动重大事故罪　　　　　　D. 瞒报或者谎报事故罪

12. 根据《刑法》的规定,在生产安全事故发生后,负有报告职责的人员( ),贻误事故抢救,情节严重的,处 3 年以下有期徒刑或者拘役。

　　A. 迟报或者漏报事故情况　　　　　　　　B. 迟报或者瞒报事故情况

　　C. 漏报或者谎报事故情况　　　　　　　　D. 不报或者谎报事故情况

13. 根据《刑法》的规定,强令他人违章冒险作业,或者明知存在重大事故隐患而不排除,仍冒险组织作业因而发生重大伤亡事故或者造成其他严重后果的,处( )年以下有期徒刑或者拘役;情节特别恶劣的,处( )年以上有期徒刑。

　　A. 三　　五　　　　B. 五　　五　　　　C. 三　　七　　　　D. 五　　十

14. 某煤矿井下施工过程中,发现有透水征兆,因抢进度,违反煤矿防治水规定,没有进行探放水,导致发生 11 人死亡的重大事故。依据《刑法》,应以( )的罪名追究该煤矿主要负责人的责任。

　　A. 重大施工事故罪　　　　　　　　　　　B. 重大劳动安全事故罪

　　C. 重大责任事故罪　　　　　　　　　　　D. 强令违章冒险作业罪

15. 某矿山现场指挥作业的负责人赵某在未采取足够安全保障措施的情况下,不顾工人的反对意见,强令工人从事爆破作业,造成 1 人死亡、3 人重伤的事故。依据《刑法》的有关规定,下列关于赵某应负刑事责任的说法中,正确的是( )。

   A. 处三年以下有期徒刑或者拘役

   B. 处三年以上七年以下有期徒刑

   C. 处五年以下有期徒刑或者拘役

   D. 处五年以上有期徒刑

16. 依据《刑法》的规定,由于强令他人违章冒险作业而导致重大伤亡事故发生或者造成其他严重后果,情节特别恶劣的,应处有期徒刑( )。

   A. 10 年以上        B. 7 年以上        C. 5 年以上        D. 3 年以上

17. 某化工企业因安全生产设施不符合国家规定,发生事故,造成 6 人死亡的严重后果。依据《刑法》的规定,直接负责的主管人员触犯的刑法罪名是( )。

   A. 重大责任事故罪                    B. 重大劳动安全事故罪

   C. 危险物品肇事罪                    D. 消防责任事故罪

18. 依据《刑法》的规定,在生产、作业中违反有关安全生产管理的规定,因而发生重大伤亡事故或者造成其他严重后果的,处( )年以下有期徒刑或者拘役;情节特别恶劣的,处( )年以上 7 年以下有期徒刑。

   A. 2    3            B. 3    3            C. 3    5            D. 5    5

19. 依据《刑法》的规定,违反爆炸性、易燃性、放射性、毒害性、腐蚀性物品的管理规定,在( )中发生重大事故,造成严重后果的,处 3 年以下有期徒刑或者拘役。

   A. 生产、经营、储存、运输            B. 生产、经营、运输、使用

   C. 生产、储存、运输、使用            D. 生产、经营、储存、使用

20. 陈某承包经营电镀厂,未按照国家标准为电镀设备安装漏电保护装置,导致两名工人作业时触电死亡。根据《刑法》的规定,陈某的行为构成( )。

   A. 失职渎职罪                        B. 重大劳动安全事故罪

   C. 强令违章冒险作业罪                D. 玩忽职守罪

21. 某煤矿发生透水事故,当场死亡 5 人,主管安全生产的副总经理李某未向有关部门报告,贻误了事故抢险救援的时机,又导致 3 人死亡。依据《刑法》及相关规定,对李某的处罚,下列说法正确的是( )。

   A. 应处 3 年以下有期徒刑              B. 应处 7 年以上有期徒刑

   C. 应处 3 年以上 7 年以下有期徒刑     D. 应处拘役

22. 某矿井井下工人在工作时发现矿井通风设备出现故障,遂向当班副矿长报告。副矿长因急于下班回家,未及时安排人员维修,导致瓦斯聚集发生爆炸,造成 21 人死亡、1 人重伤。依据《刑法》的规定,副矿长的行为构成( )。

   A. 重大责任事故罪                    B. 玩忽职守罪

   C. 重大劳动安全事故罪                D. 危险物品肇事罪

23. 某技改煤矿生产矿长助理张某,在明知井下瓦斯传感器位置不当、不能准确检测瓦斯数据、安全生产存在重大隐患的情况下,仍强行组织超过技改矿下井人数限制的大批工人下井作业,最终导致 6 人死亡的严重后果。依据《刑法》的有关规定,对张某应予判处( )。

   A. 3 年以下有期徒刑                  B. 3 年以上 7 年以下有期徒刑

   C. 5 年以下有期徒刑                  D. 5 年以上有期徒刑

24. 某企业安全生产设施不符合国家规定,导致一起15人死亡的重大事故。依据《刑法》有关规定,该企业直接负责的主管人员涉嫌构成的罪名是(　　)。

A. 重大劳动安全事故罪
B. 重大责任事故罪
C. 以危险方法危害公共安全罪
D. 玩忽职守罪

25. 某煤矿发生煤层着火,为保护采掘设备不受损害,总工程师刘某强令作业人员冒险进入巷道进行抢救,结果造成5人死亡。依据《刑法》有关规定,刘某的违法情节属特别恶劣,刘某应当被判处的刑罚是(　　)。

A. 3年以下有期徒刑
B. 5年以下有期徒刑
C. 3年以上5年以下有期徒刑
D. 5年以上有期徒刑

26. 某建筑公司的安全生产条件不符合国家规定,导致施工现场发生了重大伤亡事故。根据《刑法》及相关司法解释,该单位相关负责人涉嫌构成(　　)。

A. 重大责任事故罪
B. 玩忽职守罪
C. 重大劳动安全事故罪
D. 强令违章冒险作业罪

27. 某建筑公司承包一酒店建设项目,在未申报专项方案、未取得混凝土浇筑许可证的情况下,强令工人对酒店游泳场进行浇筑混凝土施工。施工过程中,钢管模板支架发生坍塌,造成3名工人死亡。根据《刑法》及相关司法解释,对该建筑公司的主要责任人视情节应当(　　)。

A. 处3年以下有期徒刑或者拘役
B. 处3年以上7年以下有期徒刑
C. 处5年以上有期徒刑
D. 处5年以下有期徒刑或者拘役

**参考答案:**

| 1. B | 2. C | 3. C | 4. B | 5. B |
|------|------|------|------|------|
| 6. A | 7. C | 8. A | 9. C | 10. B |
| 11. B | 12. D | 13. B | 14. C | 15. C |
| 16. C | 17. B | 18. B | 19. C | 20. B |
| 21. C | 22. A | 23. D | 24. A | 25. D |
| 26. C | 27. C | | | |

**二、多项选择题**

1. 依照《刑法》的规定,构成重大劳动安全事故罪所应具备的条件包括(　　)。

A. 安全生产设施或者安全生产条件不符合国家规定
B. 经有关部门或者单位职工提出后,对事故隐患仍不采取措施
C. 导致重大伤亡事故或者造成其他严重后果
D. 导致伤亡事故或者造成其他后果
E. 造成财产损失

2. 一家施工单位违反《刑法》的有关规定,伪造了《安全生产许可证书》。此犯罪行为构成了伪造、变造、买卖国家机关(　　)印章罪。

A. 公文
B. 证照
C. 证件
D. 证号
E. 证明

3. 依据《刑法》的规定,(　　)违反国家规定,降低工程质量标准,造成重大安全事故的,对直接责任人员,处5年以下有期徒刑或者拘役,并处罚金;后果特别严重的,处5年以上10年以下有期徒刑,并处罚金。

A. 建设单位
B. 设计单位
C. 施工单位
D. 材料供应单位
E. 工程监理单位

4. 依据《刑法》的规定,安全生产设施不符合国家规定,因而发生重大伤亡事故或者造成其他严重后果,情节特别恶劣的,处3年以上7年以下有期徒刑。根据矿山生产安全犯罪适用《刑法》的司法解释,下列应该认定为《刑法》规定的"情节特别恶劣"的情形是(    )。

A. 造成轻伤20人以上的

B. 造成重伤10人以上的

C. 造成死亡3人以上的

D. 造成直接经济损失200万元以上的

E. 造成间接经济损失300万元以上的

参考答案:

| 1. AC | 2. AC | 3. ABCE | 4. BC |
|-------|-------|---------|-------|

# 第二节    中华人民共和国行政处罚法

大纲要求:

《中华人民共和国行政处罚法》(2021年1月22日修订)。依照本法分析、解决涉及安全生产的行政处罚的种类和设定,行政处罚的实施机关,行政处罚的管辖和适用,行政处罚的决定,行政处罚的执行以及行政管理相对人的合法权益保护等方面的有关法律问题,判断违法行为及应负的法律责任。

## 一、单项选择题

1. 依据《行政处罚法》的规定,行政当事人无正当理由拒不履行行政机关的处罚规定时,行政机关可以采取的措施是(    )。

A. 直接实施强制执行

B. 向人民法院提起诉讼

C. 依法将查封、扣押的财物拍卖或者将冻结的存款划拨抵缴罚款

D. 对到期不缴纳罚款的,每日按应罚款数额的5%加处罚款

2. 依据《行政处罚法》的规定,下列关于受委托组织实施行政处罚的表述,错误的是(    )。

A. 受委托组织应当是依法成立并具有管理公共事务职能的事业组织

B. 委托行政机关应当对委托的组织实施行政处罚的行为进行监督,并对其行为的后果承担法律责任

C. 受委托组织在委托范围内,以自己的名义实施行政处罚

D. 委托行政机关和受委托组织应当将委托书向社会公布

3. 下列关于行政处罚听证的表述,正确的是(    )。

A. 只要当事人要求听证的,实施处罚的行政机关就应当组织听证

B. 当事人必须亲自参加听证

C. 当事人不承担行政机关组织听证的费用

D. 听证可由案件的调查人员主持

4. 依据《行政处罚法》的规定,限制人身自由的行政处罚权只能由(    )行使。

A. 公安机关                          B. 人民检察院

C. 县级以上人民政府　　　　　　　　　　　　D. 县级以上安全生产监督管理部门

5. 依据《行政处罚法》的规定,违法行为在两年内未被发现的,不再给予行政处罚。违法行为的期限从(　　)起计算。

A. 受害人发现其权益受到违法行为侵害之日

B. 违法行为发生之日

C. 违法行为终了之日

D. 违法行为终了之日起计算,但违法行为有连续或者继续状态的,从行为发生之日

6. 依据《行政处罚法》的规定,已满14周岁不满18周岁的未成年人有违法行为的,(　　)行政处罚。

A. 应当从轻　　　　B. 不给予罚款　　　　C. 给予拘留　　　　D. 给予警告

7. 依据《行政处罚法》的规定,下列各种行政处罚,只能由法律设定的是(　　)。

A. 罚款　　　　　B. 限制人身自由　　　C. 责令停产停业　　D. 没收违法所得

8. 依据《行政处罚法》的规定,违法事实确凿并有法定依据,对公民处以(　　)以下罚款的,执法人员可以当场作出行政处罚的决定。

A. 200 元　　　　B. 500 元　　　　C. 800 元　　　　D. 1000 元

9. 依据《行政处罚法》的规定,行政处罚案件一般由(　　)的行政机关管辖。

A. 违法行为发生地　　　　　　　　　B. 侵权行为发生地

C. 违法行为人户籍所在地　　　　　　D. 违法行为人经常居住地

10. 依据《行政处罚法》的规定,违法行为在2年内没有发现的,不再给予处罚,某金融机构3年前非法集资3.5亿元,对社会危害极大。请问上述期限延长至(　　)年。

A. 3　　　　　　B. 6　　　　　　C. 2　　　　　　D. 5

11. 某县安全生产监管部门接到群众举报,反映一家烟花爆竹批发销售企业销售非法生产的烟花爆竹。执法人员现场检查中发现,该企业仓库内存放了非法生产的鞭炮30箱、烟花46箱,违法所得2万元。依据《行政处罚法》,就该事件对该企业最适当的处罚是(　　)。

A. 将该企业法人刑事拘留15天

B. 罚款20万元,保留该企业经营许可证

C. 给予严重警告,责令不得再次销售非法产品

D. 没收所有非法产品、违法所得,并处以罚款和吊销经营许可证

12. 依据《行政处罚法》的规定,针对不同违反行政管理的行为,设定了多种行政处罚。下列处罚中,不属于行政处罚的是(　　)。

A. 没收违法所得　　B. 没收非法财产　　C. 降低资质等级　　D. 罚金

13. 依据《行政处罚法》的规定,吊销企业营业执照的行政处罚可以由(　　)设定。

A. 行政法规　　　　B. 部门规章　　　　C. 地方性法规　　　D. 地方规章

14. 依据《行政处罚法》的规定,违法事实确凿并且有法定依据,对企业处以(　　)元以下的罚款,可以当场作出处罚决定。

A. 1000　　　　　B. 2000　　　　　C. 3000　　　　　D. 5000

15. 依据《行政处罚法》的规定,行政机关根据当事人的申请,决定举行听证的,听证的费用由(　　)承担。

A. 当事人　　　　　　　　　　　　　B. 司法机关

C. 行政机关　　　　　　　　　　　　D. 当事人与行政机关

16. 依据《行政处罚法》的规定,当事人到期不缴纳罚款的,可以每日按罚款数额的(　　)加

处罚款。

    A. 1%           B. 2%           C. 3%           D. 5%

17. 依据《行政处罚法》的规定,"一事不二罚"是指对当事人的同一个违法行为不得给予两次以上(　　)的处罚。

    A. 警告           B. 罚款           C. 没收财产           D. 收缴违法所得

18. 依据《行政处罚法》的规定,对于违法行为轻微并及时纠正,没有造成危害后果的,行政执法机关(　　)处罚。

    A. 不予           B. 予以减轻           C. 予以从轻           D. 可以给予

19. 依据《行政处罚法》的规定,对于违法事实确凿并有法定依据,对公民处以 200 元以下、对法人或者其他组织处以 3000 元以下的罚款的案件,行政机关可以使用(　　)作出决定。

    A. 简易程序        B. 一般程序        C. 听证程序        D. 特写程序

20. 依据《行政处罚法》,行政处罚决定书应当在宣告后当场交付当事人;当事人不在场的,行政机关应当依照《民事诉讼法》的有关规定将行政处罚决定书送达当事人,送达期限为(　　)日。

    A. 5           B. 7           C. 10           D. 30

21. 依据《行政处罚法》的规定,当事人逾期不缴纳行政处罚决定的,处罚机关可以采取的执行措施是(　　)。

    A. 到期不缴罚款的,每日按罚款额百分之三加处罚款

    B. 将查封的财物作价冲抵罚款

    C. 自行将扣押的财物拍卖抵缴罚款

    D. 自行或申请人民法院强制执行

22. 根据不同的标准,行政处罚有不同的分类。下列行政处罚中属于行为罚的是(　　)。

    A. 罚款                        B. 销毁违禁物品

    C. 责令停产停业                D. 没收违法所得

23. 某煤矿安全监察机构对煤矿企业进行安全监察时,发现安全监控系统不完善,决定对该煤矿企业做出行政处罚。依据《行政处罚法》的规定,下列关于当场作出行政处罚的做法,正确的是(　　)。

    A. 当场两名执法人员出示执法证件,制作对该企业处 3000 元罚款的行政处罚决定书,宣读后,交付在场的企业负责人

    B. 当场制作对该企业处 3500 元罚款的行政处罚决定书,宣读后,交付在场的企业负责人

    C. 当场口头作出罚款 1000 元的行政处罚决定,10 日后补办书面决定书并送达给该企业

    D. 当场口头作出罚款 1000 元的行政处罚决定,10 日后补办书面决定书并以挂号函件方式邮寄给该企业

24. 某企业因存在重大违法行为,被行政机关责令停产停业。依据《行政处罚法》的规定,下列关于行政处罚听证的说法,正确的是(　　)。

    A. 该企业要求听证的,应当在行政机关告知后七日内提出

    B. 举行听证的费用应该由行政机关和该企业合理分担

    C. 行政机关应当在听证的七日前,通知该企业举行听证的时间、地点

    D. 听证一般不会向社会公开,经该企业申请且行政机关同意的可以公开

25. 依据《行政处罚法》的规定,下列关于行政处罚执行程序的说法,正确的是(　　)。

    A. 当事人对行政处罚决定不服申请行政复议或者提起行政诉讼的,行政处罚暂缓执行

B. 除法律规定可当场收缴罚款的情形外,作出行政处罚决定的行政机关及其执法人员不得自行收缴罚款

C. 当事人拒不履行法定义务的,行政机关只能申请法院强制执行

D. 行政机关及其执法人员当场收缴罚款的,必须向当事人出具本部门统一制发的罚款收据

26. 依据《行政处罚法》的行政处罚决定程序,当调查终结,行政机关负责人应当审查调查结果,酌情作出决定。下列决定正确的是(　　)。

A. 违法行为轻微的,不得给予行政处罚

B. 确有应受行政处罚的违法行为的,从重作出行政处罚决定

C. 违法行为已构成犯罪的,应当予以行政处罚后移送司法机关

D. 违法事实不能成立的,不得给予行政处罚

27. 某行政机关给予某用人单位 3500 元罚款。依据《行政处罚法》的规定,下列关于行政处罚执行的说法,正确的是(　　)。

A. 该单位对行政处罚决定不服而申请行政复议的,行政处罚应当停止执行

B. 执法人员应当当场收缴罚款,并出具罚款收据

C. 该单位应当自收到行政处罚决定书之日起十五日内,到指定的银行缴纳罚款

D. 该单位到期未缴纳罚款,行政机关可每日按罚款数额的千分之三加处罚款

28. 根据《行政处罚法》,行政机关作出(　　)行政处罚决定前,应当告知当事人有要求举行听证的权利。

A. 警告 　　　　　　　　　　　B. 对个人处以 50 元罚款

C. 处以 1000 元罚款　　　　　　D. 责令停产停业

29. 根据《行政处罚法》,当事人没有正当理由逾期不履行行政处罚决定的,作出行政处罚决定的行政机关依法有权(　　)。

A. 将冻结的银行存款划拨抵缴罚款　　B. 将查封的财物作价充抵罚款

C. 每日按罚款数额的 5% 加处罚款　　D. 申请公安机关强制执行

30. 依据《行政许可法》的规定,下列关于行政许可听证程序的说法,正确的是(　　)。

A. 行政机关可以于听证的 3 日前将举行听证的时间和地点通知申请人、利害关系人,必要时予以公告

B. 听证应当公开举行

C. 行政机关应当指定审查该行政许可申请的工作人员为听证主持人,申请人、利害关系人认为主持人与该行政许可事项有直接利害关系的,有权申请回避

D. 听证费用由申请人承担

31. 根据《行政许可法》,除法律法规另有规定或者可以当场作出行政许可决定的外,关于行政机关作出行政许可决定的期限的说法,正确的是(　　)。

A. 行政机关应当自受理行政许可申请之日起 30 日内作出行政许可决定

B. 行政机关应当自受理行政许可申请之日起 20 日内作出行政许可决定

C. 行政机关不能按期作出决定的,经本行政机关负责人批准,作出决定的期限可以延长 15 日,并应当将延长期限的理由告知申请人

D. 行政机关不能按期作出决定的,经本级人民政府负责人批准,作出决定的期限可以延长 15 日,并应当将延长期限的理由告知申请人

参考答案：

| 1. C | 2. C | 3. C | 4. A | 5. B |
|------|------|------|------|------|
| 6. A | 7. B | 8. A | 9. A | 10. D |
| 11. D | 12. D | 13. A | 14. C | 15. C |
| 16. C | 17. B | 18. A | 19. A | 20. B |
| 21. A | 22. C | 23. A | 24. C | 25. B |
| 26. D | 27. C | 28. D | 29. A | 30. B |
| 31. B | | | | |

## 二、多项选择题

1. 依照《行政处罚法》的规定，在行政机关实施行政处罚时，当事人享有的权利包括（    ）。

A. 对于行政机关将要作出的任何种类的处罚，都可以要求听证

B. 在处罚的听证程序中，可以聘请律师作为代理人参加听证会

C. 认为行政处罚决定违法，可以不执行处罚决定

D. 认为行政处罚违法，可以依法提起行政复议或者行政诉讼

E. 实施处罚的机关当场收缴罚款，不使用法定部门统一制作的罚款收据时，有权拒绝缴纳罚款

2. 依照《行政处罚法》的公正原则，设定和实施行政处罚必须以事实为根据，与违法行为的（    ）以及社会危害程度相当。

A. 事实　　　　　B. 原因　　　　　C. 性质　　　　　D. 后果　　　　　E. 情节

3. 依据《行政处罚法》的规定，行政机关在作出（    ）的行政处罚决定之前，应当告知当事人有要求举行听证的权利。

A. 警告　　　　　　　　B. 较大数额罚款　　　　　　C. 责令停产停业

D. 吊销许可证或者营业执照　E. 拘留

4. 依据《行政处罚法》的规定，地方性法规可以设定的行政处罚种类包括（    ）。

A. 罚款　　　　　　　　B. 没收违法所得　　　　　　C. 限制人身自由

D. 吊销企业营业执照　　　E. 责令停产停业

5. 依据《行政处罚法》的规定，下列关于行政处罚适用的说法，正确的是（    ）。

A. 15周岁的张某有违法行为，不予行政处罚，责令监护人严加管教

B. 16周岁的王某有违法行为，应当在法定行政处罚幅度的最低限以下给予处罚

C. 间歇性精神病人李某在不能控制自己行为时的违法行为，不予以处罚

D. 赵某实施违法行为后主动消除了危害后果，应当依法从轻或者减轻行政处罚

E. 钱某的违法行为构成犯罪，人民法院对其判处罚金，行政罚款应当折抵罚金

6. 依据《行政处罚法》的规定，下列关于行政处罚设定的说法，正确的有（    ）。

A. 限制人身自由的行政处罚，只能由法律设定

B. 行政法规可以设定除限制人身自由、吊销营业执照以外的行政处罚

C. 地方性法规可以设定除限制人身自由、吊销营业执照以外的行政处罚

D. 地方性法规必须在法律法规和规章规定的给予行政处罚的行为、种类和幅度范围内作出规定

E. 尚未制定法律、行政法规的，国务院部、委员会制定的规章对违反行政管理秩序的行为，可以设定警告或者一定数量罚款的行政处罚

7. 依据《行政处罚法》的规定，下列情形中，可以从轻处罚的有（    ）。

A. 不满14周岁的人有违法行为的

B. 违法行为在两年后被发现的

C. 配合行政机关查处违法行为有立功表现的

D. 受他人胁迫有违法行为的

E. 违法行为轻微并及时纠正，未造成危害后果的

8. 根据《行政处罚法》，可以从轻或者减轻处罚的情形有(　　　)。

A. 不满 14 周岁的人有违法行为的

B. 主动消除或者减轻违法行为危害后果的

C. 受他人胁迫有违法行为的

D. 配合行政机关查处违法行为有立功表现的

E. 违法行为轻微并及时纠正，没有造成危害后果的

**参考答案：**

| 1. BDE | 2. ACE | 3. BCD | 4. ABE | 5. CDE |
|--------|--------|--------|--------|--------|
| 6. ACDE | 7. CD | 8. BCD | | |

# 第三节　中华人民共和国劳动法

**大纲要求：**

《中华人民共和国劳动法》(简称《劳动法》)。依照本法分析劳动安全卫生、女职工和未成年工特殊保护、社会保险和福利、劳动安全卫生监督检查等方面的有关法律问题，判断违法行为及应负的法律责任。

**一、单项选择题**

1. 《劳动法》规定，各级工会依法维护劳动者的合法权益，对用人单位(　　　)。

A. 遵守劳动法律、法规的情况进行监督　　　B. 生产情况进行监督

C. 财务情况进行监督　　　D. 经营业务进行监督

2. 依据《劳动法》的规定，未成年工是指(　　　)的劳动者。

A. 年满 12 周岁未满 16 周岁　　　B. 年满 14 周岁未满 16 周岁

C. 年满 16 周岁未满 18 周岁　　　D. 年满 18 周岁未满 20 周岁

3. 依据《劳动法》有关女职工劳动保护的特殊规定，用人单位不得安排女职工从事矿山井下、国家规定的(　　　)体力劳动强度的劳动和其他禁忌从事的劳动。

A. 第一级　　　B. 第二级　　　C. 第三级　　　D. 第四级

4. 依据《劳动法》的规定，下列企业对女职工的工作安排，符合女职工特殊保护规定的是(　　　)。

A. 某矿山企业临时安排女职工到井下工作一天

B. 某医院安排女护士(孩子 5 个月大)值夜班

C. 某翻译公司安排已怀孕 5 个月的女职工每周每天加班一小时

D. 某食品公司安排女职工在例假期间从事冷库搬运作业

5. 依据《劳动法》的规定，用人单位不得安排未成年工从事国家规定的(　　　)体力劳动强度的劳动和其他禁忌从事的劳动。

A. 第一级　　　B. 第二级　　　C. 第三级　　　D. 第四级

6. 女职工李某正在哺乳 10 个月的婴儿。依据《劳动法》,李某所在单位可以安排她从事的劳动是(    )。

A. 夜班劳动

B. 延长工作时间的劳动

C. 国家规定的第二级体力劳动强度的劳动

D. 国家规定的第三级体力劳动强度的劳动

7. 根据《劳动法》,下列关于女职工特殊保护的说法中,正确的是(    )。

A. 禁止安排女职工从事矿山井下、国家规定的第三级体力劳动强度的劳动和其他禁忌从事的劳动

B. 不得安排女职工在经期从事高处、低温、冷水作业和国家规定的第二级体力劳动强度的劳动

C. 不得安排女职工在怀孕期间从事国家规定的第三级体力劳动强度的劳动和孕期禁忌从事的劳动

D. 不得安排女职工在哺乳未满一周岁的婴儿期间从事国家规定的第二级体力劳动强度的劳动和哺乳期禁忌从事的其他劳动

8. 依据《劳动法》的规定,用人单位不得安排女职工在哺乳未满 1 周岁的婴儿期间从事的工作是(    )。

A. 第一级体力劳动强度的劳动 　　　　B. 夜班劳动

C. 电工 　　　　　　　　　　　　　　D. 驾驶机动车

9. 某汽车制造公司从技校毕业生中招收了一批新员工,拟安排从事喷漆作业。依据《劳动法》的规定,该公司拟安排从事喷漆作业的新员工应至少年满(    )周岁。

A. 16 　　　　　　B. 18 　　　　　　C. 20 　　　　　　D. 22

10. 赵某与某公司签订了劳动合同,该公司为其提供专项培训费用进行专业技术培训,赵某取得电焊工特种作业资格证。该公司由于转产进行裁员,与赵某解除了劳动合同。依据《劳动合同法》的规定,下列关于赵某与该公司权利义务的说法,正确的是(    )。

A. 赵某应向该公司返还为其支付的专业技术培训费

B. 该公司在解除与赵某的劳动合同前,应组织对赵某进行离岗前职业健康检查

C. 赵某离职后 3 年内不得到与该公司从事同类业务的有竞争关系的其他用人单位就业

D. 该公司可以直接单方解除与赵某的劳动合同

11. 某女职工处于哺乳未满 1 周岁的婴儿期间,根据《劳动法》的规定,用人单位对该女职工工作的安排,正确的是(    )。

A. 可以安排夜班劳动

B. 可以适当延长其工作时间

C. 安排国家规定的第二级体力劳动强度的劳动

D. 安排国家规定的第三级体力劳动强度的劳动

12. 某公司有女职工和未成年工。根据《劳动法》,下列对女职工和未成年工特殊保护的做法中,正确的是(    )。

A. 该公司安排 17 周岁员工李某从事矿山井下的劳动

B. 该公司安排 16 周岁员工王某从事第二级体力劳动强度的后勤保障工作

C. 该公司安排女职工金某生育期间休两个月的产假

D. 该公司安排怀孕 7 个月以上的女职工胡某夜班劳动

**参考答案:**

| 1. A | 2. C | 3. D | 4. C | 5. D |
|------|------|------|------|------|
| 6. C | 7. C | 8. B | 9. B | 10. B |
| 11. C | 12. B | | | |

## 二、多项选择题

1. 依据《劳动法》的规定,用人单位在劳动安全卫生方面应承担的法律义务有( )。

A. 必须建立、健全劳动安全卫生制度

B. 严格执行国家劳动安全卫生规程和标准

C. 对劳动者进行安全卫生教育

D. 预防劳动过程中的事故

E. 设立卫生医疗机构

2. 依据《劳动法》的规定,县级以上各级人民政府劳动行政部门对用人单位违反劳动法律、法规的行为,有权作出的行政处理行为包括( )。

A. 制止        B. 责令改正        C. 给予行政处罚

D. 追究其民事责任      E. 追究其刑事责任

3. 依据《劳动法》的规定,禁止用人单位安排未成年工从事的劳动有( )。

A. 矿山井下劳动

B. 有毒有害劳动

C. 低温作业劳动

D. 国家规定的第三级体力劳动强度的劳动

E. 国家规定的第四级体力劳动强度的劳动

4. 根据《劳动法》的规定,禁止用人单位安排女工从事的劳动有( )。

A. 矿山井下劳动

B. 国家规定的第三级体力劳动强度的劳动

C. 国家规定的第四级体力劳动强度的劳动

D. 电焊作业劳动

E. 连续负重 10 kg 的劳动

5. 根据《劳动法》的规定,用人单位不得安排未成年人从事( )、国家规定的第四级体力劳动强度的劳动和其他禁忌从事的劳动。

A. 矿山井下     B. 汽车维修     C. 机械加工     D. 有毒有害     E. 家电维修

**参考答案:**

| 1. ABCD | 2. ABC | 3. ABE | 4. AC | 5. AD |
|---------|--------|--------|-------|-------|

# 第四节 中华人民共和国劳动合同法

大纲要求:

《中华人民共和国劳动合同法》(简称《劳动合同法》)。依照本法分析劳动合同制度中关于安全生产的有关法律问题,判断违法行为及应负的法律责任。

**一、单项选择题**

1. 依据《劳动合同法》的规定,工会应当( )。

A. 帮助、指导劳动者与用人单位依法订立和履行劳动合同,并与用人单位建立集体协商机制,维护劳动者的合法权益

B. 参与事故调查

C. 参与行政问责

D. 对企业安全管理存在的问题进行批评、检举和控告

2. 依据《劳动合同法》的规定,用人单位招用劳动者时,应当如实告知劳动者工作内容、工作条件、工作地点、职业危害、( )、劳动报酬,以及劳动者要求了解的其他情况;用人单位有权了解劳动者与劳动合同直接相关的基本情况,劳动者应当如实说明。

A. 工伤保险　　　　B. 安全生产状况　　　C. 劳动保护　　　　D. 劳动条件

3. 依据《劳动合同法》,小张与用人单位签订了劳动合同,请指出该份劳动合同不应当具备的条款是( )。

A. 合同注明劳动报酬

B. 合同约定期限

C. 合同约定补充保险和福利

D. 合同期限为一年以上不满三年试用期为三个月

4. 依据《劳动合同法》的规定,( )负责全国劳动合同制度实施的监督管理。

A. 国家安监总局　　　　　　　　　B. 国家质监总局

C. 卫生部　　　　　　　　　　　　D. 国务院劳动行政部门

5. 依据《劳动合同法》,下列内容中,不属于用人单位与劳动者签订的劳动合同中必备条款的是( )。

A. 劳动保护　　　　B. 劳动条件　　　　C. 职业危害防护　　　D. 职业晋升条件

6. 依据《劳动合同法》,劳动者拒绝用人单位管理人员违章指挥的,应当视为( )。

A. 违反劳动合同,但不违反法律　　　　B. 违反劳动合同,也违反法律

C. 不违反劳动合同,也不违反法律　　　　D. 不违反劳动合同,但违反法律

7. 根据《劳动合同法》,下列关于劳动合同解除的说法中,正确的是( )。

A. 用人单位未按照劳动合同约定提供劳动保护或劳动条件的,劳动者提前 3 日以书面形式通知用人单位,可以解除劳动合同

B. 用人单位的规章制度违反法律、法规的规定,损害劳动者权益的,劳动者在试用期内提前 30 日通知用人单位,可以解除劳动合同

C. 用人单位以暴力、威胁手段强迫劳动者劳动的,或者用人单位违章指挥,强令冒险作业危及劳动者人身安全的,劳动者可以立即解除劳动合同,不必事先告知用人单位

D. 劳动者非因工负伤,在规定的医疗期满后不能从事原工作,也不能从事由用人单位另行安排的工作的,用人单位提前 3 日以书面形式通知劳动者本人后,可以解除劳动合同

8. 根据《劳动合同法》,用人单位自用工之日起超过 1 个月不满 1 年未与劳动者订立书面劳动合同的,应当向劳动者每月支付( )。

A. 1 倍工资　　　　B. 2 倍工资　　　　C. 3 倍工资　　　　D. 4 倍工资

9. 依据《劳动合同法》的规定,对于从事接触职业病危害作业的劳动者,下列情形中,用人单位不得解除或终止劳动合同的是( )。

A. 上岗前未进行职业健康检查　　　　B. 在上岗期间未进行职业健康检查

C. 离岗前未进行职业健康检查　　　　D. 未进行身体健康综合评估检查

10. 甲、乙、丙、丁均是某煤矿企业的员工。依据《劳动合同法》的规定,下列关于劳动合同解除的说法,正确的是(　　)。

A. 企业如果强令甲冒险作业并危及其人身安全,甲有权拒绝作业,但不能立即解除劳动合同

B. 乙非因工负伤,在规定的医疗期内,企业可以和乙解除劳动合同

C. 丙为疑似职业病病人,目前正在诊断期间,企业此时不能解除劳动合同

D. 丁经过企业培训后仍然不能胜任现在的工作,企业提前10日以书面形式通知丁后,可以解除劳动合同

11. 某企业生产经营发生严重困难需要裁员。依据《劳动合同法》的规定,下列情形中,用人单位不得解除或终止与劳动者订立的劳动合同的是(　　)。

A. 劳动者患病后,在规定的医疗期满后不能从事原工作,也不能从事另行安排的工作的

B. 从事接触职业病危害作业的劳动者,离岗前未进行职业健康体检的

C. 劳动者经过培训或者调整工作岗位,仍不能胜任工作的

D. 劳动者在本单位患职业病,康复后未丧失劳动能力的

12. 根据《劳动合同法》,用人单位(　　)的,劳动者可以立即解除劳动合同,无须事先告知用人单位。

A. 未依法为劳动者缴纳社会保险费

B. 违章指挥危及劳动者人身安全

C. 未及时足额支付劳动报酬

D. 未按照劳动合同约定提供劳动

**参考答案:**

| 1. A | 2. B | 3. D | 4. D | 5. D |
|------|------|------|------|------|
| 6. C | 7. C | 8. B | 9. C | 10. C |
| 11. B | 12. B | | | |

**二、多项选择题**

1. 依据《劳动合同法》的规定,订立劳动合同,应当遵循(　　)的原则。

A. 合法、公平　　　　B. 平等自愿　　　　C. 协商一致

D. 诚实信用　　　　E. 客观、真实

2. 依据《劳动合同法》的规定,用人单位有下列情形(　　)之一的,劳动者可以解除劳动合同。

A. 安排加班不支付加班费的

B. 未按照劳动合同约定提供劳动保护或者劳动条件的

C. 未及时足额支付劳动报酬的

D. 未依法为劳动者缴纳社会保险费的

E. 用人单位的规章制度违反法律、法规的规定,损害劳动者权益的

3. 依据《劳动合同法》的规定,用人单位有下列情形(　　)之一的,依法给予行政处罚;构成犯罪的,依法追究刑事责任;给劳动者造成损害的,应当承担赔偿责任。

A. 以暴力、威胁或者非法限制人身自由的手段强迫劳动的

B. 违章指挥或者强令冒险作业危及劳动者人身安全的

C. 侮辱、体罚、殴打、非法搜查或者拘禁劳动者的

D. 劳动条件恶劣、环境污染严重,给劳动者身心健康造成严重损害的

E. 低于当地最低工资标准支付劳动者工资的

参考答案:

| 1. ABCD | 2. BCDE | 3. ABCD | | |
|---------|---------|---------|---|---|

# 第五节　中华人民共和国突发事件应对法

大纲要求:

《中华人民共和国突发事件应对法》(简称《突发事件应对法》)。依照本法分析突发事件的预防与应急准备、监测与预警、应急处置与救援等方面的有关法律问题,判断违法行为及应负的法律责任。

## 一、单项选择题

1.《突发事件应对法》提出的应急管理体制是(　　)。

A. 统一领导、综合协调、分类管理、分级负责、属地管理为主

B. 减少和避免突发事件的发生

C. 各级分工、统一领导、加强协调

D. 行业监管为主,属地管理为辅

2. 依据《突发事件应对法》的规定,可以预警的自然灾害、事故灾难和公共卫生事件的预警级别分为四级,即一级、二级、三级和四级,分别用下列何种颜色标示(　　)。

A. 红、橙、黄、蓝　　　　B. 红、黄、橙、绿　　　　C. 红、黄、绿、蓝　　　　D. 黄、红、橙、蓝

3. "一案三制"指的是应急预案和应急管理体制、机制、(　　)。

A. 法规　　　　　　　B. 法制　　　　　　　C. 体系　　　　　　　D. 制度

4. 依据《突发事件应对法》的规定,以下不属于我国《突发事件应对法》调整范围的是(　　)。

A. 自然灾害　　　　　　B. 事故灾难　　　　　　C. 紧急状态　　　　　　D. 公共卫生事件

5. 依据《突发事件应对法》的规定,对自然灾害、事故灾难、公共卫生事件的预防,县级人民政府应当对本行政区域内所有危险源、危险区域进行(　　)。

A. 监测、检查、控制、及时整改

B. 控制、消除危险源、危险区域的危险性

C. 调查、登记、风险评估,定期进行检查、监控

D. 归类分析、登记,报上级人民政府备案

6. 依据《突发事件应对法》的规定,预警级别划分标准的制定机关是(　　)。

A. 国务院　　　　　　　　　　　　　　B. 国务院或者国务院确定的部门

C. 省级人民政府　　　　　　　　　　　D. 国务院或者省级人民政府

7. 依据《突发事件应对法》的规定,县级人民政府应当对本行政区域内进行调查、登记、风险评估,定期进行检查、监控,并责令有关单位采取安全防范措施的对象是(　　)。

A. 所有危险源、危险区域

B. 特别重大突发事件的危险源、危险区域

C. 重大突发事件的危险源、危险区域

D. 特别重大、重大突发事件的危险源、危险区域

8. 依据《突发事件应对法》的规定,(　　　)会受到处分。

A. 迟报、谎报、瞒报、漏报有关突发事件的信息,或者通报、报送、公布虚假信息

B. 不服从上级人民政府对突发事件应急处置工作的统一领导、指挥和协调的

C. 未按规定及时发布突发事件警报、采取预警期的措施

D. 未按规定及时采取措施处置突发事件或者处置不当

9. 依据《突发事件应对法》,政府采取应对措施时应该遵循以下哪个原则(　　　)。

A. 有效地保证社会公众的知情权

B. 保密原则不得造成社会不稳定因素

C. 避免损失的合法权利

D. 有效地保证社会公众紧急避险权

10. 个人违反《突发事件应对法》,导致突发事件发生,给他人造成人身损害的,应当依法承担(　　　)。

A. 行政责任　　　　　B. 刑事责任　　　　　C. 民事责任　　　　　D. 赔偿责任

11. 采取《突发事件应对法》的措施仍然不能控制事态发展时,相应的应对措施是(　　　)。

A. 尽快修改相关法律条文　　　　　　　B. 宣布进入紧急状态

C. 静观事态发展　　　　　　　　　　　D. 驱散围观人员

12. 突发事件的预防与应急准备、(　　　)、应急处置与救援、事后恢复与重建等应对活动,适用《突发事件应对法》。

A. 监测与预报　　　B. 监测与预防　　　C. 监测与预警　　　D. 监测与控制

13. 某区某单位未按照规定采取预防措施,导致发生严重突发事件。根据《突发事件应对法》的规定,该区人民政府可以对其处以最高额度(　　　)的罚款。

A. 5 万元　　　　　B. 10 万元　　　　　C. 15 万元　　　　　D. 20 万元

14. 突发事件预警信息包括可能发生的突发事件的类别、(　　　)、起始时间、可能影响范围、警示事项、应采取的措施和发布机关等。

A. 事件经过　　　B. 救援措施　　　C. 预警级别　　　D. 撤离人数

15. 暴雨橙色预警信号含义:过去的 3 小时,本地降雨量已达(　　　)毫米以上,且降雨可能持续。

A. 30　　　　　B. 50　　　　　C. 80　　　　　D. 100

16. 公园景区游船、客运索道、滑道遇有(　　　)时须停运。

A. 3 级风　　　　　B. 4 级风　　　　　C. 5 级风　　　　　D. 6 级风

17. 预计将要发生较大(Ⅲ级)以上突发公共安全事件,事件已经临近,事态有扩大的趋势,属于哪种预警等级(　　　)。

A. 红色　　　　　B. 黄色　　　　　C. 橙色　　　　　D. 蓝色

18. 公民参加应急救援工作或者协助维护社会秩序期间,其在本单位的工资待遇和福利(　　　)。

A. 不变　　　　　B. 增加一倍　　　　　C. 不享受　　　　　D. 由政府给予

19. (　　　)对在应急救援工作中伤亡的人员依法给予抚恤。

A. 国务院　　　　　　　　　　　　B. 民政部门

C. 县级以上人民政府　　　　　　　D. 本单位

20. 预防与应急准备是做好突发事件应对的基础性工作,必须立足于(　　　)的原则。

A. 预防为主　　　　B. 控制为主　　　　C. 消除为主　　　　D. 处理为主

21. 根据应急处置需要,对事故现场及相关通道实行交通管制,开设应急救援"(　　)",保证应急救援工作的顺利开展。

A. 绿色通道　　　　B. 应急通道　　　　C. 快速通道　　　　D. 特殊通道

22. 依据《突发事件应对法》的规定,下列关于突发事件的预防与应急准备的说法,正确的是(　　)。

A. 乡镇人民政府应当建立应急救援物资、生活必需品和应急处置装备的仓储制度

B. 学校应当把应急知识教育纳入教学内容,对学生进行相关知识教育

C. 国务院有关部门组织制定国家突发事件专项应急预案,并适时修订

D. 新闻媒体应当按照无偿与有偿相结合原则,积极开展突发事件预防与应急知识的宣传

23. 依据《突发事件应对法》的规定,下列关于突发事件的应急处置与救援的说法,正确的是(　　)。

A. 突发事件发生后,履行统一领导职责或者组织处置突发事件的安全监管部门应当针对其性质、特点和危害程度,立即组织有关部门,调动应急救援队伍和社会力量,采取应急处置措施

B. 突发事件发生后,应当视具体情况采取应急措施,不得为稳定市场而采取经济性处置措施

C. 人民政府应当尊重公众的知情权,按照规定统一、准确、及时发布有关突发事件事态发展和应急处置工作的信息

D. 受到自然灾害危害或者发生事故灾难、公共卫生事件的单位,应当立即组织本单位应急救援队伍和工作人员营救受害人员,采取必要措施,同时向所在地市级人民政府报告

24. 根据《突发事件应对法》,社会安全事件发生后,应由人民政府组织,并由公安机关采取的应急处置措施是(　　)。

A. 立即抢修被损坏的交通、通信、供水、排水、供电、供气、供热等公共设施

B. 实施医疗救护和卫生防疫措施

C. 对特定区域内的建筑物、交通工具、设施以及电力、水等供应进行控制

D. 保障食品、饮用水、燃料等基本生活必需品的供应

25. 2017年3月某日05时许,长江某段江面突起浓雾,能见度较低。为防止水上碰撞等突发事件的发生,该段海事局交管中心发布了水上交通橙色预警。根据《突发事件应对法》,该预警级别为(　　)。

A. 二级　　　　B. 一级　　　　C. 三级　　　　D. 四级

**参考答案:**

| 1. A | 2. A | 3. B | 4. C | 5. C |
|------|------|------|------|------|
| 6. B | 7. A | 8. B | 9. A | 10. C |
| 11. B | 12. C | 13. D | 14. C | 15. B |
| 16. B | 17. B | 18. A | 19. C | 20. A |
| 21. A | 22. B | 23. C | 24. C | 25. A |

## 二、多项选择题

1.《突发事件应对法》的立法目的是为了预防和减少突发事件的发生,控制、减轻和消除突发事件引起的严重社会危害,维护(　　)。

A. 国家安全　　B. 公共安全　　C. 环境安全　　D. 社会秩序　　E. 核安全

2. 依据《突发事件应对法》的规定,突发事件是指突然发生,造成或者可能造成严重社会危害,需要采取应急处置措施予以应对的(　　　)。

A. 自然灾害　　　　　　　B. 事故灾难　　　　　　　C. 公共卫生事件

D. 社会安全事件　　　　　E. 环境事件

3. 依据《突发事件应对法》的规定,某公民参与应急救援工作,有权享有以下哪些权利(　　　)。

A. 在本单位的工资待遇不变　B. 可以获得政府的表彰　　C. 可以获得政府的奖励

D. 可以对其他公民发布命令　E. 处罚他人的权力

4. 依据《突发事件应对法》的规定,有关单位和人员报送、报告突发事件信息,应当做到(　　　),不得迟报、谎报、瞒报、漏报。

A. 及时　　　　B. 准确　　　　C. 客观　　　　D. 真实　　　　E. 全面

**参考答案:**

| 1. ABCD | 2. ABCD | 3. ABC | 4. ACD | |
|---------|---------|--------|--------|---|

# 第六节　中华人民共和国职业病防治法

**大纲要求:**

《中华人民共和国职业病防治法》(简称《职业病防治法》)。依照本法分析职业病危害预防、劳动过程中的防护与管理等方面的有关法律问题,判断违法行为及应负的法律责任。

**一、单项选择题**

1. 《职业病防治法》所称的职业病,是指企业、事业单位和(　　　)的劳动者在职业活动中,因接触粉尘、放射性物质和其他有毒、有害物质等因素而引起的疾病。

A. 国家机关　　　　　　　　　　　B. 个体经济组织

C. 部队　　　　　　　　　　　　　D. 其他经营组织

2. 张某为某汽车制造厂加工岗位工人,与该单位签订为期3年的劳动合同。工作一年后,该单位将其从机加工岗位调到喷漆岗位工作。依据《职业病防治法》的规定,下列关于张某在劳动过程中职业病防护与管理的做法,正确的是(　　　)。

A. 张某因该单位未事先告知喷漆岗位职业病危害,拒绝从事新岗位工作

B. 张某因该单位喷漆岗位未配备职业病防护装置而不服从调动,用人单位因此解除与其签订的劳动合同

C. 张某因该单位未事先告知喷漆岗位职业危害而不服从调动,用人单位因此解除与其签订的劳动合同

D. 张某到新岗位后,该单位保持原劳动合同,未协商变更相关条款

3. 《职业病防治法》规定,建设项目在竣工验收前,职业病危害控制效果评价应当由(　　　)进行。

A. 卫生行政部门　　　　　　　　　B. 建设单位

C. 安全生产监督管理部门　　　　　D. 建设行政主管部门

4. 《职业病防治法》规定,职业病诊断应当由(　　　)批准的医疗卫生机构承担。

A. 省级以上人民政府卫生行政部门　　　B. 设区的市级以上人民政府卫生行政部门

C. 县级以上人民政府卫生行政部门　　　D. 镇级以上人民政府卫生行政部门

5. 《职业病防治法》规定,对可能发生急性职业损伤的有毒、有害工作场所,用人单位应当(　　),应急撤离通道和必要的泄险区。

A. 配置现场专职医疗人员　　　　　　　B. 配置急救交通车辆

C. 配置现场急救用品、冲洗设备　　　　D. 配置性能稳定的通信工具

6. 依据《职业病防治法》的规定,承担职业病诊断的机构是省级以上人民政府(　　)批准的医疗卫生机构。

A. 卫生行政部门　　　　　　　　　　　B. 劳动保障行政部门

C. 安全生产监督管理行政部门　　　　　D. 煤矿安全监察行政部门

7. 依据《职业病防治法》的规定,职业病危害预评价报告应当对建设项目可能产生的职业危害因素及其对工作场所和劳动者健康的影响作出评价,确定危害类别和(　　)。

A. 危害后果　　　　　　　　　　　　　B. 危害登记

C. 职业病应急措施　　　　　　　　　　D. 职业病防护措施

8. 依据《职业病防治法》的规定,对遭受急性职业病危害的劳动者,用人单位应当及时组织救治,进行健康检查和医学观察,所需费用由(　　)承担。

A. 当地政府　　　B. 用人单位　　　C. 该劳动者　　　D. 社会保险部门

9. 依据《职业病防治法》的规定,职业病危害控制效果的评价工作由依法设立的取得(　　)以上人民政府安全生产监督管理部门资质认证的职业卫生技术服务机构进行。

A. 省级　　　　　B. 设区的市级　　　C. 县级　　　　　D. 乡级

10. 依据国务院对安全生产监督管理部门和卫生行政主管部门关于职业危害预防控制的职责分工,安全生产监督管理部门负责(　　)。

A. 化学品毒性鉴定管理工作

B. 作业场所职业卫生的监督检查

C. 职业卫生技术服务机构资质认定

D. 对用人单位职业健康监护情况的监督检查

11. 依据《职业病防治法》的规定,技术引进项目可能产生职业病危害的,建设单位在可行性论证阶段应当向安全生产监督管理部门提交(　　)。

A. 职业病危害控制效果评价报告　　　　B. 职业病统计报告

C. 职业病调查报告　　　　　　　　　　D. 职业病危害预评价报告

12. 依据《职业病防治法》的规定,任何单位和个人不得生产、经营、(　　)和使用国家明令禁止使用的可能产生职业病危害的设备和材料。

A. 出口　　　　　B. 储存　　　　　C. 进口　　　　　D. 运输

13. 依据《职业病防治法》,建设项目在(　　)前,建设单位应当进行职业病危害控制效果评价。

A. 可行性论证　　　B. 设计规划　　　C. 建设施工　　　D. 竣工验收

14. 依据《职业病防治法》的规定,下列关于职业病病人依法享受的职业病待遇的说法中,错误的是(　　)。

A. 用人单位应当按照国家有关规定,安排职业病病人进行治疗、康复和定期检查

B. 用人单位对不适宜继续从事原工作的职业病病人,应当调离原岗位并妥善安置

C. 用人单位对从事接触职业病危害作业的劳动者,应当给予岗位津贴

D. 职业病病人变动工作单位,其依法享有的职业病待遇应当进行相应调整

15. 依据《职业病防治法》的规定,新建、扩建、改建建设项目和技术改造、技术引进项目可能产生职业病危害的,建设单位在(　　)阶段应当向安全生产监督管理部门提交职业病危害预评价报告。

　　A. 可行性论证　　　　B. 初步设计　　　　C. 施工建设　　　　D. 竣工验收

16. 某单位在为职工进行职业健康检查时,从事职业病诊断的医疗卫生机构出具了一份虚假职业病证明文件,并获得了 5000 元的收入。依据《职业病防治法》的规定,应当没收该机构的违法所得,并处(　　)万元的罚款。

　　A. 1~2.5　　　　B. 2.5~5　　　　C. 5~10　　　　D. 10~20

17. 依据《职业病防治法》的规定,职业病危害预评价、职业病危害控制效果评价由依法设立的取得(　　)按照职责分工给予资质认可的职业卫生技术服务机构进行。职业卫生技术服务机构所作评价应当客观、真实。

　　A. 乡镇级安全生产监督管理部门

　　B. 县级以上人民政府卫生行政部门

　　C. 设区市级以上人民政府卫生行政部门

　　D. 国务院安全生产监督管理部门或者设区的市级以上地方人民政府安全生产监督管理部门

18. 根据《职业病防治法》的规定,建设项目在竣工验收时,其职业病防护设施应经(　　)验收合格后,方可投入正式生产和使用。

　　A. 建设行政部门　　　　　　　　　　B. 卫生行政部门

　　C. 劳动保障行政部门　　　　　　　　D. 安全生产监督管理部门

19. 职业病病人依法享受国家规定的职业病待遇。依据《职业病防治法》的规定,下列关于职业病病人保障的说法中,正确的是(　　)。

　　A. 用人单位未依法参加工伤保险的,其职业病病人的医疗费用由用人单位承担

　　B. 职业病病人享有职业病待遇后,无权再提出赔偿要求

　　C. 因本人意愿到新单位工作后,职业病病人不再享有职业病应有待遇

　　D. 用人单位在条件允许的情况下,应对不宜继续从事原工作的职业病病人调换岗位

**参考答案:**

| 1. B | 2. A | 3. B | 4. A | 5. C |
|---|---|---|---|---|
| 6. A | 7. D | 8. B | 9. A | 10. B |
| 11. D | 12. C | 13. D | 14. D | 15. A |
| 16. A | 17. D | 18. D | 19. A | |

**二、多项选择题**

1. 《职业病防治法》规定,对从事接触职业病危害的作业的劳动者,用人单位应当按照规定组织(　　)的职业健康检查。

　　A. 上岗前　　B. 在岗期间　　C. 离岗时　　D. 下岗期间　　E. 离岗后

2. 《职业病防治法》实施后,国务院对国务院卫生行政部门和国务院负责安全生产监督管理的部门在职业病防治工作中的职责作出了调整,其中安全监督管理部门的职责包括(　　)。

　　A. 负责制定作业场所职业卫生监督检查、职业危害事故调查和有关违法、违规行为处罚的法规、标准,并监督实施

B. 负责作业场所职业卫生的监督检查

C. 负责对建设项目进行职业病危害预评价审核

D. 组织查处职业危害事故和有关违法、违规行为

E. 负责建设项目职业病危害评价机构的资质认定工作

3. 依据《职业病防治法》的规定,产生职业病危害的用人单位负有将职业危害公告的义务,公告的内容包括(    )。

A. 职业病防治的规章制度         B. 职业病防治的操作规程

C. 职业病患者个人信息          D. 职业病危害事故应急救援措施

E. 工作场所职业病危害因素检测结果

4. 依据《职业病防治法》的规定,在进行职业病诊断时,应当综合分析的因素包括(    )。

A. 病人家族病史       B. 职业病危害接触史       C. 病人的职业史

D. 病人个体体质状况       E. 临床表现以及辅助检查结果

5. 根据《职业病防治法》的规定,用人单位在职业病管理方面应当履行的义务有(    )。

A. 职业病诊断

B. 职业病危害申报

C. 职业病危害公告和警示

D. 急性职业病危害事故的应急救援和控制

E. 向劳动者如实告知可能的职业病危害及其后果

6. 根据《职业病防治法》的规定,产生职业病危害的用人单位,其工作场所应当符合的职业卫生相关要求包括(    )。

A. 有与职业病危害防护相适应的设施

B. 建立专职的职业病危害因素检测队伍

C. 生产布局合理,符合有害与无害作业分开的原则

D. 有配套的更衣间、洗浴间、孕妇休息间等卫生设施

E. 设备、工具、用具等设施符合保护劳动者生理、心理健康的要求

**参考答案:**

| 1. ABC | 2. ABDE | 3. ABDE | 4. BCE | 5. BCDE |
|--------|---------|---------|--------|---------|
| 6. ACDE | | | | |

# 第六章　安全生产行政法规

## 第一节　安全生产许可证条例

大纲要求：

《安全生产许可证条例》。依照本条例分析企业取得安全生产许可证应具备的条件、应遵守的程序和安全生产许可监督管理等方面的有关法律问题，判断违法行为及应负的法律责任。

### 一、单项选择题

1. 依据《安全生产许可证条例》的规定，从事（　　）、建筑施工和危险化学品、烟花爆竹、民用爆炸物品生产的企业，应当依法取得安全生产许可证。

A. 矿山　　　　　　　　　　　　　　　B. 交通运输

C. 钢铁冶炼　　　　　　　　　　　　　D. 锅炉与压力容器制造

2. 依据《安全生产许可证条例》的规定，对在安全生产许可证有效期内严格遵守安全生产法律法规，没有发生死亡事故的企业，原发证机关不再审查，有效期延期（　　）年。

A. 1　　　　　　B. 2　　　　　　C. 3　　　　　　D. 5

3. 依据《安全生产许可证条例》的规定，民用爆炸物品生产企业安全生产许可证的颁发机关是（　　）。

A. 国务院国防科技工业主管部门　　　　B. 国务院安全生产监督管理部门

C. 省级人民政府民用爆炸物品主管部门　　D. 省级人民政府的公安部门

4. 依据《安全生产许可证条例》的规定，安全生产许可证颁发管理机关在接到申请人关于领取安全生产许可证的申请书、相关文件和资料后，应当对其进行（　　）。

A. 形式审查和内容审查　　　　　　　　B. 简易审查和详细审查

C. 书面审查和内容审查　　　　　　　　D. 形式审查和实质性审查

5. 依据《安全生产许可证条例》的规定，安全生产许可证有效期届满需要延期的，企业应当于有效期限届满前（　　）向原安全生产许可证颁发机关办理延期手续。

A. 15 日　　　　　B. 1 个月　　　　　C. 2 个月　　　　　D. 3 个月

6. 依据《安全生产许可证条例》的规定，地方煤矿企业安全生产许可证的颁发机关是（　　）。

A. 省级煤矿安全监察机构　　　　　　　B. 省级煤炭行业主管部门

C. 省级安全生产监督管理部门　　　　　D. 设区的市级煤炭行业主管部门

7. 某危化品生产企业的安全生产许可证在有效期内，严格遵守安全生产的法律法规，未发生死亡事故。依据《安全生产许可证条例》的规定，下列关于其安全生产许可证有效期届满延期的说法，正确的是（　　）。

A. 应当在有效期满前提出延期的申请,经同意可免审延续 1 年

B. 应当在有效期满前提出延期的申请,经同意可免审延续 2 年

C. 应当在有效期满前提出延期的申请,经同意可免审延续 3 年

D. 应当在有效期满前提出延期的申请,经同意可免审延续 5 年

8. 依据《安全生产许可证条例》的规定,下列生产经营活动中,必须取得安全生产许可证后方可进行生产活动的是(　　)。

A. 建筑施工　　　　　　　　　　　B. 压力容器制造

C. 电力设备生产　　　　　　　　　D. 机械设备安装

9. 《安全生产许可证条例》规定,生产经营企业未取得安全生产许可证擅自进行生产的,责令停止生产,没收非法所得,并处 10 万元以上(　　)万元以下的罚款。

A. 20　　　　　　B. 30　　　　　　C. 40　　　　　　D. 50

10. 依据《安全生产许可证条例》的规定,安全生产许可证的有效期为(　　)年。

A. 1　　　　　　B. 2　　　　　　C. 3　　　　　　D. 5

11. 某危险化学品生产经营企业于 2019 年 6 月 10 日向省安全监督部门申请办理安全生产许可证,省安全监管部门于 2019 年 7 月 15 日向该企业颁发了安全生产许可证。依据《安全生产许可证条例》的规定,该企业申请办理安全生产许可证延期手续合适的日期是(　　)。

A. 2022 年 3 月 10 日　　　　　　B. 2022 年 4 月 15 日

C. 2023 年 3 月 10 日　　　　　　D. 2023 年 4 月 15 日

12. 依据《安全生产许可证条例》的规定,对烟花爆竹生产企业转让安全生产许可证的违法行为,有权作出行政处罚决定的是国务院和省级人民政府的(　　)。

A. 工商行政管理部门　　　　　　　B. 公安部门

C. 国防科技工业主管部门　　　　　D. 安全生产监督管理部门

13. 依据《安全生产许可证条例》第七条规定,安全生产许可证颁发管理机关应当自收到申请之日起(　　)日内审查完毕,经审查符合规定的安全生产条件的,颁发安全生产许可证。

A. 7　　　　　　B. 15　　　　　　C. 45　　　　　　D. 60

14. 某省一家从事民用爆炸物品的生产企业拟申请安全生产许可证。根据《安全生产许可证条例》,负责该企业安全生产许可证颁发和管理的部门是(　　)。

A. 国务院安全监管部门　　　　　　B. 省级安全监管部门

C. 国务院国防科技工业主管部门　　D. 省级国防科技工业主管部门

15. 依据《安全生产许可证条例》的规定,下列企业中,不需要取得安全生产许可证的是(　　)。

A. 煤矿企业　　　　　　　　　　　B. 危险化学品经营企业

C. 民用爆破器材生产企业　　　　　D. 建筑施工单位

16. 某非煤矿山企业拟申请安全生产许可证,企业负责人为此咨询了律师。依据《安全生产许可证条例》的规定,下列关于安全生产许可证申请的说法,正确的是(　　)。

A. 安全生产许可证的有效期是 3 年,并且不需要年检

B. 由矿产资源管理部门负责安全生产许可证的颁发

C. 安全生产许可证颁发机关自收到企业申请资料之日起,应当在 30 日内完成审查发证工作

D. 安全生产许可证可以在企业试生产期间提出申请

17. 根据《安全生产许可证条例》,(　　)应当申请安全生产许可证。

A. 矿山企业、危险物品生产企业、建筑施工企业

B. 矿山企业、危险物品生产企业、机械加工企业

C. 矿山企业、食品加工企业、危险物品生产企业

D. 危险物品生产企业、电子生产企业、家具制造企业

**参考答案：**

| 1. A | 2. C | 3. C | 4. D | 5. D |
|------|------|------|------|------|
| 6. A | 7. C | 8. A | 9. D | 10. C |
| 11. B | 12. D | 13. C | 14. C | 15. B |
| 16. A | 17. A | | | |

## 二、多项选择题

1. 依据《安全生产许可证条例》的规定，国务院安全生产监督管理部门负责中央管理的（　　）安全生产许可证的颁发和管理。

A. 煤矿企业　　　　　　B. 非煤矿矿山企业　　　　　　C. 危险化学品生产企业

D. 烟花爆竹生产企业　　E. 建筑施工企业

2. 依据《安全生产许可证条例》的规定，国家对（　　）企业实施安全生产许可管理。

A. 危险化学品储存　　　B. 危险化学品生产　　　　　　C. 烟花爆竹生产

D. 民用爆破器材生产　　E. 危险化学品经营

3. 依据《安全生产许可证条例》的规定，对未取得安全生产许可证擅自进行生产的企业，政府有关部门可以实施的行政处罚有（　　）。

A. 警告　　　　　　　　　　　　　B. 责令停止生产

C. 没收违法所得　　　　　　　　　D. 处违法所得 1 倍以上 5 倍以下的罚款

E. 处 10 万元以上 50 万元以下的罚款

**参考答案：**

| 1. BCDE | 2. BCD | 3. BCE | | |
|---------|--------|--------|---|---|

# 第二节　煤矿安全监察条例

大纲要求：

《煤矿安全监察条例》。依照本条例分析煤矿安全监察和煤矿事故调查处理方面的有关法律问题，判断违法行为及应负的法律责任。

## 一、单项选择题

1. 依据《煤矿安全监察条例》的规定，煤矿建设工程（　　）必须经煤矿安全监察机构审查同意。

A. 设计　　　　　　　　　　　　　B. 安全设施设计

C. 立项　　　　　　　　　　　　　D. 施工图纸

2. 依据《煤矿安全监察条例》的规定，煤矿安全监察机构发现煤矿（　　）的，应当责令关闭。

A. 未对从业人员进行安全生产教育和培训　　B. 矿长不具备安全专业知识

C. 未依法建立安全生产责任制　　　　　　D. 进行独眼井开采

3. 依据《煤矿安全监察条例》的规定,下列关于煤矿建设工程安全设施安全监察的说法,正确的是(　　)。

A. 该企业须配备专职或者兼职安全生产管理人员

B. 该企业主要负责人和安全生产管理人员须取得安全资格证书

C. 该企业须具有职业危害防治措施

D. 该企业需为从业人员投保人身意外伤害保险

4. 依据《煤矿安全监察条例》的规定,煤矿发生伤亡事故,由(　　)负责组织调查处理。

A. 安全生产监督管理部门　　　　　　　　B. 煤矿安全监察机构

C. 当地人民政府　　　　　　　　　　　　D. 行业管理部门

5. 依据《煤矿安全监察条例》的规定,煤矿安全监察办事处(　　)对违法行为实施行政处罚。

A. 不可以

B. 在地区煤矿安全监察机构规定的权限范围内可以

C. 在国家煤矿安全监察机构规定的权限范围内可以

D. 一般不可以

6. 依据《煤矿安全监察条例》的规定,煤矿安全监察机构发现煤矿矿井使用的设备、器材、仪器、仪表、防护用品不符合国家安全标准或者行业安全标准的,应当(　　)。

A. 责令立即停止作业　　　　　　　　　　B. 责令立即关闭矿井

C. 责令限期改正　　　　　　　　　　　　D. 责令立即停止使用

7. 依据《煤矿安全监察条例》的规定,煤矿安全监察机构审查煤矿建设工程安全设施设计,应当自收到申请审查的设计资料之日起(　　)日内审查完毕,签署同意或者不同意的意见,并书面答复。

A. 15　　　　　　B. 30　　　　　　C. 60　　　　　　D. 90

8. 煤矿安全监察机构对煤矿建设工程安全设施和条件进行验收,应当自收到申请验收文件之日起(　　)内验收完毕,签署合格或者不合格的意见,并书面答复。

A. 5 日　　　　　B. 10 日　　　　　C. 30 日　　　　　D. 20 日

9. 煤矿安全检查档案,是煤矿安全监察机构履行安全检查职责和行政执法工作中直接形成并处理完毕的,具有保存价值的各种文件材料的总称。依据《煤矿安全监察条例》,煤矿安全监察机构应当对(　　)建立煤矿安全监察档案。

A. 事故多发地区的煤矿　　　　　　　　　B. 近期发生事故的煤矿

C. 国有重点煤矿　　　　　　　　　　　　D. 每个煤矿

10. 依据《煤矿安全监察条例》的规定,煤矿安全监察人员发现煤矿矿长或其他主管人员违章指挥工人或强令工人违章、冒险作业,应采取的措施是(　　)。

A. 责令限期改正或者停产整顿

B. 责令停产整顿或者提请关闭煤矿

C. 吊销煤矿安全生产许可证或者提请关闭煤矿

D. 立即纠正或者责令立即停止作业

11. 依据《煤矿安全监察条例》的规定,煤矿安全监察机构发现煤矿矿井通风、防火、防水、防瓦斯、防毒、防尘等安全设施和条件不符合国家安全标准、行业安全标准、煤矿安全规程和行业技术规范要求的,应当(　　)或者责令限期达到要求。

A. 给予警告　　　　　　　　　　　　　　B. 处 5 万元以下的罚款

C. 责令立即停止作业　　　　　　　　D. 暂扣相关证照

12. 依据《煤矿安全监察条例》的规定,煤矿安全监察机构对煤矿安全技术措施专项费用的提取和使用情况进行监督,对未依法提取或者使用的,应当(　　)。

A. 吊销煤炭生产许可证　　　　　　　B. 责令限期改正

C. 提请地方政府按照规定权限关闭　　D. 处 5 万元以上 10 万元以下的罚款

13. 依据《煤矿安全监察条例》的规定,煤矿安全监察实行(　　)、教育与惩处相结合的原则。

A. 安全监察与促进安全管理相结合　　B. 安全监察与综合治理相结合

C. 安全监察与行业监督相结合　　　　D. 安全监察与联合执法相结合

14. 依据《煤矿安全监察条例》的规定,煤矿安全检查机构在实施安全检查过程中,发现煤矿存在的安全问题涉及有关人民政府或其有关部门的,应当向有关人民政府或其有关部门(　　),并向上级人民政府或者有关部门报告。

A. 提出建议　　　B. 登记备案　　　C. 通报情况　　　D. 移交处理

15. 依据《煤矿安全监察条例》的规定,下列关于煤矿安全监察执法检查的说法,正确的是(　　)。

A. 煤矿安全监察机构发现煤矿未依法建立安全生产责任制的,有权责令停业整顿

B. 煤矿安全监察机构发现煤矿未设置安全生产管理机构或者配备安全生产管理人员的,应当责令停业整顿

C. 煤矿建设工程安全设施设计必须经煤矿安全监察机构审查同意,未经审查同意的,不得施工

D. 煤矿安全监察机构审查煤矿建设工程安全设施设计,应当自收到申请审查的设计资料之日起 45 日内审查完毕

16. 依据《煤矿安全监察条例》的规定,下列关于煤矿建设工程安全设施安全检查的说法,正确的是(　　)。

A. 煤矿建设工程安全设施设计必须经煤矿安全监察机构和国土资源管理部门联合审查同意方能施工

B. 审查机构审查煤矿建设工程安全设施设计,应当自收到申请资料之日起 60 日内审查完毕

C. 煤矿建设工程安全设施设计审查完毕,审查机构要签署同意或者不同意的意见,并书面答复

D. 煤矿建设工程竣工后,应当经煤矿行业管理部门对其安全设施进行验收后方能投入生产

**参考答案:**

| 1. B | 2. D | 3. C | 4. B | 5. C |
|------|------|------|------|------|
| 6. D | 7. B | 8. C | 9. D | 10. D |
| 11. C | 12. B | 13. A | 14. A | 15. C |
| 16. C | | | | |

**二、多项选择题**

1. 依据《煤矿安全监察条例》的规定,煤矿安全监察机构有权直接对有违法行为的煤矿给予以下哪些处理(　　)。

A. 责令停产整顿　　　　B. 罚款　　　　　　C. 责令限期整改

D. 撤销矿长职务　　　　　　E. 吊销营业执照

2. 依据《煤矿安全监察条例》的规定,煤矿安全监察机构发现煤矿有以下哪些情形的,应当责令限期改正(　　)。

A. 未依法建立安全生产责任制的

B. 未设置安全生产机构或者配备安全生产人员的

C. 矿长不具备安全专业知识的

D. 未向职工发放保障安全生产所需的劳动防护用品的

E. 近期发生安全生产事故的

3. 依据《煤矿安全监察条例》的规定,煤矿安全监察机构发现煤矿作业场所有以下哪些情形的,应当责令立即停止作业,限期改正(　　)。

A. 未使用专用防爆电器设备的

B. 未使用专用漏电保护装置的

C. 未使用人员专用升降容器的

D. 未向职工发放保障安全生产所需的劳动防护用品的

E. 使用明火明电照明的

**参考答案:**

| 1. ABC | 2. ABCD | 3. ACE | | |
|--------|---------|--------|--|--|

# 第三节　国务院关于预防煤矿生产安全事故的特别规定

**大纲要求:**

《国务院关于预防煤矿生产安全事故的特别规定》。依照本规定判断煤矿的重大安全生产隐患和行为,分析煤矿停产整顿、关闭的有关法律问题,判断违法行为及应负的法律责任。

**一、单项选择题**

1. 依据《国务院关于预防煤矿生产安全事故的特别规定》的规定,一家煤矿企业因通风设备损坏,安全预防措施不到位发生了生产安全事故,造成 3 人以上死亡。请问该煤矿生产安全事故负主要责任的是(　　)。

A. 煤矿企业辖区政府主要负责人　　　　B. 煤矿企业主要负责人

C. 煤矿企业安全生产管理人员　　　　　D. 煤矿企业生产现场作业人员

2. 依据《国务院关于预防煤矿生产安全事故的特别规定》,被责令停产整顿的煤矿应当制定整改方案,落实整改措施和安全技术规定;整改结束后要求恢复生产的,应当由(　　)自收到恢复生产申请之日起 60 日内组织验收完毕。

A. 国家煤矿安全监察机构

B. 县级以上地方人民政府负责煤矿安全生产监督管理的部门

C. 设区的市以上地方人民政府负责煤矿安全生产监督管理的部门

D. 省级人民政府安全生产监督管理部门

3. 依据《国务院关于预防煤矿生产安全事故的特别规定》,对被责令停产整顿的煤矿,颁发证照的部门应当(　　)其有关证照。

A. 吊销　　　　　　B. 注销　　　　　　C. 暂扣　　　　　　D. 废止

4. 依据《国务院关于预防煤矿生产安全事故的特别规定》，煤矿有重大安全生产隐患和违法行为的，应当（　　）。

A. 加强安全生产管理

B. 限期排除隐患，隐患无法排除的，停产整顿

C. 立即停止生产，排除隐患

D. 停产停业，予以关闭

5. 依据《国务院关于预防煤矿生产安全事故的特别规定》，一家煤矿企业因存在重大的安全生产隐患和违法行为被（　　）责令停产整顿；该煤矿经整改合格后，最终经（　　）签字批准可恢复生产。

A. 地方政府人民政府　煤矿企业主要负责人

B. 地方煤矿安全监察机构　地方政府主要负责人

C. 地方负责安全生产监管部门　地方煤矿安全监察机构主要负责人

D. 上级政府主要负责人　地方负责安全生产监管部门

6. 煤矿安全监察部门在监督检查中，发现一煤矿存在多种违章违规作业情况。依据《国务院关于预防安全生产事故的特别规定》，下列情形中，应当提请当地人民政府对该煤矿予以关闭的是（　　）。

A. 超定员组织生产

B. 使用淘汰的设备

C. 1个月内4次发现特种作业人员无证上岗

D. 3个月内1次发现安全生产管理人员无证上岗

7. 依据《国务院关于预防煤矿生产安全事故的特别规定》，被责令停产整顿的煤矿应当制定整改方案，落实整改措施和安全技术规定；整改结束后要求恢复生产的，应当由（　　）以上地方人民政府负责煤矿安全生产监督管理的部门自收到恢复生产申请之日起60日内组织验收完毕。

A. 乡、镇　　　　　　B. 县级　　　　　　C. 设区的市级　　　　　　D. 省级

8. 依据《国务院关于预防煤矿生产安全事故的特别规定》，煤矿安全监察机构在监督检查中，（　　）个月内3次或者3次以上发现煤矿企业未依照国家有关规定对井下作业人员进行安全生产教育和培训的，应当提请有关地方人民政府对该煤矿予以关闭。

A. 1　　　　　　B. 2　　　　　　C. 3　　　　　　D. 4

9. 依据《国务院关于预防煤矿生产安全事故的特别规定》，未依法取得（　　）、营业执照和矿长未依法取得矿长安全资格证的煤矿，不得从事生产；擅自从事生产的，属非法煤矿。

A. 勘查许可证、煤炭经营许可证　　　　　　B. 煤炭经营许可证、安全生产许可证

C. 勘查许可证、采矿许可证　　　　　　D. 采矿许可证、安全生产许可证

10. 依据《国务院关于预防煤矿生产安全事故的特别规定》，煤矿实行整体承包生产经营后，未取得（　　），从事生产的，应当立即停止作业，排除隐患。

A. 矿长资格证　　　　　　B. 安全生产许可证

C. 矿长安全资格证　　　　　　D. 采矿许可证

11. 依据《国务院关于预防煤矿发生安全事故的特别规定》，被责令停产整顿的煤矿应当制定整改方案，落实整改措施和安全技术规定；整改结束后要求恢复生产的，应向县级以上地方人民政府负责煤矿安全监管部门提出申请，受理申请的部门应当自收到恢复生产申请之日起（　　）日内组织验收完毕。

A. 15　　　　　　　B. 30　　　　　　　C. 60　　　　　　　D. 90

12. 某煤矿因存在通风系统不合理、采区工作面数量严重超规定要求的重大安全隐患,被当地煤矿安全监察机构责令停产整顿。依据《国务院关于预防煤矿生产安全事故的特别规定》,下列关于煤矿安全监察内容的说法,正确的是(　　　)。

A. 煤矿安全监管部门自收到复产申请之日起应在 45 日内组织验收完毕

B. 该煤矿擅自从事生产,煤矿安全监察机构应提请有关地方人民政府予以关闭

C. 验收合格后,经煤矿安全监察机构主要负责人审核同意,即可恢复生产

D. 因存在重大安全隐患该煤矿被关闭,该矿长 3 年内不得担任任何煤矿的矿长

13. 依据《国务院关于预防煤矿生产安全事故的特别规定》的规定,被责令停产整顿的煤矿,整改结束后要求恢复生产的,应当由县级以上地方人民政府负责煤矿安全监管的部门自收到恢复生产申请之日起,在规定期限内组织验收完毕。验收的期限是(　　　)。

A. 60 日内　　　　　B. 80 日内　　　　　C. 90 日内　　　　　D. 120 日内

14. 根据《国务院关于预防煤矿生产安全事故的特别规定》,煤矿安全监察机构监督检查中,对 3 个月内 2 次或者 2 次以上发现有重大生产安全事故隐患仍然生产的煤矿,应当(　　　)。

A. 责令停产整顿　　　　　　　　　　　B. 提请人民政府关闭该煤矿

C. 责令限期改正　　　　　　　　　　　D. 暂扣证照并处以罚款

**参考答案:**

| 1. B | 2. B | 3. C | 4. C | 5. B |
|------|------|------|------|------|
| 6. C | 7. B | 8. A | 9. D | 10. B |
| 11. C | 12. B | 13. A | 14. B | |

## 二、多项选择题

1. 依据《国务院关于预防煤矿生产安全事故的特别规定》,关闭煤矿应当达到的要求有(　　　)。

A. 封存采掘设备

B. 停止供电,拆除矿井生产设备、供电、通信线路

C. 封闭、填实矿井井筒,平整井口场地,恢复地貌

D. 妥善遣散从业人员

E. 吊销相关证照、停止供应并处理火工用品

2. 依据《国务院关于预防煤矿生产安全事故的特别规定》,煤矿未依法取得(　　　)和矿长未依法取得矿长资格证、矿长安全资格证的,煤矿不得从事生产。

A. 采矿许可证　　　　　B. 安全生产许可证　　　　　C. 勘查许可证

D. 营业执照　　　　　　E. 税务登记证

3. 依据《国务院关于预防煤矿生产安全事故的特别规定》,下列煤矿不符合生产安全条件的情形,应当实施关闭的有(　　　)。

A. 3 个月内 2 次或者 2 次以上发现有重大安全生产隐患,仍然继续生产的

B. 煤矿主要负责人未按规定带班下井,经责令改正后拒不改正的

C. 停产整顿期间,擅自从事生产的

D. 经停业整顿,验收不合格的

E. 无证照或者证照不全、擅自从事生产的

4. 依据《国务院关于预防煤矿生产安全事故的特别规定》,煤矿若存在下列情形,有关执法

部分应当提请政府对其予以关闭的有( )。

A. 2个月内2次或2次以上未依法对井下作业人员进行安全生产教育和培训的

B. 3个月内2次或2次以上发现有重大安全生产隐患仍然进行生产的

C. 无证照或者证照不全擅自从事生产的

D. 停产整顿后,验收仍不合格的

E. 被责令停产整顿,擅自从事生产的

5. 依据《国务院关于预防煤矿生产安全事故的特别规定》和有关法律、法规的规定,开办煤矿企业,除要取得采矿许可证,还应取得( ),才能从事煤炭生产。

A. 煤炭生产许可证　　　　B. 煤炭经营许可证　　　　C. 安全生产许可证

D. 矿长安全资格证　　　　E. 企业营业执照

6. 根据《国务院关于预防煤矿生产安全事故的特别规定》,关于关闭煤矿的说法,正确的有( )。

A. 停产整顿期间,擅自从事生产的煤矿,应予以关闭

B. 经整顿验收不合格的煤矿,应予以关闭

C. 证照不全从事生产的煤矿,应予以关闭

D. 对6个月内2次或者2次以上发现有重大安全生产隐患的煤矿,应予以关闭

E. 对1个月内3次或者3次以上发现未依照国家有关规定对井下作业人员进行安全生产教育和培训或者特种作业人员无证上岗的煤矿,应予以关闭

**参考答案:**

| 1. BCDE | 2. ABD | 3. ACDE | 4. BCDE | 5. CDE |
|---------|--------|---------|---------|--------|
| 6. ABCE | | | | |

# 第四节　建设工程安全生产管理条例

大纲要求:

《建设工程安全生产管理条例》。依照本条例分析建设工程建设、勘察、设计、施工及工程监理等方面的有关法律问题,判断违法行为及应负的法律责任。

**一、单项选择题**

1. 依据《建设工程安全生产管理条例》的规定,注册执业人员未执行法律、法规和工程建设强制性标准的,责令停止执业( )。

A. 1年以上3年以下　　　　　　B. 6个月以上2年以下

C. 6个月以上1年以下　　　　　D. 3个月以上1年以下

2. 依据《建设工程安全生产管理条例》的规定,工程总承包单位和分包单位应当按照应急救援预案,( )建立应急救援组织或者配备应急救援人员,配备救援器材、设备,并定期组织演练。

A. 各自　　　　B. 统一　　　　C. 共同　　　　D. 协商

3. 依据《建设工程安全生产管理条例》的规定,施工单位应设立安全生产管理机构,配备专职安全生产管理人员。专职安全生产管理人员发现安全事故隐患,应当及时向( )和安全生产管理机构报告。

A. 施工单位主要负责人　　　　　　　　B. 项目负责人

C. 当地人民政府　　　　　　　　　　　D. 项目发包人

4. 施工单位发生生产安全事故,应当按照国家有关伤亡事故报告和调查处理的规定,及时、如实地向负责安全生产监督管理的部门、建设行政主管部门或者其他有关部门报告;特种设备发生事故的,还应当同时向(　　)报告,接到报告的部门应当按照国家有关规定,如实上报。

A. 公安部门　　　　　　　　　　　　　B. 特种设备安全监督管理部门

C. 劳动和社会保障部门　　　　　　　　D. 工商行政管理部门

5. 依据《建设工程安全生产管理条例》的规定,对建设工程生产安全事故及安全事故隐患的检举、控告和投诉的受理单位为(　　)。

A. 消费者协会

B. 当地人民政府

C. 所在区域的村民委员会、居民委员会

D. 县级以上人民政府建设行政主管部门和其他有关部门

6. 甲公司以总承包方式承揽了乙公司的大型工程施工项目,根据承包合同约定,将外墙装饰工程分包给了丙公司。根据《建设工程安全生产管理条例》,对该工程施工现场安全生产负总责的单位是(　　)。

A. 甲公司　　　　　B. 乙公司　　　　　C. 丙公司　　　　　D. 乙公司和丙公司

7. 依据《建设工程安全生产管理条例》的规定,(　　)应当向施工单位提供施工现场及毗邻区域内供水、排水、供电、供气、供热、通信、广播电视等地下管线资料,相邻建筑物和构筑物、地下工程的有关资料,并保证资料的真实、准确、完整。

A. 设计单位　　　　B. 勘查单位　　　　C. 建设单位　　　　D. 工程监理单位

8. 依据《建设工程安全生产管理条例》的规定,建设单位不得对勘察、设计、施工、工程监理等单位提出不符合建设工程安全生产法律、法规和(　　)规定的要求。

A. 规章　　　　　　B. 产业政策　　　　C. 技术规范　　　　D. 强制性标准

9. 依据《建设工程安全生产管理条例》的规定,出租的机械设备、施工机具及配件,应当具有(　　)。

A. 生产(制造)许可证、安全合格证　　　B. 产品合格证、经营许可证

C. 生产(制造)许可证、产品合格证　　　D. 经营许可证、检测合格证

10. 依据《建设工程安全生产管理条例》的规定,实行施工总承包的,由(　　)支付意外伤害保险费。

A. 总承包单位和分包单位共同　　　　　B. 总承包单位

C. 总承包单位和分包单位根据合同约定分别　D. 分包单位

11. 依据《建设工程安全生产管理条例》的规定,施工单位的(　　)应当对建设工程项目的安全施工负责,落实安全生产责任制度等,并根据工程的特点组织制定安全施工措施,消除安全事故隐患,及时如实报告生产安全事故。

A. 委托监督员　　　　　　　　　　　　B. 项目负责人

C. 安全生产管理人员　　　　　　　　　D. 技术负责人

12. 依据《建设工程安全生产管理条例》的规定,依法批准开工报告的建设工程,建设单位应当自开工报告批准之日起(　　)日内,将保证安全施工的措施报送建设工程所在地县级以上地方人民政府建设行政主管部门或其他有关部门备案。

A. 15　　　　　　　B. 30　　　　　　　C. 45　　　　　　　D. 60

13. 依据《建设工程安全生产管理条例》的规定,建设工程安全作业环境及安全施工措施所需费用,应由(　　)承担。

A. 设计单位　　　　B. 建设单位　　　　C. 施工单位　　　　D. 监理单位

14. 依据《建设工程安全生产管理条例》的规定,负责审查施工组织设计中的安全技术措施或者专项施工方案是否符合工程建设强制性标准的是(　　)单位。

A. 设计　　　　　　B. 建设　　　　　　C. 施工　　　　　　D. 工程监理

15. 依据《建设工程安全生产管理条例》的规定,建设工程实行施工总承包的,由(　　)单位对施工现场的安全生产总负责。

A. 总承包　　　　　B. 分包　　　　　　C. 建设　　　　　　D. 工程监理

16. 依据《建设工程安全生产管理条例》的规定,垂直运输机械作业人员、安装拆卸工必须按照国家有关规定经过专门的安全作业培训,并取得(　　),方可上岗作业。

A. 安全培训合格证书　　　　　　　　B. 安全管理人员资格证书
C. 安全资格证书　　　　　　　　　　D. 特种作业操作资格证书

17. 依据《建设工程安全生产管理条例》的规定,建设行政主管部门在审核发放施工许可证时,应当对建设工程是否有(　　)进行审查,否则不得颁发施工许可证。

A. 环境保护措施　　B. 应急救援措施　　C. 职业病防治措施　　D. 安全施工措施

18. 某施工单位在开挖基坑时因无地下管线资料不慎挖断天然气管道,导致天然气泄漏并发生爆炸,造成人员伤亡和财产损失。依据《建设工程安全生产管理条例》,施工现场及毗邻区域的管线资料应由(　　)提供给施工单位。

A. 工程建设单位　　B. 工程勘察单位　　C. 工程设计单位　　D. 工程监理单位

19. 依据《建设工程安全生产管理条例》的规定,下列关于建设工程承包中属于总承包单位和分包单位安全责任的说法中,正确的是(　　)。

A. 建设工程实行施工总承包的,由建设单位和总承包单位对施工现场的安全生产负总责

B. 分包单位应当服从总承包单位的安全管理,分包单位不服从管理导致生产安全事故的,由分包单位承担主要责任

C. 总承包单位依法将建设工程分包给其他单位的,分包单位对分包工程的安全生产承担主要责任

D. 分包单位不服从管理导致生产安全事故的,分包单位和总承包单位对分包工程的安全生产承担连带责任

20. 依据《建设工程安全生产管理条例》的规定,施工组织设计中的安全技术或者专项施工方案应当符合工程建设强制性标准,负责符合性审查的单位是(　　)。

A. 建设单位　　　　B. 设计单位　　　　C. 监理单位　　　　D. 施工单位

21. 依据《建设工程安全生产管理条例》的规定,建设工程施工前应进行交底,施工单位的相关人员应对有关安全施工的技术要求向施工作业班组、作业人员做出详细说明,并双方签字确认。进行交底的人员是(　　)。

A. 项目负责人　　　　　　　　　　　B. 负责各项目的班组长
C. 专职安全生产管理人员　　　　　　D. 负责项目管理的技术人员

22. 建设单位是建筑工程的投资主体,在建筑活动中居于主导地位。依据《建设工程安全生产管理条例》的规定,下列关于建设单位安全责任的说法,正确的是(　　)。

A. 建设单位可以根据市场需求压缩合同约定的工期

B. 建设单位应当自开工报告批准之日起 10 日内,将保证安全施工的措施报送所在地建设

行政主管部门或有关部门备案

C. 建设单位应当在拆除工程施工 10 日前,将有关资料报送所在地建设行政主管部门或有关部门备案

D. 建设单位应当根据工程需要向施工企业提供施工现场相邻建筑物的相关资料

23. 依据《建设工程安全生产管理条例》的规定,下列关于建设工程相关单位安全责任的说法,正确的是(　　)。

A. 建设工程的合理工期应由施工单位和监理单位双方协商一致确定

B. 建设单位在编制工程概算时,应当确定建设工程的安全作业环境和安全施工措施所需费用

C. 工程设计单位应向施工单位提供施工现场内供水、排水、供电、通信等地下管线资料

D. 建设单位应当在开工报告批准之日 30 日内,将安全施工保证措施报送有关主管部门备案

24. 依据《建设工程安全生产管理条例》的规定,实行施工总承包的建设工程,支付意外伤害保险费的单位是(　　)。

A. 总承包单位　　　　　　　　　　　B. 施工单位

C. 总承包单位与施工单位　　　　　　D. 施工单位与监理单位

25. 依据《建设工程安全生产管理条例》的规定,下列关于建设单位安全责任的说法,正确的是(　　)。

A. 建设单位必须设立安全生产管理机构,配备专职安全生产管理人员

B. 建设单位可视工程需要压缩合同约定的工期

C. 建设单位应当在拆除工程施工 30 日前,将有关资料报建设行政主管部门备案

D. 建设单位在编制工程概算时,应当确定建设工程安全作业环境及安全施工措施所需费用

26. 依据《建设工程安全生产管理条例》的规定,下列关于施工单位安全责任的说法,正确的是(　　)。

A. 施工单位应当配备专职或兼职安全生产管理人员

B. 施工单位未设置安全生产管理机构,未配备安全生产管理人员的,应委托第三方负责现场安全管理

C. 施工总承包单位和分包单位对分包工程的安全生产负连带责任

D. 施工总承包单位可以将建设工程主体结构的施工项目进行分包

27. 依据《建设工程安全生产管理条例》的规定,下列关于建设工程相关单位安全责任的说法,正确的是(　　)。

A. 建设工程的合理工期应由施工单位和监理单位双方协商一致确定

B. 建设单位在编制工程概算时,应当确定建设工程的安全作业环境和安全施工措施所需费用

C. 工程设计单位应向施工单位提供施工现场供水、排水、供电、通信等地下管线资料

D. 建设单位应当在开工报告批准之日 80 日内,将安全施工保证措施报送有关主管部门备案

**参考答案:**

| 1. D | 2. A | 3. B | 4. B | 5. D |
|------|------|------|------|------|
| 6. A | 7. C | 8. D | 9. C | 10. B |
| 11. B | 12. A | 13. B | 14. D | 15. A |
| 16. D | 17. D | 18. A | 19. B | 20. C |
| 21. D | 22. C | 23. B | 24. A | 25. D |
| 26. C | 27. B | | | |

## 二、多项选择题

1. 依据《安全生产法》《建设工程安全生产管理条例》的规定,应当经建设行政主管部门或者其他有关部门考核合格的施工单位人员包括(　　)。

A. 项目负责人　　　　　　　B. 从业人员　　　　　　　　C. 主要负责人

D. 专职安全生产管理人员　　E. 财务管理人员

2. 《建设工程安全生产管理条例》所称的建设工程,指(　　)。

A. 土木工程　　　　　　　　B. 建筑工程　　　　　　　　C. 机械工程

D. 装修工程　　　　　　　　E. 线路管道和设备安装工程

3. 依据《建设工程安全生产管理条例》的规定,县级以上人民政府负有建设工程安全生产监督管理职责的部门在各自的职责范围内履行安全监督检查职责时,有权采取的措施有(　　)。

A. 要求提供有关建设工程安全生产的文件和资料

B. 进入施工现场进行检查

C. 没收存在隐患的设备

D. 检查中一经发现事故隐患,责令立即停止施工

E. 纠正施工中违反安全生产要求的行为

4. 某日 08 时,某建筑工地发生塌方事故,造成当场 5 人死亡、2 人被埋失踪、9 人受伤。现场安全员立即将事故情况向作业队长和项目经理报告,项目经理立即组织人员前往现场营救,将死亡和受伤人员运出现场,安排工人挖掘搜寻失踪人员。次日 7 时许,找到一名失踪人员已经死亡,此时项目经理才想起向当地县安全生产监管局报告。报告称事故造成 1 人死亡、1 人失踪、9 人受伤。依据《建设工程安全生产管理条例》,下列有关该事故的说法中正确的是(　　)。

A. 现场安全员只向作业队长和项目经理报告,未及时向当地安全生产监管局报告,属违法行为

B. 项目经理在事故发生 23 小时后向当地安全生产监管局报告事故情况,属于未在规定时间内上报,死亡人数不实,属于谎报、瞒报

C. 项目经理部不仅应该向安全生产监管局报告事故情况,还应该向建设主管部门报告

D. 县安全生产监管局了解事故真实情况之后,应当向上一级安全生产监管部门报告

E. 公司为了抢救被掩埋的人员,在作出适当标识的情况下,可移动事故现场部分物件

**参考答案:**

| 1. ACD | 2. ABDE | 3. ABE | 4. BCDE |
|--------|---------|--------|---------|

# 第五节　危险化学品安全管理条例

**大纲要求:**

《危险化学品安全管理条例》。依照本条例分析危险化学品生产、储存、使用、经营、运输以及事故应急救援等方面的有关法律问题,判断违法行为及应负的法律责任。

## 一、单项选择题

1. 依据《危险化学品安全管理条例》的规定,危险化学品出入库,必须进行(　　)。

A. 核查登记　　　　　B. 成分测定　　　　　C. 质量检验　　　　　D. 重新包装

2. 依据《危险化学品安全管理条例》的规定,生产、科研、医疗等单位经常使用剧毒化学品的,应当向所在地县级人民政府( )申请领取购买许可证,凭购买许可证购买。

A. 安全生产监督管理部门　　　　　　　　B. 卫生行政部门

C. 公安机关　　　　　　　　　　　　　　D. 产品质量监督管理部门

3. 依据《危险化学品安全管理条例》的规定,依法设立的危险化学品生产企业,必须向国务院质检部门申请领取危险化学品( )。

A. 生产合格证　　　　　　　　　　　　　B. 生产资格证

C. 生产许可证　　　　　　　　　　　　　D. 生产开工证

4. 依据《危险化学品安全管理条例》的规定,下列有关危险化学品的生产、储存安全规定的说法,正确的是( )。

A. 发现危险化学品事故隐患,责令立即停产整顿

B. 发现影响危险化学品安全的违法行为,当场予以罚款

C. 发现违法运输危险化学品的运输工具,立即予以没收

D. 发现器材不符合规定要求,责令立即停止使用

5. 依据《危险化学品安全管理条例》的规定,禁止利用内河以及其他封闭水域等航运渠道运输( )。

A. 易燃液体　　　　　　　　　　　　　　B. 爆炸品

C. 压缩气体和液化气体　　　　　　　　　D. 剧毒化学品

6. 依据《危险化学品安全管理条例》的规定,生产危险化学品的,应在危险化学品的包装内附有危险化学品完全一致的化学品( )。

A. 生产单位许可证书　　　　　　　　　　B. 安全技术说明书

C. 质量合格证书　　　　　　　　　　　　D. 产品认证证书

7. 依据《危险化学品安全管理条例》的规定,国家对危险化学品的生产和储存实行统一规划、合理布局和严格控制,对危险化学品生产、储存实行( )制度。

A. 审批　　　　　　B. 认定　　　　　　C. 登记　　　　　　D. 备案

8. 依据《危险化学品安全管理条例》的规定,( )负责发放剧毒化学品购买许可证。

A. 道路交通管理部门　　　　　　　　　　B. 安全生产监督管理部门

C. 公安机关　　　　　　　　　　　　　　D. 卫生行政管理部门

9. 依据《危险化学品安全管理条例》的规定,危险化学品的包装物、容器,必须由主管部门审查合格的企业定点生产,并经国务院( )认可的专业检测、检验机构检测、检验合格,方可使用。

A. 工商管理部门　　　B. 质检部门　　　C. 安全监管部门　　　D. 环境保护部门

10. 依据《危险化学品安全管理条例》的规定,通过道路运输危险化学品的,必须配备( )人员。

A. 装卸　　　　　　B. 应急　　　　　　C. 检测　　　　　　D. 押运

11. 依据《危险化学品安全管理条例》的规定,企业通过道路运输剧毒化学品,应该申请剧毒化学品道路运输通行证。受理通行证申请的部门是( )。

A. 运输始发地的县级安全监管部门

B. 运输始发地或目的地的县级人民政府公安机关

C. 运输目的地的设区的市级安全监管部门

D. 运输目的地的设区的市级公安部门

12. 依据《危险化学品安全管理条例》的规定,负责进口化学品登记的部门是(　　)。

A. 商务部门　　　　　　　　　　　B. 发展改革部门

C. 环境保护部门　　　　　　　　　D. 国务院安全生产监管部门

13. 依据《危险化学品安全管理条例》的规定,剧毒化学品经营企业销售剧毒化学品,应当如实记录购买单位的名称、地址和经办人的姓名、身份证号码以及所购剧毒化学品的品种、数量、用途,记录应当至少保存(　　)年。

A. 1　　　　　　B. 2　　　　　　C. 3　　　　　　D. 5

14. 依据《危险化学品安全管理条例》的规定,对剧毒化学品以及储存数量构成重大危险源的其他危险化学品,储存单位应当将其储存数量、储存地点以及管理人员的情况,报所在地县级人民政府安全生产监督管理部门(在港区内储存的,报港口行政管理部门)和(　　)备案。

A. 公安机关　　　B. 质检部门　　　C. 交通部门　　　D. 环境保护部门

15. 依据《危险化学品安全管理条例》的规定,剧毒化学品以及储存数量构成重大危险源的其他危险化学品应当在专用仓库内单独存放,实行(　　)制度。

A. 双人收发、单人保管　　　　　　B. 单人收发、双人保管

C. 双人收发、双人保管　　　　　　D. 单人收发、单人保管

16. 依据《危险化学品安全管理条例》的规定,重复使用的危险化学品的包装物、容器的检查记录至少应当保存(　　)年。

A. 一　　　　　　B. 二　　　　　　C. 三　　　　　　D. 五

17. 依据《危险化学品安全管理条例》的规定,禁止通过(　　)运输剧毒化学品以及国务院有关部门规定禁止运输的其他危险化学品。

A. 公路　　　　　　B. 铁路　　　　　　C. 航空　　　　　　D. 内河封闭水域

18. 依据《危险化学品安全管理条例》的规定,运输危险化学品的车辆,必须配备必要的防护用品和(　　)。

A. 医疗救护人员　　　　　　　　　B. 技术指导人员

C. 车辆动态稳定装置　　　　　　　D. 应急救援器材

19. 依据《危险化学品安全管理条例》,下列关于危险化学品经营许可的说法中,正确的是(　　)。

A. 依法设立的危险化学品生产企业在其厂区范围内销售本企业生产的危险化学品,不需要取得危险化学品经营许可

B. 依据《港口法》的规定取得港口经营许可证的港口经营人,不需要取得危险化学品经营许可

C. 从事危险化学品经营的企业,应当向所在地设区的市级人民政府安全生产监督管理部门提出申请

D. 安全生产监督管理部门应对提出办理危险化学品经营许可证申请的企业进行审查。予以批准的,颁发危险化学品经营许可证;不予批准的,应当面通知申请人并说明理由

20. 《危险化学品安全管理条例》规定,生产、储存危险化学品的企业,应当委托具备国家规定的资质条件的机构,对本企业的安全生产条件每(　　)年进行一次安全评价,提出安全评价报告。

A. 3　　　　　　B. 2　　　　　　C. 1　　　　　　D. 4

21. 《危险化学品安全管理条例》所称危险化学品,是指具有毒害、腐蚀、爆炸、燃烧、助燃等

性质,对( )具有危害的剧毒化学品和其他化学品。

    A. 人体、环境、产品                 B. 设施、场所、产品

    C. 人体、设施、环境                 D. 人体、设施、设备

22. 《危险化学品安全管理条例》规定,禁止通过内河运输的剧毒化学品及其他危险化学品的范围,由国务院交通运输主管部门会同国务院环境保护主管部门、安全生产监督管理部门以及( )规定并公布。

    A. 公安部门                       B. 工商行政主管部门

    C. 工业和信息化主管部门        D. 质量监督检验检疫主管部门

23. 某企业是位于 A 省 B 市 C 区港口内的一家危险化学品仓储经营企业,已经取得了港口经营许可证。依据《危险化学品安全管理条例》的规定,下列关于该企业申请危险化学品经营许可证的说法,正确的是( )。

    A. 需要向 B 市的港口行政管理部门申请危险化学品经营许可证

    B. 需要向 C 区的港口行政管理部门申请危险化学品经营许可证

    C. 需要向 A 省的安全监管部门申请危险化学品经营许可证

    D. 不需要申请危险化学品经营许可证

24. 根据《危险化学品安全管理条例》,负有安全监管职责的部门进行安全生产监督检查时,可以采取的措施是( )。

    A. 发现危险化学品事故隐患,责令立即消除并处以罚款

    B. 经本部门主要负责人批准,查封违法生产、储存、使用、经营化学品的场所

    C. 发现影响危险化学品安全的违法行为,对企业主要负责人实施拘留

    D. 对未依法整改重大事故隐患的危险化学品生产企业实施关闭

25. 依据《危险化学品安全管理条例》的规定,剧毒化学品、易制爆危险化学品的销售企业、购买单位,应当在销售、购买后( )日内,将其销售、购买的剧毒化学品、易制爆危险化学品的品种、数量以及流向信息报所在地县级人民政府公安机关备案。

    A. 5               B. 7               C. 10               D. 15

26. 依据《危险化学品安全管理条例》的规定,下列关于安全监管部门执法人员进行危险化学品监督检查的说法,正确的是( )。

    A. 经所在地人民政府批准,查封违法生产、储存、使用、经营危险化学品的场所,扣押违法生产、储存、使用、经营、运输的危险化学品

    B. 开展现场危险化学品监督检查工作,监督检查人员不得少于 3 人,并应当出示执法证件

    C. 对不符合法律、行政法规、规章规定或者国家标准、行业标准要求的设施、设备、装置、器材、运输工具,监督检查人员立即扣押或查封

    D. 监督检查人员发现影响危险化学品安全的违法行为,当场予以纠正或者责令限期改正

27. 依据《危险化学品安全管理条例》的规定,下列关于危险化学品生产、储存安全管理的说法,正确的是( )。

    A. 建设单位应当将危险化学品生产建设项目的安全条件论证和安全评价的情况报告,报建设项目所在地县级以上地方人民政府安全监管部门审查

    B. 进行可能危及危险化学品管道安全的施工作业,施工单位应当在开工的 15 日前书面通知管道所属单位

    C. 危险化学品生产企业进行生产前,应当依照《安全生产许可证条例》的规定,取得危险化学品安全生产许可证

D. 剧毒化学品以及储存数量构成重大危险源的其他危险化学品,应当在仓库内与其他物品隔开存放,并实行专人保管制度

28. 依据《危险化学品安全管理条例》的规定,下列关于危险化学品使用安全管理的说法,正确的是(　　)。

A. 使用危险化学品从事生产的化工企业,均需取得危险化学品安全使用许可证

B. 申请危险化学品安全使用许可证的化工企业,应当有安全管理机构和专职安全管理人员

C. 申请危险化学品安全使用许可证的化工企业,应当向所在地县级人民政府安全监管部门提出申请

D. 安全监管部门应当将其颁发危险化学品安全使用许可证的情况,及时向同级工商行政管理机关和公安机关通报

29. 依据《危险化学品安全管理条例》的规定,下列关于负有安全监管职责的部门进行监督检查的做法,正确的是(　　)。

A. 建设单位负责对改建的储存危险化学品的建设项目进行安全条件审查

B. 安全监管部门应当对生产危险化学品的建设项目进行安全条件论证

C. 储存剧毒化学品的单位,应当设置治安保卫机构

D. 生产危险化学品的单位转产时,应当妥善处置其危险化学品生产装置,处置方案应当报所在地省级安全监管等部门备案

30. 依据《危险化学品安全管理条例》的规定,下列关于化工企业申请危险化学品安全使用许可证的说法,正确的是(　　)。

A. 审查部门应当是所在地县级人民政府安全监管部门

B. 审查部门应当自收到证明材料之日起 45 日内作出批准或不予批准的决定

C. 审查部门不予批准的,可以口头或书面通知申请人,并说明理由

D. 审查部门应当将颁发危险化学品安全使用许可证的情况向工商管理部门通报

**参考答案:**

| 1. A | 2. C | 3. C | 4. D | 5. D |
|---|---|---|---|---|
| 6. B | 7. A | 8. C | 9. B | 10. D |
| 11. B | 12. D | 13. A | 14. A | 15. C |
| 16. B | 17. D | 18. D | 19. A | 20. A |
| 21. C | 22. C | 23. B | 24. B | 25. C |
| 26. D | 27. C | 28. B | 29. C | 30. B |

**二、多项选择题**

1. 依据《危险化学品安全管理条例》的规定,危险化学品生产、储存企业,必须符合的要求有(　　)。

A. 应当对其铺设的危险化学品管道设置明显标志,并对危险化学品管道定期检查、检测

B. 应当依照《安全生产许可证条例》的规定,取得危险化学品安全生产许可证

C. 应当提供与其生产的危险化学品相符的化学品安全技术说明书,并在危险化学品包装(包括外包装件)上粘贴或者拴挂与包装内危险化学品相符的化学品安全标签

D. 应当在其作业场所和安全设施、设备上设置明显的安全警示标志

E. 应当委托具备国家规定的资质条件的机构,对本企业的安全生产条件每年进行一次安全评价,提出安全评价报告

2. 依据《危险化学品安全管理条例》的规定,危险化学品的生产装置或储存数量构成重大危险源的储存设施(运输工具加油站、加气站除外),与(　　)的距离必须符合国家有关规定。

A. 居住区　　　　B. 河流　　　　　C. 矿区　　　　D. 学校　　　　　E. 军事管理区

3. 依据《危险化学品安全管理条例》的规定,剧毒化学品生产、储存、使用单位,应当对剧毒化学品的(　　)如实记录,并采取必要的安全措施。

A. 原料　　　　　B. 数量　　　　　C. 流向　　　　D. 存量　　　　　E. 用途

4. 依据《危险化学品安全管理条例》的规定,除运输工具加油站、加气站外,危险化学品的生产装置和储存数量构成重大危险源的储存设施应当与(　　)保持符合有关标准或者有关规定的安全距离。

A. 学校、医院等公共设施　　　B. 居住区　　　　　　　C. 矿区

D. 河流、湖泊、风景名胜区　　E. 军事禁区

5. 依据《危险化学品安全管理条例》的规定,危险化学品经营单位必须具备的条件有(　　)。

A. 业务人员经过专业技术培训并经考核合格

B. 建立职业安全健康管理体系

C. 建立事故应急救援预案

D. 建立质量管理体系

E. 建立环境管理体系

6. 依据《危险化学品安全管理条例》的规定,危险化学品道路运输企业的(　　),应当经交通运输主管部门考核合格,取得从业资格。

A. 驾驶员　　　　　　　　B. 装卸管理人员　　　　　　C. 主要负责人

D. 车辆维修人员　　　　　E. 押运人员

7. 依据《危险化学品安全管理条例》的规定,危险化学品经营企业应当具备的条件包括(　　)。

A. 设立专职医疗队伍　　　　　　　B. 有健全的安全生产管理制度

C. 有专职安全生产管理人员　　　　D. 经营场所和储存设施符合国家标准

E. 有必要的应急救援器材、设备

8. 依据《危险化学品安全管理条例》的规定,负有危险化学品安全监督管理职责的部门依法进行监督检查时,可以采取的措施包括(　　)。

A. 发现危险化学品事故隐患,责令立即消除并罚款

B. 进入危险化学品作业场所实施现场检查,了解情况并查阅、复制有关文件

C. 扣押违法生产、储存、使用、经营、运输的危险化学品

D. 查封违法生产、储存、使用、经营化学品的场所

E. 对未依法整改重大事故隐患的危险化学品生产企业实施关闭

9. 某石化厂因经营不善决定停业,根据《危险化学品安全管理条例》,该石化厂应当采取有效措施,及时、妥善处理其危险化学品生产装置、储存设施以及库存的危险化学品,处置方案应报所在地县级人民政府有关部门备案。备案的单位有(　　)。

A. 工业和信息化主管部门　　B. 安全监管部门　　　　　C. 环境保护主管部门

D. 卫生行政主管部门　　　　E. 公安机关

10. 某化学品仓储运输有限公司,从事危险化学品的仓储和道路运输业务。根据《危险化学品安全管理条例》,有关人员应当经交通运输主管部门考核合格,取得从业资格。其人员分别有(　　)。

A. 装卸管理人员　　　　　B. 押运人员　　　　　　　C. 驾驶人员

D. 现场检查员　　　　　　　　E. 主要负责人

11. 依据《危险化学品安全管理条例》的规定,下列单位中,应当设置治安保卫机构、配备专职治安保卫人员的是(　　)。

A. 危险化学品生产单位　　B. 危险化学品储存单位　　C. 剧毒化学品生产单位

D. 易制爆化学品生产单位　　E. 易制爆化学品储存单位

12. 依据《危险化学品安全管理条例》的规定,危险化学品的生产、经营企业销售剧毒化学品、易制爆危险化学品,应当如实记录购买单位的名称、地址、经办人姓名、身份证号及所购买剧毒化学品、易制爆危险化学品的(　　)等相关信息。

A. 品种　　　　　B. 数量　　　　　C. 颜色　　　　　D. 形态　　　　　E. 用途

13. 依据《危险化学品安全管理条例》的规定,申请危险化学品安全使用许可证的化工企业,应当具备的条件有(　　)。

A. 主要负责人经安全监管部门培训考核合格取得安全使用资格证书

B. 有与所使用的危险化学品相适应的专业技术人员

C. 有安全管理机构和专职安全管理人员

D. 有符合国家规定的危险化学品事故应急预案和必要的应急救援器材、设备

E. 依法进行了安全评价

14. 依据《危险化学品安全管理条例》的规定,下列关于危险化学品道路运输安全的说法,正确的有(　　)。

A. 应当采取相应的安全防护措施,并配备必要的防护用品和应急救援器材

B. 应当按照运输车辆的核定载质量装载危险化学品

C. 危险化学品运输企业必须取得危险化学品道路运输通行证

D. 应当配备随车押运人员并取得相应资格

E. 运输车辆应当定期进行安全技术检验

15. 依据《危险化学品安全管理条例》的规定,下列关于危险化学品运输安全管理的说法,正确的有(　　)。

A. 从事危险化学品道路运输、水路运输的,应当取得危险货物道路运输许可、危险货物水路运输许可,并向工商行政管理部门办理登记手续

B. 危险化学品道路运输企业、水路运输企业应当配备专职或兼职安全管理人员

C. 危险化学品道路运输企业、水路运输企业的驾驶人员、船员、装卸管理人员、押运人员、申报人员、集装箱装箱现场检查员应当经交通运输主管部门考核合格,取得从业资格

D. 运输危险化学品,应当根据危险化学品的危险特性采取相应的安全防护措施,并配备必要的防护用品和应急救援器材

E. 通过道路运输剧毒化学品的,托运人应当向运输始发地或者目的地县级人民政府交通运输主管部门申请剧毒化学品道路运输通行证

16. 根据《危险化学品安全管理条例》,危险化学品道路运输企业、水路运输企业中的(　　)应当经交通部门考核合格取得从业资格。

A. 驾驶人员、船员

B. 装卸管理人员

C. 押运人员

D. 申报人员

E. 运输车辆、船舶维修人员

**参考答案:**

| 1. ABCD | 2. ABDE | 3. BCE | 4. ABDE | 5. AC |
|---------|---------|--------|---------|-------|
| 6. ABE | 7. BCDE | 8. BCD | 9. ABCE | 10. ABCD |
| 11. CDE | 12. ABCE | 13. BCDE | 14. ABDE | 15. ACD |
| 16. ABCD | | | | |

# 第六节 烟花爆竹安全管理条例

**大纲要求:**

《烟花爆竹安全管理条例》。依照本条例分析烟花爆竹生产、经营、运输和烟花爆竹燃放等方面的有关法律问题,判断违法行为及应负的法律责任。

**一、单项选择题**

1. 依据《烟花爆竹安全管理条例》的规定,烟花爆竹生产企业在投入生产前办理《烟花爆竹安全生产许可证》的,由所在地(    )对企业提交的申请材料提出安全审查的初步意见。

A. 县级人民政府公安部门

B. 县级人民政府安监部门

C. 设区的市级人民政府安全生产监督管理部门

D. 设区的市级人民政府公安部门

2. 依据《烟花爆竹安全管理条例》的规定,烟花爆竹道路运输的托运人,应当向(    )提出申请,提交有关证明材料,办理《烟花爆竹道路运输许可证》。

A. 所在地的县级人民政府安全生产监督管理部门

B. 所在地的县级人民政府公安部门

C. 运达地的县级人民政府安全生产监督管理部门

D. 运达地的县级人民政府公安部门

3. 依据《烟花爆竹安全管理条例》的规定,举办焰火晚会和其他大型焰火燃放活动的,主办单位应当按照分级管理的规定,向有关人民政府的(    )部门提出申请,提交有关证明材料,办理《烟花燃放许可证》。

A. 公安                                                    B. 安全生产监管

C. 卫生行政                                               D. 环境保护

4. 依据《烟花爆竹安全管理条例》的规定,办理《烟花爆竹经营(零售)许可证》的申请受理机关是所在地(    )的安全生产监督管理部门。

A. 乡级人民政府                                          B. 县级人民政府

C. 设区的市人民政府                                      D. 省级人民政府

5. 依据《烟花爆竹安全管理条例》的规定,生产烟花爆竹的企业,应当对黑火药、烟火药、引火线的保管采取必要的安全技术措施,建立(    )登记制度。

A. 经营、运输、管理                                      B. 储存、搬运、使用

C. 购买、领用、销售                                      D. 保管、领取、使用

6. 依据《烟花爆竹安全管理条例》的规定,安全生产监督管理部门应当自受理申请之日起

（　　）内对提交的有关材料和经营场所进行审查,符合条件的,核发《烟花爆竹经营(批发)许可证》。

A. 15 日　　　　　B. 20 日　　　　　C. 30 日　　　　　D. 45 日

7. 依据《烟花爆竹安全管理条例》的规定,烟花爆竹运达目的地后,收货人应当在(　　)日内将《烟花爆竹道路运输许可证》交回发证机关核销。

A. 3　　　　　　　B. 5　　　　　　　C. 10　　　　　　　D. 30

8. 某单位为庆祝春节,欲申请举办大型焰火燃放活动。依据《烟花爆竹安全管理条例》,下列关于办理燃放手续的说法中,正确的是(　　)。

A. 主办单位应当向焰火燃放地人民政府安全生产监管机构提出申请

B. 受理申请的安全生产监管机构自受理申请之日起 30 日内进行审查

C. 焰火燃放活动燃放作业人员,应当持有《焰火燃放许可证》

D. 提交的申请资料应包括举办焰火燃放活动的时间、地点、环境、性质、规模以及燃放烟花爆竹的种类、规格、数量和燃放作业方案

9. 依据《烟花爆竹安全管理条例》的规定,焰火晚会以及其他大型焰火燃放活动燃放作业单位和作业人员违反焰火燃放安全规程,修改燃放作业方案进行燃放作业的,由公安部门(　　)。

A. 责令立即改正　　　　　　　　　　B. 责令停止燃放

C. 对作业人员处以一定数额罚款　　　D. 吊销《焰火燃放许可证》

10. 依据《烟花爆竹安全管理条例》的规定,在禁止燃放烟花爆竹的时间、地点燃放烟花爆竹,或者以危害公共安全和人身、财产安全的方式燃放烟花爆竹的,由公安部门责令停止燃放,处(　　)的罚款。

A. 100 元以上 500 元以下　　　　　　B. 100 元以上 1000 元以下

C. 200 元以上 1000 元以下　　　　　D. 200 元以上 5000 元以下

11. 依据《烟花爆竹安全管理条例》的规定,烟花爆竹是指烟花爆竹制品和用于生产烟花爆竹的民用黑火药、烟火药、(　　)等物品。

A. 炸药　　　　　B. 雷管　　　　　C. 导火索　　　　　D. 引火线

12. 依据《烟花爆竹安全管理条例》的规定,从事烟花爆竹零售的经营者,应当取得《烟花爆竹经营(零售)许可证》。许可证应当载明经营负责人、经营场所地址、经营期限、烟花爆竹种类和(　　)。

A. 限制销售量　　　　　　　　　　　B. 限制存放量

C. 限制销售对象　　　　　　　　　　D. 限制购买量

13. 某公司是一家生产烟花爆竹的企业。根据《烟花爆竹安全管理条例》,下列该公司安全生产的做法中,正确的是(　　)。

A. 已配备兼职安全生产管理人员,故不再配备专职安全生产管理人员

B. 向县级安全监管部门申请核发《烟花爆竹安全生产许可证》

C. 发现生产烟花爆竹所使用的黑火药丢失,立即向当地安全监管部门和公安部门报告

D. 从事运输工序作业的人员,经公司自行考核后上岗作业

14. 依据《烟花爆竹安全管理条例》的规定,下列关于烟花爆竹生产企业安全管理的说法,正确的是(　　)。

A. 企业应当配备专职或兼职安全生产管理人员

B. 企业办理《烟花爆竹安全生产许可证》,应当经所在地县级安全监管部门审查,所在地设区的市级安全监管部门核发

C. 企业从事搬运工序作业的人员应进行专业培训并经企业考核合格,方可上岗作业

D. 企业生产烟花爆竹所使用的引火线丢失,应当立即向当地安全监管部门和公安部门报告

15. 小张携带一包烟花爆竹搭乘地铁,被安全检查人员发现,并报告地铁公安部门。依据《烟花爆竹安全管理条例》的规定,公安部门没收小张非法携带的烟花爆竹,可以并处( )处罚。

A. 200 元以上 500 元以下

B. 200 元以上 1000 元以下

C. 500 元以上 1000 元以下

D. 拘留 15 日

16. 甲县某烟花爆竹批发企业委托乙县一家具有资质的汽车运输公司,前往丙县某烟花爆竹生产企业运回一批烟花爆竹,途经丁县。依据《烟花爆竹安全管理条例》,这次运输应当向( )公安局申请办理《烟花爆竹道路运输许可证》。

A. 甲县      B. 乙县      C. 丙县      D. 丁县

17. 依据《烟花爆竹安全管理条例》的规定,举办焰火晚会以及其他大型焰火燃放活动,应当按照举办的时间、地点、( )、活动性质、规模以及燃放烟花爆竹的种类、规模及数量,确定危险等级,实行分级管理。

A. 单位      B. 人员      C. 天气      D. 环境

18. 依据《烟花爆竹安全管理条例》的规定,下列关于烟花爆竹生产安全的说法,正确的是( )。

A. 生产烟花爆竹的企业应当到公安机关办理登记手续,方可从事生产

B. 生产烟花爆竹的企业进行技术改造,应当依条例的规定申请办理安全生产许可证

C. 生产烟花爆竹使用的原料超过规定的用量,必须报有关部门批准

D. 生产烟花爆竹的企业应当在烟花爆竹上印制易燃易爆危险品警示标志

19. 根据《烟花爆竹安全管理条例》,关于烟花爆竹燃放安全的说法,正确的是( )。

A. 大型焰火燃放活动的燃放作业人员,应当符合行业标准规定的条件

B. 乡镇政府可以根据本区域情况,确定禁止燃放烟花爆竹的时间地点和种类

C. 输变电设施安全保护区内燃放烟花爆竹,必须报市级公安部门批准

D. 申请举办焰火晚会应当按照分级管理的规定,向有关人民政府安全监管部门申请核发《焰火燃放许可证》

**参考答案:**

| 1. C | 2. D | 3. A | 4. B | 5. C |
|------|------|------|------|------|
| 6. C | 7. A | 8. D | 9. B | 10. A |
| 11. D | 12. D | 13. C | 14. D | 15. B |
| 16. A | 17. D | 18. B | 19. A | |

**二、多项选择题**

1. 依据《烟花爆竹安全管理条例》的规定,生产烟花爆竹的企业应当具备的条件包括( )。

A. 符合当地产业结构规划

B. 产品品种、规格、质量符合国家标准

C. 选址符合城乡规划,并与周边建筑、设施保持必要的安全距离

D. 有事故应急救援预案、应急救援组织和人员,配备必要的应急救援器材、设备

E. 通过烟花爆竹企业安全质量标准化评审

2. 根据《烟花爆竹安全管理条例》的规定,生产烟花爆竹的企业应当具备的条件有(　　)。

A. 基本建设项目经过批准　　　　　　B. 注册资金 500 万元以上

C. 有健全的安全生产责任制　　　　　D. 依法进行了安全评价

E. 有安全生产管理机构和专职安全生产管理人员

3. 依据《烟花爆竹安全管理条例》的规定,烟花爆竹生产企业内从事危险工序的作业人员应当经设区的市人民政府安全生产监管部门考核合格方可上岗作业。这些危险工序包括(　　)。

A. 药物混合　　B. 造粒　　　　C. 装药　　　　D. 卷筒　　　　E. 搬运

4. 依据《烟花爆竹安全管理条例》的规定,下列关于烟花爆竹燃放活动安全管理说法中,正确的是(　　)。

A. 禁止未成年人燃放烟花爆竹

B. 主办大型焰火燃放活动应当向当地公安部门申请批准

C. 主办大型焰火燃放活动应当向安全监管部门申请批准

D. 在中小学燃放烟花爆竹必须获得教育行政部门的批准

E. 大型焰火燃放活动应当按照经许可的燃放作业方案作业

5. 依据《烟花爆竹安全管理条例》的规定,下列禁止燃放烟花爆竹的场所有(　　)。

A. 文物保护单位　　B. 医疗机构　　　C. 中小学校　　　D. 水上公园　　　E. 飞机场

**参考答案:**

| 1. ABCD | 2. ACDE | 3. ABCE | 4. BE | 5. ABCE |
| --- | --- | --- | --- | --- |

# 第七节　民用爆炸物品安全管理条例

**大纲要求:**

《民用爆炸物品安全管理条例》。依照本条例分析民用爆炸物品生产、销售、购买、运输、储存以及爆破作业等方面的有关法律问题,判断违法行为及应负的法律责任。

**一、单项选择题**

1. 依据《民用爆炸物品安全管理条例》的规定,一个需要进行爆破的施工现场,(　　)使用非爆破人员进行爆破作业。

A. 有人监护下,可以　　　　　　　　B. 一般不可以

C. 特殊情况下,在保证安全的情况下可以　　D. 禁止

2. 依据《民用爆炸物品安全管理条例》的规定,(　　)在生产车间或者仓库内试验或者试制民用爆炸物品。

A. 在生产车间可以,仓库不可以　　　B. 经有关部门批准可以

C. 严禁　　　　　　　　　　　　　　D. 在保证安全的情况下可以

3. 依据《民用爆炸物品安全管理条例》的规定,申请从事民用爆炸物品销售的企业,应当向所在地(　　)递交申请书、可行性研究报告以及能够证明其符合规定条件的有关材料。

A. 省、自治区、直辖市人民政府安全生产监管部门

B. 省、自治区、直辖市人民政府国防科技工业主管部门

C. 设区的市人民政府安全生产监管部门

D. 设区的市人民政府国防科技工业主管部门

4. 依据《民用爆炸物品安全管理条例》的规定,关于民用爆炸物品购买和销售的要求,下列说法中,正确的是(　　)。

A. 民用爆炸物品销售企业持《民用爆炸物品销售许可证》到工商行政管理部门办理工商登记后,方可销售民用爆炸物品

B. 民用爆炸物品销售企业在办理工商登记后3日内,向所在地人民政府安全生产监管部门备案后,方可销售民用爆炸物品

C. 民用爆炸物品销售企业凭《民用爆炸物品销售许可证》,可以销售本企业生产的民用爆炸物品

D. 民用爆炸物品使用单位申请购买民用爆炸物品的,应当向所在地人民政府公安机关提出购买申请

5. 依据《民用爆炸物品安全管理条例》的规定,储存民用爆炸物品的数量不得超过储存设计容量,对性质相抵触的民用爆炸物品必须(　　)储存。

A. 减量　　　　　　　B. 分库　　　　　　　C. 分箱　　　　　　　D. 恒温

6. 依据《民用爆炸物品安全管理条例》的规定,民用爆炸物品销毁前应当登记造册,提出销毁实施方案,报省、自治区、直辖市人民政府(　　)部门、所在地县级人民政府公安机关组织监督销毁。

A. 质量技术监督　　　　　　　　　　B. 国防科技工业主管

C. 安全生产监督管理　　　　　　　　D. 环境保护

7. 依据《民用爆炸物品安全管理条例》的规定,从事营业性爆破作业活动的单位办理工商登记,须持(　　)。

A. 民用爆炸物品生产许可证　　　　　B. 爆破作业人员许可证

C. 民爆企业安全生产许可证　　　　　D. 爆破作业单位许可证

8. 某厂是一家民用爆炸物品生产企业,依据《民用爆炸物品安全管理条例》的规定,下列关于该厂民用爆炸物品销售和购买的说法,正确的是(　　)。

A. 该厂申请办理《民用爆炸物品销售许可证》,销售本厂生产的炸药

B. 该厂在销售炸药成交之日起3日内,将购买的品种、数量向所在地县级人民政府和公安机关备案

C. 该厂应将购买炸药单位的许可证、银行账户转账凭证、经办人身份证明复印件保存1年备查

D. 该厂计划出口炸药产品,经所在地省级人民政府民用爆炸物品行业主管部门审批

9. 依据《民用爆炸物品安全管理条例》的规定,发现、捡拾无主民用爆炸物品的,应当立即报告当地(　　)。

A. 安全生产监督管理部门　　　　　　B. 国防科技工业主管部门

C. 公安部门　　　　　　　　　　　　D. 环境保护部门

10. L省甲县某施工企业由于施工原因,需要到J省乙县取得《民用爆炸物品销售许可证》的一企业购买2,4,6-三硝基甲苯100 kg。根据《民用爆炸物品安全管理条例》,该施工企业提出购买申请的审批行政机关是(　　)。

A. L省甲县安全监管部门　　　　　　B. L省甲县公安机关

C. J省乙县安全监管部门　　　　　　D. J省乙县公安机关

11. 某企业仓库内储存的工业火雷管已过期失效,准备予以销毁。该仓库负责人对要销毁的工业火雷管进行登记造册,并提出了销毁实施方案。根据《民用爆炸物品安全管理条例》,负责组织监督本次工业火雷管销毁工作的部门除本省国防科技工业主管部门外,还有(    )。

A. 省级安全监管部门　　　　　　　　B. 省级公安机关

C. 县级安全监管部门　　　　　　　　D. 县级公安机关

12. 某爆破物品贸易公司具有进口民用爆炸物品的资质,其中一批民用爆炸物品未按规定进行登记标识就销售给用户。根据《民用爆炸物品安全管理条例》,对该贸易公司应处以罚款的数额是(    )。

A. 1万元以下　　　　　　　　　　　B. 1万元以上5万元以下

C. 5万元以上20万元以下　　　　　　D. 20万元以上50万元以下

13. 依据《民用爆炸物品安全管理条例》的规定,销售民用爆炸物的企业,应将购买单位的许可证、银行账户转账凭证、经办人身份证明复印件保存备查,保存期是(    )。

A. 3个月　　　　B. 6个月　　　　C. 1年　　　　D. 2年

14. 甲公司是一家生产乳化震源药柱的中型企业,公司依照法律法规要求取得了《民用爆炸物品生产许可证》。乙公司是一家商贸公司,依法取得了《民用爆炸物品销售许可证》。依据《民用爆炸物品安全管理条例》的规定,下列关于甲、乙公司生产经营活动的说法,正确的是(    )。

A. 甲公司必须取得《民用爆炸物品销售许可证》后方可出售本单位生产的乳化震源药柱

B. 乙公司向甲公司购买乳化震源药柱,应当通过银行账户交易,不得使用现金或者实物进行交易

C. 甲公司见到乙公司提供的《民用爆炸物品销售许可证》5日后,方可进行交易

D. 乙公司销售民用爆炸物品后3天内,要将销售的品种、数量和购买单位向所在地设区的市人民政府公安机关备案

15. 依据《民用爆炸物品安全管理条例》的规定,爆破作业人员应当经考核合格,取得《爆破作业人员许可证》后,方可从事爆破作业。对其考核的单位是(    )。

A. 设区的市人民政府安全监管部门　　B. 设区的市人民政府公安机关

C. 县级人民政府安全监管部门　　　　D. 县级人民政府公安机关

16. 依据《民用爆炸物品安全管理条例》的规定,下列关于民用爆炸物品的销售和购买的说法,正确的是(    )。

A. 民用爆炸物品生产企业销售自己生产的民用爆炸物品,凭本企业《民用爆炸物品生产许可证》可以销售

B. 销售民用爆炸物品的企业应自买卖成交3日内,将销售品种、数量和购买单位向省级民用爆炸物品行业主管部门和所在地县级公安机关备案

C. 购买民用爆炸物品的单位应自买卖成交3日内,将购买品种、数量向省级民用爆炸物品行业主管部门备案

D. 可以通过银行转账或者现金交易方式购买或销售民用爆炸物品

**参考答案:**

| 1. D | 2. C | 3. B | 4. A | 5. B |
|------|------|------|------|------|
| 6. B | 7. D | 8. B | 9. C | 10. B |
| 11. D | 12. C | 13. D | 14. B | 15. B |
| 16. A | | | | |

## 二、多项选择题

1. 依据《民用爆炸物品安全管理条例》的规定,爆破器材包括(    )。

A. 各类炸药    B. 雷管    C. 烟花爆竹    D. 导火索    E. 起爆器材

2. 一家企业非法生产、销售和储存民用爆破物品。依据《民用爆炸物品安全管理条例》的规定,应由以下哪些部门按照职责分工进行查处(    )。

A. 工商行政管理部门    B. 公安机关    C. 国防科技工业主管部门

D. 消防机构    E. 应急管理部门

3. 依据《民用爆炸物品安全管理条例》的规定,以下哪些人员不得从事民用爆破物品的生产、销售、购买、运输和爆破作业(    )。

A. 限制民事行为能力的人    B. 曾因犯罪受过刑事处罚的人

C. 无民事行为能力的人    D. 有《爆破作业人员许可证》的女职工

E. 年满 18 岁的人员

**参考答案:**

| 1. ABDE | 2. ABC | 3. ABC | |
|---------|--------|--------|---|

# 第八节　特种设备安全监察条例

**大纲要求:**

《特种设备安全监察条例》。依照本条例分析特种设备生产、使用、检验检测、监督检查以及事故预防和调查处理等方面的有关法律问题,判断违法行为及应负的法律责任。

## 一、单项选择题

1. 依据《特种设备安全监察条例》的规定,锅炉、压力容器、电梯、起重机械、客运索道、大型游乐设施的安装、改造、维修竣工后,安装、改造、维修的施工单位应当在验收后的(    )日内将有关技术资料移交使用单位,由使用单位存入特种设备安全技术档案。

A. 15    B. 30    C. 45    D. 60

2. 依据《特种设备安全监察条例》的规定,特种设备使用单位设立的特种设备检验检测机构应当经国务院特种设备安全监督管理部门(    ),负责本单位一定范围内的特种设备定期检验等。

A. 登记    B. 认可    C. 认证    D. 核准

3. 依据《特种设备安全监察条例》的规定,特种设备使用单位对在用特种设备应当至少(    )进行一次自行检查,并针对校验、检修等情况作记录。

A. 1 个月    B. 2 个月    C. 3 个月    D. 6 个月

4. 依据《特种设备安全监察条例》的规定,特种设备在使用前或者投入使用后 30 日内,特种设备使用单位应当向直辖市或者设区的市的特种设备安全监察部门办理(    )手续。

A. 检验    B. 备案    C. 检测    D. 登记

5. 依据《特种设备安全监察条例》的规定,下列设备中,由特种设备安全监督管理部门监察的有(    )。

A. 军事设备    B. 客运索道

C. 矿山井下使用特种设备　　　　　　　　　　D. 铁路机车

6. 依据《特种设备安全监察条例》的规定,为保证乘客安全,客运缆车的运营使用单位应在( )投入使用前进行试运行和例行安全检查,并对安全装置进行检查确认。

A. 每日　　　　　　　B. 每周　　　　　　　C. 每月　　　　　　　D. 每半年

7. 依据《特种设备安全监察条例》的规定,使用该条例的特种设备包括涉及生命安全、危险性较大的锅炉、压力容器(含气瓶)、压力管道、电梯、起重机械、客运索道和( )。

A. 铁路机车　　　　　　　　　　　　　　　B. 海上设施和船舶

C. 煤矿矿井使用的特种设备　　　　　　　　D. 大型游乐设施

8. 依据《特种设备安全监察条例》的规定,特种设备在投入使用前或者投入使用后( )日内,特种设备使用单位应当向直辖市或者设区的市的特种设备安全监督管理部门登记。

A. 15　　　　　　　　B. 30　　　　　　　　C. 45　　　　　　　　D. 60

9. 依据《特种设备安全监察条例》的规定,下列特种设备中,其设计文件应当经国务院特种设备安全监督管理部门核准的检验检测机构鉴定,方可用于制造的是( )。

A. 电梯　　　　　　B. 压力管道　　　　　　C. 起重机械　　　　　　D. 大型游乐设施

10. 依据《特种设备安全监察条例》的规定,大型游乐设施的运营使用单位,应当将( )和警示标志置于易为乘客注意的显著位置。

A. 产品合格证　　　　　　　　　　　　　　B. 安全注意事项

C. 专利权使用证　　　　　　　　　　　　　D. 营业执照

11. 依据《特种设备安全监察条例》的规定,下列关于特种设备使用的表述,正确的是( )。

A. 特种设备在投入使用前或者投入使用后15日内,特种设备使用单位应当向直辖市或者设区的市的特种设备安全监督管理部门登记

B. 特种设备使用单位对在用特种设备应当至少每月进行一次自行检查,并作出记录

C. 电梯应当至少每30日进行一次清洁、润滑、调整和检查

D. 客运索道、大型游乐设施的运营使用单位在客运索道、大型游乐设施每周投入使用前,应当进行试运行和例行安全检查,并对安全装置进行检查确认

12. 某省F市下设的G区有一风景名胜区,最近景区经营管理单位建设了一条观光客运索道。依据《特种设备安全监察条例》,该索道使用单位应当在索道投入使用前或者投入使用后规定的日期内,向( )登记。

A. F市安全生产监督管理部门　　　　　　　　B. G区安全生产监督管理部门

C. F市特种设备安全监督管理部门　　　　　　D. G区特种设备安全监督管理部门

13. 依据《特种设备安全监察条例》的规定,下列关于特种设备使用的说法,正确的是( )。

A. 电梯使用单位对本单位所用电梯进行维护保养

B. 起重机械的作业人员和相关的管理人员必须取得特种作业人员证书

C. 将特种设备登记标志放入特种设备安全技术档案中

D. 对超过检验合格期的特种设备制定安全措施和应急预案后使用

14. 某机械制造企业的机加车间有一台在用的桥式起重机,该起重机安全检验合格有效期至2017年6月1日。依据《特种设备安全监察条例》的规定,下列关于该起重机的维护和检验的说法,正确的是( )。

A. 应当至少每季度进行一次自行检查,并作出记录

B. 应当至少每半年进行一次自行检查,并作出记录

C. 应当最迟在 2017 年 5 月 1 日前向特种设备检验检测机构提出定期检验要求

D. 应当最迟在 2017 年 4 月 1 日前向特种设备检验检测机构提出定期检验要求

15. 特种设备生产企业在特种设备出厂时应当附有相应的安全技术文件。该类文件不包括（　　）。

A. 符合要求的设计文件　　　　　　　　B. 产品质量合格证明

C. 安装及使用维修说明　　　　　　　　D. 产品专利文件

16. 根据《特种设备安全监察条例》，关于特种设备使用安全的说法，正确的是（　　）。

A. 特种设备使用单位对在用特种设备应当至少每周进行一次自行检查，并作出记录

B. 特种设备使用单位应当按照安全技术规范的定期检验要求，在安全检验合格有效期届满前 1 个月向特种设备检验检测机构提出定期检验要求

C. 电梯应当至少每月进行一次清洁、润滑、调整和检查

D. 大型游乐设施的运营使用单位的主要负责人至少应当每季度召开一次会议，督促、检查大型游乐设施的安全使用工作

**参考答案：**

| 1. B | 2. D | 3. A | 4. D | 5. B |
|------|------|------|------|------|
| 6. A | 7. D | 8. B | 9. D | 10. B |
| 11. B | 12. C | 13. B | 14. C | 15. D |
| 16. B | | | | |

**二、多项选择题**

1. 依据《特种设备安全监察条例》的规定，（　　）等为公众提供服务的特种设备运营使用单位，应当设置特种设备安全管理机构或配备专职的安全管理人员。

A. 电梯　　　　　　　　B. 客运索道　　　　　　　　C. 大型游乐设施

D. 气瓶　　　　　　　　E. 机动车辆

2. 依据《特种设备安全监察条例》的规定，未经许可，擅自从事特种设备及其安全附件、安全保护装置的（　　）以及压力管道元件的制造活动的，由特种设备安全监督管理部门予以取缔。

A. 制造　　　　B. 销售　　　　C. 安装　　　　D. 改造　　　　E. 维修

3. 《特种设备安全监察条例》所称的特种设备类型包括（　　）。

A. 锅炉、压力容器、压力管道　B. 电梯、起重机械　　　C. 客运索道、大型游乐设施

D. 场（厂）内的专用机动车辆　E. 矿山井下使用的特种设备

4. 依据《特种设备安全监察条例》的规定，使用单位应当对（　　）的特种设备及时予以报废。

A. 无改造、维修价值　　　　B. 未按规定检测检验　　　　C. 技术性能下降

D. 存在严重事故隐患　　　　E. 超过规定使用年限

5. 依据《特种设备安全监察条例》的规定，下列设备中，由特种设备安全监督管理部门监察的有（　　）。

A. 军事设备　　　　　　　B. 铁路机车　　　　　　　C. 矿山井下使用特种设备

D. 电梯　　　　　　　　　E. 客运索道

6. 适用《特种设备安全监察条例》进行安全监察的特种设备有（　　）。

A. 海上设施和船舶　　　　B. 核设施　　　　　　　C. 起重机械

D. 客运索道　　　　　　　E. 铁路机车

**参考答案：**

| 1. ABC | 2. ACDE | 3. ABCD | 4. ADE | 5. DE |
|--------|---------|---------|--------|-------|
| 6. CD  |         |         |        |       |

# 第九节　生产安全事故应急条例

**大纲要求：**

《生产安全事故应急条例》。依照本条例分析生产安全事故应急工作体制、应急准备和应急救援等方面的有关法律问题，判断违法行为及应负的法律责任。

**一、单项选择题**

1. 依据《生产安全事故应急条例》的规定，县级以上人民政府负有安全生产监督管理职责的部门应当将其制定的生产安全事故应急救援预案报送（　　）备案。

A. 省级安全生产监督管理职责部门　　　　B. 本级应急管理主管部门

C. 省级人民政府　　　　　　　　　　　　D. 本级人民政府

2. 依据《生产安全事故应急条例》的规定，易燃易爆物品、危险化学品等危险物品的生产、经营、储存、运输单位，矿山、金属冶炼、城市轨道交通运营、建筑施工单位，以及宾馆、商场、娱乐场所、旅游景区等人员密集场所经营单位，应当将其制定的生产安全事故应急救援预案按照国家有关规定报送（　　）备案，并依法向社会公布。

A. 本单位上级安全生产主管部门

B. 所在地行业行政主管部门

C. 县级以上人民政府负有安全生产监督管理职责的部门

D. 所在地人民政府应急管理部门

3. 依据《生产安全事故应急条例》的规定，县级以上地方人民政府以及县级以上人民政府负有安全生产监督管理职责的部门，乡、镇人民政府以及街道办事处等地方人民政府派出机关，应当至少（　　）组织 1 次生产安全事故应急救援预案演练。

A. 每季度　　　　　B. 每半年　　　　　C. 每年　　　　　D. 每 2 年

4. 依据《生产安全事故应急条例》的规定，易燃易爆物品、危险化学品等危险物品的生产、经营、储存、运输单位，矿山、金属冶炼、城市轨道交通运营、建筑施工单位，以及宾馆、商场、娱乐场所、旅游景区等人员密集场所经营单位，应当至少（　　）组织 1 次生产安全事故应急救援预案演练。

A. 每季度　　　　　B. 每半年　　　　　C. 每年　　　　　D. 每 2 年

5. 依据《生产安全事故应急条例》的规定，重点生产经营单位应当建立应急救援队伍；小型企业或者微型企业等规模较小的生产经营单位，可以不建立应急救援队伍，但应当指定（　　）人员，并且可以与邻近的应急救援队伍签订应急救援协议。

A. 日常值班　　　　B. 领导带班　　　　C. 专职应急救援　　　　D. 兼职应急救援

6. 依据《生产安全事故应急条例》的规定，生产经营单位未将生产安全事故应急救援预案报送备案、未建立应急值班制度或者配备应急值班人员的，由县级以上人民政府负有安全生产监督管理职责的部门责令限期改正；逾期未改正的，处（　　）罚款。

A. 1 万元以上 2 万元以下　　　　　　　　B. 2 万元以上 3 万元以下

C. 3 万元以上 5 万元以下　　　　　　　　D. 5 万元以上 10 万元以下

7. 依据《生产安全事故应急条例》的规定,有关人民政府及其部门根据生产安全事故应急救援需要依法调用和征用的财产,在使用完毕或者应急救援结束后,应当及时归还。财产被调用、征用或者调用、征用后毁损、灭失的,有关人民政府及其部门应当(　　　)。

A. 按照救援物质进行处理　　　　　　　　B. 按照征用物质的等效价值进行赔偿

C. 按照市场价值给予补偿　　　　　　　　D. 按照国家有关规定给予补偿

**参考答案:**

| 1. D | 2. C | 3. D | 4. B | 5. D |
|------|------|------|------|------|
| 6. C | 7. D | | | |

## 二、多项选择题

1. 依据《生产安全事故应急条例》的规定,生产安全事故应急救援预案应当符合有关法律、法规、规章和标准的规定,具有科学性、针对性和可操作性,应当明确规定(　　　)。

A. 应急组织体系　　　　　　B. 职责分工　　　　　　　　C. 应急救援程序和措施

D. 扩大机制　　　　　　　　E. 事故处理

2. 依据《生产安全事故应急条例》的规定,生产安全事故应急救援预案有下列哪些情形之一的,生产安全事故应急救援预案制定单位应当及时修订(　　　)。

A. 制定的预案所依据的法律、法规、规章、标准发生重大变化

B. 应急指挥机构及其职责发生调整

C. 安全生产面临的风险发生重大变化

D. 重要应急资源发生重大变化

E. 在预案演练点评中提出的问题

3. 依据《生产安全事故应急条例》的规定,以下哪些是重点生产经营单位(　　　)。

A. 易燃易爆物品、危险化学品等危险物品的生产、经营、储存、运输单位

B. 矿山、金属冶炼

C. 城市轨道交通运营

D. 建筑施工单位

E. 学校

**参考答案:**

| 1. ABC | 2. ABCD | 3. ABCD | | |
|--------|---------|---------|--|--|

# 第十节　生产安全事故报告和调查处理条例

大纲要求:

《生产安全事故报告和调查处理条例》。依照本条例分析生产安全事故报告、调查和处理等方面的有关法律问题,判断违法行为及应负的法律责任。

## 一、单项选择题

1. 某化工企业发生爆炸事件,造成 2 人死亡、11 人重伤。依据《生产安全事故报告和调查处

理条例》的规定,该事故的等级属于( )。

    A. 一般事故         B. 较大事故         C. 重大事故         D. 特别重大事故

2. 某矿井发生了罐笼坠落重大事故。在事故调查过程中,调查组现场用了 5 天时间勘查。依据《生产安全事故报告和调查处理条例》的规定,该事故从事故发生之日起到提交事故调查报告,特殊情况下经批准,最长不能超过( )。

    A. 60 天         B. 65 天         C. 120 天         D. 125 天

3. 2012 年 7 月 4 日 18 时 20 分,某省煤业集团一新井发生一起死亡 4 人的生产安全事故。由于通信故障,15 分钟后矿长崔某接到井下带班人员的报告。依据《生产安全事故报告和调查处理条例》的规定,崔某应于( )前向地方政府及有关部门报告。

    A. 19 时 20 分         B. 19 时 35 分         C. 20 时 20 分         D. 20 时 35 分

4. 一辆油罐车在 A 省境内的高速公路上与一辆大客车追尾,引发油罐车燃爆,造成 20 人死亡。该油罐车中所载溶剂油是自 B 省发往 C 省某企业的货物。依据《生产安全事故报告和调查处理条例》的规定,负责该起事故调查的主体是( )。

    A. A 省人民政府                 B. B 省人民政府

    C. C 省人民政府                 D. 国务院安全监管部门

5. 依据《生产安全事故报告和调查处理条例》的规定,下列情形中,应向安全监管部门进行事故补报的是( )。

    A. 某化工厂发生火灾事故,造成 27 人死亡、10 人重伤,事故发生的第 29 天,2 名重伤人员死亡

    B. 某高速公路发生车辆追尾事故,造成 10 人死亡、5 人重伤,10 天后,1 重伤人员死亡

    C. 某汽车生产企业发生机械伤害事故,造成 3 人死亡、2 人重伤,事故发生的第 30 天,其中 1 名重伤人员出院

    D. 某建筑工地发生高处坠落事故,造成 5 人死亡、3 人重伤,事故发生的第 8 天,1 名重伤人员死亡

6. 生产经营单位在生产经营过程中发生事故的,事故单位应当及时向有关部门进行报告。报告内容不包括( )。

    A. 事故的简要经过                 B. 事故发生的原因

    C. 事故已经造成或者可能造成的伤亡人数     D. 事故现场已经采取的措施

7. 根据《生产安全事故报告和调查处理条例》,关于生产安全事故报告的说法,正确的是( )。

    A. 事故发生后,单位负责人接到报告后应当于 2 小时内向事故发生地县级以上人民政府安全监管部门和负有安全监管职责的有关部门报告

    B. 安全监管部门和负有安全监管职责的有关部门逐级上报事故情况,每级上报的时间不得超过 1 小时

    C. 事故现场有关人员在情况紧急时,可以直接向事故发生地县级以上人民政府安全监管部门报告,安全监管部门必要时可以越级上报事故情况

    D. 道路交通事故、火灾事故自发生之日起 30 日内,事故造成的伤亡人数发生变化的,应当及时补报

    **参考答案:**

| 1. B | 2. C | 3. B | 4. A | 5. D |
|------|------|------|------|------|
| 6. B | 7. C | | | |

## 二、多项选择题

1. 依据《生产安全事故报告和调查条例》的规定,对生产安全事故进行分级的依据有( )。

A. 人员死亡数量　　　　B. 直接经济损失的数额　　　　C. 事故责任人

D. 间接经济损失的数额　　E. 人员重伤数量

2. 依据《生产安全事故报告和调查处理条例》的规定,事故发生单位主要负责人,直接负责的主管人员和其他直接责任人的某些行为,可处上一年年收入60%～100%的罚款,构成犯罪的,依法追究刑事责任。这些行为有( )。

A. 谎报或瞒报事故的

B. 伪造或者故意破坏事故现场的

C. 在事故调查处理期间擅离职守的

D. 拒绝接受调查或拒绝提供有关情况资料的

E. 事故发生后逃匿的

3. 依据《生产安全事故报告和调查处理条例》的规定,下列事故中,属于重大事故的有( )。

A. 某建筑施工企业发生导致31人死亡的事故

B. 某危化品企业发生爆炸导致60人重伤的事故

C. 某煤矿企业瓦斯爆炸造成15人死亡的事故

D. 某烟花爆竹企业发生造成直接经济损失200万元的事故

E. 某企业尾矿库溃坝造成直接经济损失6000万元的事故

4. 某日09时,某建设工地发生事故,现场安全员立即将事故向施工企业负责人报告,企业负责人立即组织人员赶往现场营救。事故造成7人当场死亡,3人受伤送医院治疗。次日07时,施工企业负责人向当地县安全监管局报告事故情况。3天后1人因营救无效死亡。依据《生产安全事故报告和调查处理条例》的规定,下列关于该起事故报告的说法中,正确的是( )。

A. 现场安全员能立即向企业负责人报告,未及时向当地安全监管局报告,属违法行为

B. 企业负责人在事故发生后22小时向当地安全监管局报告事故情况,属于迟报

C. 企业负责人还应向建设主管部门报告

D. 因死亡人数增加1人,企业应当及时向当地县安全监管局和建设主管部门补报

E. 当地县安全监管局应当向上一级安全生产监管部门报告

5. 依据《生产安全事故报告和调查处理条例》的规定,下列属于较大事故的有( )。

A. 某电信公司施工人员在架设电信光缆过程中,4人触电身亡

B. 某化工厂发生氯气泄漏事故,造成2人死亡、12人在施救过程中急性中毒

C. 某煤矿发生瓦斯爆炸事故,造成1人死亡、27人轻伤,直接经济损失900万元

D. 某旅游公司客车(核载19人,实载17人)在景区坠崖,乘客无一生还

E. 某大型化工企业发生爆炸事故,造成直接经济损失7000万元,无人员伤亡

6. 某地甲、乙、丙、丁、戊企业发生了下列生产安全事故。依据《生产安全事故报告和调查处理条例》的规定,其中属于较大事故的有( )。

A. 甲企业发生事故造成5人死亡、2000万元直接经济损失

B. 乙企业发生事故造成2人死亡、11人重伤

C. 丙企业发生事故造成15人急性工业中毒

D. 丁企业发生事故造成5人重伤、6000万元直接经济损失

E. 戊企业发生事故造成55人重伤

7. 根据《生产安全事故报告和调查处理条例》,下列生产安全事故等级的判定中,正确的有( )。

A. 某建筑公司发生坍塌事故,造成 1000 万元经济损失,属于一般事故

B. 某煤矿发生透水事故,造成 12 人死亡,属于重大事故

C. 某市政公司发生中毒窒息事故,造成 58 人重伤,属于较大事故

D. 某化工厂发生爆炸事故,造成 35 人死亡,属于特别重大事故

E. 某制衣厂发生火灾,造成 3 人死亡,属于较大事故

**参考答案:**

| 1. ABE | 2. ABDE | 3. BCE | 4. BCDE | 5. AB |
|--------|---------|--------|---------|-------|
| 6. ABC | 7. BDE | | | |

# 第十一节　工伤保险条例

**大纲要求:**

《工伤保险条例》。依照本条例分析工伤保险费缴纳、工伤认定、劳动能力鉴定和给予工伤人员工伤保险待遇等方面的有关法律问题,判断违法行为及应负的法律责任。

**一、单项选择题**

1. 依据《工伤保险条例》的规定,职工在工作时间和工作岗位突发疾病死亡或者在 48 小时内经抢救无效死亡的,( )为工伤。

A. 认定　　　　　B. 确定　　　　　C. 视同　　　　　D. 认可

2. 依据《工伤保险条例》的规定,工伤保险补偿实行( )补偿的原则。

A. 有过错　　　　B. 无过错　　　　C. 按过错大小　　D. 过错推定

3. 依据《工伤保险条例》的规定,享有工伤保险权利的主体是( )。

A. 职工、雇工　　　　　　　　　B. 职工、雇工及其雇主

C. 用人单位　　　　　　　　　　D. 用人单位、职工

4. 依据《工伤保险条例》的规定,在工作时间和工作场所内,因履行工作职责受到暴力等意外伤害的,( )为工伤。

A. 应当认定　　　B. 可以认定　　　C. 应当视同　　　D. 可以视同

5. 在甲县某个采石场工作的小郝作业时突然摔伤,经医院诊断为旧伤复发所致,小郝自行支付了住院医药费。后小郝与采石场就工伤认定产生纠纷,小郝提出劳动能力鉴定申请。依据《工伤保险条例》的规定,下列有关小郝劳动能力鉴定的说法正确的是( )。

A. 如小郝不服有关部门的鉴定结论,可以再次申请鉴定

B. 甲县所在市的劳动能力鉴定委员会作出的劳动能力鉴定结论为最终结论

C. 小郝的父亲不能代小郝提出劳动能力鉴定申请

D. 小郝应向甲县劳动能力鉴定委员会提出劳动能力鉴定申请

6. 某厂职工李某在下班回家的路上,被一辆卡车撞伤。依据《工伤保险条例》,下列关于李某是否属于工伤的说法中,正确的是( )。

A. 应当认定为工伤　　　　　　　B. 应当视同为工伤

C. 可以视同为工伤                           D. 不能认定为工伤

7. 依据《工伤保险条例》的规定,下列伤亡情形中,应当认定为工伤的是(    )。

A. 某车间安全员到车间现场进行例行安全检查时突发脑溢血,送往医院进行抢救,48小时后死亡

B. 某工厂销售人员在去往某地洽谈业务途中,因发生车祸致死

C. 某取得伤残军人证的退伍军人到用人单位工作一年后旧伤复发

D. 醉酒或自杀导致伤亡

8. 依据《工伤保险条例》的规定,工伤保险费根据(    )的原则确定费率。

A. 以收定支,收支平衡                      B. 以支定收,收支平衡

C. 以支定收,收小于支                      D. 以收定支,收大于支

9. 依据《工伤保险条例》的规定,用人单位缴纳工伤保险费的数额为本单位职工工资总额乘以(    )缴费费率之积。

A. 本地区           B. 本行业           C. 本单位           D. 本部门

10. 依据《工伤保险条例》的规定,职工因工死亡,其近亲属可按照规定从工伤保险基金领取丧葬补助金、供养亲属抚恤金和一次性工亡补助金。其中一次性工亡补助金标准为上一年度(    )的20倍。

A. 所在企业员工人均可支配收入            B. 所在地全市城镇居民人均可支配收入

C. 所在地全省城镇居民人均可支配收入      D. 全国城镇居民人均可支配收入

11. 依据《工伤保险条例》的规定,工伤职工生活护理费按照生活完全不能自理、生活大部分不能自理或者生活部分不能自理3个不同等级支付,生活完全不能自理的生活护理费标准为统筹地区上年度职工月平均工资的(    )。

A. 100%            B. 50%             C. 40%             D. 30%

12. 依据《工伤保险条例》的规定,下列关于劳动能力鉴定的说法中,正确的是(    )。

A. 劳动功能障碍分为10个等级,最轻的为一级,最重的为十级

B. 生活自理障碍分为四个等级

C. 劳动能力鉴定专家组至少由2名专家组成

D. 省、自治区、直辖市劳动能力鉴定委员会作出的鉴定结论为最终鉴定结论

13. 依据《工伤保险条例》的规定,下列费用中,不应由工伤保险基金支付的是(    )。

A. 职工工伤住院治疗期间的伙食补助费

B. 工伤职工到签订服务协议的医疗机构进行康复的费用

C. 工伤职工因生活或就业需要,经劳动能力鉴定委员会确认,安装假肢的费用

D. 生活不能自理的工伤职工在停工留薪期间的护理人工费

14. 某企业新员工李某在作业过程中因工负伤,经鉴定为六级劳动功能障碍。李某尚在试用期内,企业未为其缴纳工伤保险。依据《工伤保险条例》的规定,下列关于李某工伤保险待遇的说法中,正确的是(    )。

A. 该企业应从工伤保险基金中一次性支付李某伤残补助金

B. 该企业可单方解除与李某的劳动关系,但应该按月发给李某伤残津贴

C. 李某主动提出与企业解除劳动关系,该企业不得同意解除

D. 李某主动提出与企业解除劳动关系,企业应按标准支付伤残就业补助金和工伤医疗补助金

15. 小张在一家民企参加工作建立了劳动关系。因工作需要小张被借调到一家国企工作,在国企工作期间受到工伤事故伤害。民企法人认为,小张是在国企受到工伤事故的伤害,应该由

国企承担小张的工伤保险责任。依据《工伤保险条例》的规定,小张的工伤保险责任(　　)。

A. 由借调的国企承担　　　　　　　　B. 由原用人单位民企承担

C. 由民企和国企共同承担　　　　　　D. 由社会保险行政部门承担

16. 依据《工伤保险条例》的规定,职工因工伤致残影响生活自理能力的,应当进行生活自理障碍等级鉴定。生活自理障碍分为(　　)个等级。

A. 十　　　　　　B. 八　　　　　　C. 五　　　　　　D. 三

17. 某企业职工王某发生工伤,经治疗伤情相对稳定后留下残疾,影响劳动能力。依据《工伤保险条例》的规定,下列关于王某劳动能力鉴定的说法,正确的是(　　)。

A. 劳动能力鉴定委员会应自收到王某鉴定申请之日起120日内作出劳动能力鉴定结论

B. 对王某劳动能力鉴定的专家组,应当从专家库中随机抽取3~7名专家组成

C. 王某对鉴定结论不服,可在收到鉴定结论之日起15日内向上一级鉴定委员会提出再次鉴定申请

D. 自劳动能力鉴定结论作出之日起半年后,王某认为伤残情况发生变化,可以申请劳动能力复查鉴定

18. 企业职工刘某发生工伤。依据《工伤保险条例》的规定,下列关于刘某工伤保险待遇的说法,正确的是(　　)。

A. 刘某因暂停工作接受工伤医疗,停工留薪期一般不超过12个月,特殊情况不得超过18个月

B. 刘某评定伤残等级后生活部分不能自理,经劳动能力鉴定委员会确认需要生活护理,护理费标准为统筹地区上年度职工月平均工资的20%

C. 刘某经鉴定为六级伤残,从工伤保险基金支付一次性伤残补助金,标准为12个月的本人工资

D. 刘某不能工作,与该企业保留劳动关系,企业按月发放给刘某的伤残津贴标准为刘某工资的60%

19. 下列选项中,不属于工伤保险基金来源的是(　　)。

A. 工伤保险费　　　　　　　　　　　B. 工伤保险基金的利息

C. 工伤保险费滞纳金　　　　　　　　D. 社会保险行政部门部分经费

20. 下列关于工伤保险费说法错误的是(　　)。

A. 用人单位必须按时缴纳工伤保险费

B. 职工个人不缴纳工伤保险费

C. 不同行业社会保险费费率不同

D. 职工个人和用人单位按一定比例缴纳工伤保险费

21. 企业发生事故,导致从业人员工伤时,用人单位应当自事故伤害发生之日起(　　)日内,向统筹地区社会保险行政部门提出工伤认定申请。

A. 15　　　　　　B. 20　　　　　　C. 30　　　　　　D. 40

22. 对受理的事实清楚、权利义务明确的工伤认定申请,社会保险行政部门应当自受理工伤认定申请之日起(　　)日内作出工伤认定的决定。

A. 60　　　　　　B. 30　　　　　　C. 15　　　　　　D. 45

23. 劳动能力鉴定中的生活自理障碍程度的等级不包括(　　)。

A. 生活完全不能自理　　　　　　　　B. 生活大部分不能自理

C. 生活部分不能自理　　　　　　　　D. 轻度生活部分不能自理

24. 某单位发生车辆伤害事故,导致某员工受伤,经过鉴定,该员工为二级伤残。根据《工伤保险条例》的规定,下列关于对该员工一次性伤残补助的金额是(    )。

A. 25 个月的本人工资　　　　　　　　B. 23 个月的本人工资

C. 21 个月的本人工资　　　　　　　　D. 18 个月的本人工资

25. 劳动能力鉴定委员会收到劳动能力鉴定后,应该从医疗卫生专家库中随机抽取(    )相关专家对劳动能力进行鉴定。

A. 3 名以上奇数　　　　　　　　　　　B. 3 名或 5 名

C. 5 名或 7 名　　　　　　　　　　　　D. 5 名以上奇数

26. 根据《工伤保险条例》,关于劳动能力鉴定的说法,正确的是(    )。

A. 劳动功能障碍分为十个伤残等级,最轻的为一级,最重的为十级

B. 劳动能力鉴定只能由用人单位和工伤职工本人向省级劳动能力鉴定委员会提出申请

C. 自劳动能力鉴定结论作出之日起 3 个月后,工伤职工本人认为伤残情况发生变化的,可以申请劳动能力复查鉴定

D. 生活自理障碍分为生活完全不能自理、生活大部分不能自理和生活部分不能自理三个等级

27. 根据《工伤保险条例》,关于工伤保险待遇的说法,正确的是(    )。

A. 职工治疗工伤必须在签订服务协议的医疗机构就医

B. 工伤职工治疗非工伤引发的疾病,必要时可以享受工伤医疗待遇

C. 职工被借调期间受到工伤事故伤害,由借调单位承担工伤保险责任

D. 工伤职工拒绝治疗,停止享受工伤保险待遇

28. 刘某因公致残,经劳动能力鉴定委员会鉴定为四级伤残。根据《工伤保险条例》,关于刘某伤残待遇的说法,正确的是(    )。

A. 从工伤保险基金中,按伤残等级支付一次性补助金,标准为刘某 21 个月工资

B. 从工伤保险基金中,按伤残等级支付一次性补助金,标准为刘某 23 个月工资

C. 从工伤保险基金中,按月支付伤残津贴,标准为刘某工资的 85%

D. 从工伤保险基金中,按月支付伤残津贴,标准为刘某工资的 80%

**参考答案:**

| 1. C | 2. B | 3. A | 4. A | 5. A |
|------|------|------|------|------|
| 6. A | 7. B | 8. B | 9. C | 10. D |
| 11. B | 12. D | 13. D | 14. D | 15. B |
| 16. D | 17. C | 18. D | 19. D | 20. D |
| 21. C | 22. C | 23. D | 24. A | 25. B |
| 26. D | 27. D | 28. A | | |

## 二、多项选择题

1. 依据《工伤保险条例》的规定,确定工伤保险缴费档次和费率的依据有(    )。

A. 企业所有制性质　　　　　　　　　　B. 工伤发生率

C. 工伤保险费的使用情况　　　　　　　D. 不同行业的工伤风险程度

E. 不同行业不同工种的危险等级

2. 依据《工伤保险条例》的规定,下列情形中,视同工伤的包括(    )。

A. 在工作时间和工作岗位突发疾病死亡的

B. 在抢险救灾等维护国家利益的活动中受到伤害的

C. 在工作时间和工作场所内,违反治安管理条例导致伤亡的

D. 在工作时间和工作岗位突发疾病,48 小时之内经抢救无效死亡的

E. 在工作时间和工作岗位突发疾病,72 小时之内经抢救无效死亡的

3. 依据《工伤保险条例》的规定,下列用人单位职工伤亡的情形中,可以认定为工伤的有（　　　）。

A. 在工作时间和工作岗位因本人违章作业而造成伤害的

B. 在工作岗位突发心脏病 3 天后死亡的

C. 在工作时间之外参加本单位事故应急救援受到伤害的

D. 在上下班途中受到非本人主要责任的电动车事故伤害的

E. 在工作场所内从事作业前安全检查确认时发生伤亡的

4. 依据《工伤保险条例》的规定,工伤申请和认定应当符合有关规定,这些规定有（　　　）。

A. 所在单位应当自事故伤害发生之日或者被诊断、鉴定为职业病之日起 60 日内,向社会保险行政部门提出工伤认定申请

B. 社会保险行政部门应当自受理工伤认定申请之日起 60 日内作出工伤认定的决定

C. 社会保险行政部门对受理的事实清楚、权利义务明确的工伤认定申请,应当在 15 日内作出工伤认定决定

D. 职工认为是工伤,用人单位不认为是工伤的,由职工承担举证责任

E. 对依法取得职业病诊断证明或者职业病诊断鉴定书的,社会保险行政部门不再进行调查核实

5. 依据《工伤保险条例》的规定,下列情形中,应当被认定为工伤的是（　　　）。

A. 员工在工作时间和工作场所内,因工作原因受到事故伤害

B. 员工在上班途中,受到因他人负主要责任的交通事故伤害

C. 员工在工作时间和工作岗位,突发心脏病死亡

D. 员工因公外出期间,由于工作原因受到伤害

E. 员工在工作时间和工作场所内,因饮酒导致操作不当而受伤

6. 依据《工伤保险条例》的规定,下列应当认定为工伤的情形有（　　　）。

A. 某职工违章操作机床,造成了右臂骨折

B. 某职工外出参加会议期间,在宾馆内洗澡时滑倒,造成腿骨骨折

C. 某职工在上班途中,受到非本人主要责任的交通事故伤害

D. 某职工在下班后清理机床时,机床意外启动造成职工受伤

E. 某职工在易燃作业场所内吸烟,导致火灾,本人受伤

7. 小李下班后顺路去菜市场买菜,买完菜在回家路上被一辆闯红灯的小汽车撞伤住院。之后,小李与工作单位因此事故伤害是否可以认定为工伤的问题产生纠纷。依据《工伤保险条例》的规定,下列关于小李工伤认定的说法,正确的有（　　　）。

A. 小李在下班途中受到非本人主要责任的交通事故伤害,应当认定为工伤

B. 小李下班后顺路去菜市场买菜,不属于上下班途中受到伤害,不能认定工伤

C. 若小李认为是工伤,工作单位不认为是工伤,应当由工作单位承担举证责任

D. 工作单位不提出工伤认定申请,小李可在伤害发生之日起 1 年内直接向工作单位所在地的社会保险行政部门提出工伤认定申请

E. 提出工伤认定申请,应当提交工伤认定申请表、小李与工作单位存在劳动关系的证明材

料、医疗诊断证明等

**参考答案：**

| 1. BCD | 2. ABD | 3. ACDE | 4. BCE | 5. ABCD |
|--------|--------|---------|--------|---------|
| 6. ABCD | 7. ACDE | | | |

# 第十二节　大型群众性活动安全管理条例

大纲要求：

《大型群众性活动安全管理条例》。依照本条例分析大型群众性活动安全责任、安全管理等方面的有关法律问题，判断违法行为及应负的法律责任。

## 一、单项选择题

1. 一场足球比赛看台上的两名观众对裁判的裁决不满，将手中的饮料瓶砸向裁判。一时看台上观众不知所措，在嘈杂的喧哗中出现群体踩踏事件，造成 3 人受伤。现场安全管理人员已经及时将其送往医院救治。依据《大型群众性活动安全管理条例》的规定，对两名威胁公共安全行为的人员如何处理（　　）。

A. 公安机关可以将其强制带离现场，依法给予管理处罚，构成犯罪，依法追究刑事责任

B. 现场管理单位组织保安人员对其进行驱赶，不准两名肇事人员再次进入场地

C. 现场管理单位对两名肇事者进行 5000 元的罚款

D. 现场管理人员将两名肇事人员扣押，通知当地安全生产监督管理部门派人进行处置

2. 依据《大型群众性活动安全管理条例》的规定，组织大型群众性活动预计参加在 1000 人以上 5000 人以下的，由（　　）实施安全许可。

A. 活动所在地城市管理部门

B. 活动所在地治安联防管理部门

C. 活动所在地县级人民政府公安机关

D. 活动所在地设区的市级或者直辖市人民政府公安机关

3. 依据《大型群众性活动安全管理条例》的规定，组织大型群众性活动预计参加在 5000 人以上的，由（　　）实施安全许可。

A. 活动所在地、市级城市管理部门

B. 活动所在地市级治安联防管理部门

C. 活动所在地县级人民政府公安机关

D. 活动所在地设区的市级或者直辖市人民政府公安机关

4. 依据《大型群众性活动安全管理条例》的规定，大型群众性活动承办者应当在活动举办日之前（　　）提出安全许可申请。

A. 10 日　　　　　　B. 15 日　　　　　　C. 20 日　　　　　　D. 30 日

5. 一家商场为了承办一次店庆活动，与某电器产品促销合作承办，预计参加人数可能达 5000 人以上。依据《大型群众性活动安全管理条例》的规定，商场应向什么部门提出申请并提交什么材料（　　）。

A. 活动所在地人民政府办公厅提出申请，提交安全责任人身份证明

B. 活动所在地设区的市级或者直辖市人民政府公安机关提出申请，提交联合承办的协议

C. 活动所在地安全生产监督管理部门提出申请,提交安全保障方案

D. 活动所在地消防机构提出申请,提交活动场所的消防安全单位和责任人的有效证件

6. 依据《大型群众性活动安全管理条例》的规定,公安机关收到大型活动申请材料后,应当依法作出受理或者不予受理的决定,对受理的申请,应当自受理之日起(　　)内进行审查,并对活动场所进行查验。

A. 7 日　　　　　　　B. 10 日　　　　　　　C. 15 日　　　　　　　D. 20 日

7. 大型群众性活动是指法人或者其他组织面向社会公众举办的每场次预计参加人数达到(　　)人以上的活动。

A. 1000　　　　　　　B. 2000　　　　　　　C. 500　　　　　　　D. 1 万

8. 某企业欲承办大型文艺演出活动,预计该活动参与人数将达到 6000 人。该企业在文艺演出举行前 20 天应向(　　)申请安全许可。

A. 活动所在地县级人民政府公安机关

B. 活动所在地设区的市人民政府公安机关

C. 活动所在省人民政府公安机关

D. 国务院公安部门

参考答案:

| 1. A | 2. C | 3. D | 4. C | 5. B |
| --- | --- | --- | --- | --- |
| 6. A | 7. A | 8. B | | |

## 二、多项选择题

1. 依据《大型群众性活动安全管理条例》的规定,大型群众性活动是指法人或者其他组织面向社会公众举办的(　　)活动。

A. 每场次预计参加人数达到 1000 人以下的演唱会

B. 每场次预计参加人数达到 1000 人以上的音乐会

C. 预计参加人数达到 1000 人以上的游园、灯会、庙会、花会、焰火晚会

D. 预计参加人数达到 1000 人以下的展览、展销

E. 1000 人以上的人才招聘会、现场开奖的彩票销售活动

2. 依据《大型群众性活动安全管理条例》的规定,承办者应当制定大型群众性活动安全工作方案包括(　　)。

A. 活动时间、地点、内容及组织方式　　　B. 治安缓冲区域的设定及其标识

C. 安全防护区域和措施　　　　　　　　　D. 入场人员的票证查验和安全检查措施

E. 应急救援预案

3. 依据《大型群众性活动安全管理条例》的规定,管理者具体负责的安全事项有(　　)。

A. 保障活动场所、设施符合国家安全标准和安全规定

B. 活动时间、地点、内容及组织方式符合当地行政主管机关的规定

C. 提供必要的停车场地,并维护安全秩序

D. 入场人员的票证查验和安全检查措施到位

E. 保障监控设备和消防设施、器材配备齐全、完好有效

4. 依据《大型群众性活动安全管理条例》的规定,组织大型群众性活动预计参加在 5000 人以上的,由(　　)实施安全许可。

A. 活动所在地、市级城市管理部门

B. 活动所在地市级治安联防管理部门

C. 活动所在地人民政府公安机关

D. 活动所在地设区的市级或者直辖市人民政府公安机关

E. 跨省、自治区、直辖市举办大型群众性活动的,由国务院公安部门

**参考答案:**

| 1. BCE | 2. ABDE | 3. ACE | 4. DE | |
|--------|---------|--------|-------|---|

# 第十三节　女职工劳动保护特别规定

**大纲要求:**

《女职工劳动保护特别规定》。依照本规定分析女职工禁忌从事的劳动范围、孕产期从业等方面的有关法律问题,判断违法行为及应负的法律责任。

## 一、单项选择题

1. 一家个体商户,将雇佣 5 年的女职员以怀孕为由予以辞退,并要求解除雇佣合同。该女职工将此事向当地的劳动仲裁部门反映,并要求进行调解。个体商户法人拒不理睬,理由是《女职工劳动保护特别规定》不适用于个体经营者。请问以下正确的是(　　)。

A. 《女职工劳动保护特别规定》不适用于个体经营者

B. 《女职工劳动保护特别规定》适用于个体经营者

C. 《女职工劳动保护特别规定》不适用于社会团体机构

D. 《女职工劳动保护特别规定》不适用于企业分支机构

2. 小李是双胞胎哺乳期的母亲。依据《女职工劳动保护特别规定》,请问用人单位应当每天给予小李哺乳的时间为(　　)。

A. 半小时　　　　　B. 1 小时　　　　　C. 1.5 小时　　　　　D. 2 小时

3. 依据《女职工劳动保护特别规定》,女职工生育享受 98 天产假。小张在产前休息了 15 天,在生产过程中出现了难产。小张的工作单位应该给予小张产后(　　)天产假。

A. 83　　　　　　　B. 98　　　　　　　C. 90　　　　　　　D. 180

4. 某企业从业人员张某怀孕 8 个月,其所在单位依然为其安排夜间加班。依据《女职工劳动保护特别规定》,劳动行政部门可以对该企业处以(　　)的罚款。

A. 1 万元以下　　　　　　　　　　　B. 3000 元

C. 1 万元以上 3 万元以下　　　　　　D. 5 万元以下

5. 依据《女职工劳动保护特别规定》,女职工在孕期禁忌从事的劳动范围不包括(　　)。

A. 有毒物质浓度超过国家职业卫生标准的作业

B. 高处作业分级标准中规定的高处作业

C. 体力劳动强度分级标准中规定的第三级、第四级体力劳动强度的作业

D. 噪声作业分级标准中规定的第二级、第三级、第四级噪声作业

**参考答案:**

| 1. B | 2. D | 3. B | 4. B | 5. D |
|------|------|------|------|------|

**二、多项选择题**

1. 小张是一家机械厂的女职工,她在休产假期间向所在单位提出生育津贴一事。依据《女职工劳动保护特别规定》,小张的生育津贴应该如何解决(　　)。

A. 参加了生育保险,按照女职工产假前工资的标准由用人单位支付

B. 参加了生育保险,按照用人单位上年度职工平均工资的标准由人力资源保障部门支付

C. 参加了生育保险,按照用人单位上年度职工平均工资的标准由生育保险基金支付

D. 对未参加生育保险的,不能获得生育期间的补助

E. 对未参加生育保险的,按照女职工产假前工资的标准由用人单位支付

2. 依据《女职工劳动保护特别规定》,女职工禁忌的劳动包括(　　)。

A. 2 m 以上的作业

B. 噪音超过 60 dB 的打磨作业

C. 矿山井下作业

D. 体力劳动强度四级的作业

E. 每小时负重 6 次以上,每次负重超过 20 kg 的作业

**参考答案:**

| 1. CE | 2. CDE | | | |
|---|---|---|---|---|

# 第七章　安全生产部门规章及重要文件

## 第一节　注册安全工程师分类管理办法

大纲要求：

《注册安全工程师分类管理办法》及相关制度文件。依照本办法及相关制度文件，分析注册安全工程师分类管理和注册安全工程师应负职责等方面的有关法律问题，判断违反本办法和相关制度文件的行为及应负的法律责任。

**一、单项选择题**

1. 依据《注册安全工程师职业资格制度规定》和《注册安全工程师职业资格考试实施办法》的规定，申请中级注册安全工程师初始注册的，应当自取得中级注册安全工程师职业资格证书之日起（　　）内，由本人向注册初审机构提出。

A. 1 年　　　　　　B. 2 年　　　　　　C. 3 年　　　　　　D. 5 年

2. 为贯彻落实中央有关职称制度改革要求，促进职称制度和职业资格制度运行衔接，《注册安全工程师分类管理办法》规定，注册安全工程师各级别与工程系列安全工程专业职称相对应，不再组织工程系列安全工程专业职称评审，采取（　　）。

A. 分级评定　　　　B. 划分专业类别　　　C. 考评相结合　　　D. 以考代评

3. 依据《注册安全工程师职业资格制度规定》和《注册安全工程师职业资格考试实施办法》的规定，注册管理机构对注册安全工程师的违法行为，视情节轻重，予以警告、（　　）、取消职业资格等处分。

A. 罚款　　　　　　B. 记过　　　　　　C. 撤销注册　　　　D. 留用察看

4. 依据 2019 年颁布的《注册安全工程师职业资格制度规定》，注册安全工程师的义务应当包括（　　）。

A. 发现隐患立即停止作业并组织作业人员撤离危险场所

B. 严格保守在执业中知悉的单位、个人技术和商业秘密

C. 有权启动并指挥相应的应急预案

D. 发现不符合相关法律、法规和技术规范要求的立即向县级级以上应急管理部门报告

5. 依据《注册安全工程师职业资格制度规定》，注册安全工程师应在本人执业成果文件上签字，并承担（　　）责任。

A. 法律　　　　　　B. 相应　　　　　　C. 追踪　　　　　　D. 经济

6. 某安全评价公司教授级高工赵女士现年 60 岁，通过考试取得了注册安全工程师职业资格证书。公司推荐其申请注册，但申请注册之前的体检查出乙型肝炎表面抗原阳性。依据 2019 年颁布的《注册安全工程师职业资格制度规定》，下列关于赵女士注册的说法中，正确的是（　　）。

A. 已经 60 岁,不宜申请注册　　　　　　B. 须复查健康状况后再申请注册

C. 能坚持岗位工作,可以申请注册　　　　D. 可以申请注册,但限制在部分岗位执业

7. 李某是某安全咨询机构的注册安全工程师,受某化工厂委托开展事故隐患排查工作。李某发现液氨罐区正在实施装卸作业,同时交叉有焊接和切割作业,并且所使用的临时发电设备不防爆。在这种情况下,依据《注册安全工程师职业资格制度规定》,李某有权(　　　　)。

A. 制止装卸作业,并对工作人员实施处罚

B. 制止焊接和切割作业,并对作业人员实施处罚

C. 立即向该工厂报告,并亲自组织人员撤离

D. 立即向该工厂报告,并建议停止现场作业

8. 依据 2019 年颁布的《注册安全工程师职业资格制度规定》,中级注册安全工程师职业资格注册的终审由(　　　　)负责。

A. 国家应急管理部

B. 省、自治区、直辖市应急管理部门授权机构

C. 设区的市级应急管理部门

D. 县级应急管理部门

9. 依据 2019 年颁布的《注册安全工程师职业资格制度规定》,注册安全工程师执业资格注册有效期满前(　　　　)个月,持证者应到原注册管理机构办理再次注册手续。

A. 1　　　　　　　B. 2　　　　　　　C. 3　　　　　　　D. 6

10. 依据 2019 年颁布的《注册安全工程师职业资格制度规定》,注册安全工程师执业资格注册有效期为(　　　　)。

A. 1 年　　　　　　B. 2 年　　　　　　C. 3 年　　　　　　D. 5 年

参考答案:

| 1. D | 2. D | 3. C | 4. B | 5. B |
| --- | --- | --- | --- | --- |
| 6. C | 7. D | 8. A | 9. C | 10. D |

## 二、多项选择题

1. 依据《注册安全工程师分类管理办法》的规定,注册安全工程师专业类别划分为煤矿安全、金属非金属矿山、(　　　　)、道路运输安全、其他安全(不包括消防安全)。

A. 金属冶炼安全　　　　　B. 化工安全　　　　　　　　C. 危险化学品安全

D. 建筑施工安全　　　　　E. 船舶运输安全

2. 依据《注册安全工程师分类管理办法》的规定,注册安全工程师级别设置分为(　　　　)。

A. 总监级　　　　B. 高级　　　　C. 中级　　　　D. 初级　　　　E. 助理级

3. 2017 年颁布的《注册安全工程师分类管理办法》是关于注册安全工程师职业资格制度的顶层设计文件,与以前相关制度相比主要有三个方面的创新,请指出包括以下哪些内容(　　　　)。

A. 划分专业类别　　　　　　　　B. 规定等级执业

C. 实施分级　　　　　　　　　　D. 提出配备使用标准

E. 发布新的考试大纲

4. 依据《注册安全工程师职业资格制度规定》和《注册安全工程师职业资格考试实施办法》的规定,注册安全工程师在注册后有以下情形之一的(　　　　),由发证机构撤销其注册证书,5 年内不予重新注册;构成犯罪的,依法追究刑事责任。

A. 脱产连续半年的

B. 出租出售证书的

C. 以他人名义执业的

D. 同时在两个以上独立法人单位执业的

E. 严重违反职业道德的

5. 小李是一名注册安全工程师,执业资格注册为本人的工作单位,并由工作单位任命为安全员。该单位有新建的建筑工程项目,领导要求小李参加建设项目安全设施审查会议,但不需要小李提出意见。依据《注册安全工程师职业资格制度规定》,小李应当( )。

A. 按照领导意图只听会议内容,做好会议记录,发现问题也不用提出建议和意见

B. 可以维护受聘单位的合法权益,拒绝参加建设项目安全设施审查会议

C. 必须事先了解建设项目安全预评价的相关内容

D. 参加建设项目安全设施的审查工作,并签署意见

E. 可以规避责任,不表态,只需做好记录

6. 依据《注册安全工程师职业资格制度规定》和《注册安全工程师职业资格考试实施办法》的规定,申请注册的人员,必须同时具备的基本条件包括( )。

A. 取得注册安全工程师职业资格证书

B. 遵纪守法,恪守职业道德

C. 受聘于生产经营单位安全生产管理、安全工程技术类岗位或安全生产专业服务机构从事安全生产专业服务

D. 参加继续教育

E. 具有完全民事行为能力,年龄不超过 65 周岁

**参考答案:**

| 1. ABD | 2. BCD | 3. ACD | 4. BCDE | 5. CD |
|--------|--------|--------|---------|-------|
| 6. ABC |        |        |         |       |

# 第二节　注册安全工程师管理规定

大纲要求:

《注册安全工程师管理规定》。依照本规定分析生产经营单位和安全生产专业服务机构配备注册安全工程师的要求,注册安全工程师注册、执业、权利和义务、继续教育的要求,判断违反本规定的行为及应负的法律责任。

**一、单项选择题**

1. 具有安全工程及相关专业大学专科学历的,申请参加中级注册安全工程师职业资格考试,要求从事安全管理工作满( )年。

A. 2　　　　　　　　B. 3　　　　　　　　C. 5　　　　　　　　D. 4

2. 依据《注册安全工程师管理规定》,注册安全工程师应当由( )委派,并按照注册类别在规定的执业范围内执业。

A. 注册安全工程师事务所　　　　　　　B. 安全生产监督管理部门

C. 聘用单位　　　　　　　　　　　　　D. 注册管理机构

3. 注册安全工程师李某于 2016 年 9 月 15 日在某中央企业初始注册并执业,2017 年 7 月参加由集团公司总部组织的继续教育 16 学时。2018 年李某由于工作忙,没有时间参加集团公司总部组织的继续教育培训,后参加工作所在地省安全生产监管局培训中心组织的继续教育培训 16 学时。2019 年 7 月李某再次参加集团公司总部组织的继续教育 16 学时。李某准备在 2019 年办理延续注册。依据《注册安全工程师管理规定》,下列有关李某延续注册的说法中,正确的是(　　)。

A. 李某参加集团公司组织的继续教育累计 32 学时,不能办理延续注册

B. 李某参加继续教育累计 48 学时,符合要求,可以办理延续注册

C. 李某可以在 2019 年 9 月 15 日提出延续注册申请

D. 李某可以在 2019 年 10 月 15 日提出延续注册申请

4. 依据《注册安全工程师管理规定》,从业人员 300 人以上的煤矿、非煤矿山、建设施工单位和危险物品生产、经营单位,应当按照不少于安全生产管理人员(　　)的比例配备注册安全工程师。

A. 7%　　　　　　　B. 10%　　　　　　　C. 15%　　　　　　　D. 30%

5. 某建筑施工企业有从业人员 2000 人,成立了安全生产管理部,配备了 40 名安全生产管理人员。根据《注册安全工程师管理规定》,该企业配备的安全生产管理人员中,注册安全工程师的数量最低是(　　)。

A. 4 名　　　　　　B. 6 名　　　　　　C. 8 名　　　　　　D. 10 名

6. 孙某在甲企业申请注册为注册安全工程师。当地另有一家从事安全生产中介服务的乙公司,欲聘请孙某在乙公司兼职从事安全技术服务工作。依据《注册安全工程师管理规定》,下列关于孙某受聘的说法中,正确的是(　　)。

A. 孙某受聘于甲企业,不能从事任何兼职活动

B. 孙某可以接受聘请,但不能以乙公司注册安全工程师名义执业

C. 孙某在乙公司申请注册后,可以以乙公司注册安全工程师名义兼职执业

D. 孙某在征得甲企业同意之后,可以以乙公司注册安全工程师名义兼职执业

7. 某煤矿现有职工 1200 人,专职安全管理人员 80 人。依据《注册安全工程师管理规定》,该矿至少应当配备注册安全工程师(　　)名。

A. 6　　　　　　　　B. 7　　　　　　　　C. 12　　　　　　　D. 24

8. 依据《注册安全工程师管理规定》,注册安全工程师(　　),县级以上应急管理部门或者有关主管部门处 3 万元以下的罚款,由执业证颁发机关吊销其执业证,当事人 5 年内不得再次申请注册。

A. 未参加继续教育的

B. 未使用本人的执业证的

C. 同时在两个或者两个以上受聘企业执业的

D. 泄露执业过程中应当保守的秘密并造成严重后果的

9. 根据《注册安全工程师管理规定》,关于注册安全工程师注册的说法,正确的是(　　)。

A. 取得注册安全工程师资格证书的人员,未经注册可以注册安全工程师的名义执业

B. 在注册有效期内变更执业单位,申请办理变更注册后仍延续原注册有效期

C. 注册有效期满需要延续注册的,申请人应当在有效期满 15 日前提出申请

D. 注册有效期为 2 年,自准予注册之日起计算

10. 依据《注册安全工程师管理规定》,注册安全工程师在每个注册周期内应当参加继续教

育,时间累计不得少于(　　)学时。

    A. 36                B. 48                C. 72                D. 96

11. 依据《注册安全工程师管理规定》,生产经营单位的安全生产中,应有注册安全工程师参与并签署意见的是(　　)。

    A. 处理事故                           B. 新员工入职安全教育培训

    C. 聘用和解除劳动关系                  D. 选用和发放劳动防护用品

12. 许某于 2009 年 9 月 4 日参加中级注册安全工程师执业资格考试,考试成绩合格取得资格证书,并于 2010 年 7 月 23 日完成初始注册。后来,许某由安徽调动到四川工作,并于 2011 年 5 月 4 日完成了变更注册。依据《注册安全工程师管理规定》,许某申请办理延续注册的最后截止日期是(　　)。

    A. 2012 年 9 月 3 日                  B. 2013 年 6 月 22 日

    C. 2015 年 4 月 23 日                  D. 2015 年 5 月 3 日

13. 依据《注册安全工程师管理规定》,下列关于中级注册安全工程师注册期限的说法,正确的是(　　)。

    A. 注册有效期为 3 年,自申请注册之日起计算

    B. 注册有效期需要延续注册的,申请人应当在有效期满前 3 个月,需要延续注册的应向注册初审机构提出延续注册申请

    C. 注册审批机关逾期未作出准予延续注册决定的,视为不准延续

    D. 如须办理变更注册,有效期自变更之日起重新计算

14. 注册安全工程师张某已经离开 A 事务所到 B 事务所工作。依据《注册安全工程师管理规定》,张某应当办理变更注册手续。下列关于张某在未完成变更注册前的执业行为的说法,正确的是(　　)。

    A. 可以 A 事务所名义执业               B. 可以 B 事务所名义执业

    C. 可以个人名义执业                     D. 不得执业

15. 依据《注册安全工程师管理规定》,注册安全工程师实行分类注册,类别包括煤矿安全、金属非金属矿山安全、化工安全、金属冶炼安全、(　　)、道路运输安全以及其他安全类。

    A. 电气安全                           B. 消防安全

    C. 建筑施工安全                       D. 特种设备安全

16. 依据《注册安全工程师管理规定》,注册安全工程师的初始注册有效期为(　　)。

    A. 1 年                B. 2 年                C. 3 年                D. 5 年

**参考答案:**

| 1. C | 2. C | 3. B | 4. C | 5. B |
| --- | --- | --- | --- | --- |
| 6. B | 7. C | 8. D | 9. B | 10. B |
| 11. D | 12. C | 13. B | 14. D | 15. C |
| 16. C | | | | |

**二、多项选择题**

1. 依据《注册安全工程师管理规定》,下列生产经营单位和安全生产中介机构配备注册安全工程师的情形,符合规定的有(　　)。

    A. 职工总数达 1000 人的某煤矿,有安全管理人员 20 人,其中注册安全工程师 2 人

    B. 职工总数达 2000 人的某金矿,有安全管理人员 20 人,其中注册安全工程师 3 人

C. 某安全评价机构,有评价人员 30 人,其中注册安全工程师 8 人

D. 某安全评价机构,有评价人员 20 人,其中注册安全工程师 6 人

E. 职工总数 100 人的某鞋厂,配备 1 名注册安全工程师

2. 依据《注册安全工程师管理规定》,下列关于生产经营单位和安全生产中介机构配备注册安全工程师的说法,正确的是(    )。

A. 某煤矿企业有 500 人,安全生产管理人员 20 人,应配备不少于 3 名注册安全工程师

B. 某建筑企业有 7 名安全管理人员,应至少配备 1 名注册安全工程师

C. 某金矿没有注册安全工程师,可以委托安全生产中介机构选派注册安全工程师提供安全生产服务

D. 某机械制造企业可以委托安全生产中介机构选派注册安全工程师提供安全生产服务

E. 某安全生产中介机构有 20 名安全生产专业服务人员,应当配备不少于 6 名注册安全工程师

3. 依据《注册安全工程师管理规定》,下列单位或机构注册安全工程师配备比例,符合要求的有(    )。

A. 某煤矿企业,从业人员 1600 人,配备安全管理人员 20 人,其中注册安全工程师 3 人

B. 某安全评价机构,从业人员 70 人,配备安全专业服务人员 60 人,其中注册安全工程师 12 人

C. 某机械制造企业,从业人员 200 人,配备安全管理人员 3 人,其中注册安全工程师 1 人

D. 某建筑施工企业,从业人员 260 人,配备安全管理人员 8 人,其中注册安全工程师 3 人

E. 某木材加工企业,从业人员 90 人,与注册安全工程师事务所签订协议,由其选派 1 名注册安全工程师提供安全生产服务

4. 根据《注册安全工程师管理规定》,下列注册安全工程师的配备中符合规定的有(    )。

A. 某煤矿企业有 600 人,配备安全生产管理人员 20 人,其中注册安全工程师 2 人

B. 某安全评价机构有 20 名安全评价人员,其中有 3 名注册安全工程师

C. 某化工企业有 1000 人,配备安全生产管理人员 30 人,其中注册安全工程师 6 人

D. 某机械制造企业未配备注册安全工程师,但委托安全生产中介机构的注册安全工程师提供安全生产服务

E. 某制衣厂有 85 人,配备 1 名注册安全工程师

**参考答案:**

| 1. BDE | 2. ABDE | 3. ACDE | 4. CDE | |
|--------|---------|---------|--------|--|

# 第三节  生产经营单位安全培训规定

**大纲要求:**

《生产经营单位安全培训规定》。依照本规定分析生产经营单位主要负责人、安全生产管理人员、特种作业人员和其他从业人员安全培训等方面的有关法律问题,判断违反本规定的行为及应负的法律责任。

**一、单项选择题**

1. 依据《生产经营单位安全培训规定》,生产经营单位应当进行安全培训的从业人员包括主

要负责人、安全生产管理人员、特种作业人员和（    ）。

    A. 合同工        B. 临时工        C. 农民工        D. 其他从业人员

2. 依据《生产经营单位安全培训规定》，生产经营单位主要负责人安全培训内容不包括（    ）。

    A. 国家安全生产方针、政策和有关安全生产的法律、法规、规章及标准

    B. 重大危险源管理、重大事故防范、应急管理和救援组织以及事故调查处理的有关规定

    C. 伤亡事故统计、报告及职业危害的调查处理方法

    D. 国内外先进的安全生产管理经验

3. 煤矿、非煤矿山、危险化学品、烟花爆竹、金属冶炼等生产经营单位主要负责人和安全生产管理人员，自任职之日起（    ）个月内，必须经安全生产监管监察部门对其安全生产知识和管理能力考核合格。

    A. 6        B. 3        C. 9        D. 12

4. 依据《生产经营单位安全培训规定》，煤矿安全监察机构发现煤矿特种作业人员无证上岗作业的，责令限期改正，处（    ）的罚款；逾期未改正的，责令停产停业整顿。

    A. 10万元以上20万元以下        B. 10万元以上50万元以下

    C. 20万元以上50万元以下        D. 10万元以上30万元以下

5. 依据《生产经营单位安全培训规定》，生产经营单位安全管理人员初次安全培训时间不少于（    ）学时。

    A. 32        B. 40        C. 48        D. 56

6. 依据《生产经营单位安全培训规定》，主要负责人需要接受专门的安全培训，经安全监管部门考核合格，取得安全资格证书方可任职的生产经营单位是（    ）。

    A. 煤矿、非煤矿山及危险化学品企业

    B. 烟花爆竹、建筑施工及重型机械企业

    C. 大型游乐场所、大型商场及大型娱乐场所

    D. 建材、纺织及冶金企业

7. 依据《生产经营单位安全培训规定》，煤矿、非煤矿山、危险化学品、烟花爆竹等生产经营单位新上岗的从业人员，岗前培训不得少于（    ）。

    A. 24学时        B. 36学时

    C. 48学时        D. 72学时

8. 依据《生产经营单位安全培训规定》，下列关于生产经营单位主要负责人、安全生产管理人员、特种作业人员以外的其他从业人员安全培训的说法，正确的是（    ）。

    A. 高危行业生产经营单位新上岗的人员，岗前培训时间不少于36学时

    B. 非高危行业生产经营单位新上岗的人员，岗前培训时间不少于24学时

    C. 安全生产经营单位三级安全培训是指厂（矿）级、车间级、部门级安全培训

    D. 调整工作岗位或离岗一年重新上岗人员必须进行三级教育培训

9. 依据《生产经营单位安全培训规定》，下列关于生产经营单位主要负责人、安全生产管理人员安全培训时间的说法，正确的是（    ）。

    A. 生产经营单位主要负责人初次安全培训时间不得少于48学时

    B. 生产经营单位安全生产管理人员初次安全培训后，每年再培训时间不得少于12学时

    C. 危险化学品、烟花爆竹等生产经营单位主要负责人安全培训时间不得少于32学时

    D. 煤矿、非煤矿山企业安全生产管理人员每年安全再培训时间不得少于24学时

10. 某煤矿生产企业的主要负责人及安全生产管理人员依法参加安全生产培训考核。依据《生产经营单位安全培训规定》，下列关于该企业安全生产培训管理的说法中，正确的是（　　）。

A. 主要负责人安全培训由安全监管部门组织考核

B. 安全生产管理人员的培训依照培训机构制定的培训大纲组织实施

C. 主要负责人经培训考核合格，由培训机构发给证书

D. 安全生产管理人员经培训考核合格，由培训机构发给证书

11. 依据《生产经营单位安全培训规定》，下列关于非煤矿山企业主要负责人和安全生产管理人员的安全培训的说法，正确的是（　　）。

A. 主要负责人初次安全培训时间不得少于 32 学时

B. 主要负责人每年再培训时间不得少于 8 学时

C. 安全生产管理人员初次安全培训时间不得少于 48 学时

D. 安全生产管理人员每年再培训时间不得少于 12 学时

12. 王某为某煤矿企业的一名安全管理人员，每年参加培训的时间应不少于（　　）学时。

A. 32　　　　　　　　B. 12　　　　　　　　C. 48　　　　　　　　D. 16

13. 生产经营单位的安全培训计划应当由（　　）负责组织制定。

A. 单位人事部负责人　　　　　　　　B. 单位技术部负责人

C. 单位主要负责人　　　　　　　　　D. 安全管理部门负责人

14. 高危行业内的安全管理人员应当经安全生产监管监察部门考核，考核合格才能继续任职，安全生产监管监察部门对其安全生产知识和管理能力的考核时间是（　　）。

A. 自任职之日起 1 个月内　　　　　　B. 自任职之日起 3 个月内

C. 自任职之日起 6 个月内　　　　　　D. 自任职之日起 1 年内

15. 张某在某机械加工厂从事焊接作业 12 年，从业期间遵纪守规，从未发生过安全事故。经有关部门批准，张某的特种作业资格证可以每（　　）年复审一次。

A. 3　　　　　　　　B. 5　　　　　　　　C. 6　　　　　　　　D. 7

16. 根据《生产经营单位安全培训规定》，下列安全培训的做法中，正确的是（　　）。

A. 某制衣厂主要负责人进行 16 学时的初次安全培训

B. 某煤矿安全生产管理人员每年进行 18 学时的再培训

C. 某烟花爆竹企业主要负责人进行 32 学时的初次安全培训

D. 某机械厂安全生产管理人员每年进行 10 学时的再培训

**参考答案：**

| 1. D | 2. C | 3. A | 4. B | 5. A |
|------|------|------|------|------|
| 6. A | 7. D | 8. B | 9. B | 10. A |
| 11. C | 12. D | 13. C | 14. C | 15. C |
| 16. B | | | | |

**二、多项选择题**

1. 依据《生产经营单位安全培训规定》，（　　）等生产经营单位主要负责人和安全生产管理人员，必须接受专门的安全培训，经安全生产监管监察部门对其安全生产知识和管理能力考核合格，取得安全资格证书后，方可任职。

A. 金属冶炼　　　　　　B. 非煤矿山　　　　　　C. 危险化学品

D. 烟花爆竹　　　　　　　　E. 机械制造

2. 依据《生产经营单位安全培训规定》,下列说法正确的是(　　　)。

A. 煤矿、非煤矿山、危险化学品、烟花爆竹、金属冶炼等生产经营单位必须对新上岗的临时工、合同工、劳务工、轮换工、协议工等进行自愿性安全培训,保证其具备本岗位安全操作、自救互救以及应急处置所需的知识和技能后,方能安排上岗作业

B. 煤矿、非煤矿山、危险化学品、烟花爆竹、金属冶炼等生产经营单位主要负责人和安全生产管理人员初次安全培训时间不得少于48学时,每年再培训时间不得少于16学时

C. 煤矿、非煤矿山、危险化学品、烟花爆竹、金属冶炼以外的其他生产经营单位主要负责人和安全管理人员的安全培训大纲及考核标准,由省、自治区、直辖市安全生产监督管理部门制定

D. 煤矿、非煤矿山、危险化学品、烟花爆竹、金属冶炼等生产经营单位新上岗的从业人员安全培训时间不得少于72学时,每年再培训的时间不得少于20学时

E. 从业人员在本生产经营单位内调整工作岗位或离岗一年以上重新上岗时,应当重新接受车间(工段、区、队)和班组级的安全培训

3. 下列关于生产经营单位对从业人员进行安全培训的说法中正确的是(　　　)。

A. 生产经营单位使用被派遣劳动者的,应当将被派遣劳动者纳入本单位从业人员统一管理

B. 生产经营单位接收中等职业学校学生实习的,应当对实习学生进行相应的安全生产教育和培训

C. 生产经营单位接收中等职业学校学生实习的,应当由学校对实习学生进行安全生产教育和培训

D. 生产经营单位应当进行安全培训的从业人员包括主要负责人、安全生产管理人员、特种作业人员和其他从业人员

E. 生产经营单位从业人员应当接受培训的内容包括安全规章制度、安全操作规程、应急处理措施等

4. 下列选项中属于车间级培训的是(　　　)。

A. 岗位安全操作规程

B. 所从事工种可能遭受的职业伤害和伤亡事故

C. 安全设备设施、个人防护用品的使用和维护

D. 预防事故和职业危害的措施以及应注意的安全事项

E. 岗位之间工作衔接配合的安全与职业卫生事项

**参考答案:**

| 1. ABCD | 2. BCDE | 3. ABDE | 4. BCD | |
|---------|---------|---------|--------|---|

# 第四节　特种作业人员安全技术培训考核管理规定

大纲要求:

《特种作业人员安全技术培训考核管理规定》。依照本规定分析特种作业人员安全技术培训、考核、发证和复审等方面的有关法律问题,判断违反本规定的行为及应负的法律责任。

**一、单项选择题**

1. 依据《特种作业人员安全技术培训考核管理规定》,特种作业操作证有效期为(　　　)年,

在全国范围内有效,特种作业操作证每(　　)年复审1次。

    A. 1　3　　　　　　B. 2　2　　　　　　C. 3　2　　　　　　D. 6　3

2. 依据《特种作业人员安全技术培训考核管理规定》,特种作业操作证申请复审或者延期复审前,特种作业人员应当参加必要的安全培训并考试合格。安全培训时间不少于(　　)个学时,主要培训法律、法规、标准、事故案例和有关新工艺、新技术、新装备等知识。

    A. 8　　　　　　　　B. 12　　　　　　　C. 16　　　　　　　D. 24

3. 依据《特种作业人员安全技术培训考核管理规定》,以欺骗、贿赂等不正当手段取得特种作业操作证的,考核发证机关应当撤销特种作业操作证,(　　)年内不得再次申请特种作业操作证。

    A. 1　　　　　　　　B. 2　　　　　　　　C. 3　　　　　　　　D. 6

4. 离开特种作业岗位(　　)个月以上的特种作业人员,应当重新进行实际操作考试,经确认合格后方可上岗作业。

    A. 1　　　　　　　　B. 2　　　　　　　　C. 3　　　　　　　　D. 6

5. 依据《特种作业人员安全技术培训考核管理规定》,生产经营单位使用未取得特种作业操作证的特种作业人员上岗作业的,责令限期改正;逾期未改正的,责令停产停业整顿,可以并处(　　)万元以下的罚款。

    A. 1　　　　　　　　B. 2　　　　　　　　C. 3　　　　　　　　D. 6

6. 某工人在其特种作业操作证有效期内,连续在起重机吊装岗位工作11年,从未发生过违章。根据《特种作业人员安全技术培训考核管理规定》,该工人的特种作业操作证经考核发证机关同意,复审时间可以延长至(　　)。

    A. 每3年1次　　　　B. 每5年1次　　　　C. 每6年1次　　　　D. 每10年1次

7. 某工人为特种作业人员,因岗位调整转岗到仓库工作,在此期间未进行相关的特种作业,3个月后,公司将该工人调整回原岗位继续从事特种作业。该工人特种作业操作证尚在有效期内。根据《特种作业人员安全技术培训考核管理规定》,该工人(　　)。

    A. 应当重新进行理论及实际操作考试,经确认合格后上岗作业

    B. 应当进行特种作业理论知识考试,经确认合格后上岗作业

    C. 无须进行理论知识及实际操作考试,可以直接上岗作业

    D. 应当重新参加特种作业培训考试,取得特种作业操作证后上岗作业

8. 余某于2009年4月在甲市经安全技术培训并考核合格,取得特种作业操作证。次年9月,余某来到乙市打工,工作期间余某有违章作业,但未受到行政处罚。依据《特种作业人员安全技术培训考核管理规定》,下列关于余某的特种作业操作证复审的说法,正确的是(　　)。

    A. 余某应在2012年9月前提出复审申请

    B. 余某可以向乙市考核发证机关提出复审申请

    C. 考核发证机关应当在受到余某复审申请之日起30个工作日内完成复审

    D. 考核发证机关对余某的复审不予通过

9. 依据《特种作业人员安全技术培训考核管理规定》,特种作业人员操作证一般每3年复审1次。下列关于特种作业操作证复审的说法,正确的是(　　)。

    A. 特种作业操作证需要复审的,应当在期满前90日内,按规定申请复审

    B. 特种作业操作证申请复审前,特种作业人员应参加不少于8学时的安全培训

    C. 按规定参加安全培训,考试不合格的允许补考一次

    D. 有安全生产违法行为的,复审一律不予通过

10. 依据《特种作业人员安全技术培训考核管理规定》,下列关于特种作业操作证复审的说

法,正确的是(    )。

A. 特种作业操作证每 2 年复审 1 次

B. 特种作业人员在特种作业操作证有效期内,连续从事本工种 6 年以上,严格遵守有关安全生产法律法规的,经原发证机关同意,复审时间可以延长至每 3 年 1 次

C. 特种作业操作证申请复审或者延期复审前,特种作业人员应当参加不少于 8 学时必要的安全培训并经考试合格

D. 特种作业人员有安全生产违法行为,并给予行政处罚或者有 3 次以上违章行为并经查证确实的,复审或者延期复审不予通过

11. 某市安全生产监督管理部门在检查中发现,某公司 5 名专门从事高处作业人员未取得特种作业人员操作证。依据《特种作业人员安全技术培训考核管理规定》的规定,应当给予该公司的处罚为(    )。

A. 给予警告,可以处 1 万元以上的罚款

B. 给予警告,可以处 1 万元以下的罚款

C. 责令限期改正,可以处 5 万元以上的罚款

D. 责令限期改正,可以处 5 万元以下的罚款

12. 根据《特种作业人员安全技术培训考核管理规定》,关于特种作业操作证复审的说法,正确的是(    )。

A. 特种作业人员在特种作业操作证有效期内连续从事本工种 10 年以上,特作业操作证的复审时间可以延长至每 10 年 1 次

B. 特种作业操作证申请复审或者延期复审前,特种作业人员应当参加必要的安全培训并考试合格,安全培训时间不少于 4 个学时

C. 特种作业人员违章操作造成严重后果或者有 1 次违章行为,特种作业操作复审不予通过

D. 特种作业人员因安全生产违法行为受到行政处罚,特种作业操作证复审不通过

**参考答案:**

| 1. D | 2. A | 3. C | 4. D | 5. B |
|------|------|------|------|------|
| 6. C | 7. C | 8. B | 9. B | 10. C |
| 11. D | 12. D | | | |

## 二、多项选择题

1. 依据《特种作业人员安全技术培训考核管理规定》,下列(    )属于特种作业人员。

A. 电工作业　　　　B. 焊接与热切割作业　　　　C. 高处作业

D. 高温作业　　　　E. 煤矿安全作业

2. 依据《特种作业人员安全技术培训考核管理规定》,特种作业人员应当符合的条件包括(    )。

A. 年满 16 周岁,且不超过国家法定退休年龄

B. 经社区或者县级以上医疗机构体检健康合格,并无妨碍从事相应特种作业的器质性心脏病、癫痫病、美尼尔氏症、眩晕症、癔症、震颤麻痹症、精神病、痴呆症以及其他疾病和生理缺陷

C. 具有初中及以上文化程度

D. 具备必要的安全技术知识与技能

E. 相应特种作业规定的其他条件

3. 依据《特种作业人员安全技术培训考核管理规定》,特种作业人员有(    )行为的,考核

发证机关应当撤销特种作业操作证,3年内不得再次申请特种作业操作证。

A. 超过特种作业操作证有效期未延期复审的

B. 特种作业人员的身体条件已不适合继续从事特种作业的

C. 对发生生产安全事故负有责任的

D. 特种作业操作证记载虚假信息的

E. 以欺骗、贿赂等不正当手段取得特种作业操作证的

4. 下列选项中属于特种作业人员应当符合的条件是(　　　)。

A. 年满18周岁,且不超过国家法定退休年龄

B. 经社区或者县级以上医疗机构体检健康合格

C. 具有大专及以上文化程度

D. 具备必要的安全技术知识与技能

E. 具有初中及以上文化程度

5. 依据《特种作业人员安全技术培训考核管理规定》,特种作业人员实施哪些行为或者出现哪种状况(　　　),有关部门可以撤销其特种作业操作证。

A. 特种作业人员的身体条件已不适合继续从事特种作业的

B. 特种作业人员死亡的

C. 超过特种作业操作证有效期未延期复审的

D. 从业工作中发生安全生产事故,并对发生生产安全事故负有责任的

E. 特种作业操作证记载虚假信息的

**参考答案:**

| 1. ABCE | 2. BCDE | 3. DE | 4. ABDE | 5. ACDE |
|---------|---------|-------|---------|---------|

# 第五节　安全生产培训管理办法

**大纲要求:**

《安全生产培训管理办法》。依照本办法分析安全培训机构、安全培训、考核、发证、监督管理等方面的有关法律问题,判断违反本办法的行为及应负的法律责任。

**一、单项选择题**

1. 依据《安全生产培训管理办法》的规定,下列关于安全培训的说法正确的是(　　　)。

A. 生产经营单位的主要负责人、特种作业人员的安全培训,由所在地安全监管部门负责

B. 对从业人员的安全培训,生产经营单位应当自主进行,不得委托培训

C. 危险物品生产经营单位新招的危险工艺操作岗位人员,除按规定进行安全培训外,还应当在有经验的职工带领下实习满1个月后,方可独立上岗作业

D. 职业院校毕业生从事与所学专业相关的作业,可以免予参加初次培训,实际操作培训除外

2. 依据《安全生产培训管理办法》的规定,从业人员安全培训的(　　　)以及考核结果等情况,生产经营单位应当如实记录并建档备查。

A. 时间、地点、师资等　　　　　　　　　B. 时间、内容、参加人员

C. 内容、学时　　　　　　　　　　　　　D. 参加人员、授课时间

3. 依据《安全生产培训管理办法》的规定，中央企业的分公司、子公司及其所属单位和其他生产经营单位，发生造成人员死亡的生产安全事故的，其主要负责人和安全生产管理人员应当（　　）。

A. 停职反思，写出书面报告　　　　B. 参加注册安全工程师继续教育培训

C. 参加本单位的安全教育　　　　D. 重新参加安全培训

4. 依据《安全生产培训管理办法》的规定，生产经营单位使用被派遣劳动者的，应当将被派遣劳动者纳入本单位从业人员统一管理，对派遣劳动者进行岗位安全操作规程和安全操作技能的教育和培训。（　　）应当对被派遣劳动者进行必需的安全生产教育和培训。

A. 安全生产管理部门　　　　B. 劳动派遣单位

C. 人力资源部门　　　　D. 使用劳动派遣人员的单位

5. 根据《安全生产培训管理办法》，矿山新招井下作业人员，除按照规定进行安全培训外，还应当在有经验的职工带领下至少实习（　　）后，方可独立上岗作业。

A. 1 个月　　　　B. 3 个月　　　　C. 2 个月　　　　D. 6 个月

**参考答案：**

| 1. D | 2. B | 3. D | 4. B | 5. C |
|------|------|------|------|------|

## 二、多项选择题

1. 依据《安全生产培训管理办法》的规定，下列关于安全培训机构的说法，正确的有（　　）。

A. 安全培训机构应当具备从事安全培训工作所需要的条件

B. 从事危险物品的生产经营单位安全生产管理人员培训的安全培训机构，应当将教师、教学和实习实训设施等情况书面报告所在地安全监管部门

C. 从事煤矿企业主要负责人培训的安全培训机构，应当将教师、教学和实习实训设施、情况书面报告所在地安全监管部门、煤矿安全培训监管机构

D. 从事注册安全工程师培训的安全培训机构，应当将教师、教学和实习实训设施情况书面报告所在地安全监管部门

E. 国家安全监管部门及省级安全监管部门对相应级别的安全培训机构实行统一管理

2. 依据《安全生产培训管理办法》的规定，安全监管监察人员、从事安全生产工作的相关人员、依照有关法律法规应当接受安全生产知识和管理能力考核的生产经营单位主要负责人和安全生产管理人员、特种作业人员的安全培训的考核，应当坚持（　　）、分级负责的原则。

A. 统一考试　　　　B. 教考分离　　　　C. 统一标准

D. 统一题库　　　　E. 统一命题

3. 根据《安全生产培训管理办法》，（　　）的机构应当将教师、教学和实习实训设施等情况报告所在地安全监管部门。

A. 从事危险化学品生产单位主要负责人安全培训

B. 从事金属冶炼企业的安全生产管理人员安全培训

C. 从事矿山起重作业的特种作业人员安全培训

D. 从事危险化学品使用单位主要负责人安全培训

E. 从事注册安全工程师安全培训

**参考答案：**

| 1. ABCD | 2. BCD | 3. ABCE | | |
|---------|--------|---------|---|---|

# 第六节 安全生产事故隐患排查治理暂行规定

大纲要求：

《安全生产事故隐患排查治理暂行规定》。依照本规定分析安全生产事故隐患排查和治理方面的有关法律问题，判断违反本规定的行为及应负的法律责任。

## 一、单项选择题

1. 依据《安全生产事故隐患排查治理暂行规定》，生产经营单位（　　）对本单位事故隐患排查治理工作全面负责。

A. 安全总监　　　　　　　　　　B. 安全部门负责人

C. 主要负责人　　　　　　　　　D. 班组长

2. 依据《安全生产事故隐患排查治理暂行规定》，生产经营单位应当定期组织安全生产管理人员、（　　）和其他相关人员排查本单位的事故隐患。对排查出的事故隐患，应当按照事故隐患的等级进行登记，建立事故隐患信息档案，并按照职责分工实施监控治理。

A. 安全总监　　　　　　　　　　B. 工程技术人员

C. 主要负责人　　　　　　　　　D. 班组长

3. 依据《安全生产事故隐患排查治理暂行规定》，地方人民政府或者安全监管监察部门及有关部门挂牌督办并责令全部或者局部停产停业治理的重大事故隐患，治理工作结束后，有条件的生产经营单位应当组织本单位的（　　）对重大事故隐患的治理情况进行评估；其他生产经营单位应当委托具备相应资质的安全评价机构对重大事故隐患的治理情况进行评估。

A. 安全总监　　　B. 车间主任　　　C. 技术人员和专家　　　D. 班组长

4. 依据《安全生产事故隐患排查治理暂行规定》，安全生产监管监察部门在对生产经营单位进行安全生产检查时，发现生产经营场所或者相关设施存在重大事故隐患，应当（　　），并建立信息管理台账。

A. 责令停产停业整顿　　　　　　B. 责令立即停止作业

C. 下达整改指令　　　　　　　　D. 提请政府挂牌督办

5. 某公司危险化学品生产储罐区防火设施存在重大事故隐患。根据《安全生产事故隐患排查治理暂行规定》，下列关于重大事故隐患管理工作的说法中，正确的是（　　）。

A. 公司对发现的重大事故隐患在整改完成后才向当地安全检查部门报告

B. 该重大事故的隐患报告包含隐患的危害程度及整改难易程度分析

C. 由公司安全管理部门组织并实施该事故隐患的治理方案

D. 该事故隐患的治理方案应包括停产治理影响公司产量的分析

6. 根据《安全生产事故隐患排查治理暂行规定》，生产经营单位应加强事故隐患治理，下列关于实施事故隐患治理安全防范措施中，错误的是（　　）。

A. 事故隐患排除前无法保证安全的，应当从危险区域内撤出作业人员，并疏散可能危及的其他人员

B. 事故隐患排除过程中无法保证安全的，应当设置警戒标志，暂时停业或者停止使用

C. 对可能产生生命危害的隐患，合理时间内无法治理的，可暂时采取相应的安全防范措施，防止事故发生

D. 对暂时难以停产或者停止使用的相关生产储存装置、设施、设备,应当加强维护和保养

7. 某县安全监管部门在执法检查中发现某非煤矿山企业存在重大事故隐患,遂依法责令该企业局部停产治理。该企业对隐患治理后,向县安全监管部门提出恢复生产的书面申请。依据《安全生产事故隐患排查治理暂行规定》,县安全监管部门在收到申请报告后,(　　)。

A. 在 7 日内进行现场审核,经审查认定为仍不合格,提请县人民政府关闭该企业

B. 在 10 日内进行现场审查,经审查认定为仍不合格,对该企业下达停产整改指令

C. 在 15 日内进行现场审查,经审查判定合格后,对该企业的事故隐患进行核销,同意其恢复生产经营

D. 在 30 日内进行现场审查,经审查判定合格后,对该企业的事故隐患不须进行核销,立即同意该企业恢复生产经营

8. 依据《安全生产事故隐患排查治理暂行规定》,下列关于事故隐患排查治理的说法,正确的是(　　)。

A. 生产经营单位应当每季对事故隐患排查治理情况进行统计分析并报政府有关部门备案

B. 生产经营单位将生产经营场所发包、出租的,应当与承包、承租单位签订安全管理协议,事故隐患排查治理由承包、承租单位负全责

C. 对一般事故隐患由生产经营单位的车间、分厂、区队等负责人或者有关人员立即组织整改

D. 局部停产停业治理的重大事故隐患,政府有关部门收到生产经营单位恢复生产的申请报告后,应当在 10 日内进行现场审查

9. 依据《安全生产事故隐患排查治理暂行规定》,下列关于生产经营单位对事故隐患排查治理情况进行统计分析,向安全监管监察部门和有关部门报送书面统计分析表的时间要求的说法,正确的是(　　)。

A. 生产经营单位应当每周对本单位事故隐患排查治理情况进行统计分析,并于下一周周三前向安全监管监察部门和有关部门报送书面统计分析表

B. 生产经营单位应当每月对本单位事故隐患排查治理情况进行统计分析,并于下月 10 日前向安全监管监察部门和有关部门报送书面统计分析表

C. 生产经营单位应当每季度对本单位事故隐患排查治理情况进行统计分析,并于下一季度 15 日前向安全监管监察部门和有关部门报送书面统计分析表

D. 生产经营单位应当每年对本单位事故隐患排查治理情况进行统计分析,并于下一年 2 月 15 日前向安全监管监察部门和有关部门报送书面统计分析表

10. 依据《安全生产事故隐患排查治理暂行规定》,下列关于生产经营单位安全生产事故隐患治理的说法,正确的是(　　)。

A. 对于一般事故隐患,应由生产经营单位有关人员会同安全监管执法人员共同组织整改

B. 对于一般事故隐患,应由生产经营单位主要负责人及有关人员立即组织整改

C. 对于重大事故隐患,应由生产经营单位分管负责人或者有关人员组织制定并实施事故隐患治理方案

D. 对于重大事故隐患,应由生产经营单位主要负责人组织制定并实施事故隐患治理方案

11. 对于被挂牌督办重大事故隐患的企业,在进行恢复生产前应当向安全监管监察部门提出复产申请,有关部门应当在(　　)日内进行现场审查。

A. 5　　　　　　　　B. 30　　　　　　　　C. 10　　　　　　　　D. 15

12. 检验检测机构因接受被检测单位10000 元好处费,出具虚假评价证明,从而导致事故发

生,导致 2 人死亡,应承担的责任是(　　)。

A. 处五千元以上二万元以下的罚款

B. 处五千元以上五万元以下的罚款

C. 处违法所得三倍以上五倍以下的罚款

D. 与生产经营单位承担连带赔偿责任

13. 根据《安全生产事故隐患排查治理暂行规定》,关于事故隐患排查治理的说法正确的是
(　　)。

A. 生产经营单位应当向安全监管监察部门和有关部门报送书面的事故隐患排查治理情况统计分析表,并由本单位安全生产工作分管负责人签字

B. 对于一般事故隐患,生产经营单位应当及时向安全监管监察部门和有关部门报告

C. 对于重大事故隐患,由安全监管监察部门和有关部门立即组织治理

D. 重大事故隐患整改内容应当包括隐患的现状及其产生原因、危害程度和整改难易程度分析,隐患的治理方案

14. 根据《安全生产事故隐患排查治理暂行规定》,关于生产经营单位事故隐患排查治理职责的说法,正确的是(　　)。

A. 一般事故隐患由生产经营单位安全生产管理人员立即组织整改,重大事故隐患由生产经营单位主要负责人或生产经营单位车间、分厂、区队等负责人组织制订并实施事故隐患治理方案

B. 在接到有关自然灾害预报时,生产经营单位应当立即采取撤离人员、停止作业、加强监测等安全措施,并及时向当地人民政府及其有关部门报告

C. 事故隐患排除前或者排除过程中无法保证安全的,生产经营单位应当及时发出预警通知,提醒作业人员注意安全,必要时自行撤离

D. 生产经营单位应当每季、每年对本单位事故隐患排查治理情况进行统计分析,并分别于下一季度 15 日前和下一年 1 月 31 日前向安全监管监察部门和有关部门报送书面统计分析表

**参考答案:**

| 1. C | 2. B | 3. C | 4. C | 5. B |
|------|------|------|------|------|
| 6. C | 7. B | 8. C | 9. C | 10. D |
| 11. C | 12. D | 13. D | 14. D | |

**二、多项选择题**

1. 依据《安全生产事故隐患排查治理暂行规定》,生产经营单位应当每季、每年对本单位事故隐患排查治理情况进行统计分析,并分别于下一季度 15 日前和下一年 1 月 31 日前向安全监管监察部门和有关部门报送书面统计分析表。统计分析表应当由生产经营单位主要负责人签字。对于重大事故隐患,生产经营单位除依照前款规定报送外,应当及时向安全监管监察部门和有关部门报告。重大事故隐患报告内容应当包括(　　)。

A. 隐患的现状及其产生原因　　　　B. 隐患的危害程度和整改难易程度分析

C. 隐患的治理方案　　　　　　　　D. 隐患上报要求

E. 隐患治理经费

2. 依据《安全生产事故隐患排查治理暂行规定》,生产经营单位违反本规定,有(　　)行为之一的,由安全监管监察部门给予警告,并处 3 万元以下的罚款。

A. 未建立安全生产事故隐患排查治理等各项制度的

B. 未按规定上报事故隐患排查治理统计分析表的

C. 未制定事故隐患治理方案的

D. 未对事故隐患进行排查治理擅自生产经营的

E. 未对重大事故隐患的治理情况进行评估的

3. 某火力发电厂在进行安全检查时发现其燃煤锅炉存在坍塌危险,主要负责人立即下令排查处理事故隐患。针对锅炉坍塌事故隐患,主要负责人应当及时向安全监管监察部门和有关部门进行报告。报告的内容包括(    )。

A. 隐患的现状                    B. 隐患产生的原因

C. 隐患的危害程度和整改难易程度分析    D. 已采取的隐患控制措施

E. 隐患的治理方案

4. 对于重大事故隐患,由生产经营单位主要负责人组织制定并实施事故隐患治理方案。隐患治理方案包括(    )。

A. 治理的目标和任务              B. 采取的方法和措施

C. 经费和物资的落实              D. 负责治理的机构和人员

E. 隐患治理后的验收方案

5. 生产经营单位在进行生产经营活动过程中,实施《安全生产事故隐患排查治理暂行规定》中(    )行为,安全监管监察部门应当给予警告,并处三万元以下的罚款。

A. 未建立安全生产事故隐患排查治理等各项制度的

B. 未按规定上报事故隐患排查治理统计分析表的

C. 未取得安全生产许可证擅自从事生产活动的

D. 重大事故隐患不报或者未及时报告的

E. 对于重大事故隐患整改不合格或者未经安全监管监察部门审查同意擅自恢复生产经营的

**参考答案:**

| 1. ABC | 2. ABCD | 3. ABCE | 4. ABCD | 5. ABDE |
|---|---|---|---|---|

# 第七节　生产安全事故应急预案管理办法

大纲要求:

《生产安全事故应急预案管理办法》。依照本办法分析生产安全事故应急预案编制、评审、发布、备案、培训、演练方面的有关法律问题,判断违反本办法的行为及应负的法律责任。

**一、单项选择题**

1. 依据《生产安全事故应急预案管理办法》的规定,生产经营单位的应急预案经评审或者论证后,由生产经营单位(    )签署公布。

A. 安全总监                    B. 安全部门负责人

C. 主要负责人                  D. 班组长

2. 依据《生产安全事故应急预案管理办法》的规定,生产经营单位应当制定本单位的应急预案演练计划,根据本单位的事故预防重点,每年至少组织(    )次综合应急预案演练或者专项应急预案演练,每(　　)年至少组织一次现场处置方案演练。

  A. 1 1    B. 1 半    C. 2 1    D. 2 半

  3. 依据《生产安全事故应急预案管理办法》的规定,生产经营单位制定的应急预案应当至少每(　　)年修订一次,预案修订情况应有记录并归档。

  A. 1    B. 2    C. 3    D. 4

  4. 依据《生产安全事故应急预案管理办法》的规定,生产经营单位应急预案未按照本办法规定备案的,由(　　)安全生产监督管理部门责令限期改正,可处1万元以上3万元以下罚款。

  A. 县级以上    B. 市级以上    C. 省级以上    D. 国务院

  5. 依据《生产安全事故应急预案管理办法》的规定,生产经营单位应急预案应根据不同情况变化及时修订。生产经营单位的下列变化情况中,其应急预案不须修订的是(　　)。

  A. 生产经营单位生产线停产检修的

  B. 生产经营单位生产工艺和技术发生变化的

  C. 生产经营单位周围环境发生变化,形成新的重大危险源的

  D. 生产经营单位应急组织指挥体系或者职责已经调整的

  6. 某炼钢厂针对企业一危险较大的岗位制定了现场处置方案。依据《生产安全事故应急预案管理办法》的规定,对该处置方案,该厂应至少每(　　)个月组织一次演练。

  A. 12    B. 6    C. 3    D. 1

  7. 依据《生产安全事故应急预案管理办法》的规定,生产经营单位应结合本单位的危险源危险性分析情况和可能发生的事故的特点制定相应的应急预案。下列关于编制应急预案的说法,正确的是(　　)。

  A. 对于危险性较大的重点岗位,应当制定专项应急预案

  B. 对于危险性较大的某一类风险,应当制定现场处置方案

  C. 编制的应急预案应当与所涉及的其他单位的应急预案相互衔接

  D. 应急预案编制完成后不需要组织专家评审

  8. 依据《生产安全事故应急预案管理办法》的规定,下列关于应急预案评审的说法,正确的是(　　)。

  A. 所有生产经营单位应当组织专家对本单位编制的应急预案进行论证,论证应当形成书面纪要并附有专家名单

  B. 省级安全监管部门编制的应急预案无须组织有关专家进行审定,设区的市、县级安全监管部门编制的,应当组织审定

  C. 参加生产经营单位应急预案评审的人员应当包括有关安全生产及应急管理方面的专家

  D. 生产经营单位的应急预案经评审或者论证后,由生产经营单位分管安全的领导签署公布

  9. 依据《生产安全事故应急预案管理办法》的规定,下列关于应急预案编制的说法,正确的是(　　)。

  A. 生产经营单位应当根据存在的重大危险源,制定综合应急预案

  B. 生产经营单位应当针对危险性较大的岗位,制定专项应急预案

  C. 生产经营单位应当针对某一种类风险,制定现场处置方案

  D. 现场处置方案应当包括危险性分析、可能发生的事故特征、处置程序等

  10. M公司是中央管理的大型化工集团,其下属的N公司位于Z省B市W县的经济技术开发区,是一家危险化学品生产企业。依据《生产安全事故应急预案管理办法》的规定,下列关于M公司、N公司应急预案备案的说法,正确的是(　　)。

A. M公司的专项应急预案应抄送B市安全监管部门

B. M公司的综合应急预案应报Z省安全监管部门

C. N公司的应急预案应抄送B市安全监管部门

D. N公司的专项应急预案应抄送W县安全监管部门

11. 生产经营单位为应对某一种或者多种类型生产安全事故,或者针对重要生产设施、重大危险源、重大活动而制定的防止生产安全事故的应急预案为(    )。

A. 综合应急预案                    B. 专项应急预案

C. 现场处理方案                    D. 现场处置方案

12. 下列不属于现场处置方案应当包含的内容的是(    )。

A. 现场工作人员的应急工作职责          B. 应急附件

C. 应急响应时的注意事项                D. 应急处置措施

13. 甲企业是一家私营非煤矿山企业。该企业编制的应急预案应当在(    )进行备案。

A. 所在地县级以上地方人民政府安全生产监督管理部门

B. 所在地市级以上地方人民政府安全生产监督管理部门

C. 所在地省级以上地方人民政府安全生产监督管理部门

D. 国务院主管的负有安全生产监督管理职责的部门

14. 根据《生产安全事故应急预案管理办法》,关于应急预案备案的说法,正确的是(    )。

A. 地方各级安全监管部门的应急预案,应当报上一级安全监管部门备案

B. 生产经营单位应当在应急预案公布之日起1个月内,按照分级属地原则向安全监管部门和有关部门进行告知性备案

C. 央企总部(上市公司)的应急预案报所在地的省级或者设区的市级人民政府负有安全监管职责的部门备案

D. 对于实行安全生产许可的生产经营单位,已经进行应急预案备案的,在申请安全生产许可证时,可以不提供相应的应急预案,仅提供应急预案备案登记表

**参考答案:**

| 1. C | 2. B | 3. C | 4. A | 5. A |
|------|------|------|------|------|
| 6. B | 7. C | 8. C | 9. D | 10. C |
| 11. B | 12. B | 13. A | 14. D | |

## 二、多项选择题

1. 依据《生产安全事故应急预案管理办法》的规定,应急预案的编制应当符合下列基本要求(    )。

A. 符合有关法律、法规、规章和标准的规定

B. 结合本地区、本部门、本单位的安全生产实际情况

C. 有明确、具体的应急程序和处置措施,并与其应急能力相适应

D. 有明确的应急保障措施,并能满足本地区、本部门、本单位的应急工作要求

E. 预案内容与相关应急预案相互有独立性

2. 依据《生产安全事故应急预案管理办法》的规定,(    )应当组织专家对本单位编制的应急预案进行评审,评审应当形成书面纪要。

A. 矿山

B. 金属冶炼企业

C. 易燃易爆物品、危险化学品等危险物品的生产、经营、储存单位

D. 中小型规模的其他生产经营单位

E. 中型规模以上的其他生产经营单位

3. 应急预案的编制应当符合的要求包括（    ）。

A. 依据有关法律、法规、规章和标准的规定

B. 应急组织和人员的职责分工明确，并有具体的落实措施

C. 有明确的应急保障措施

D. 应急预案附件提供的信息准确

E. 应急预案应由安全管理机构主要负责人负责组织

4. 生产经营单位在编制应急预案前应当进行事故风险评估和应急资源调查，其中事故风险评估不包括（    ）。

A. 识别存在的危险危害因素

B. 分析事故可能产生的直接后果以及次生、衍生后果

C. 评估各种事故后果的危害程度

D. 评估各种事故后果的影响范围

E. 全面调查本单位第一时间可以调用的应急资源状况

**参考答案：**

| 1. ABCD | 2. ABCE | 3. ABCD | 4. ABCD | |
|---------|---------|---------|---------|---|

# 第八节　生产安全事故信息报告和处置办法

大纲要求：

《生产安全事故信息报告和处置办法》。依照本办法分析生产安全事故信息报告、处置方面的有关法律问题，判断违反本办法的行为及应负的法律责任。

**一、单项选择题**

1. 依据《生产安全事故信息报告和处置办法》的规定，事故具体情况暂时不清楚的，负责事故报告的单位可以先报事故概况，随后补报事故全面情况。事故信息报告后出现新情况的，负责事故报告的单位应当及时续报。较大涉险事故、一般事故、较大事故每日至少续报（    ）次；重大事故、特别重大事故每日至少续报（    ）次。

A. 1　　2　　　　　B. 1　　1　　　　　C. 2　　2　　　　　D. 2　　3

2. 依据《生产安全事故信息报告和处置办法》的规定，生产经营单位发生生产安全事故或者较大涉险事故，其单位负责人接到事故信息报告后应当于（    ）小时内报告事故发生地县级安全生产监督管理部门、煤矿安全监察分局。

A. 及时　　　　　B. 30分钟　　　　　C. 1小时　　　　　D. 2小时

3. 依据《生产安全事故信息报告和处置办法》的规定，发生重大事故的，（    ）负责人立即赶赴事故现场。

A. 县级安全生产监督管理部门、煤矿安全监察分局

B. 设区的市级安全生产监督管理部门、省级煤矿安全监察局

C. 省级安全监督管理部门、省级煤矿安全监察局

D. 国家安全生产监督管理总局、国家煤矿安全监察局

4. 依据《生产安全事故信息报告和处理办法》的规定,下一级安全生产监督管理部门接到上级安全生产监督管理部门的事故信息举报核查通知后,应当立即组织查证核实,并在(    )内向上一级安全生产监督管理部门报告核实结果。

A. 5 日　　　　　B. 7 日　　　　　C. 2 个月　　　　　D. 3 个月

5. 某在建商业大厦的楼板浇筑施工中,突然发生大面积模板垮塌事故,致使 16 名现场作业人员受伤,其中 13 人重伤。依据《生产安全事故信息报告和处置办法》,施工单位负责人应当在接到事故报告后于 1 小时内报告事故发生地县级安全生产监管部门,同时应在(    )小时内报告事故发生地省级安全生产监管部门。

A. 1　　　　　B. 2　　　　　C. 4　　　　　D. 8

6. 依据《生产安全事故信息报告和处置办法》的规定,下列情形可以认定为较大涉险事故的是(    )。

A. 造成 1 人被困的　　　　　　　　B. 须紧急疏散人员 300 人的

C. 造成 2 人下落不明的　　　　　　D. 因生产安全事故导致环境严重污染的

7. 依据《生产安全事故信息报告和处置办法》的规定,下列事故中,属于较大涉险事故的是(    )。

A. 造成 1 人被困的事故　　　　　　B. 造成 3 人下落不明的事故

C. 造成 7 人涉险的事故　　　　　　D. 造成 198 人紧急疏散的事故

8. 某工程公司承担公路的穿山隧道工程,在施工过程中隧道发生垮塌,10 名人员在作业地点被困。依据《生产安全事故信息报告和处置办法》的规定,工程公司负责人接到事故报告后,应当向安全监管部门报告的时限是(    )。

A. 5 小时　　　　　B. 3 小时　　　　　C. 2 小时　　　　　D. 1 小时

9. 根据《生产安全事故信息报告和处置办法》,下列事故信息举报核查的做法中,正确的是(    )。

A. 对举报发生较大涉险事故的,安全监管部门立即组织查证核实,并在 1 个月内向上一级安全监管部门报告核实结果

B. 对举报发生事故信息的安全监管部门立即组织查证核实,并在 2 个月内向上一级安全监管部门报告核实结果

C. 对举报发生生产安全事故的,安全监管部门在 20 日内对事故情况进行初步查证,并将事故初步查证的简要情况报告上一级安全监管部门

D. 举报发生生产安全事故的,安全监管部门在将初步查证的事故简要情况报告上一级安全监管部门后,在 3 个月内报告详细核实结果

**参考答案:**

| 1. A | 2. C | 3. C | 4. C | 5. A |
|------|------|------|------|------|
| 6. D | 7. B | 8. D | 9. B | |

**二、多项选择题**

1. 依据《生产安全事故信息报告和处置办法》的规定,所称的较大涉险事故是指(    )。

A. 涉险 10 人以上的事故

B. 造成 3 人以上被困或者下落不明的事故

C. 紧急疏散人员 100 人以上的事故

D. 因生产安全事故对环境造成严重污染（人员密集场所、生活水源、农田、河流、水库、湖泊等）的事故

E. 危及重要场所和设施安全（电站、重要水利设施、危化品库、油气站和车站、码头、港口、机场及其他人员密集场所等）的事故

2. 依据《生产安全事故信息报告和处置办法》的规定,使用电话快报,应当包括（　　　）内容。

A. 事故发生单位的名称、地址、性质

B. 事故发生的时间、地点

C. 事故已经造成或者可能造成的伤亡人数（包括下落不明、涉险的人数）

D. 事故的简要经过（包括应急救援情况）

E. 已经采取的措施

**参考答案：**

| 1. ABDE | 2. ABC | | | |
|---|---|---|---|---|

# 第九节　建设工程消防监督管理规定

**大纲要求：**

《建设工程消防监督管理规定》。依照本规定分析建设工程消防设计审核、消防验收以及备案审查方面的有关法律问题,判断违反本规定的行为及应负的法律责任。

**一、单项选择题**

1. 依据《建设工程消防监督管理规定》,采用新技术、新工艺、新材料可能影响消防安全的建设工程,公安机关消防机构应当在受理消防设计审核申请之日起（　　　）日内,将申请材料报送省级人民政府公安机关消防机构组织专家评审。

A. 5　　　　　　　　B. 10　　　　　　　　C. 20　　　　　　　　D. 30

2. 建设单位应当在取得施工许可、工程竣工验收合格之日起（　　　）日内,通过省级公安机关消防机构网站的消防设计和竣工验收备案受理系统进行消防设计、竣工验收备案,或者报送纸质备案表由公安机关消防机构录入消防设计和竣工验收备案受理系统。

A. 5　　　　　　　　B. 7　　　　　　　　C. 20　　　　　　　　D. 30

3. 省级公安机关消防机构应当在互联网上设立消防设计和竣工验收备案受理系统,结合辖区内建设工程数量和消防设计、施工质量情况,统一确定消防设计与竣工验收备案预设程序和抽查比例,并对备案、抽查实施情况进行定期检查。对设在人员密集场所的建设工程的抽查比例不应低于（　　　）。

A. 30%　　　　　　B. 40%　　　　　　C. 50%　　　　　　D. 60%

4. 公安机关消防机构实施竣工验收抽查时,发现有违反消防法规和国家工程建设消防技术标准强制性要求或者降低消防施工质量的,应当在（　　　）日内书面通知建设单位改正。建设单位收到通知后,应当停止使用,组织整改后向公安机关消防机构申请复查。经复查符合要求的,公安机关消防机构应当出具书面复查意见,告知建设单位恢复使用。

A. 5　　　　　　　　B. 10　　　　　　　　C. 20　　　　　　　　D. 30

5. 公安机关消防机构实施竣工验收抽查时,发现有违反消防法规和国家工程建设消防技术标准强制性要求或者降低消防施工质量的,应当在 5 日内书面通知(　　)改正。

A. 建设单位　　　　B. 设计单位　　　　C. 施工单位　　　　D. 监理单位

6. 依据《建设工程消防监督管理规定》,下列人员密集场所建设工程中,应当向公安机关消防机构申请消防审计审核和消防验收的是(　　)。

A. 建筑面积 300 平方米的歌舞厅、录像厅、放映厅

B. 建筑总面积 8000 平方米的宾馆、饭店、商场、市场

C. 建筑总面积 10000 平方米的体育场馆、会堂、公共展览馆

D. 建筑总面积 1000 平方米的托儿所、幼儿园的儿童用房

7. 依据《建设工程消防监督管理规定》,对除人员密集场所建设工程和特殊建设工程以外的其他建设工程,建设单位应当在取得施工许可、工程竣工验收合格之日起 7 日内,通过(　　)公安机关消防机构网站的消防设计和竣工验收备案受理系统进行消防设计、竣工验收备案,或者报送纸质备案表由公安机关消防机构录入消防设计和竣工验收备案受理系统。

A. 国家　　　　　　B. 省级　　　　　　C. 市级　　　　　　D. 县级

8. Y 公司开发的一商务楼于 2018 年 6 月 20 日完成竣工验收,该公司随后向公安机关消防机构申请消防设计、竣工验收备案。6 月 30 日,Y 公司被确定为抽查对象并收到公安机关消防机构出具的备案凭证。依据《建设工程消防监督管理规定》,Y 公司应当在(　　)前按照备案项目向公安机关消防机构提供有关申请消防设计审核和竣工验收的材料。

A. 7 月 5 日　　　　B. 7 月 7 日　　　　C. 7 月 10 日　　　　D. 7 月 15 日

9. 甲公司为某建设工程的施工单位。依据《建设工程消防监督管理规定》,下列关于甲公司在该建设工程中消防施工质量和安全责任的说法,正确的是(　　)。

A. 申请建设工程消防设计审核

B. 参加建设单位组织的建设工程竣工验收,对建设工程消防施工质量签字确认

C. 保证在建设工程竣工验收前消防通道、消防水源、消防设施和器材等完好有效

D. 组织建设工程消防验收

10. 依据《建设工程消防监督管理规定》,下列人员密集场所中,建设单位应当向公安机关消防机构申请消防设计审核,并在建设工程竣工后向出具消防设计审核意见的公安机关消防机构申请消防验收的是(　　)。

A. 建筑总面积大于 10000 平方米的客运码头候船厅

B. 建筑总面积大于 8000 平方米的商场

C. 建筑总面积大于 5000 平方米的大学的教学楼

D. 建筑总面积大于 500 平方米的幼儿园的儿童用房

11. 依据《建设工程消防监督管理规定》,下列人员密集场所建设工程,应当向公安机关消防机构申请消防设计审核和消防验收的是(　　)。

A. 建筑总面积 15000 平方米的博物馆

B. 建筑总面积 20000 平方米的客运车站候车室

C. 建筑总面积 3000 平方米的饭店

D. 建筑总面积 900 平方米的托儿所

12. 依据《建设工程消防监督管理规定》,下列消防施工的质量和安全责任,属于施工单位的是(　　)。

A. 依法申请建设工程消防验收,依法办理消防设计和竣工验收备案手续并接受抽查

B. 依法应当经消防设计审核、消防验收的建设工程,未经审核或者审核不合格的,不得组织施工

C. 查验消防产品和具有防火性能要求的建筑构件、建筑材料及装修材料的质量,使用合格产品,保证消防施工质量

D. 实行工程监理的建设工程,应当将消防施工质量一并委托监理

**参考答案:**

| 1. A | 2. B | 3. C | 4. A | 5. A |
|------|------|------|------|------|
| 6. D | 7. B | 8. A | 9. C | 10. C |
| 11. B | 12. C | | | |

### 二、多项选择题

1. 依据《建设工程消防监督管理规定》,对具有(　　　)情形之一的特殊建设工程,建设单位应当向公安机关消防机构申请消防设计审核,并在建设工程竣工后向出具消防设计审核意见的公安机关消防机构申请消防验收。

A. 人员密集场所的建设工程

B. 国家机关办公楼、电力调度楼、电信楼、邮政楼、防灾指挥调度楼、广播电视楼、档案楼

C. 城市轨道交通、隧道工程,大型发电、变配电工程

D. 公园

E. 生产、储存、装卸易燃易爆危险物品的工厂、仓库和专用车站、码头,易燃易爆气体和液体的充装站、供应站、调压站

2. 依据《建设工程消防监督管理规定》,为建设工程消防设计、竣工验收提供图纸审查、安全评估、检测等消防技术服务的机构和人员,应当依法取得相应的资质、资格,按照(　　　)提供消防技术服务,并对出具的审查、评估、检验、检测意见负责。

A. 法律、行政法规　　　　B. 国家标准　　　　　　C. 行业标准

D. 执业准则　　　　　　　E. 地方标准

**参考答案:**

| 1. ABCE | 2. ABCD | | | |
|---------|---------|---|---|---|

# 第十节　建设项目安全设施"三同时"监督管理办法

**大纲要求:**

《建设项目安全设施"三同时"监督管理办法》。依照本办法分析建设项目安全条件论证、安全预评价、安全设施设计审查、施工和竣工验收等方面的有关法律问题,判断违反本办法的行为及应负的法律责任。

注:《建设项目安全设施"三同时"监督管理暂行办法》经 2010 年 12 月 14 日国家安全监管总局令第 36 号公布,根据 2015 年 4 月 2 日国家安全监管总局令第 77 号修正,改名为《建设项目安全设施"三同时"监督管理办法》。

### 一、单项选择题

1. 依据《建设项目安全设施"三同时"监督管理办法》,对高危建设项目和国家、省级重点项

目竣工后作出试运行规定,其试运行的时间应当不少于 30 日,最长不超过(　　)。

    A. 180 日        B. 200 日        C. 250 日        D. 360 日

    2. 依据《建设项目安全设施"三同时"监督管理办法》,已经批准的建设项目安全设施设计发生重大变更,生产经营单位未报原批准部门审查同意擅自开工建设的,(　　),可以并处 1 万元以上 3 万元以下的罚款。

    A. 警告        B. 责令限期改正        C. 停产停业        D. 暂扣建设资质

    3. 某市拟建设食品加工、化工、水泥和汽车制造 4 个重点建设项目。依据《建设项目安全设施"三同时"监督管理办法》,这些建设项目在初步设计阶段都必须编制安全设施设计专篇,其中(　　)建设项目的安全设施设计须经安全生产监管部门审查批准后才能开工建设。

    A. 食品加工厂        B. 化工厂        C. 水泥厂        D. 汽车厂

    4. 根据《建设项目安全设施"三同时"监督管理办法》,在建设项目进行可行性研究阶段,下列建设项目中,不需要对其进行安全预评价的建设项目是(　　)。

    A. 生产、储存烟花爆竹的建设项目        B. 国家冶金重点建设项目

    C. 非煤矿山建设项目        D. 国家体育场馆建设项目

    5. 某单位新建一条大型化工产品生产线,该项目被列为省级重点建设项目。依据《建设项目安全设施"三同时"监督管理办法》,下列关于该建设项目安全生产"三同时"工作的说法中,正确的是(　　)。

    A. 应实施项目安全生产条件和设施综合分析,形成书面报告并报相关部门备案

    B. 应组织本单位专业人员编制项目的安全条件论证报告并报相关部门备案

    C. 应委托有资质的中介机构编制安全预评价报告

    D. 应组织本单位专业人员编制项目的安全评价报告,无须备案

    6. 某农机综合库场扩建项目是县重点建设项目。依据《建设项目安全设施"三同时"监督管理办法》的规定,下列关于该项目在可行性研究阶段安全生产工作要求的说法,正确的是(　　)。

    A. 应对其安全生产条件进行综合分析,形成书面报告备查

    B. 必须对安全生产条件进行论证,并报有关部门审查

    C. 应对该项目进行安全现状评价,并报有关部门审查

    D. 必须分别对安全生产条件进行论证和安全预评价,并报有关部门备案

    7. 依据《建设项目安全设施"三同时"监督管理办法》的规定,下列关于建设项目安全设施施工管理等的说法,正确的是(　　)。

    A. 高危建设项目中的安全设施应当由具有甲级建筑施工资质的单位承建

    B. 监理单位发现施工现场存在事故隐患应当要求施工单位整改

    C. 对危险性较大的分部分项工程,设计单位应当编制专项施工方案

    D. 监理单位对建设项目中的安全设施施工进行监理,并对工程质量和安全负责

    8. 某氧气厂 35000 Nm³/h 制氧机组建设项目竣工后,根据有关规定,在正式投入生产或者使用前需要进行建设项目试运行。依据《建设项目安全设施"三同时"监督管理办法》的规定,该建设项目试运行时间应当不少于 30 日,最长不得超过(　　)。

    A. 60 日        B. 90 日        C. 180 日        D. 210 日

    9. 依据《建设项目安全设施"三同时"监督管理办法》的规定,下列关于省级重点冶金建设项目可行性研究阶段安全生产条件论证和评价的说法,正确的是(　　)。

    A. 对安全生产条件进行论证,不需要进行安全预评价

    B. 不需要对安全生产条件进行论证,但需要进行安全预评价

C. 需要对其安全生产条件进行论证和安全预评价

D. 仅需要对其安全生产条件进行综合分析,形成书面报告并备案

10. 依据《建设项目安全设施"三同时"监督管理办法》的规定,储存危险化学品的建设项目有下列情形之一的,责令停止建设,或者停产停业整顿,限期改正;逾期未改正的,处 50 万元以上 100 万元以下的罚款。下列不属于上述处罚情形的是(　　　)。

A. 没有安全设施设计或者安全设施设计未按照规定报经安全监管部门审查同意,擅自开工的

B. 施工单位未按照批准的安全设施设计施工的

C. 安全设施设计未组织审查,并形成书面审查报告的

D. 投入生产或者使用前,安全设施未经验收合格的

11. 某烟花爆竹生产企业建设项目安全设施未经验收擅自投入生产,被当地安全监管部门责令停止生产、限期改正,但该企业逾期未改正。根据《建设项目安全设施"三同时"监督管理办法》,下列对该企业作出的罚款数额中,符合规定的是(　　　)。

A. 60 万元　　　　　B. 5 万元　　　　　C. 10 万元　　　　　D. 20 万元

**参考答案:**

| 1. A | 2. B | 3. B | 4. D | 5. C |
|------|------|------|------|------|
| 6. A | 7. B | 8. C | 9. C | 10. C |
| 11. A | | | | |

**二、多项选择题**

1. 依据《建设项目安全设施"三同时"监督管理办法》的规定,下列(　　　)建设项目在进行可行性研究时,生产经营单位应当按照国家规定,进行安全预评价。

A. 非煤矿山建设项目

B. 生产、储存危险化学品(包括使用长输管道输送危险化学品)的建设项目

C. 生产、储存烟花爆竹的建设项目

D. 金属冶炼建设项目

E. 小型机械制造企业建设项目

2. 依据《建设项目安全设施"三同时"监督管理办法》的规定,建设项目安全设施设计应当包括(　　　)。

A. 建设项目潜在的危险、有害因素和危险、有害程度及周边环境安全分析

B. 重大危险源分析及检测监控

C. 安全设施设计采取的防范措施

D. 工艺、技术和设备、设施的先进性和可靠性分析

E. 安全设施安全性能论证

**参考答案:**

| 1. ABCD | 2. ABCD | | | |
|---------|---------|--|--|--|

# 第十一节　煤矿企业安全生产许可证实施办法

大纲要求:

《煤矿企业安全生产许可证实施办法》。依照本办法分析煤矿企业安全生产条件、安全生产

许可证的申请和颁发、安全生产许可证的监督管理等方面的有关法律问题,判断违反本办法的行为及应负的法律责任。

## 一、单项选择题

1. 依据《煤矿企业安全生产许可证实施办法》的规定,安全生产许可证的颁发管理工作实行( )的原则。

A. 企业申请、安监审核、一企一证
B. 企业申请、统一发证、监管到位
C. 企业申请、两级发证、属地监管
D. 企业申请、政府检查、网上办理

2. 某煤矿企业在办理安全生产许可证时,被告知不符合安全生产条件。依据《煤矿企业安全生产许可证实施办法》的规定,下列该煤矿企业不符合的条件包括( )。

A. 有井下劳动组织定员,井下作业人员入井前检身并清点人数、出井清点人数,矿领导带班下井

B. 安全生产费用按照有关规定足额提取,使用时用于本矿区通风设备的改造,并为集团公司领导办公室购买 10 台空调设备

C. 有制定重大危险源检测、评估和监控措施

D. 建立了工伤保险缴纳制度,查证有为从业人员缴纳的工伤保险费

3. 依据《煤矿企业安全生产许可证实施办法》的规定,煤矿安全生产许可证颁发管理机关应当对有关人员提出的审查意见进行讨论,并在受理申请之日起( )内作出颁发或者不予颁发安全生产许可证的决定。

A. 15 个工作日      B. 30 个自然日      C. 30 个工作日      D. 45 个工作日

**参考答案:**

| 1. C | 2. B | 3. D | | |
|------|------|------|---|---|

## 二、多项选择题

1. 依据《煤矿企业安全生产许可证实施办法》的规定,以下煤矿企业在安全检查时发现的隐患包括( )。

A. 井下有两个通向地面的安全出口,两个安全出口是独立的通道,不相连接

B. 每两年进行了瓦斯等级、煤层自燃倾向性和煤尘爆炸危险性鉴定,符合有关要求

C. 煤矿井内有完整的独立通风系统,掘进工作面连接该通风系统,并定期进行性能检测

D. 矿井有安全监控系统,传感器的设置、报警和断电设施符合规定

E. 配备了足够的专职瓦斯检查人员和瓦斯检测仪器,由本企业专业人员进行检测鉴定

2. 依据《煤矿企业安全生产许可证实施办法》的规定,煤矿企业在安全生产许可证有效期内符合以下条件( )。

A. 严格遵守有关安全生产的法律法规和本实施办法

B. 接受安全生产许可证颁发管理机关及煤矿安全监察机构的监督检查

C. 未存在严重违法行为纳入安全生产不良记录"黑名单"管理

D. 未发生生产安全死亡事故

E. 煤矿安全质量标准化等级达到三级标准

**参考答案:**

| 1. BCE | 2. ABCD | | | |
|--------|---------|---|---|---|

# 第十二节　煤矿建设项目安全设施监察规定

**大纲要求：**

《煤矿建设项目安全设施监察规定》。依照本规定分析煤矿建设项目的安全评价、设计审查、施工和联合试运转、竣工验收等方面的有关法律问题，判断违反本规定的行为及应负的法律责任。

## 一、单项选择题

1. 依据《煤矿建设项目安全设施监察规定》，设计或者新增的生产能力在120万吨/年以上的井工煤矿建设项目和400万吨/年以上的露天煤矿建设项目，由(　　)负责设计审查和竣工验收。

A. 煤矿安全监察办事处

B. 省级煤矿安全监察机构

C. 省、自治区人民政府指定的负责煤矿安全监察工作的部门

D. 国家煤矿安全监察局

2. 依据《煤矿建设项目安全设施监察规定》，承担煤矿建设项目安全评价的安全中介机构，应当按照规定的标准和程序进行评价，提出安全评价报告，安全评价报告应在(　　)内报煤矿安全监察机构备案。

A. 15日　　　　　　　B. 20日　　　　　　　C. 30日　　　　　　　D. 60日

3. 依据《煤矿建设项目安全设施监察规定》，煤矿建设项目的安全设施设计应当包括(　　)。

A. 建设项目危险有害因素辨识

B. 煤矿水、火、瓦斯、煤尘、顶板等主要灾害的防治措施

C. 煤矿周边其他项目的危险有害因素的论证和预防措施

D. 推荐购买安全设施设备的供应商

**参考答案：**

| 1. D | 2. C | 3. B | | |
|------|------|------|------|------|

## 二、多项选择题

1. 依据《煤矿建设项目安全设施监察规定》，煤矿建设项目应当进行安全评价，其初步设计应当按规定编制安全专篇，安全专篇应包括(　　)。

A. 安全设施的论证　　　B. 安全条件的论证　　　C. 安全设施的设计

D. 安全技术方案　　　E. 安全管理措施

2. A市拟建一个煤矿，已经取得土地征用和规划许可。建设单位已委托设计单位进行了初步设计，因为事先已完成了安全预评价报告，所以初步设计中省略了安全设施设计专篇。依据《煤矿建设项目安全设施监察规定》，该煤矿建设项目应当(　　)。

A. 可以用安全预评价报告代替安全设施设计专篇

B. 不可以用安全预评价代替安全设施设计专篇

C. 应该在初步设计中完成安全设施设计专篇

D. 煤矿建设项目在可行性研究阶段，应当进行安全预评价

E. 将安全预评价作为安全设施设计专篇的补充

3. 依据《煤矿建设项目安全设施监察规定》，煤矿建设项目安全预评价报告应当包括(　　)。

A. 主要危险、有害因素和危险程度以及公共安全影响的定性、定量评价

B. 预防和控制的可能性评价

C. 建设项目可能造成职业危害的评价

D. 存在的安全问题和解决问题的建议

E. 安全对策措施、安全设施设计原则以及评价结论

参考答案：

| 1. BC | 2. BCD | 3. ABCE | | |
|-------|--------|---------|--|--|

# 第十三节　煤矿安全规程

大纲要求：

《煤矿安全规程》。依照本规程分析煤矿企业安全生产、应急救援等方面的要求，判断违反本规程的行为。

**一、单项选择题**

1. 依据《煤矿安全规程》的规定，煤矿企业必须加强安全生产管理，建立健全各级负责人、各部门、各岗位安全生产与职业病危害防治责任制。煤矿企业必须建立健全安全生产与职业病危害防治目标管理、投入、奖惩、技术措施审批、培训、（　　）制度，安全检查制度，事故隐患排查、治理、报告制度，事故报告与责任追究制度，以及建立健全各种设备、设施检查维修制度，定期进行检查维修，并做好记录。

　　A. 考核　　　　　　B. 奖惩　　　　　　C. 持证上岗　　　　D. 办公会议

2. 依据《煤矿安全规程》的规定，煤矿安全生产与职业病危害防治工作必须实行（　　）。

　　A. 岗位职责　　　　B. 双管齐下　　　　C. 群众监督　　　　D. 党政同责

3. 一家煤矿在组织从业人员进行入井清点时，井内工人大声喧哗，通报井内有异常情况，这时被派入清点的从业人员拒绝下井，并擅自撤到安全地点。该煤矿管理人员随后进行了井内安全检查，没有发现险情继续发展。因为井内工人的喧哗影响了当天的入井作业，该煤矿决定对擅自离岗的从业人员和井内脱岗人员进行经济处罚。请问以下正确的是（　　）。

　　A. 该煤矿实行的日工资，对没有作业的人员可以扣发当天工资

　　B. 安全隐患没有继续发展，应该服从下井作业，不服从下井的人员扣发当天工资

　　C. 井下工人谎报异常，应该对谎报人员进行经济处罚

　　D. 安全隐患没有得到处理不能保证人身安全时，有权拒绝作业，不得扣发当天工资

4. 依据《煤矿安全规程》的规定，煤矿使用的纳入安全标志管理的产品，必须取得（　　）标志，未取得的，不得使用。

　　A. 国家安全产品　　　　　　　　　B. 三证一标

　　C. 安全质量认证　　　　　　　　　D. 煤矿矿用产品安全

5. 依据《煤矿安全规程》的规定，煤矿企业必须编制年度灾害预防和处理计划，并根据具体情况及时修改。请问煤矿企业灾害预防和处理计划由（　　）负责组织实施。

　　A. 矿长　　　　　　　　　　　　　B. 主管安全的副矿长

　　C. 安全生产监督管理负责人　　　　D. 安全员

6. 依据《煤矿安全规程》的规定,涉及安全生产的新技术、新工艺必须经过论证并制定安全措施,煤矿企业的新设备、新材料必须经过(　　)检验,取得(　　)安全标志。

A. 强度性能　三证一标

B. 安全性能　产品工业性试验

C. 产品质量安全　出厂检验合格证

D. 产品耐用性能　产品质量

7. 依据《煤矿安全规程》的规定,入井(场)人员必须戴安全帽等个体防护用品,穿戴(　　)工作服。入井(场)人员前严禁饮酒,必须随身携带自救器、标识卡和矿灯,严禁携带烟草和点火物品,严禁穿化纤衣服。

A. 纯棉的

B. 紧袖口、紧下摆的

C. 有反光标识的

D. 防静电的

8. 依据《煤矿安全规程》的规定,煤矿必须结合实际情况开展的安全工作,必须由矿总工程师组织审定的是(　　)。

A. 编制的建井(矿)地质报告

B. 每5年修编矿井地质报告

C. 隐蔽致灾地质因素普查或探测工作,并提出报告

D. 煤矿必须建立的矿井安全避险系统

**参考答案:**

| 1. D | 2. C | 3. D | 4. D | 5. A |
|------|------|------|------|------|
| 6. B | 7. C | 8. C |      |      |

## 二、多项选择题

1. 依据《煤矿安全规程》的规定,(　　)统称为煤矿企业。煤矿企业必须遵守国家有关安全生产的法律、法规、规章、规程、标准和技术规范。

A. 煤炭生产企业　　　　　B. 煤炭经营企业　　　　　C. 煤矿运输企业

D. 煤矿建设企业　　　　　E. 煤矿勘探机构

2. 依据《煤矿安全规程》的规定,井工煤矿必须按规定填绘反映实际情况的(　　)。

A. 矿井地质图和水文地质图

B. 井上、下对照图、巷道布置图

C. 采掘工程平面图、安全监控布置图和断电控制图、人员位置监测系统图

D. 通风、井下运输系统图

E. 边坡监测系统平面图

3. 依据《煤矿安全规程》的规定,露天煤矿必须按规定填绘反映实际情况的(　　)。

A. 地形地质图、工程地质平面图、断面图

B. 综合水文地质图

C. 采剥、排土工程平面图和运输系统图

D. 供配电、通信、防排水系统图

E. 井下避灾路线图

4. 依据《煤矿安全规程》的规定,煤矿闭坑前,煤矿企业必须编制闭坑报告,并报省级煤炭行业管理部门批准。矿井闭坑报告必须有完善的各种地质资料,在相应图件上标注(　　)以及地面沉陷区等。

A. 采空区、煤柱　　　　　　　　　　　　　　B. 井筒、巷道

C. 供配电、通信、防排水系统位置      D. 火区

E. 井下避灾路线

**参考答案：**

| 1. AD | 2. ABCD | 3. ABCD | 4. ABD | |
|-------|---------|---------|--------|---|

# 第十四节 煤矿安全培训规定

**大纲要求：**

《煤矿安全培训规定》。依照本规定分析煤矿企业从业人员安全培训、考核、发证及监督管理等方面的有关法律问题，判断违反本规定的行为及应负的法律责任。

**一、单项选择题**

1. 《煤矿安全培训规定》提高了煤矿企业从业人员的准入条件，将煤矿矿长、副矿长、总工程师、副总工程师以及安全生产管理机构负责人的任职条件实行统一标准，不再按（ ）进行划分。

A. 企业从业人数      B. 运行经营状况

C. 生产效益      D. 生产能力

2. 依据《煤矿安全培训规定》，新任职的所有煤矿矿长、副矿长、总工程师、副总工程师应当具备煤矿相关专业大专及以上学历，具有（ ）以上煤矿相关工作经历。

A. 1年    B. 2年    C. 3年    D. 5年

3. 依据《煤矿安全培训规定》，煤矿安全培训工作实行"归口管理、分级实施、统一标准、（ ）"的原则。

A. 理论与实操相结合      B. 统一命题

C. 资格评定      D. 教考分离

4. 某煤矿企业依据《煤矿安全培训规定》，建立完善安全培训管理制度，配备专职安全培训管理人员，按照国家规定的比例提取教育培训经费。该煤矿企业应该在教育经费总额中提取（ ）比例专门用于安全培训。

A. 80%    B. 60%    C. 40%    D. 20%

5. 某煤矿企业为了提高从业人员的知识结构水平，提高新入职员工的基本条件，提出变招工为招生，新招的井下作业人员必须是技工学校或者中等专业学校的煤矿专业的毕业生，对没有初中文化程度的井下工人必须参加职工夜校补习文化和专业课，经考试合格后才能重新上岗。请问该煤矿企业的做法是否正确（ ）。

A. 符合《煤矿安全培训规定》      B. 不符合《煤矿安全培训规定》

C. 企业可以自主决定      D. 企业应该报请当地煤矿监督机构批准

**参考答案：**

| 1. D | 2. C | 3. D | 4. C | 5. A |
|------|------|------|------|------|

**二、多项选择题**

1. 《煤矿安全培训规定》所称的煤矿企业安全生产管理人员，是指煤矿企业分管安全生产

工作的副董事长、副总经理、（　　）等。

  A. 副局长、副矿长      B. 总工程师、副总工程师

  C. 技术负责人        D. 人力资源负责人

  E. 生产、技术、通风、机电、运输、调度等职能部门（含煤矿矿、井、区、科、队）的负责人

  2. 依据《煤矿安全培训规定》，煤矿从业人员应当符合下列哪些基本条件（　　）。

  A. 身体健康，无职业禁忌症

  B. 年满 18 周岁且不超过国家法定退休年龄

  C. 具有小学以上的文化程度

  D. 具有初中以上的文化程度

  E. 法律、行政法规规定的其他条件

  3. 依据《煤矿安全培训规定》，生产能力或者核定能力解超过 30 万吨的煤矿，且煤与瓦斯突出矿，矿长、副矿长、总工程师、技术分类人的学历和煤矿相关工作年限要求（　　）。

  A. 相关专业中专及以上学历，有煤矿安全生产相关工作经历 2 年

  B. 相关专业中专及以上学历，有煤矿安全生产相关工作经历 3 年

  C. 年龄不超过国家法定退休年龄、有煤矿相关工作经历 3 年以上

  D. 具备煤矿相关专业大专及以上学历，有煤矿相关工作经历 3 年

  E. 具备高中及以上文化程度、有煤矿安全生产相关工作经历 3 年以上

**参考答案：**

| 1. ABCE | 2. ABDE | 3. CD | | |
|---------|---------|-------|--|--|

# 第十五节　非煤矿矿山企业安全生产许可证实施办法

大纲要求：

《非煤矿矿山企业安全生产许可证实施办法》。依照本办法分析非煤矿矿山企业应具备的安全生产条件和安全生产许可证的申请、受理、审核和颁发、延期和变更、监督管理等方面的有关法律问题，判断违反本办法的行为及应负的法律责任。

**一、单项选择题**

  1. 金属非金属矿山企业从事爆破作业的，在申请领取安全生产许可证时，除提供《非煤矿矿山企业安全生产许可证实施办法》第八条规定的相应文件、资料外，还要提交（　　）。

  A.《安全预评价报告》     B.《安全验收评价报告》

  C.《地质勘查报告》      D.《爆破作业单位许可证》

  2. 依据《非煤矿矿山企业安全生产许可证实施办法》的规定，非煤矿矿山企业总部申请领取安全生产许可证时，不需要提交的是（　　）。

  A. 安全生产许可证申请书

  B. 工商营业执照复印件

  C. 采矿许可证复印件

  D. 主要负责人和安全生产管理人员安全资格证书复印件

  3. 一非煤矿矿山企业在 3 月 25 日申请安全生产许可证时，在提交的材料中缺少企业为从

业人员缴纳工伤保险费的证明,在3月30日得到受理机关的通知,该企业当天就将为从业人员缴纳工伤保险费的证明材料送到受理机关,受理机关在4月8日和4月9日到现场进行了复核。依据《非煤矿矿山企业安全生产许可证实施办法》的规定,受理机关应该在(　　)作出颁发或者不予颁发安全生产许可证的决定。

A. 4月30日前　　　　B. 5月15日前　　　　C. 5月16日前　　　　D. 5月30日前

**参考答案:**

| 1. D | 2. C | 3. C |
|------|------|------|

**二、多项选择题**

1. 一家尾矿库企业需要延期安全生产许可证。依据《非煤矿矿山企业安全生产许可证实施办法》的规定,安全生产许可证有效期为3年。该企业应当在安全生产许可证有效期届满前3个月向原安全生产许可证颁发管理机关申请办理延期手续,并应提交的文件、资料包括(　　)。

A. 延期申请书

B. 安全生产许可证正本和副本

C. 具有相应资质的安全评价机构出具的合格的安全现状评价报告

D. 银行担保证明

E. 安全质量、职业健康体系文件

2. 一家非煤矿矿山企业需要申请变更安全生产许可证,依据《非煤矿矿山企业安全生产许可证实施办法》的规定,应当向原颁发安全生产许可证机关提交的资料包括(　　)。

A. 变更申请书及变更说明材料　　　　　B. 安全生产许可证正本和副本

C. 变更后的工商营业执照　　　　　　　D. 采矿许可证复印件

E. 从业人员身份证明材料

**参考答案:**

| 1. ABC | 2. ABCD | | | |
|--------|---------|---|---|---|

# 第十六节　非煤矿山外包工程安全管理暂行办法

**大纲要求:**

《非煤矿山外包工程安全管理暂行办法》。依照本办法分析非煤矿山外包工程发包单位的安全生产职责、承包单位的安全生产职责、监督管理等方面的有关法律问题,判断违反本办法的行为及应负的法律责任。

**一、单项选择题**

1. 依据《非煤矿山外包工程安全管理暂行办法》的规定,金属非金属矿山总发包单位对地下矿山一个生产系统进行分项发包的,承包单位原则上(　　),避免相互影响生产、作业安全。

A. 不得超过3家　　　　　　　　　　　B. 可以由3家组成联合体

C. 承包单位不能进行分包　　　　　　　D. 必须由承包单位监管

2. 依据《非煤矿山外包工程安全管理暂行办法》的规定,非煤矿山外包单位发生事故的,其事故数据纳入(　　)的统计范围。

A. 外包单位　　　　　　　　　　　B. 建设项目

C. 发包单位　　　　　　　　　　　D. 当地县级人民政府

3. 依据《非煤矿山外包工程安全管理暂行办法》的规定,承包单位发生重大以上事故的,事故发生地省级人民政府安全生产监督管理部门应当邀请(　　)参加事故调查处理工作。

A. 上级安全生产监督管理部门　　　B. 承包单位安全生产许可证颁发机关

C. 发包单位安全生产主要负责人　　D. 当地县级人民政府主要领导

**参考答案:**

| 1. A | 2. C | 3. B | | |
|------|------|------|--|--|

## 二、多项选择题

1. 依据《非煤矿山外包工程安全管理暂行办法》的规定,承包地下矿山工程的项目部应当配备与工程施工作业相适应的专职工程技术人员,其要求(　　)。

A. 至少有 1 名注册安全工程师

B. 具有 5 年以上井下工作经验的安全生产管理人员

C. 项目部具备初中以上文化程度的从业人员比例不低于 50%

D. 具有 3 年以上井下工作经验的安全生产管理人员

E. 项目部具备高中以上文化程度的从业人员比例不低于 50%

2. 一家金属矿山企业在接受非煤矿山安全生产监督管理部门的检查中发现,井下主通风、主供风和主提升系统均存在安全隐患,被要求立即整改。金属矿山企业因近期生产任务重,不能停产整改,但为了尽快完成整改,在正常生产期间将主通风、主供风和主提升系统分项发包给 3 个专业维修队伍进行维修。依据《非煤矿山外包工程安全管理暂行办法》的规定,该金属矿山企业的做法正确的是(　　)。

A. 在正常生产期间不得将主通风、主供风和主提升系统进行分项发包

B. 在正常生产期间,做好安全防范措施后,可以将主通风、主供风和主提升系统进行分项发包

C. 必须停产,对主通风、主供风和主提升系统进行维修

D. 报请非煤矿山安全生产监督管理部门,要求坚持继续生产,待完成部分任务后再停产维修

E. 经非煤矿山安全生产监督管理部门批准,可以边生产、边维修

**参考答案:**

| 1. ABC | 2. AC | | |
|--------|-------|--|--|

# 第十七节　尾矿库安全监督管理规定

**大纲要求:**

《尾矿库安全监督管理规定》。依照本规定分析尾矿库建设、运行、回采和闭库、监督管理等方面的有关法律问题,判断违反本规定的行为及应负的法律责任。

## 一、单项选择题

1. 依据《尾矿库安全监督管理规定》,尾矿库建设、运行、回采、闭库的安全技术要求以及尾

矿库等别划分标准,按照(　　)执行。

A. 《煤矿安全规程》

B. 《尾矿库安全标准化评定标准》

C. 《金属非金属矿山安全生产标准化规范　尾矿库实施指南》

D. 《尾矿库安全技术规程》

2. 依据《尾矿库安全监督管理规定》,直接从事尾矿库放矿、筑坝、巡坝、排洪和排渗设施操作的作业人员必须取得(　　),方可上岗作业。

A. 尾矿库安全操作上岗证书　　　　　　B. 安全生产培训合格证书

C. 特种作业操作证书　　　　　　　　　D. 尾矿库安全生产标准化考试合格证书

3. 依据《尾矿库安全监督管理规定》,尾矿库施工中需要对设计进行局部修改的,应当经原设计单位同意;对涉及尾矿库库址、等别、排洪方式、尾矿坝坝型等重大设计变更的,应当报(　　)批准。

A. 原设计单位　　　　　　　　　　　　B. 原审批部门

C. 煤矿安全检测机构　　　　　　　　　D. 煤矿安全监督管理部门

4. 依据《尾矿库安全监督管理规定》,安全生产监督管理部门应当严格按照有关法律、行政法规、国家标准、行业标准以及本规定要求和(　　)的原则,进行尾矿库建设项目安全设施设计审查;不符合规定条件的,不得批准。审查不得收取费用。

A. 属地管理　　　　B. 分级属地　　　　C. 分级监督　　　　D. 管辖管理

**参考答案:**

| 1. D | 2. C | 3. B | 4. B | |
|------|------|------|------|---|

## 二、多项选择题

1. 依据《尾矿库安全监督管理规定》,鼓励生产经营单位应用尾矿库(　　)、尾矿综合利用等先进实用技术。

A. 环境保护　　　B. 综合治理　　　C. 在线监测　　　D. 尾矿充填　　　E. 干式排尾

2. 依据《尾矿库安全监督管理规定》,(　　)尾矿库应当安装在线监测系统。

A. 一等　　　　B. 二等　　　　C. 三等　　　　D. 四等　　　　E. 五等

3. 依据《尾矿库安全监督管理规定》,尾矿库建设项目应当进行安全设施设计,应对尾矿库库址及(　　)的可靠性进行充分论证。

A. 尾矿坝稳定性　　　　　B. 尾矿库防洪能力　　　　C. 尾矿库安全监控

D. 尾矿库应急管理　　　　E. 排洪设施和安全观测设施

4. 依据《尾矿库安全监督管理规定》,对生产运行的尾矿库,未经技术论证和安全生产监督管理部门的批准,任何单位和个人不得对下列哪些事项进行变更(　　)。

A. 筑坝方式、排放方式、尾矿物化特性

B. 坝型、坝外坡坡比、最终堆积标高和最终坝轴线的位置

C. 坝体防渗、排渗及反滤层的设置

D. 排洪系统的型式、布置及尺寸

E. 设计以内的尾矿废水进库量

**参考答案:**

| 1. CDE | 2. ABC | 3. ABE | 4. ABCD | |
|--------|--------|--------|---------|---|

# 第十八节　冶金企业和有色金属企业安全生产规定

**大纲要求：**

《冶金企业和有色金属企业安全生产规定》。依照本规定分析冶金企业和有色金属企业的安全生产保障、监督管理等方面的有关法律问题,判断违反本规定的行为及应负的法律责任。

## 一、单项选择题

1.《冶金企业和有色金属企业安全生产规定》所称金属冶炼,是指(　　)的生产活动。

A. 从事黑色金属冶炼及压延加工业等生产活动的企业

B. 从事有色金属冶炼及压延加工业等生产活动的企业

C. 从事冶金企业和有色金属企业,达到国家规定规模(体量)的高温熔融金属及熔渣(统称高温熔融金属)

D. 从事有色金属企业(不含冶金企业)

2. 某有色金属企业下属分支机构由于安全生产管理松懈,安全责任不落实,安全生产教育不到位,发生一起安全生产责任事故。依据《冶金企业和有色金属企业安全生产规定》,该企业应当承担(　　)。

A. 安全生产事故的全部责任　　　　B. 安全生产事故的连带责任

C. 安全生产责任主体,管理责任　　D. 安全生产监管责任

3. 依据《冶金企业和有色金属企业安全生产规定》,企业主要负责人应当每年向股东会或者职工代表大会报告本企业(　　),接受股东和从业人员对安全生产工作的监督。

A. 安全生产费用列支情况　　　　　B. 安全生产隐患排查情况

C. 安全生产状况　　　　　　　　　D. 安全生产工作规划

4. 一家金属冶炼企业,现有管理人员24人,一线从业人员380人。依据《冶金企业和有色金属企业安全生产规定》,该企业设置安全生产管理机构、配备安全生产管理人员的正确做法是(　　)。

A. 应当设置安全生产管理机构,配备不少于3人的专职安全生产管理人员

B. 应当设置安全生产管理机构,配备不少于5人的专职安全生产管理人员

C. 应当设置安全生产管理机构或者配备一定数量的专职安全生产管理人员

D. 应当设置安全生产管理机构或者配备一定数量的兼职安全生产管理人员

5. 依据《冶金企业和有色金属企业安全生产规定》,企业主要负责人、安全生产管理人员应当接受安全生产教育和培训,具备与本企业生产经营活动相适应的安全生产知识和管理能力。其中,存在金属冶炼工艺的企业的主要负责人、安全生产管理人员自任职之日起(　　)个月内,必须接受负有冶金有色安全生产监管职责的部门对其进行的安全生产知识和管理能力考核,并考核合格。

A. 2　　　　　　　　B. 3　　　　　　　　C. 6　　　　　　　　D. 12

6. 依据《冶金企业和有色金属企业安全生产规定》,企业对生产过程中存在二氧化硫、氯气、砷化氢、氟化氢等有毒有害气体的工作场所,应当采取防止人员中毒的措施。企业对存在铅、镉、铬、砷、汞等重金属蒸气、粉尘的作业场所,应当采取(　　)措施。

A. 厂房有效通风的　　　　　　　　B. 个体安全防护的

C. 预防中毒的          D. 预防重金属中毒的

**参考答案:**

| 1. C | 2. C | 3. C | 4. A | 5. C |
|------|------|------|------|------|
| 6. D |      |      |      |      |

### 二、多项选择题

1. 依据《冶金企业和有色金属企业安全生产规定》,企业应当对本企业存在的各类危险因素进行辨识,在有较大危险因素的场所和设施、设备上,按照有关国家标准、行业标准的要求设置(    ),并定期进行检查维护。对于辨识出的重大危险源,企业应当登记建档、监测监控,定期检测、评估,制定应急预案并定期开展应急演练。企业应当将重大危险源及有关安全措施、应急预案报(    )备案。

A. 中文使用说明书          B. 安全警示标志

C. 属地应急管理部门          D. 属地安全生产监督管理部门

E. 有关地方人民政府负有冶金有色安全生产监管职责的部门

2. 依据《冶金企业和有色金属企业安全生产规定》,企业对涉及煤气、氧气、氢气等易燃易爆危险化学品生产、输送、使用、储存的设施以及油库、电缆隧道(沟)等重点防火部位,应当按照有关规定采取有效、可靠的防火、防爆和防泄漏措施。企业对具有爆炸危险环境的场所,应当按照国家标准(    )设置自动检测报警和防灭火装置。

A. 《建筑设计防火规范》(GB 50016)

B. 《常用危险化学品的分类及标志》(GB 13690)

C. 《电气装置安装工程 爆炸和火灾危险环境电气装置施工及验收规范》(GB 50257)

D. 《爆炸性气体环境用电气设备》(GB 3836)

E. 《爆炸危险环境电力装置设计规范》(GB 50058)

3. 依据《冶金企业和有色金属企业安全生产规定》,企业应当建立有限空间、动火、高处作业、能源介质停送等较大危险作业和检修、维修作业审批制度,实施"两票制"管理。两票指的是(    )。

A. 申报单     B. 审批票     C. 执行票     D. 工作票     E. 操作票

4. 一家有色金属冶炼企业在接受有关地方人民政府负有冶金有色安全生产监管职责的部门的安全生产检查时,发现该企业使用国家明令禁止、淘汰的设备,并且将该设备进行了改造,严重不符合安全技术性能。依据《冶金企业和有色金属企业安全生产规定》,该企业使用的这台设备构成生产安全事故隐患,上述有关部门责令其立即停止使用,限期整改,消除事故隐患。一个月内再次复查该企业时发现其拒不执行,继续使用该设备,有关部门责令其停产停业整顿,并处该企业(    )的罚款,并对该企业直接负责的主管人员和其他直接责任人员处(    )的罚款。

A. 5 万元以上 10 万元以下

B. 10 万元以上 20 万元以下

C. 10 万元以上 50 万元以下

D. 1 万元以上 2 万元以下

E. 2 万元以上 5 万元以下

**参考答案:**

| 1. BE | 2. DE | 3. DE | 4. CE | |
|-------|-------|-------|-------|--|

# 第十九节　烟花爆竹生产企业安全生产许可证实施办法

大纲要求：

《烟花爆竹生产企业安全生产许可证实施办法》。依照本办法分析烟花爆竹生产企业申请安全生产许可证的条件和安全生产许可证的申请、颁发、变更、延期、监督管理等方面的有关法律问题，判断违反本办法的行为及应负的法律责任。

## 一、单项选择题

1. 依据《烟花爆竹生产企业安全生产许可证实施办法》的规定，安全生产许可证的颁发和管理工作实行企业申请、（　　）的原则。

A. 分级发证、行业监管　　　　　　　　B. 一级发证、属地监管

C. 省级发证、属地监管　　　　　　　　D. 安监发证、公安监管

2. 一家烟花爆竹生产企业，变更了企业主要负责人，在 2 年内未办理安全生产许可证变更手续。依据《烟花爆竹生产企业安全生产许可证实施办法》的规定，发证机关应当对其进行限期改正，并处（　　）罚款。

A. 5000 元以上 1 万元以下　　　　　　B. 1 万元以上 2 万元以下

C. 1 万元以上 3 万元以下　　　　　　D. 2 万元以上 5 万元以下

3. 依据《烟花爆竹生产企业安全生产许可证实施办法》的规定，发证机关受理申请后，应当结合初审意见，组织有关人员对申请文件、资料进行审查。需要到现场核查的，应当指派（　　）以上工作人员进行现场核查；对从事黑火药、引火线、礼花弹生产的企业，应当指派（　　）以上工作人员进行现场核查。

A. 2 名　2 名　　　　B. 2 名　3 名　　　　C. 3 名　3 名　　　　D. 3 名　4 名

参考答案：

| 1. B | 2. C | 3. A | | |
|---|---|---|---|---|

## 二、多项选择题

1. 依据《烟花爆竹生产企业安全生产许可证实施办法》的规定，企业在安全生产许可证有效期内有下列情形之一的，应当申请变更安全生产许可证的是（　　）。

A. 改建、扩建烟花爆竹生产（含储存）设施的

B. 变更产品类别、级别范围的

C. 变更企业注册资金的

D. 变更企业主要负责人的

E. 变更企业名称的

2. 依据《烟花爆竹生产企业安全生产许可证实施办法》的规定，烟花爆竹生产企业应当设置安全生产管理机构，配备专职安全生产管理人员，并符合下列要求（　　）。

A. 确定安全生产主要负责人

B. 确定安全生产主管人员

C. 建立健全安全生产规章制度和安全操作规程

D. 配备占本企业从业人员总数 1％以上且至少有 2 名专职安全生产管理人员

E. 配备占本企业从业人员总数 5％以上的兼职安全员

**参考答案：**

| 1. ABDE | 2. BDE | | | |
|---|---|---|---|---|

# 第二十节　烟花爆竹经营许可实施办法

**大纲要求：**

《烟花爆竹经营许可实施办法》。依照本办法分析烟花爆竹经营许可证的申请、审查、颁发、监督管理等方面的有关法律问题，判断违反本办法的行为及应负的法律责任。

**一、单项选择题**

1. 依据《烟花爆竹经营许可实施办法》的规定，发证机关应当自受理申请之日起 30 个工作日内作出颁发或者不予颁发批发许可证的决定。对决定不予颁发的，应当自作出决定之日起（　　）内书面通知申请人并说明理由。

A. 5 个工作日　　　　　　　　　　　　B. 10 个工作日

C. 10 个日历日　　　　　　　　　　　D. 15 个工作日

2. 一家烟花爆竹经营单位将烟花爆竹经营许可证出租给他人进行烟花爆竹的经营。依据《烟花爆竹经营许可实施办法》的规定，责令其停止违法行为，处（　　）罚款，并依法撤销其烟花爆竹经营许可证。

A. 5000 元以上 1 万元以下　　　　　　B. 1 万元以上 2 万元以下

C. 1 万元以上 3 万元以下　　　　　　D. 2 万元以上 5 万元以下

3. 依据《烟花爆竹经营许可实施办法》的规定，零售许可证的有效期限由发证机关确定，最长不超过（　　）年。

A. 1　　　　　　　B. 2　　　　　　　C. 3　　　　　　　D. 5

**参考答案：**

| 1. B | 2. C | 3. B | |
|---|---|---|---|

**二、多项选择题**

1. 依据《烟花爆竹经营许可实施办法》的规定，烟花爆竹经营单位的布点，应当按照保障安全、统一规划、（　　）的原则审批。

A. 合理布局　　　B. 总量控制　　　C. 适当调控　　　D. 适度竞争　　　E. 安全经营

2. 依据《烟花爆竹经营许可实施办法》的规定，零售经营者应当符合下列条件（　　）。

A. 符合所在地烟花爆竹零售经营布点规划

B. 主要负责人经过安全培训合格，销售人员经过安全知识教育

C. 春节期间零售点、城市长期零售点实行专店销售

D. 零售场所的面积不小于 20 平方米，其周边 100 米范围内没有其他烟花爆竹零售点，并与学校、幼儿园、医院、集贸市场等人员密集场所和加油站等易燃易爆物品生产、储存设施等重点建筑物保持 100 米以上的安全距离

E. 零售场所配备必要的消防器材,张贴明显的安全警示标志

3. 依据《烟花爆竹经营许可实施办法》的规定,指出以下对烟花爆竹批发企业有关规定正确的是(　　)。

A. 不得在城市建成区内设立烟花爆竹储存仓库

B. 不得在批发(展示)场所摆放有药样品

C. 严格控制城市建成区内烟花爆竹零售点数量

D. 烟花爆竹零售点不得与居民居住场所设置在同一建筑物内

E. 将黑火药、引火线的采购、销售记录报所在地县级安全监管部门备案

**参考答案:**

| 1. ABD | 2. ABCE | 3. ABE | | |
|---|---|---|---|---|

# 第二十一节　烟花爆竹生产经营安全规定

**大纲要求:**

《烟花爆竹生产经营安全规定》。依照本规定分析烟花爆竹生产经营单位的安全生产保障、监督管理等方面的有关法律问题,判断违反本规定的行为及应负的法律责任。

**一、单项选择题**

1. 依据《烟花爆竹生产经营安全规定》,烟花爆竹生产企业的涉药生产环节采用新工艺、使用新设备前,应当组织具有相应能力的安全评价机构、专家进行(　　)。

A. 安全预评价　　　　　　　　　　B. 安全现状评价

C. 安全验收评价　　　　　　　　　D. 安全性能、安全技术要求论证

2. 依据《烟花爆竹生产经营安全规定》,烟花爆竹生产企业、批发企业应当加强日常安全检查,采取安全监控、巡查检查等措施,及时发现、纠正违反安全操作规程和规章制度的行为。以下错误的是(　　)。

A. 生产企业规定危险品操作工房内不得超过3人

B. 生产企业规定危险品操作工房内存放危险品应当是当班用量

C. 生产企业因扩大生产欲扩大工(库)房,安全生产管理人员坚持禁止擅自改变工(库)房设计用途

D. 一名危险品操作工因家里有急事不能到岗,自己找了同工房的同事换班

**参考答案:**

| 1. D | 2. D | | | |
|---|---|---|---|---|

**二、多项选择题**

1. 一家烟花爆竹生产企业通过生产作业的监控系统发现一名装药工人自制了一个装药工具并携带到工作场所进行使用。对此行为车间技术管理人员认为是一项技术创新,给予表扬;车间安全管理人员认为是违反《烟花爆竹生产经营安全规定》,应当禁止此行为并给予处罚。请问以下正确的是(　　)。

A. 此行为是生产工艺技术进步,可以采用本质安全的工具

B. 因使用的是安全、环保的生产原材料,可以使用自制工具

C. 禁止从业人员自行携带工具进入企业从事生产作业

D. 车间安全管理人员建议进行生产工艺改造,采用自动化程度高的装药设备

E. 企业采纳了车间技术管理人员的建议

2. 依据《烟花爆竹生产经营安全规定》,烟花爆竹生产企业、批发企业应当不断完善安全生产基础设施,持续保障和提升安全生产条件。以下哪些是正确的( )。

A. 防雷设施确保符合相关国家标准或者行业标准的规定

B. 防范静电危害的措施应当符合相关国家标准或者行业标准的规定

C. 扩大生产、储存规模投入生产前,应当对企业的总体布局、工艺流程、危险性工(库)房、安全防护屏障、防火防雷防静电等基础设施进行安全评价

D. 安全防护屏障进行符合性检查时采用本企业的企业标准

E. 鼓励生产企业、批发企业制定并实施严于国家标准、行业标准的企业标准

3. 依据《烟花爆竹生产经营安全规定》,烟花爆竹生产企业、批发企业的下列哪些事项可列入安全生产资金投入( )。

A. 安全生产教育培训费

B. 安全风险管控评估与隐患排查治理费

C. 重点部位和库房的监控系统购置费

D. 设备设施购置费

E. 投保安全生产责任保险费

**参考答案:**

| 1. CD | 2. ABCE | 3. ABCE | | |
|---|---|---|---|---|

# 第二十二节　危险化学品生产企业安全生产许可证实施办法

**大纲要求:**

《危险化学品生产企业安全生产许可证实施办法》。依照本办法分析危险化学品生产企业申请安全生产许可证的条件和安全生产许可证的申请、颁发、监督管理等方面的有关法律问题,判断违反本办法的行为及应负的法律责任。

**一、单项选择题**

1. 依据《危险化学品生产企业安全生产许可证实施办法》的规定,新建企业安全生产许可证的申请,应当在危险化学品生产建设项目( )提出。

A. 基建工程竣工验收通过后 30 日内

B. 基建工程竣工验收通过后 15 日内

C. 安全设施竣工验收通过后 10 日内

D. 安全设施竣工验收通过后 10 个工作日内

2. 依据《危险化学品生产企业安全生产许可证实施办法》的规定,安全生产许可证申请受理后,实施机关应当在受理之日起(    )作出是否准予许可的决定,审查过程中的现场核查所需时间不计算在本条规定的期限内。

A. 30个日历日内
B. 30个工作日内
C. 45个工作日内
D. 60个日历日内

3. 一家危险化学品生产企业在安全生产许可证有效期内,因变更主要负责人和注册地址,应该怎样办理安全生产许可证变更(    )。

A. 当企业变更主要负责人和注册地址后,15个工作日内同时向工商管理部门和安全生产许可证颁发机关提出变更申请
B. 企业变更主要负责人后只需办理工商营业执照变更,无须办理安全生产许可证变更
C. 企业变更注册地址后只需办理工商营业执照变更,无须办理安全生产许可证变更
D. 当自工商营业执照变更之日起10个工作日内向安全生产许可证实施机关提出变更申请

4. 对于已在进行生产经营活动的化工企业,实施下列哪些行为,有关部门可以对其取得的安全生产许可证予以撤销(    )。

A. 安全生产许可证有效期届满未被批准延续的
B. 以欺骗、贿赂等不正当手段取得安全生产许可证的
C. 终止危险化学品生产活动的
D. 安全生产许可证被依法吊销的

5. 某化工企业建设项目竣工验收完成,向安全生产监督管理部门提交的安全生产许可证的申请材料,有关部门做法正确的是(    )。

A. 申请材料不齐全,应当当场告知或者在5个工作日内出具补正告知书
B. 申请材料不齐全的可以在10个工作日内分多次告知申请单位需要补齐的资料
C. 申请事项依法不需要取得安全生产许可证的,可以不予受理,不做表示
D. 申请材料存在错误的应当不予受理

**参考答案:**

| 1. D | 2. C | 3. D | 4. B | 5. A |
|---|---|---|---|---|

## 二、多项选择题

1. 依据《危险化学品生产企业安全生产许可证实施办法》的规定,危险化学品生产企业的厂房、作业场所、储存设施和安全设施、设备、工艺应当符合哪些安全要求(    )。

A. 涉及危险化工工艺、重点监管危险化学品的装置,由具有综合甲级资质或者化工石化专业甲级设计资质的化工石化设计单位设计
B. 新开发的危险化学品生产工艺必须在小试、中试、工业化试验的基础上逐步放大到工业化生产
C. 属于国内首次使用的化工工艺,必须经过所在地人民政府有关部门组织的安全可靠性论证
D. 应在涉及易燃易爆、有毒有害气体化学品的场所装设易燃易爆、有毒有害介质泄漏报警等安全设施
E. 生产区与非生产区分开设置,并符合国家标准或者行业标准规定的距离

2. 依据《危险化学品生产企业安全生产许可证实施办法》的规定,危险化学品生产企业在安全生产许可证有效期内,符合哪些条件(    ),经原实施机关同意,直接办理延期手续。

A. 能够严格遵守有关安全生产的法律、法规和本办法的

B. 取得安全生产许可证后,加强日常安全生产管理,未降低安全生产条件,并达到安全生产标准化等级二级以上的

C. 未发生死亡事故的

D. 未发生重大安全生产事故的

E. 未发生 3 人以下事故的

3. 依据《危险化学品生产企业安全生产许可证实施办法》的规定,危险化学品生产企业主要负责人、分管安全负责人和安全生产管理人员必须具备与其从事的生产经营活动相适应的安全生产知识和管理能力,依法参加安全生产培训,并经考核合格,取得安全资格证书。以下属于强制性条款的是( )。

A. 企业分管安全负责人、分管生产负责人、分管技术负责人应当具有一定的化工专业知识或者相应的专业学历

B. 专职安全生产管理人员应当具备国民教育化工化学类(或安全工程)中等职业教育以上学历

C. 企业应当有危险物品安全类注册安全工程师从事安全生产管理工作

D. 特种作业人员应当经专门的安全技术培训并考核合格,取得特种作业操作证书

E. 危险化学品仓库管理人员必须持有库房安全管理人员证书

4. 依据《危险化学品生产企业安全生产许可证实施办法》的规定,危险化学品生产企业取得安全生产许可证后有下列情形之一的,实施机关应当注销其安全生产许可证( )。

A. 安全生产许可证有效期届满未被批准延续的

B. 终止危险化学品生产活动的

C. 安全生产标准化达标未完成的

D. 安全生产许可证被依法撤销的

E. 安全生产许可证被依法吊销的

5. 某安全评价机构在为某化工企业提供安全评价服务时,因收受化工企业的好处费 15 万元,出具了虚假的安全评价报告。针对以上违法行为,有关部门可以对其进行怎样的处罚( )。

A. 没收违法所得

B. 对其进行 30 万元的罚款

C. 对其进行 20 万元的罚款

D. 吊销安全评价相应资质

E. 对主要负责人进行撤职处分

6. 某化工企业欲申请安全生产许可证,其应当提交的申请材料包括( )。

A. 安全生产责任制文件、安全生产规章制度、岗位操作安全规程清单

B. 特种作业人员的安全资格证或者特种作业操作证复制件

C. 为从业人员缴纳工伤保险费的证明材料

D. 危险化学品登记证复制件

E. 危险化学品经营许可证复印件

**参考答案:**

| 1. ABDE | 2. ABC | 3. ABCD | 4. ABDE | 5. ABD |
|---------|--------|---------|---------|--------|
| 6. ABCD | | | | |

# 第二十三节　危险化学品经营许可证管理办法

大纲要求：

《危险化学品经营许可证管理办法》。依照本办法分析经营危险化学品的企业申请经营许可证的条件、经营许可证的申请与颁发、经营许可证的变更和延期、监督管理等方面的有关法律问题，判断违反本办法的行为及应负的法律责任。

## 一、单项选择题

1. 依据《危险化学品经营许可证管理办法》的规定，办理危险化学品经营许可证发证机关受理经营许可证申请后，应当组织对申请人提交的文件、资料进行审查，指派 2 名以上工作人员对申请人的经营场所、储存设施进行现场核查，并自受理之日起（　　）内作出是否准予许可的决定。发证机关现场核查以及申请人整改现场核查发现的有关问题和修改有关申请文件、资料所需时间，不计算在前款规定的期限内。

A. 15 日　　　　　　　B. 15 个工作日　　　　C. 30 日　　　　　　　D. 30 个工作日

2. 某企业预申请危险化学品经营许可证，并向发证机关提出了申请书和相关资料，经发证机关审查作出不予许可决定的，发证机关工作人员在第 9 个工作日书面告知该企业负责人，并出具了告知书。以下正确的是（　　）。

A. 20 日内作出告知，并出具告知书　　　　B. 15 个工作日内作出告知，并出具告知书
C. 告知书上无须加盖发证机关公章　　　　D. 告知书上应当加盖发证机关公章

3. 某危险化学品经营单位由于经营亏损，将经营许可证转让给他人，后经发证机关检查时发现。依据《危险化学品经营许可证管理办法》的规定，应当处（　　）罚款，并没收违法所得，构成违反治安管理行为的，依法给予治安管理处罚；构成犯罪的，依法追究刑事责任。

A. 5 万元以上 10 万元以下　　　　　　　B. 10 万元以上 15 万元以下
C. 10 万元以上 20 万元以下　　　　　　　D. 15 万元以上 20 万元以下

4. 下列危险化学品经营单位中，需要办理危险化学品经营许可证的是（　　）。
A. 取得港口经营许可证的港口经营人在港区内从事危险化学品仓储经营的
B. 某乙醇生产企业在其厂区范围内销售乙醇
C. 水煤气经营单位
D. 液化石油气的生产单位

5. 发证机关受理经营许可证申请后，应当组织对申请人提交的文件、资料进行审查，指派（　　）名以上工作人员对申请人的经营场所、储存设施进行现场核查。

A. 3　　　　　　　　　B. 2　　　　　　　　　C. 4　　　　　　　　　D. 5

参考答案：

| 1. C | 2. D | 3. C | 4. C | 5. B |
|------|------|------|------|------|

## 二、多项选择题

1. 依据《危险化学品经营许可证管理办法》的规定，从事下列哪些危险化学品经营活动，不需要取得经营许可证（　　）。

A. 已取得危险化学品安全生产许可证的危险化学品生产企业在其厂区范围内销售本企业

生产的危险化学品的

    B. 已取得港口经营许可证的港口经营人在港区内从事危险化学品仓储经营的

    C. 专门从事危险化学品仓储经营的企业

    D. 中央企业所属分公司从事危险化学品经营活动的

    E. 从事汽油加油站的企业

    2. 依据《危险化学品经营许可证管理办法》的规定,从事危险化学品经营的单位应当具备下列哪些基本条件(  )。

    A. 经营和储存场所、设施、建筑物符合《建筑设计防火规范》(GB 50016)、《石油化工企业设计防火规范》(GB 50160)、《汽车加油加气站设计与施工规范》(GB 50156)、《石油库设计规范》(GB 50074)等相关国家标准、行业标准的规定

    B. 企业主要负责人和安全生产管理人员具备与本企业危险化学品经营活动相适应的安全生产知识和管理能力,经专门的安全生产培训和安全生产监督管理部门考核合格,取得相应安全资格证书

    C. 企业有建立健全的安全生产规章制度和岗位安全操作规程

    D. 企业有符合国家规定的危险化学品事故应急预案,并配备必要的应急救援器材、设备

    E. 企业安全生产条件符合行业协会的有关规定

    3. 依据《危险化学品经营许可证管理办法》的规定,危险化学品经营企业在取得经营许可证后,有下列哪些变更后应当重新申请办理经营许可证(  )。

    A. 经营场所变更的

    B. 带有储存设施的经营企业变更储存场所的

    C. 仓储经营的企业异地重建的

    D. 企业经营方式未发生变化的

    E. 企业原经营许可范围发生变化的

    4. 已经取得经营许可证的企业变更危险化学品储存设施、注册地址的,应当自变更之日起20个工作日内提交的材料包括(  )。

    A. 变更后的工商营业执照副本

    B. 工商核准文件复制件

    C. 变更后的主要负责人安全资格证书

    D. 变更后的危险化学品储存设施专项安全评价报告

    E. 变更注册地址的相关证明材料

**参考答案:**

| 1. AB | 2. ABCD | 3. ABCE | 4. ACDE | |
|-------|---------|---------|---------|---|

# 第二十四节　危险化学品安全使用许可证实施办法

大纲要求:

《危险化学品安全使用许可证实施办法》。依照本办法分析使用危险化学品从事生产的化工企业申请安全使用许可证的条件和安全使用许可证的申请、颁发、监督管理等方面的有关法律问题,判断违反本办法的行为及应负的法律责任。

**一、单项选择题**

1. 依据《危险化学品安全使用许可证实施办法》的规定,企业主要负责人、分管安全负责人和安全生产管理人员必须具备与其从事生产经营活动相适应的安全知识和管理能力,参加安全资格培训,并经考核合格,取得(    )。

A. 注册安全工程师资格证书　　　　　　B. 安全资格证书

C. 安全管理证书　　　　　　　　　　　D. 以上均不是

2. 依据《危险化学品安全使用许可证实施办法》的规定,新建企业安全使用许可证的申请,应当在建设项目安全设施竣工验收通过之日起(    )个工作日内提出。

A. 10　　　　　　　B. 20　　　　　　　C. 30　　　　　　　D. 60

3. 依据《危险化学品安全使用许可证实施办法》的规定,安全使用许可证有效期为(    )年。企业安全使用许可证有效期届满后需要继续使用危险化学品从事生产且达到危险化学品使用量的数量标准规定的,应当在安全使用许可证有效期届满前(    )个月提出延期申请。

A. 4　　3　　　　B. 3　　3　　　　C. 3　　6　　　　D. 6　　3

4. 依据《危险化学品安全使用许可证实施办法》的规定,企业未取得安全使用许可证,擅自使用危险化学品从事生产,且达到危险化学品使用量的数量标准规定的,责令立即停止违法行为并限期改正,处(    )的罚款;逾期不改正的,责令停产整顿。

A. 2 万元以上 5 万元以下　　　　　　B. 2 万元以上 10 万元以下

C. 5 万元以上 10 万元以下　　　　　　D. 10 万元以上 20 万元以下

5. 依据《危险化学品安全使用许可证实施办法》的规定,企业以欺骗、贿赂等不正当手段取得安全使用许可证的,自发证机关撤销其安全使用许可证之日起(    )年内,该企业不得再次申请安全使用许可证。

A. 1　　　　　　　B. 2　　　　　　　C. 3　　　　　　　D. 5

6. 依据《危险化学品安全使用许可证实施办法》的规定,承担安全评价的机构出具虚假证明的,没收违法所得;违法所得在 10 万元以上的,并处(    )罚款。

A. 违法所得 1 倍以上 2 倍以下　　　　B. 违法所得 2 倍以上 5 倍以下

C. 2 万元以上 5 万元以下　　　　　　D. 5 万元以上 10 万元以下

**参考答案:**

| 1. B | 2. A | 3. B | 4. D | 5. C |
|------|------|------|------|------|
| 6. B |      |      |      |      |

**二、多项选择题**

1. 依据《危险化学品安全使用许可证实施办法》的规定,危险化学品使用单位应当符合下列哪些应急管理要求(    )。

A. 应按照国家有关规定编制危险化学品事故应急预案,并报送有关部门备案

B. 建立应急救援组织,明确应急救援人员,配备必要的应急救援器材、设备设施,定期进行应急预案演练

C. 储存和使用氯气、氨气等对皮肤有强烈刺激的吸入性有毒有害气体的,应配备至少两套以上全封闭防化服

D. 储存和使用氯气、氨气等构成重大危险源的,应当设立气体防护站(组)

E. 储存和使用有毒有害物品的,应当设立环境保护检测站(组)

2. 依据《危险化学品安全使用许可证实施办法》的规定,有下列情形之一的,发证机关应当撤销已经颁发的安全使用许可证( )。

A. 滥用职权、玩忽职守颁发安全使用许可证的

B. 超越职权颁发安全使用许可证的

C. 安全使用许可证有效期届满未被批准延期的

D. 对不具备申请资格或者不符合法定条件的企业颁发安全使用许可证的

E. 以欺骗、贿赂等不正当手段取得安全使用许可证的

3. 依据《危险化学品安全使用许可证实施办法》的规定,企业取得安全使用许可证后有下列情形之一的,发证机关应当注销其安全使用许可证( )。

A. 安全使用许可证有效期届满未被批准延期的

B. 终止使用危险化学品从事生产的

C. 继续使用危险化学品从事生产,但使用量降低后未达到危险化学品使用量的数量标准规定的

D. 未按照有关规定进行企业安全生产标准化达标的

E. 安全使用许可证被依法撤销或吊销的

4. 某危险化学品使用企业委托具有相应资质的安全评价机构,对该企业涉及使用危险化学品的生产作业活动和使用量进行安全评价。由于时间紧,安全评价机构从业人员在接到任务后向该企业索取了相关资料,凭着工作经验在 6 天内完成了安全评价报告。安全评价机构组织了专家进行安全评价报告评审。安全生产监督管理部门复查时发现安全评价报告与该企业实际情况不符,并存在重大疏漏,情节严重。安全生产监督管理部门应当对该安全评价机构作出怎样的处罚( )。

A. 从业人员不到现场开展安全评价活动的,处以警告,并处 1 万元以下的罚款

B. 对安全评价机构相关责任人进行刑事拘留

C. 暂停安全评价机构资质 6 个月

D. 情节严重的并处 1 万元以上 3 万元以下的罚款

E. 对安全评价机构相关责任人依法给予吊销执业资格

5. 依据《危险化学品安全使用许可证实施办法》的规定,企业的厂房、作业场所、储存设施和安全设施、设备、工艺应当符合下列哪些条件( )。

A. 建设项目由具备国家规定资质的设计单位设计和施工单位建设

B. 不得采用国家明令淘汰、禁止使用和危及安全生产的工艺、设备

C. 新建企业的生产区与非生产区分开设置,并符合国家标准或者行业标准规定的距离

D. 同一厂区内(生产或者储存区域)的设备、设施及建(构)筑物的布置应当适用不同标准的规定

E. 新开发的使用危险化学品从事化工生产的工艺,在小试后扩大到工业化生产

6. 依据《危险化学品安全使用许可证实施办法》的规定,企业根据化工工艺、装置、设施等实际情况,应当制定、完善的主要安全生产规章制度包括( )。

A. 安全投入保障制度　　　　　　　　B. 安全培训教育制度

C. 安全检查和隐患排查治理制度　　　D. 重大危险源的评估和安全管理制度

E. 应急检查制度

7. 依据《危险化学品安全使用许可证实施办法》的规定,企业应当符合下列哪些应急管理要求( )。

A. 按照国家有关规定编制危险化学品事故应急预案,并报送有关部门备案

B. 建立应急救援组织,明确应急救援人员,配备必要的应急救援器材、设备设施

C. 储存和使用氯气、氨气等对皮肤有强烈刺激的吸入性有毒有害气体的企业,还应当配备

至少一套以上全封闭防化服

　　D. 储存和使用氯气、氨气等构成重大危险源的,还应当设立气体防护站(组)

　　E. 按照规定定期进行应急预案演练

**参考答案:**

| 1. ABCD | 2. ABDE | 3. ABCE | 4. ACDE | 5. ABC |
|---------|---------|---------|---------|--------|
| 6. ABCD | 7. ABDE | | | |

# 第二十五节　危险化学品输送管道安全管理规定

**大纲要求:**

　　《危险化学品输送管道安全管理规定》。依照本规定分析危险化学品输送管道的规划、建设、运行和监督管理方面的有关法律问题,判断违反本规定的行为及应负的法律责任。

## 一、单项选择题

　　1. 某企业计划建设一条氯气输送管道。根据《危险化学品管道输送安全管理规定》,下列关于该管道敷设禁止穿越的说法,正确的是(　　)。

　　A. 禁止穿越市区广场　　　　　　　　B. 禁止穿越地震活动断层

　　C. 禁止穿越可能发生洪水的区域　　　　D. 禁止穿越公路

　　2. 依据《危险化学品输送管道安全管理规定》,以下哪些适用于本规定(　　)。

　　A. 生产、储存危险化学品的单位在厂区外公共区域埋地的危险化学品输送管道的安全管理

　　B. 生产、储存危险化学品的单位在厂区内专属区域架空的危险化学品输送管道的安全管理

　　C. 生产、储存原油、成品油的单位使用的长输管道安全保护和安全管理

　　D. 开采天然气的企业长输管道安全保护和安全管理

　　3. 某企业的危险化学品管道试压半年后一直未投入生产(使用)。依据《危险化学品输送管道安全管理规定》,该企业管道应当(　　)。

　　A. 在检测有效期内可以生产(使用)

　　B. 在投入生产(使用)前重新进行气密性试验

　　C. 对敷设在江、河或者其他环境敏感区域的危险化学品管道,应当相应缩短重新进行气密性试验的时间间隔

　　D. 对储存成品油的管道建立安全保护措施

　　4. 下列危险化学品中,禁止其运输管道穿越公共区域的是(　　)。

　　A. 光气　　　　　　B. 氨气　　　　　　C. 硫化氢　　　　　　D. 氮气

　　5. 某公司的危险化学品运输管道铺设后一直未投入使用,1年后启用时应当进行的管道测试是(　　)。

　　A. 管道抗腐蚀性试验　　　　　　　　B. 气密性试验

　　C. 管道贯通性试验　　　　　　　　　D. 管道气体摩擦阻力测试

　　6. 依据《危险化学品输送管道安全管理规定》,在危险化学品管道专用隧道中心线两侧1000 m地域范围内可以实施的行为包括(　　)。

　　A. 采石　　　　　　B. 采矿　　　　　　C. 种植乔木　　　　　　D. 爆破作业

7. 根据《危险化学品输送管道安全管理规定》，严格控制（  ）穿（跨）越公共区域。

A. 硫化氢管道　　　　B. 氯管道　　　　C. 光气管道　　　　D. 燃气管道

**参考答案：**

| 1. A | 2. A | 3. B | 4. A | 5. B |
|------|------|------|------|------|
| 6. C | 7. A | | | |

**二、多项选择题**

1. 某企业运营了一条氧气管道。依据《危险化学品管道输送安全管理规定》，下列关于该氧气管道的安全运行管理，正确的做法有（  ）。

A. 该企业建立了管道巡护制度，安排兼职人员进行日常巡护

B. 巡线员发现有人在管架上面悬挂广告牌，上前制止并向企业负责人汇报，制止无效后，企业向当地安全监管部门进行报告

C. 巡线员发现在管道一侧约15米的区域有人栽种树木，上前制止并向企业负责人汇报，制止无效后，企业向当地安全监管部门进行报告

D. 公路部门似在距管线20米区域扩建公路，在开工的7日前，施工单位书面通知了该企业，并将施工作业方案报给该企业

E. 巡线员发现在管道一侧约150米的区域内发现有人实施爆破作业，上前制止并向企业负责人汇报，制止无效后，企业向当地安全监管部门进行报告

2. 依据《危险化学品管道输送安全管理规定》，危险化学品管道单位发现哪些危害危险化学品管道安全运行行为的，应当及时予以制止（  ），无法处置时应当向当地安全生产监督管理部门报告。

A. 擅自开启、关闭危险化学品管道阀门的

B. 利用地面管道、架空管道、管架桥等固定其他设施缆绳悬挂广告牌、搭建构筑物

C. 移动、毁损、涂改管道标志的

D. 在埋地管道上方和巡查便道上行驶重型车辆的

E. 在架空管道和管桥上进行防倾斜加固处理

3. 在危险化学品管道及其附属设施外缘两侧各5 m地域范围内实施以下哪些行为，管道单位应当及时予以制止（  ）。

A. 种植乔木、灌木　　　　　　　　B. 取土、采石、用火

C. 堆放重物、排放腐蚀性物质　　　D. 排水

E. 建房以及修建其他建（构）筑物

4. 根据《危险化学品输送管道安全管理规定》，施工单位实施（  ）的作业，应当在开工前履行通知程序，与管道单位共同制定应急预案并采取相应的安全防护措施，管道单位应当指派专人到现场进行管道安全保护指导。

A. 在管道附属设施上方架设通信线路

B. 穿越管道施工

C. 在管道线路中心线一侧30米处扩建公路

D. 在管道线路中心线一侧30米处设置避雷接地体

E. 在管道附属设施周边300米处爆破

**参考答案：**

| 1. BDE | 2. ABCD | 3. ABCE | 4. BCDE | |
|--------|---------|---------|---------|---|

# 第二十六节　危险化学品建设项目安全监督管理办法

大纲要求：

《危险化学品建设项目安全监督管理办法》。依照本办法分析危险化学品建设项目安全条件审查、建设项目安全设施设计审查、建设项目试生产（使用）、建设项目安全设施竣工验收、监督管理等方面的有关法律问题,判断违反本办法的行为及应负的法律责任。

## 一、单项选择题

1. 依据《危险化学品建设项目安全监督管理办法》的规定,涉及重点监管危险化工工艺、重点监管危险化学品或者危险化学品重大危险源的建设项目,应当由具有（　　）设计。

A. 甲级资质的设计单位

B. 危险化学品资质的乙级设计单位

C. 石油化工医药行业相应资质的设计单位

D. 综合类资质的设计单位

2. 某危险化学品建设项目在试运行前,由建设单位组织了设计、施工、监理等有关单位和专家进行了建设项目试生产（使用）方案,并研究了在试生产期间可能出现的安全问题及其对策。危险化学品建设项目试生产期限是（　　）。

A. 应当不少于 15 日,不超过 3 个月　　　B. 应当不少于 30 日,不超过 6 个月

C. 应当不少于 30 日,不超过 1 年　　　　D. 应当不少于 60 日,不超过 2 年

3. 某危险化学品建设项目试生产期间,建设单位依据《危险化学品建设项目安全监督管理办法》的规定,应委托有相应资质的安全评价机构对建设项目及其安全设施试生产（使用）情况进行安全验收评价。以下正确的是（　　）。

A. 为了验收评价工作的顺利进行,委托该项目预评价机构

B. 建设单位组织本单位各方面的专家进行安全验收评价,以专家签字为准

C. 建设单位委托行业协会组织专家进行安全验收评价,以会议记录为准

D. 不得委托在可行性研究阶段进行安全评价的同一安全评价机构

参考答案：

| 1. C | 2. C | 3. D | | |
|------|------|------|---|---|

## 二、多项选择题

1. 依据《危险化学品建设项目安全监督管理办法》的规定,建设项目的（　　）应当具备相应的资质,并对其工作成果负责。

A. 设计单位　　　　　B. 施工单位　　　　　C. 监理单位

D. 安全评价机构　　　E. 建设单位

2. 依据《危险化学品建设项目安全监督管理办法》的规定,危险化学品建设项目试生产（使用）方案应当包括下列哪些安全生产的内容（　　）。

A. 建设项目设备及管道试压、吹扫、气密、单机试车、仪表调校、联动试车等生产准备的完成情况

B. 投料试车方案和设备配置情况

C. 试生产(使用)过程中可能出现的安全问题、对策及应急预案

D. 建设项目周边环境与建设项目安全试生产(使用)相互影响的确认情况

E. 危险化学品重大危险源监控措施的落实情况

3. 依据《危险化学品建设项目安全监督管理办法》的规定,建设项目有下列情形之一的,安全条件审查不予通过的是(　　)。

A. 安全评价报告存在重大缺陷、漏项的,包括建设项目主要危险、有害因素辨识和评价不全或者不准确的

B. 建设项目与周边场所、设施的距离或者拟建场址自然条件不符合有关安全生产法律、法规、规章和国家标准、行业标准的规定的

C. 主要技术、工艺未确定,或者不符合有关安全生产法律、法规、规章和国家标准、行业标准的规定的

D. 对安全设施设计提出的对策与建议不符合法律、法规、规章和国家标准、行业标准的

E. 委托具备相应资质的安全评价机构进行安全评价的

4. 依据《危险化学品建设项目安全监督管理办法》的规定,建设单位应当在建设项目初步设计完成后、详细设计开始前,向出具建设项目安全条件审查意见书的安全生产监督管理部门申请建设项目安全设施设计审查,应提交的文件、资料有(　　)。

A. 建设项目可行性研究报告

B. 建设项目安全设施设计审查申请书及文件

C. 设计单位的设计资质证明文件(复制件)

D. 建设项目安全设施设计专篇

E. 建设项目监理单位的对此项目的监理总结

**参考答案:**

| 1. ABCD | 2. ACDE | 3. ABCD | 4. BCD | |
|---------|---------|---------|--------|---|

# 第二十七节　危险化学品重大危险源监督管理暂行规定

**大纲要求:**

《危险化学品重大危险源监督管理暂行规定》。依照本规定分析危险化学品重大危险源辨识与评估、安全管理、监督检查等方面的有关法律问题,判断违反本规定的行为及应负的法律责任。

## 一、单项选择题

1. 某危险化学品单位需要对重大危险源进行安全评估并确定重大危险源等级。依据《危险化学品重大危险源监督管理暂行规定》,以下不正确的是(　　)。

A. 危险化学品单位可以组织本单位的注册安全工程师、技术人员进行安全评估

B. 聘请有关专家进行安全评估

C. 委托具有相应资质的安全评价机构进行安全评估,安全评价报告代替安全评估报告

D. 以委托具有相应资质的安全评价机构出具的安全预评价报告代替安全评估报告

2. 依据《危险化学品重大危险源监督管理暂行规定》,重大危险源根据其危险程度,分为一级、二级、三级和四级。其中最低的级别是(　　)。

A. 一级　　　　　　B. 二级　　　　　　C. 三级　　　　　　D. 四级

3. 某危险化学品企业正在组织制定重大危险源事故应急预案演练计划。根据《危险化学品重大危险源监督管理暂行规定》,关于应急预案演练的说法,正确的是(　　)。

A. 重大危险源专项应急预案,每年至少进行一次演练

B. 重大危险源专项应急预案,每两年至少进行一次演练

C. 重大危险源现场处置方案,每两年至少进行一次演练

D. 重大危险源现场处置方案,每年至少进行一次演练

4. 某县安全监管部门在对某危险化学品生产企业检查时发现,该企业重大危险源未按照要求登记建档,遂对该企业作出 8 万元罚款的处罚,并要求该企业 30 天内完成整改。30 天后,该企业仍未按要求完成重大危险源登记建档,根据《危险化学品重大危险源监督管理暂行规定》,下列对该企业及相关责任人员的处罚中正确的是(　　)。

A. 对该企业直接负责的主管人员和其他直接责任人员各处 3 万元的罚款

B. 责令该企业停产停业整顿,并处 30 万元的罚款

C. 责令该企业停产停业整顿,并处 60 万元的罚款

D. 对该企业直接负责的主管人员和其他直接责任人员各处 1 万元的罚款

5. 根据《危险化学品重大危险源监督管理暂行规定》,危险化学品单位(　　)的应当对重大危险源重新进行辨识、安全评估及分级。

A. 重大危险源安全评估已满两年

B. 法定代表人发生变更

C. 外界生产安全环境因素发生变化,影响重大危险源级别和风险程度

D. 发生危险化学品事故造成 5 人以上受伤

**参考答案:**

| 1. D | 2. D | 3. A | 4. A | 5. C |
|------|------|------|------|------|

## 二、多项选择题

1. 《危险化学品重大危险源监督管理暂行规定》适用于以下哪些从事危险化学品作业的单位(　　)。

A. 生产、储存、使用和经营的

B. 危险化学品重大危险源的辨识、评估、登记建档、备案、核销及其监督管理的

C. 国防科研生产的危险化学品重大危险源的

D. 港区内危险化学品重大危险源安全监督管理的

E. 城镇燃气

2. 依据《危险化学品重大危险源监督管理暂行规定》,从事危险化学品作业的单位应当委托具有相应资质的安全评价机构,按照以下哪些标准的规定采用定量风险评价方法进行重大危险源安全评估,确定个人和社会风险值(　　)。

A. 构成一级或者二级重大危险源,且毒性气体实际存在临界量比值之和大于或等于 1 的

B. 构成一级重大危险源,且爆炸品或液化易燃气体实际存在临界量比值之和大于或等于 1 的

C. 构成一级或者二级重大危险源,且污染物排放实际存在临界量比值之和大于或等于 1 的

D. 构成一级或者二级重大危险源,且毒性气体实际存在临界量比值之和小于 1 的

E. 构成一级重大危险源,且爆炸品或液化易燃气体实际存在临界量比值之和小于 1 的

3. 依据《危险化学品重大危险源监督管理暂行规定》,重大危险源安全评估报告应当客观公正、数据准确、内容完整、结论明确、措施可行,应包括下列(　　)内容。

A. 重大危险源的基本情况

B. 事故发生的可能性及危害程度

C. 可能受事故影响的周边场所、人员情况

D. 安全管理措施、安全技术和监控措施

E. 事故处理办法

4. 某危险化学品单位对重大危险源安全评估已满3年,且近期对场所进行了扩建。依据《危险化学品重大危险源监督管理暂行规定》,该单位应当(　　)。

A. 重大危险源安全评估已满3年,应重新进行辨识、安全评估

B. 重大危险源场所进行扩建,应重新进行辨识、安全评估及分级

C. 危险化学品种类、数量、生产、使用工艺有所变化,应重新进行辨识、安全评估

D. 没有发生影响公共安全,无须进行安全评估

E. 有关重大危险源辨识和安全评估的国家标准、行业标准没有变化,无须进行安全评估

5. 依据《危险化学品重大危险源监督管理暂行规定》,危险化学品单位应当制定重大危险源事故应急预案演练计划,并进行事故应急预案演练;应急预案演练结束后,危险化学品单位应当对应急预案演练效果进行评估,撰写应急预案演练评估报告,分析存在的问题,对应急预案提出修订意见,并及时修订完善。以下做法正确的是(　　)。

A. 对重大危险源综合应急预案,每两年至少进行一次

B. 对重大危险源专项应急预案,每年至少进行一次

C. 对重大危险源专项应急预案,每两年至少进行一次

D. 对重大危险源现场处置方案,每半年至少进行一次

E. 对重大危险源现场处置方案,每年至少进行一次

6. 根据《危险化学品重大危险源监督管理暂行规定》,关于危险化学品重大危险源安全管理的说法,正确的有(　　)。

A. 重大危险源的化工生产装置应当装备满足安全生产要求的自动化控制系统

B. 重大危险源中储存剧毒物质的场所或者设施应当设置视频监控系统

C. 重大危险源安全评估报告完成后,应当在30日内向地方安全监管部门报告

D. 重大危险源涉及剧毒气体,应当配备两套(含)以上气密型化学防护服

E. 重大危险源出现重大变化,危险化学品单位应当及时更新档案

**参考答案:**

| 1. AB | 2. AB | 3. ABCD | 4. ABC | 5. BD |
|-------|-------|---------|--------|-------|
| 6. ABDE | | | | |

# 第二十八节　工贸企业有限空间作业安全管理与监督暂行规定

大纲要求:

《工贸企业有限空间作业安全管理与监督暂行规定》。依照本规定分析工贸企业有限空间作业的安全保障、监督管理等方面的有关法律问题,判断违反本规定的行为及应负的法律责任。

## 一、单项选择题

1. 依据《工贸企业有限空间作业安全管理与监督暂行规定》,未经通风和检测合格,任何人员不得进入有限空间作业。检测的时间不得早于作业开始前(    )。

A. 1 小时          B. 0.5 小时          C. 2 小时          D. 3 小时

2. 依据《工贸企业有限空间作业安全管理与监督暂行规定》,有限空间作业中发生事故后,现场有关人员应当(    )。应急救援人员实施救援时,应当做好自身防护,佩戴必要的呼吸器具、救援器材。

A. 立即报警,禁止盲目施救          B. 立即施救,禁止拖延时间

C. 立即报警,马上施救          D. 以上均不正确

3. 有限空间作业场所的照明灯具电压应该符合以下哪项规定(    )。

A. 符合照明灯具电压的需要          B. 符合作业场所照度的需要

C. 符合安全电压的限值          D. 符合《特低电压限值》

4. 依据《工贸企业有限空间作业安全管理与监督暂行规定》,下列关于有限空间作业安全监管的说法,正确的是(    )。

A. 安全监管部门发现有限空间作业存在事故隐患的,应当责令立即停止作业,撤出作业人员

B. 安全监管部门对有限空间作业进行监督检查时,应当重点检测有限空间作业各项检测指标是否合格

C. 安全监管部门应为执法人员配备必要的劳动防护用品、检测仪器

D. 安全监管部门发现重大事故隐患,排除过程中无法保证安全而停止作业的,重大事故隐患排除后,经企业负责人同意,方可恢复作业

5. 安全监管执法人员发现某有限空间作业存在事故隐患。根据《工贸企业有限空间作业安全管理与监督暂行规定》,下列监督管理的做法中,正确的是(    )。

A. 安全监管执法人员发现该有限空间作业存在一般事故隐患,责令停止作业

B. 安全监管执法人员发现该有限空间作业存在重大事故隐患,责令停产整顿

C. 安全监管执法人员发现该有限空间作业重大事故隐患排除过程中无法保证安全,责令暂时停止作业,撤出作业人员

D. 安全监管部门发现重大事故隐患,排除过程中无法保证安全而停止作业的,重大事故隐患排除后,经企业负责人同意,方可恢复作业

**参考答案:**

| 1. B | 2. A | 3. D | 4. C | 5. C |
|------|------|------|------|------|

## 二、多项选择题

1. 依据《工贸企业有限空间作业安全管理与监督暂行规定》,工贸企业应当对从事有限空间作业的现场负责人、监护人员、作业人员、应急救援人员进行专项安全培训。专项安全培训应当包括(    )。

A. 有限空间作业的危险有害因素和安全防范措施

B. 有限空间作业的安全操作规程

C. 检测仪器、劳动防护用品的正确使用

D. 紧急情况下的应急处置措施

E. 安全检查方法及步骤

2. 依据《工贸企业有限空间作业安全管理与监督暂行规定》,工贸企业有下列哪些行为之一的,由县级以上安全生产监督管理部门责令限期改正;逾期未改正的,责令停产停业整顿,可以并处 5 万元以下的罚款(    )。

A. 未在有限空间作业场所设置明显的安全警示标志的

B. 未按照规定为作业人员提供符合国家标准或者行业标准劳动防护用品的

C. 未进行危险作业审批的

D. 无现场负责人、监护人的

E. 现场无围挡

3. 下列属于《工贸企业有限空间作业安全管理与监督暂行规定》中明确规定应当建立的安全生产制度和规程的是(    )。

A. 有限空间作业安全责任制度　　　　B. 有限空间作业审批制度

C. 有限空间作业现场查验制度　　　　D. 有限空间作业应急管理制度

E. 有限空间作业安全操作规程

4. 依据《工贸企业有限空间作业安全管理与监督暂行规定》,有限空间作业应当严格遵守"先通风、再检测、后作业"的原则,检测应当符合国家标准或者行业标准的规定,检测指标应包括(    )。

A. 氧浓度　　　　　　　　　　　　　B. 易燃易爆物质

C. 有限空间可燃性气体、爆炸性粉尘浓度　　D. 有毒有害气体浓度

E. 惰性气体浓度

5. 某工贸企业发现通风设备出现故障停止运转,有限空间内氧浓度低于限值,有害气体浓度高于行业标准规定的限值。这时的正确处置应该是(    )。

A. 向有限空间输送纯氧进行调节通风换气

B. 立即停止有限空间作业

C. 清点作业人员,撤离作业现场

D. 撤离 30 分钟后作业人员可以继续作业

E. 中断超过 30 分钟,应当重新检测

6. 某企业是一家纺织厂。依据《工贸企业有限空间作业安全管理与监督暂行规定》,下列关于该企业在有限空间作业的安全保障的说法,正确的有(    )。

A. 采取可靠的隔离措施,将可能危及作业安全的设备设施、存在有毒有害气体的空间与作业地点隔开

B. 未经检测合格,不得进入有限空间作业,检测指标包括氧浓度、易燃易爆物质浓度、有毒有害气体浓度,检测时间不得早于作业开始前 40 分钟

C. 应有专人监护,监护人员不得离开作业现场,并与作业人员保持联系

D. 发生事故后,应急救援人员实施救援时,应当做好自身防护,佩戴必要的呼吸器具、救援器材

E. 有限空间作业发包给多个承包方时,应明确一个主承包方对安全工作进行统一协调管理

7. 根据《工贸企业有限空间作业安全管理与监督暂行规定》,关于有限空间作业安全保障的说法,正确的有(    )。

A. 存在有限空间作业的工贸企业必须建立有限空间作业审批制度

B. 有限空间作业必须遵循"先检测、再通风、后作业"的程序

C. 存在有限空间作业的工贸企业应当对本企业有限空间进行辨识,建立管理台账并及时更新

D. 有限空间作业应当采用纯氧通风换气,保持空气流通

E. 有限空间作业中断超过 30 分钟的,应当重新检测有限空间,合格后方可进入

**参考答案:**

| 1. ABCD | 2. AB | 3. ABDE | 4. ABCD | 5. BCE |
|---------|-------|---------|---------|--------|
| 6. ACD | 7. ACE | | | |

# 第二十九节 食品生产企业安全生产监督管理暂行规定

**大纲要求:**

《食品生产企业安全生产监督管理暂行规定》。依照本规定分析食品生产企业安全生产的基本要求、作业过程的安全管理以及监督管理等方面的有关法律问题,判断违反本规定的行为及应负的法律责任。

**一、单项选择题**

1. 一家食品生产企业从业人员超过 100 人。依据《食品生产企业安全生产监督管理暂行规定》,该企业应当设置安全生产机构或者配备( )专职安全生产管理人员,鼓励配备注册安全工程师从事安全生产管理工作。

A. 1 名以上　　　　B. 2 名以上　　　　C. 3 名以上　　　　D. 4 名以上

2. 依据《食品生产企业安全生产监督管理暂行规定》,大型食品生产企业安全生产主要负责人的任免,应当抄报所在地( )。

A. 县级人民政府

B. 安全生产执法机构

C. 工商管理部门

D. 县级地方人民政府负责食品生产企业安全生产监管部门

3. 一家食品生产企业委托了安全生产服务机构为其提供安全生产技术、管理服务,并在合同中注明保证该食品生产企业的安全,承担企业的安全生产责任。以下说法正确的是( )。

A. 服务机构按照签订的合同承担主体责任

B. 服务机构与食品生产企业共同承担责任

C. 保证安全生产的责任仍由本企业负责

D. 保证安全生产的责任应由服务机构负责人负责

**参考答案:**

| 1. C | 2. D | 3. C | | |
|------|------|------|---|---|

**二、多项选择题**

1. 依据《食品生产企业安全生产监督管理暂行规定》,食品生产企业有以下行为( )之一的,责令限期改正,可以处以 5 万元以下的罚款;逾期未改正的责令停产停业整顿,并处以 5 万元以上 10 万元以下的罚款,对其直接负责的主管人员和其他直接责任人处以 1 万元以上 2 万元以下的罚款。

A. 未如实向安全生产监管部门抄报安全生产主要负责人的

B. 未按照规定设置安全生产管理机构或者未配备安全生产管理人员的

C. 未如实记录安全生产教育和培训情况的

D. 未将事故隐患排查治理情况如实记录或者未向从业人员通报的

E. 未制定应急预案和应急措施的

2. 依据《食品生产企业安全生产监督管理暂行规定》第十六条,对食品生产企业的生产设施设备、用电设备设施和场所涉及(　　　)方面的安全管理进行了明确规定。

A. 烘制、油炸　　　　　　　　　　　B. 高温的设施设备和岗位

C. 低温的设施设备和岗位　　　　　　D. 涉及淀粉等可燃性粉尘爆炸危险的场所

E. 重点防火防爆部位

3. 《食品生产企业安全生产监督管理暂行规定》中所指的"食品生产企业"涵盖(　　　)。

A. 农业、渔业、畜牧业

B. 化学工业产品、半成品为原料的企业

C. 通过工业化加工、制作,为人们提供食用或者饮用的物品的企业

D. 农副产品批发、零售市场或者生产加工企业前的安全生产及其监督管理

E. 林业

**参考答案:**

| 1. BCD | 2. ABDE | 3. ABCE | |
|---|---|---|---|

# 第三十节　建筑施工企业安全生产许可证管理规定

**大纲要求:**

《建筑施工企业安全生产许可证管理规定》。依照本规定分析建筑施工企业安全生产条件、安全生产许可证申请与颁发以及监督管理方面的有关法律问题,判断违反本规定的行为及应负的法律责任。

**一、单项选择题**

1. 依据《建筑施工企业安全生产许可证管理规定》,中央管理的建筑施工企业(集团公司、总公司)应当向以下哪级建设主管部门申请领取安全生产许可证(　　　)。

A. 所在地县、市级　　　　　　　　　B. 注册所在地县、市级

C. 省、自治区、直辖市　　　　　　　D. 国务院建设主管部门

2. 一家跨省从事建筑施工活动的建筑施工企业,在当地严重违反了《建筑施工企业安全生产许可证管理规定》有关条款。在此情况下应由(　　　)处理。

A. 工程所在地县、市级人民政府建设主管部门

B. 工程所在地省级人民政府建设主管部门

C. 企业注册所在地人民政府建设主管部门

D. 原安全生产许可证颁发管理机关

**参考答案:**

| 1. D | 2. B | | |
|---|---|---|---|

## 二、多项选择题

1. 依据《建筑施工企业安全生产许可证管理规定》,建筑施工企业取得安全生产许可证,应当具备的安全生产条件有哪些(    )。

A. 建立、健全安全生产责任制,制定完备的安全生产规章制度和操作规程

B. 保证本单位安全生产条件所需资金的投入

C. 依法为施工现场从事危险作业的人员办理工伤保险

D. 有职业危害防治措施,并为作业人员配备符合国家标准或者行业标准的安全防护用具和安全防护服装

E. 对危险性较大的分部分项工程及施工现场易发生重大事故的部位、环节的预防、监控措施和应急预案

2. 依据《建筑施工企业安全生产许可证管理规定》,建筑施工企业申请安全生产许可证,应当向建筑主管部门提供以下哪些材料(    )。

A. 建筑施工企业安全生产许可证申请表

B. 企业法人营业执照

C. 法人代表变更的说明

D. 建立、健全安全生产责任制,制定完备的安全生产规章制度和操作规程

E. 设置的安全生产机构,按照国家有关规定配备专职安全生产管理人员

3. 一家建筑施工企业将安全生产许可证转让给另一家施工单位。建筑主管部门履行安全生产检查时发现,应该怎样进行处罚(    )。

A. 没收违法所得

B. 处以 5 万元以上 10 万元以下罚款

C. 处以 10 万元以上 50 万元以下罚款

D. 吊销安全生产许可证,构成犯罪的,依法追究刑事责任

E. 接受转让的施工单位,处以 1/2 的罚款数额

4. 一家建筑施工企业安全生产许可证有效期已经过期,未办理延期手续,继续从事建筑施工活动。建筑主管部门应该怎样进行处理(    )。

A. 没收违法所得

B. 处以 5 万元以上 10 万元以下罚款

C. 处以 10 万元以上 50 万元以下罚款

D. 吊销安全生产许可证

E. 造成重大安全事故或者其他严重后果,构成犯罪的,依法追究刑事责任

**参考答案:**

| 1. ABDE | 2. ABDE | 3. ACD | 4. ABE | |
|---------|---------|--------|--------|--|

# 第三十一节　建筑起重机械安全监督管理规定

大纲要求:

《建筑起重机械安全监督管理规定》。依照本规定分析建筑起重机械的租赁、安装、拆卸、使

用以及监督管理方面的有关法律问题,判断违反本规定的行为及应负的法律责任。

## 一、单项选择题

1. 依据《建筑起重机械安全监督管理规定》,建筑起重机械有以下情形的不得出租和使用( )。

A. 没有随机配备消防器具
B. 没有配备特种设备运行人员
C. 没有拆卸专业队伍
D. 没有齐全有效的安全保护装置

2. 一家建筑起重机械安装单位承接了某建筑总包单位的建筑起重机械的安装、拆卸工程,双方签订了合同及安全生产协议。依据《建筑起重机械安全监督管理规定》,安装、拆卸单位应当履行的安全职责是( )。

A. 编制建筑起重机械安装、拆卸工程专项施工方案,并由监理单位签字
B. 组织安全施工技术交底,并由被交底人签字确认
C. 检查建筑起重机械及现场的施工条件,并由总包单位负责人签字
D. 制定建筑起重机械安装、拆卸工程生产安全事故应急救援预案,报当地应急部门批准

3. 依据《建筑起重机械安全监督管理规定》,建筑起重机械检验检测机构和检验检测人员对检验检测结果、( )依法承担法律责任。

A. 出具报告
B. 署名签字
C. 鉴定结论
D. 检测结论

**参考答案:**

| 1. D | 2. D | 3. C | | |
|------|------|------|---|---|

## 二、多项选择题

1.《建筑起重机械安全监督管理规定》适用于建筑起重机械的( )、安装、( )及其监督管理。

A. 购置
B. 租赁
C. 运输
D. 拆卸
E. 使用

2. 依据《建筑起重机械安全监督管理规定》,甲建筑起重机械出租单位,将一台8 t起重机械出租给乙施工单位。甲乙双方单位签订了租赁合同,明确了租赁设备的双方安全责任。甲单位应该向乙单位提交该台起重机械的( )资料。

A. 购置发票
B. 自检合格证
C. 特种设备制造许可证
D. 产品合格证
E. 安装使用说明书

**参考答案:**

| 1. BDE | 2. BCDE | | | |
|--------|---------|---|---|---|

# 第三十二节 建筑施工企业主要负责人、项目负责人和专职安全生产管理人员安全生产管理规定

大纲要求:

《建筑施工企业主要负责人、项目负责人和专职安全生产管理人员安全生产管理规定》。依照本规定分析建筑施工企业安全生产管理人员考核、安全责任以及监督管理方面的有关法律问题,判断违反本规定的行为及应负的法律责任。

**一、单项选择题**

1. 依据《建筑施工企业主要负责人、项目负责人和专职安全生产管理人员安全生产管理规定》,建筑施工企业主要负责人、项目负责人和专职安全生产管理人员统称为"安管人员",应当通过其受聘企业,向企业工商注册地的省、自治区、直辖市人民政府住房城乡建设主管部门申请安全生产考核,并取得( )证书。

A. 安全生产上岗合格 B. 安全生产考核合格

C. 安全生产执业能力 D. 安全管理人员合格

2. 依据《建筑施工企业主要负责人、项目负责人和专职安全生产管理人员安全生产管理规定》,建筑施工企业主要负责人、项目负责人和专职安全生产管理人员均应取得"安全生产考核合格证书"。该证书有效期为( ),证书在( )范围内有效。

A. 1年 所在地 B. 2年 省级 C. 3年 全国 D. 5年 全国

3. 某建设施工企业的专职安全生产管理人员与原受聘企业解除劳动合同,持有的"安全生产考核合格证书"在有效期内。依据《建筑施工企业主要负责人、项目负责人和专职安全生产管理人员安全生产管理规定》,该专职安全生产管理人员应该怎样办理企业变更手续( )。

A. 本人通过原受聘企业向原考核机关申请办理延续和变更手续

B. 本人通过新受聘企业向原考核机关申请办理延续和变更手续

C. 本人通过新受聘企业到考核机关申请办理证书变更手续

D. 新受聘企业重新进行申请,重新办理考核证书的手续

4. 依据《建筑施工企业主要负责人、项目负责人和专职安全生产管理人员安全生产管理规定》,建筑施工企业"安管人员"未按规定办理证书变更的,由县级以上地方人民政府住房城乡建设主管部门责令限期改正,并处( )的罚款。

A. 1000元以上2000元以下 B. 1000元以上5000元以下

C. 2000元以上5000元以下 D. 5000元以上10000元以下

5. 依据《建筑施工企业主要负责人、项目负责人和专职安全生产管理人员安全生产管理规定》,"安管人员"的安全生产考核合格证书的有效范围是( )。

A. 全国 B. 考核机构所在的省、自治区、直辖市

C. "安管人员"就职的建筑施工企业 D. 由省级行业主管部门确定

6. 依据《建筑施工企业主要负责人、项目负责人和专职安全生产管理人员安全生产管理规定》,相关部门应当依照本规定和有关法律法规,对"安管人员"持证上岗、教育培训和履行职责等情况进行监督检查。此处的相关部门指的是( )。

A. 建筑施工企业所在地的安全生产监督管理部门

B. 县级以上人民政府住房城乡建设主管部门

C. 县级以上人民政府安全生产监督管理部门

D. 以上均是

7. 依据《建筑施工企业主要负责人、项目负责人和专职安全生产管理人员安全生产管理规定》,对"安管人员"的安全生产考核的内容包括( )。

A. 安全生产知识考核和安全操作技能考核 B. 安全生产知识考核和现场实操考核

C. 安全生产知识考核和管理能力考核 D. 安全生产知识考核和综合实务考核

8. 王某是一家建筑施工企业的项目经理,2017年6月1日通过考核取得了安全生产管理人员合格证书,证书有效期届满前,需要延续证书的有效性。王某延期证书的正确时间是( )。

A. 2019年5月1日 B. 2020年4月20日

C. 2020 年 2 月 17 日                    D. 2021 年 3 月 4 日

参考答案：

| 1. B | 2. C | 3. C | 4. B | 5. A |
|------|------|------|------|------|
| 6. B | 7. C | 8. B |      |      |

二、多项选择题

1. 依据《建筑施工企业主要负责人、项目负责人和专职安全生产管理人员安全生产管理规定》,建设施工企业安全生产考核包括安全生产知识考核和管理能力考核。其中安全生产管理能力考核包括(      )。

A. 建立和落实安全生产管理制度

B. 辨识和监控危险性较大的分部分项工程的能力

C. 发现和消除安全事故隐患的能力

D. 报告和处置生产安全事故等方面的能力

E. 紧急避险的能力

2. 依据《建筑施工企业主要负责人、项目负责人和专职安全生产管理人员安全生产管理规定》,县级以上人民政府住房城乡建设主管部门在对建筑施工企业实施监督检查时,应当怎样做(      )。

A. 应派两名以上监督检查人员参加

B. 不得妨碍企业正常的生产经营活动

C. 不得索取或者收受企业的财物

D. 不得查看企业财务部门对安全生产支出的账目

E. 不得借监督检查谋取其他利益

3. 依据《建筑施工企业主要负责人、项目负责人和专职安全生产管理人员安全生产管理规定》,建筑施工企业有下列行为(      )之一的,由县级以上人民政府住房城乡建设主管部门责令限期改正;逾期未改正的,责令停业整顿,并处 2 万元以下的罚款。

A. 未按规定设立安全生产管理机构的

B. 未按规定配备专职安全生产管理人员的

C. 未组织全员参加安全生产和消防安全培训的

D. 危险性较大的分部分项工程施工时未安排专职安全生产管理人员现场监督的

E. "安管人员"未取得安全生产考核合格证书的

4. 某企业为加强基建期承包商安全管理,对施工总承包单位、分包单位人员进出场管理提出了严格要求。下列提出的工作要求中,正确的是(      )。

A. 应当在承包商所有人员入场后进行安全培训

B. 重点监测和控制分包单位的安全管理活动

C. 总承包单位对施工现场的安全生产负总责

D. 外来参观人员进入施工现场前,总承包单位应先进行安全管理和考核

E. 对承包商人员应当采取与本单位员工相同的标准进行安全管理和考核

5. 政府相关部门在对某建筑施工企业进行检查时,发现该企业未按规定设立安全生产管理机构,遂责令其限期改正。该企业逾期未行改正。依据《建筑施工企业主要负责人、项目负责人和专职安全生产管理人员安全生产管理规定》,政府相关部门应采取的措施包括(      )。

A. 责令该企业停业整顿

B. 对该企业处以 2 万元以下的罚款

C. 对该企业处以 2 万元以上 5 万元以下的罚款

D. 依法暂扣该企业安全生产许可证

E. 将该企业的建筑业企业资质进行降级处理

6. 依据《建筑施工企业主要负责人、项目负责人和专职安全生产管理人员安全生产管理规定》，申请参加安全生产考核的"安管人员"，应当具备（　　　）。

A. 初中以上文化程度　　　　B. 相应的专业技术职称　　　C. 安全生产工作经历

D. 与企业确立劳动关系　　　E. 经企业年度安全生产教育培训合格

7. 依据《建筑施工企业主要负责人、项目负责人和专职安全生产管理人员安全生产管理规定》，以下关于"安管人员"安全生产考核合格证书管理的表述正确的是（　　　）。

A. 对安全生产考核合格的，考核机关应当在 20 个工作日内核发安全生产考核合格证书，并予以公告

B. "安管人员"遗失安全生产考核合格证书的，应当在公共媒体上声明作废，通过其受聘企业向原考核机关申请补办

C. "安管人员"出借安全生产考核合格证书的，应在证书有效期满前 3 个月，通过其受聘企业申请延续注册

D. 安全生产考核合格证书有效期为 3 年

E. 安全生产考核合格证书有效期为 2 年

8. 在建筑施工经营活动中，属于该经营活动的"安管人员"是（　　　）。

A. 建筑施工企业主要负责人

B. 项目负责人

C. 专职安全生产管理人员

D. 监理工程师

E. 施工现场技术负责人

9. 建筑施工活动中的安全管理人员应当通过其受聘企业，向企业工商注册地的省、自治区、直辖市人民政府住房城乡建设主管部门申请安全生产考核。安全生产考核包括安全生产知识考核和管理能力考核，其中安全生产管理能力考核包括（　　　）。

A. 建筑施工安全管理基本理论

B. 建立和落实安全生产管理制度

C. 辨识和监控危险性较大的分部分项工程

D. 发现和消除安全事故隐患

E. 建筑施工安全的法律法规

**参考答案：**

| 1. ABCD | 2. ABCE | 3. ABDE | 4. CE | 5. AB |
|---------|---------|---------|-------|-------|
| 6. BCDE | 7. ABD | 8. ABC | 9. BCD | |

# 第三十三节　危险性较大的分部分项工程安全管理规定

**大纲要求：**

《危险性较大的分部分项工程安全管理规定》。依照本规定分析危险性较大的分部分项工程

在前期保障、专项施工方案和现场安全管理等方面的有关法律问题,判断违反本规定的行为及应负的法律责任。

## 一、单项选择题

1. 依据《危险性较大的分部分项工程安全管理规定》,危险性较大的分部分项工程是指房屋建筑和市政基础设施工程在施工过程中,容易导致人员群死群伤或者造成重大经济损失的分部分项工程。超过一定规模的危险性较大的分部分项工程范围由（　　）制定。

A. 国务院住房城乡建设主管部门

B. 省、自治区、直辖市住房城乡建设主管部门

C. 县级住房城乡建设主管部门

D. 建筑工程所在地住房城乡建设主管部门

2. 某建筑施工企业通过社会公开招投标承接了一项危险性较大的分部分项工程,在中标后向建设单位索取相关资料,建设单位主管负责人说"有能力承揽就有能力搜集相关资料,去档案馆查找吧"。以下说法正确的是（　　）。

A. 要求建设单位开证明去档案馆查阅

B. 施工单位重新委托水文地质勘探机构进行地质勘探,并要求出具勘探资料

C. 监理单位配合施工单位查找相关资料

D. 建设单位应当提供真实、准确、完整的工程地质、水文地质和工程周边环境等资料

3. 依据《危险性较大的分部分项工程安全管理规定》,建设单位应当组织勘察、设计等单位在施工招标文件中列出（　　）,并要求施工单位在投标时补充完善、明确相应的安全管理措施。

A. 危险性较大的分部分项工程控制价清单　　B. 危险性较大的分部分项工程概算清单

C. 危险性较大的分部分项工程清单　　　　　D. 危险性较大的分部分项工程量清单

4. 某建设单位要完成一项危险性较大的分部分项工程(简称危大工程),通过社会公开招标选择了工程施工单位,并依据《危险性较大的分部分项工程安全管理规定》。下列施工合同约定正确的是（　　）。

A. 危大工程安全措施费包括在预算中,按工程进度支付

B. 危大工程安全措施费包括在预算中,按工程清单量结算

C. 及时支付危大工程施工技术措施费以及相应的安全防护文明施工措施费

D. 危大工程施工技术措施费以及相应的安全防护文明施工措施费由施工单位自行解决

5. 依据《危险性较大的分部分项工程安全管理规定》,监理单位发现施工单位未按照专项施工方案施工的,应当要求其进行整改;情节严重的,应当要求其暂停施工,并及时报告建设单位。施工单位拒不整改或者不停止施工的,监理单位应当及时报告（　　）。

A. 工程所在地安全生产监督管理部门

B. 工程所在地城乡建设监察主管部门

C. 当地城市管理监督检查部门

D. 建设单位和工程所在地住房和城乡建设主管部门

6. 某工程施工总承包单位要完成一项超过一定规模的危大工程。依据《危险性较大的分部分项工程安全管理规定》,由（　　）负责组织召开专家论证会对专项施工方案进行论证。

A. 建设单位　　　　　　　　　　　　　　B. 设计单位

C. 施工监理单位　　　　　　　　　　　　D. 施工总承包单位

7. 依据《危险性较大的分部分项工程安全管理规定》,危险性较大的分部分项工程专项施工方案实施前,编制人员或者项目技术负责人应当向施工现场管理人员进行（　　）,由施工现场管

理人员向作业人员进行(　　),由双方和项目专职安全生产管理人员共同签字确认。

A. 人员组织方案交底　安全注意事项交底　　B. 安全技术交底　方案交底

C. 方案交底　安全技术交底　　　　　　　　D. 应急设施交底　应急注意事项交底

**参考答案:**

| 1. A | 2. D | 3. C | 4. C | 5. D |
|------|------|------|------|------|
| 6. D | 7. C |      |      |      |

**二、多项选择题**

1. 某建设单位要完成一项危险性较大的分部分项工程,工程造价超过 3000 万元,并通过社会公开招标选择了工程施工单位和监理单位。工程施工单位和监理单位应分别向县级以上地方人民政府住房和城乡建设主管部门提交的申报资料有(　　)。

A. 工程施工单位应提交危大工程安全生产费用清单

B. 监理单位应提交营业执照、资质和监理大纲

C. 工程施工单位应提交危大工程专项施工方案

D. 监理单位应结合危大工程专项施工方案编制监理实施细则

E. 建设单位对危大工程施工实施专项巡视检查

2. 依据《危险性较大的分部分项工程安全管理规定》,危险性较大的分部分项工程专项施工方案应当由谁签字、盖章后方可实施(　　)。

A. 由施工单位技术负责人审核签字,加盖公章

B. 由总监理工程师审查签字,加盖执业印章

C. 由设计单位设计工程师审查签字,加盖执业印章

D. 由工程监督管理审查部门审查签字,加盖公章

E. 实行分包的专项施工方案应当由总承包单位技术负责人及分包单位技术负责人共同审核签字并加盖双方单位公章

3. 依据《危险性较大的分部分项工程安全管理规定》,承接危险性较大的分部分项工程的施工单位应当在施工现场显著位置公告的内容有(　　)。

A. 危大工程名称　　　　B. 施工时间　　　　　　C. 施工人员

D. 危险区域设置　　　　E. 安全警示标志

4. 依据《危险性较大的分部分项工程安全管理规定》,建设单位有下列行为之一的,责令限期改正,并处 1 万元以上 3 万元以下的罚款;对直接负责的主管人员和其他直接责任人员处 1000 元以上 5000 元以下罚款的是(　　)。

A. 未按照本规定提供工程周边环境等资料的

B. 未按照本规定在招标文件中列出危大工程清单的

C. 未按照施工合同约定及时支付危大工程施工技术措施费或者相应的安全防护文明施工措施费的

D. 未委托相关单位进行第三方监测的

E. 未对第三方监测单位报告的异常情况组织采取处置措施的

**参考答案:**

| 1. CD | 2. ABE | 3. ABDE | 4. ABCE |  |
|-------|--------|---------|---------|--|

# 第三十四节　海洋石油安全生产规定

**大纲要求：**

《海洋石油安全生产规定》。依照本规定分析海洋石油开采企业和向作业者提供服务的企业或者实体的安全生产保障、监督管理、应急预案与事故处理等方面的有关法律问题，判断违反本规定的行为及应负的法律责任。

**一、单项选择题**

1. 依据《海洋石油安全生产规定》，海洋石油生产设施应当由具有相应资质或者能力的专业单位施工，施工单位应当按（　　）进行施工。

A. 经审查同意的安全设施设计方案
B. 经审查同意的设计方案或者图纸
C. 经审查同意的总体方案或者图纸
D. 经审查同意的安全评价报告

2. 依据《海洋石油安全生产规定》，作业者或者承包者在编制钻井、采油和井下作业等作业计划时，应当根据地质条件与海域环境确定安全可靠的措施，并在打开油（气）层前确认是否落实。方案措施指的是（　　）。

A. 现场应急处置方案
B. 守护船值班制度和防火防爆措施
C. 井控程序和防硫化氢措施
D. 危险区域隔离措施和防火防爆措施

3. 依据《海洋石油安全生产规定》，当作业现场发生险情或应急事件时，现场工作人员应当及时向（　　）报告。

A. 现场负责人
B. 主要负责人
C. 海洋石油安全监督管理部门
D. 当班负责人

**参考答案：**

| 1. B | 2. C | 3. B | | |
|------|------|------|---|---|

**二、多项选择题**

1. 依据《海洋石油安全生产规定》，在海洋石油生产设施的设计、建造、安装以及生产的全过程中，实施发证检验制度。海洋石油生产设施的发证检验包括（　　）。

A. 建造检验
B. 生产过程中的定期检验
C. 临时检验
D. 海洋石油生产设施建造项目的安全预评价和验收评价
E. 设计检验

2. 依据《海洋石油安全生产规定》，监督检查人员进行监督检查工作时，应履行的义务包括（　　）。

A. 出示有效的监督执法证件，使用统一的行政执法文书
B. 遵守作业者和承包者的有关现场管理规定，不得影响正常生产活动
C. 保守作业者和承包者的有关技术秘密和商业秘密
D. 提前24小时与作业者或承包者确定监督检查的时间、地点等
E. 忠于职守，坚持原则，秉公执法

3. 某海洋石油开采企业，为提升其海洋石油勘探、开采能力，将作业地点自黄海海域迁移至

东海海域,提前租用了 A 国企业的物探船、起重船等设施。依据《海洋石油安全生产规定》,该企业应采取的措施包括(　　)。

A. 制订作业计划和安全措施

B. 在开始作业前 15 日,将作业计划和安全措施报国家规定的部门备案

C. 在开始作业前 15 个工作日,将作业计划和安全措施报国家规定的部门备案

D. 经企业安监部门对租用的 A 国设施进行安全评价合格后,方可投入使用

E. 与 A 国企业签订合同时,约定各自的安全生产管理职责

**参考答案:**

| 1. ABC | 2. ABCE | 3. ABE | | |
|--------|---------|--------|---|---|

# 第三十五节　海洋石油安全管理细则

大纲要求:

《海洋石油安全管理细则》。依照本细则分析海洋石油生产设施的备案管理、生产作业的安全管理、安全培训、应急管理、事故报告和调查处理、监督管理等方面的有关法律问题,判断违反本细则的行为及应负的法律责任。

**一、单项选择题**

1. 依据《海洋石油安全管理规则》,通常情况下,海洋石油作业设施从事物探、钻(修)井、铺管、起重和生活支持等活动期限不超过(　　),确须延期的,按要求提出延期申请。

A. 1 年

B. 6 个月

C. 24 个月

D. 国家海油安办颁发的作业设施备案通知书中规定的时限

2. 依据《海洋石油安全管理规则》,作业者或者承包者应当严格按照海油安办有关分部颁发的生产设施试生产备案通知书中所列出的生产安全保障措施组织试生产,且生产设施试生产期限不得超过(　　)。

A. 国家海油安办有关分部颁发的生产设施试生产备案通知书中规定的 1 年时限

B. 6 个月

C. 12 个月

D. 24 个月

3. 依据《海洋石油安全管理规则》,按照设施不同区域的危险性,划分的三个等级危险区是(　　)。

A. 甲类危险区、乙类危险区、丙类危险区　　B. 0 类危险区、1 类危险区、2 类危险区

C. Ⅰ级危险区、Ⅱ级危险区、Ⅲ级危险区　　D. A 级危险区、B 级危险区、C 级危险区

**参考答案:**

| 1. A | 2. C | 3. B | | |
|------|------|------|---|---|

## 二、多项选择题

1. 依据《海洋石油安全管理细则》,作业设施有下列情形之一的,作业者或者承包者应当及时向海油安办有关分部报告(　　)。

A. 改动井控系统的

B. 更换或者拆卸火灾、可燃和有毒有害气体探测与报警系统,以及消防和救生设备等主要安全设施的

C. 变更作业合同、作业者或者作业海区的

D. 改变应急预案有关内容的

E. 中断作业5日以上或者终止作业的

2. 依据《海洋石油安全管理细则》,作业设施的作业者或者承包者应当建立以下审批制度(　　)。

A. 动火审批制度

B. 水上作业审批制度

C. 受限空间作业审批制度

D. 高空作业审批制度

E. 舷(岛)外作业审批制度

3. 某企业在实施海上石油勘探作业时,突然发生溢油事故,现场预测溢油量在200吨以上。以下描述正确的是(　　)。

A. 现场有关人员应当立即向所属作业者和承包者报告

B. 作业者和承包者立即按规定向海油安办有关分部的地区监督处、当地政府和海事部门报告

C. 按规定报告有关政府主管部门

D. 立即启动相应的应急预案,组织开展救援活动,防止事故扩大,减少人员伤亡和财产损失

E. 由海事部门调查处理该事故

**参考答案:**

| 1. ABCD | 2. ACDE | 3. ABCD | | |
|---------|---------|---------|---|---|

# 第三十六节　有关行业重大生产安全事故隐患判定标准

大纲要求:

有关行业重大生产安全事故隐患判定标准。依据《煤矿重大生产安全事故隐患判定标准》《金属非金属矿山重大生产安全事故隐患判定标准(试行)》《化工和危险化学品生产经营单位重大生产安全事故隐患判定标准(试行)》《烟花爆竹生产经营单位重大生产安全事故隐患判定标准(试行)》《工贸行业重大生产安全事故隐患判定标准》判定相应行业生产经营单位重大生产安全事故隐患。

## 一、单项选择题

1. 依据《工贸行业重大生产安全事故隐患判定标准》,属于使用液氨制冷的行业领域重大生产安全事故隐患的是(　　)。

A. 包装间、分割间、产品整理间等人员较多生产场所的空调系统采用氨直接蒸发制冷系统

B. 包装间、分割间、产品整理间等人员较多生产场所的空调系统采用氟利昂制冷系统

C. 快速冻结装置未设置在单独的作业间内,且作业间内作业人员数量超过 3 人

D. 快速冻结装置设置于单独的作业间内,且作业间内作业人员数量为 2 人

2. 依据《工贸行业重大生产安全事故隐患判定标准》,属于有限空间作业相关行业领域的重大生产安全事故隐患的是(　　　)。

A. 作业人员持有限空间特种作业操作证书

B. 有作业审批制度,经审批进入有限空间作业

C. 未对有限空间作业场所进行辨识,并设置明显安全警示标志

D. 做到"先通风、后检测、再作业"

3. 依据《工贸行业重大生产安全事故隐患判定标准》,属于商贸行业领域的重大生产安全事故隐患的是(　　　)。

A. 在房式仓、筒仓及简易仓囤进行粮食进出仓作业时,未按照作业标准步骤或未采取有效防护措施作业

B. 防火分区的除尘系统分别设置

C. 干式除尘系统采用泄爆、隔爆控爆措施

D. 除尘系统采用粉尘沉降室除尘系统

**参考答案:**

| 1. A | 2. C | 3. A | | |
|------|------|------|---|---|

## 二、多项选择题

1. 依据《煤矿重大生产安全事故隐患判定标准》,判定为"超能力、超强度或者超定员组织生产"重大事故隐患的是(　　　)。

A. 矿井全年原煤产量超过矿井核定(设计)生产能力 110% 的,或者矿井月产量超过矿井核定(设计)生产能力 10% 的

B. 矿井开拓、准备、回采煤量可采期小于有关标准规定的最短时间组织生产、造成持续紧张的,或者采用"剃头下山"开采的

C. 采掘工作面瓦斯抽采不达标组织生产的

D. 煤矿未制定或者未严格执行井下劳动定员制度的

E. 采取安全防护措施的

2. 依据《煤矿重大生产安全事故隐患判定标准》,判定为"瓦斯超限作业"重大事故隐患的是(　　　)。

A. 瓦斯检查存在漏检、假检的

B. 井下瓦斯超限后不采取措施继续作业的

C. 采取安全防护措施的

D. 使用地埋式电气设备的

E. 未建立安全生产机构并配备相应专业人员的

3. 依据《煤矿重大生产安全事故隐患判定标准》,判定为"有严重水患,未采取有效措施"重大事故隐患的是(　　　)。

A. 未查明矿井水文地质条件和井田范围内采空区、废弃老窑积水等情况而组织生产建设的

B. 在突水威胁区域进行采掘作业未按规定进行探放水的

C. 未按规定留设或者擅自开采各种防隔水煤柱的

D. 有透水征兆未撤出井下作业人员的

E. 建设矿井进入三期工程前,没有建成临时排水系统的

4. 依据《烟花爆竹生产经营单位重大生产安全事故隐患判定标准(试行)》,判定为烟花爆竹生产领域重大生产安全事故隐患的是(    )。

A. 主要负责人、安全生产管理人员未依法经考核合格

B. 特种作业人员未持证上岗,作业人员带药检维修设备设施

C. 职工自行携带工器具、机器设备进厂进行涉药作业

D. 工(库)房存储药量为当班核定药量

E. 工(库)房实际作业人员数量超过核定人数

5. 依据《化工和危险化学品生产经营单位重大生产安全事故隐患评定标准(试行)》,判定为化工和危险化学品生产领域重大生产安全事故隐患的是(    )。

A. 危险化学品生产、经营单位主要负责人和安全生产管理人员未依法经考核合格

B. 操作人员持证上岗

C. 涉及"两重点一重大"的生产装置、储存设施外部安全防护距离不符合国家标准要求

D. 地区架空电力线路穿越生产区且不符合国家标准要求

E. 使用淘汰落后安全技术工艺、设备目录列出的工艺、设备

**参考答案:**

| 1. ABCD | 2. AB | 3. ABCD | 4. ABCE | 5. ACDE |
|---------|-------|---------|---------|---------|

# 第三十七节　淘汰落后安全技术工艺、设备目录

**大纲要求:**

《淘汰落后安全技术工艺、设备目录》。依据该目录分析判定煤矿安全、危险化学品、工贸企业、职业健康等方面应淘汰的落后安全技术工艺、设备。

**一、单项选择题**

1. 依据《淘汰落后安全技术工艺、设备目录》,危险化学品生产领域明令淘汰的安全技术工艺、设备是(    )。

A. 间歇焦炭法二硫化碳工艺　　　　　B. 天然气法二硫化碳工艺

C. 串电阻调速装置　　　　　　　　　D. M型或MH型HN气压缩机

2. 依据《淘汰落后安全技术工艺、设备目录》,工贸企业生产领域明令淘汰的安全技术工艺、设备是(    )。

A. 带除尘功能的砂轮机　　　　　　　B. 独立设置的喷漆间

C. 金属打磨工艺的砖槽式通风道　　　D. 金属通风管道

3. 依据《淘汰落后安全技术工艺、设备目录》,应急救援领域明令淘汰的安全技术工艺、设备是(    )。

A. 正压氧气呼吸器　　　　　　　　　B. 负压氧气呼吸器

C. 水基型灭火器　　　　　　　　　　D. 七氟丙烷灭火装置

**参考答案：**

| 1. A | 2. C | 3. B | | |
|------|------|------|---|---|

## 二、多项选择题

1. 依据《淘汰落后安全技术工艺、设备目录》，煤矿安全生产领域明令淘汰的安全技术工艺、设备是（　　）。

　A. 皮带机皮带钉扣人力夯砸工艺 　　　　B. 钢丝绳牵引耙装机

　C. 煤矿井下用煤电钻 　　　　　　　　　D. 井下活塞式移动空压机

　E. 白炽灯

2. 依据《淘汰落后安全技术工艺、设备目录》，职业健康领域明令淘汰的安全技术工艺、设备是（　　）。

　A. 石英砂湿法加工工艺

　B. 不带除尘的砂轮机

　C. 无密闭无除尘的干法石棉选矿工艺

　D. 石英砂干法加工工艺

　E. 未单独设置喷漆间的木质家具制造喷漆工艺

**参考答案：**

| 1. ABCD | 2. BCDE | | | |
|---------|---------|---|---|---|

# 第八章 其他安全生产法律、法规和规章

大纲要求：

考生应掌握的新发布、新修订的安全生产法律、法规和规章。

**一、单项选择题**

1.《中共中央 国务院关于推进安全生产领域改革发展的意见》的基本原则是"坚持安全发展、坚持改革创新、坚持依法监管、（　　　）、坚持系统治理"，提升全社会安全生产治理能力。

A. 坚持以人为本　　　　　　　　　　B. 坚持责任落实

C. 坚持源头防范　　　　　　　　　　D. 坚持全民监督

2. 依据《中共中央 国务院关于推进安全生产领域改革发展的意见》的目标任务，到 2020 年，安全生产监管体制机制（　　　），法律制度基本完善，全国生产安全事故总量明显减少，职业病危害防治取得积极进展，重特大生产安全事故频发势头得到有效遏制，安全生产整体水平与全面建成小康社会目标相适应。到 2030 年，实现安全生产治理体系和治理能力现代化，全民安全文明素质全面提升，安全生产保障能力显著增强，为实现中华民族伟大复兴的中国梦奠定稳固可靠的安全生产基础。

A. 已经成熟　　　　B. 已经完善　　　　C. 基本建立　　　　D. 基本成熟

3. 依据《中共中央 国务院关于推进安全生产领域改革发展的意见》的要求，地方各级党委和政府要始终把安全生产摆在重要位置，加强组织领导。党政主要负责人是本地区安全生产第一责任人，班子其他成员对分管范围内的安全生产工作负领导责任。地方各级安全生产委员会主任由（　　　）担任，成员由同级党委和政府及相关部门负责人组成。

A. 分管安全生产主要负责人　　　　　B. 党委主要负责人

C. 政府主要负责人　　　　　　　　　D. 党委和政府一把手共同

4. 依据《中共中央 国务院关于推进安全生产领域改革发展的意见》的要求，明确部门监管责任。按照管行业必须管安全、管业务必须管安全、管生产经营必须管安全和谁主管谁负责的原则，厘清（　　　）的关系，明确各有关部门安全生产和职业健康工作职责，并落实到部门工作职责规定中。

A. 政府与企业　　　　　　　　　　　B. 政府督察和行业自律

C. 监督管理部门和企业责任主体　　　D. 安全生产综合监管与行业监管

5. 依据《企业安全生产费用提取和使用管理办法》的规定，安全费用按照（　　　）的原则进行管理。

A. 企业计提、自行管理、使用规范、财务列支

B. 企业提取、政府监管、确保需要、规范使用

C. 企业计提、专款专用、建立科目、规范备查

D. 企业提取、行业监管、专款专用、年度核算

6. 依据《企业安全生产费用提取和使用管理办法》的规定，中小微型企业和大型企业上年末

安全费用结余分别达到本企业上年度营业收入的5%和1.5%时,经当地县级以上安全生产监督管理部门、煤矿安全监察机构商财政部门同意,企业本年度可以(　　)安全费用。

A. 不提取

B. 缓提或者少提

C. 继续使用上年度结余的

D. 转入安全奖励的

7. 依据《企业安全生产费用提取和使用管理办法》的规定,交通运输企业安全生产费用以上年度实际营业收入为计提依据,按照以下标准平均逐月提取(　　)。

A. 普通货运业务按照1%提取;客运业务、管道运输、危险品等特殊货运业务按照1.5%提取

B. 普通货运按照1%提取;客运业务、管道运输、危险品等特殊货运业务按照2%提取

C. 普通货运按照1.5%提取;客运业务、管道运输、危险品等特殊货运业务按照2%提取

D. 普通货运按照1.5%提取;客运业务、管道运输、危险品等特殊货运业务按照2.5%提取

8. 某建筑施工企业采用劳务派遣用工,按日结算用工费用。一天用工单位要求外协工完成外墙高处作业施工。外协工因没有安全带拒不作业,随后现场管理人员找来一根绳子代替安全带。外协工还是觉得不安全不进行登高作业。现场管理人员非常气愤,并严厉告知扣除该外协工当日工资。外协工不服找到劳务派遣公司负责人,并讲明当日的情况,劳务派遣公司负责人为了维护外协工的利益,依据《企业外协用工安全生产管理规定》向用工单位据理力争,劳务派遣公司负责人以下说法正确的是(　　)。

A. 当日该外协工身体不舒服,有腹泻,应该给予谅解,不得扣除当日工资

B. 现场管理人员找来的绳子,不能构成高处作业的"双绳保险",责任不在外协工

C. 不得违章指挥或强令外协工在安全生产条件不具备、安全措施不落实的情况下作业

D. 该外协工持有高处作业操作证,并且已经到岗,按照日工资的约定不应扣除该工人的当日工资

9. 依据《用人单位劳动防护用品管理规范》的规定,当接触噪声暴露于(　　)的工作场所时,用人单位必须为接触噪声的劳动者配备适用的护听器,并指导劳动者正确佩戴和使用。

A. 65 dB$\leqslant L_{\text{EX,8h}}<$70 dB

B. 80 dB$\leqslant L_{\text{EX,8h}}<$85 dB

C. $L_{\text{EX,8h}}\geqslant$80 dB

D. $L_{\text{EX,8h}}\geqslant$85 dB

10. 某市安全生产监督管理部门对该市某企业劳动防护用品的日常管理工作开展了专项安全监督检查,发现该企业劳动防护用品的管理有以下做法,其中错误的是(　　)。

A. 为职工免费发放安全帽、防护鞋等劳动防护用品

B. 及时更新失效的劳动防护用品

C. 定期进行劳动防护用品监督检查

D. 设专人维修劳动防护用品

11. 依据《安全评价检测检验机构管理办法》的规定,安全评价检测检验机构及其从业人员应当依照法律、法规、规章、标准,遵循科学公正、独立客观、安全准确、诚实守信的原则和执业准则,独立开展安全评价和检测检验,并对其作出的安全评价和检测检验结果(　　)。

A. 符合性负责　　　B. 有效性负责　　　C. 负责　　　D. 终生负责

12. 依据《安全评价检测检验机构管理办法》的规定,国家支持发展安全评价、检测检验技术服务的行业组织,鼓励有关行业组织建立安全评价检测检验机构(　　),健全技术服务能力评定体系,完善技术仲裁工作机制,强化行业自律,规范执业行为,维护行业秩序。

A. 自我完善机制　　B. 诚信体系　　　C. 信用评定制度　　D. 信誉评价制度

13. 依据我国安全生产标准体系的有关规定,行业标准的制定、修订程序和国家标准的制

定、修订程序的不同之处在于,行业标准有一个( )阶段。

　　A. 备案　　　　　　B. 立项　　　　　　C. 批准　　　　　　D. 复审

　　14. 依据我国标准制定修订程序的规定,对标准进行审查时,需要代表表决的,必须由不少于出席会议代表人数的( )同意方为通过。

　　A. 三分之一　　　　B. 二分之一　　　　C. 三分之二　　　　D. 四分之三

　　15. 依据我国现行的安全生产标准的适用范围和性质,标准可以分为以下( )类别。

　　A. 基础标准、技术标准、产品标准

　　B. 基础标准、方法标准、产品标准

　　C. 设计管理、设备工具、生产工艺安全卫生、防护用品

　　D. 国家标准、行业标准、地方标准、强制标准、推荐标准

　　16. 依据煤矿安全生产标准的范围,煤矿安全生产标准体系包括综合管理安全标准、井工开采安全标准、露天开采安全标准和( )安全标准等四个部分。

　　A. 瓦斯抽放　　　　B. 操作规程　　　　C. 职业危害　　　　D. 通风技术

　　17. 我国安全生产行业标准与安全生产国家标准的制定修订程序的不同之处是( )。

　　A. 国家标准有备案阶段,行业标准无备案阶段

　　B. 国家标准无备案阶段,行业标准有备案阶段

　　C. 国家标准有复审阶段,行业标准无复审阶段

　　D. 国家标准无复审阶段,行业标准有复审阶段

　　18. 依据我国安全生产标准内容的分类,对防护服装机械性能、材料抗刺穿性及动态撕裂性的试验标准,属于( )。

　　A. 产品标准　　　　B. 技术标准　　　　C. 基础标准　　　　D. 方法标准

　　19. 安全生产行业标准的代码是( )。

　　A. LD　　　　　　　B. MT　　　　　　　C. AQ　　　　　　　D. JB

　　20. 根据《安全生产标准制修订工作细则》,具体修订程序是( )。

　　A. 起草、立项、征求意见、审查、报批、发布、备案

　　B. 立项、起草、征求意见、审查、报批、发布、备案

　　C. 起草、立项、征求意见、审查、报批、备案、发布

　　D. 立项、起草、征求意见、审查、报批、备案、发布

**参考答案:**

| 1. C | 2. D | 3. C | 4. D | 5. B |
|------|------|------|------|------|
| 6. B | 7. A | 8. C | 9. D | 10. D |
| 11. C | 12. C | 13. A | 14. D | 15. C |
| 16. C | 17. B | 18. D | 19. C | 20. B |

**二、多项选择题**

　　1. 依据《中共中央 国务院关于推进安全生产领域改革发展的意见》的要求,健全落实安全生产责任制,明确地方党委和政府领导责任,坚持党政同责、( ),完善安全生产责任体系。

　　A. 一岗双责　　　　　　B. 齐抓共管　　　　　　C. 各负其责

　　D. 管生产必须管安全　　E. 失职追责

　　2. 依据《中共中央 国务院关于推进安全生产领域改革发展的意见》的要求,发挥市场机制推动作用。( )制度,在矿山、危险化学品、烟花爆竹、交通运输、建筑施工、民用爆炸物品、金

属冶炼、渔业生产等高危行业领域强制实施,切实发挥保险机构参与风险评估管控和事故预防功能。完善工伤保险制度,加快制定工伤预防费用的提取比例、使用和管理具体办法。积极推进（　　）建设,完善企业安全生产不良记录"黑名单"制度,建立（　　）激励机制。

A. 取消政府监督检查制度,建立健全行业自律、自我完善

B. 取消安全生产风险抵押金制度,建立健全安全生产责任保险

C. 机构改革和加强应急

D. 安全生产诚信体系

E. 失信惩戒和守信

3. 依据《企业安全生产费用提取和使用管理办法》的规定,以下安全生产费用提取正确的是（　　）。

A. 矿山工程为 2.5%

B. 房屋建筑工程、水利水电工程、电力工程、铁路工程、城市轨道交通工程为 2.0%

C. 市政公用工程、冶炼工程、机电安装工程、化工石油工程、港口与航道工程、公路工程、通信工程为 3.5%

D. 建设工程施工企业提取的安全费用列入工程造价,在竞标时,不得删减,列入标外管理。国家对基本建设投资概算另有规定的,从其规定

E. 总包单位应当将安全费用按比例直接支付分包单位并监督使用,分包单位不再重复提取

4. 依据《企业安全生产费用提取和使用管理办法》的规定,危险品生产与储存企业安全生产费用提取以上年度实际营业收入为计提依据,采取超额累退方式按照以下标准平均逐月提取。以下正确的是（　　）。

A. 营业收入不超过 1000 万元的,按照 4% 提取

B. 营业收入超过 1000 万元至 1 亿元的部分,按照 2% 提取

C. 营业收入超过 1 亿元至 10 亿元的部分,按照 0.5% 提取

D. 营业收入超过 10 亿元的部分,按照 0.3% 提取

E. 营业收入超过 10 亿元的部分,按照 0.2% 提取

5. 依据《企业安全生产费用提取和使用管理办法》的规定,机械制造企业安全生产费用提取以上年度实际营业收入为计提依据,采取超额累退方式按照以下标准平均逐月提取。以下正确的是（　　）。

A. 营业收入不超过 1000 万元的,按照 2.5% 提取

B. 营业收入超过 1000 万元至 1 亿元的部分,按照 1.5% 提取

C. 营业收入超过 1 亿元至 10 亿元的部分,按照 0.2% 提取

D. 营业收入超过 10 亿元至 50 亿元的部分,按照 0.1% 提取

E. 营业收入超过 50 亿元的部分,按照 0.05% 提取

6. 依据《企业安全生产费用提取和使用管理办法》的规定,烟花爆竹生产企业安全生产费用以上年度实际营业收入为计提依据,采取超额累退方式按照以下标准平均逐月提取。以下正确的是（　　）。

A. 营业收入不超过 200 万元的,按照 3.5% 提取

B. 营业收入超过 200 万元至 500 万元的部分,按照 3% 提取

C. 营业收入超过 500 万元至 1000 万元的部分,按照 2.5% 提取

D. 营业收入超过 1000 万元的部分,按照 2% 提取

E. 营业收入超过 1 亿元的部分,按照 0.5% 提取

7. 依据《企业外协用工安全生产管理规定》，劳务派遣单位应当加强对外协工的安全生产管理。劳务派遣单位履行下列职责正确的是（　　）。

A. 根据有关法律法规规定设置安全生产管理机构，或配备专职（兼职）安全生产管理人员

B. 对外协工进行安全生产法律法规、安全生产意识和基本知识教育培训，经考试合格方可派遣

C. 告知外协工与用工单位签订的劳务派遣协议中双方对外协工安全生产管理的权利和义务

D. 依法为外协工缴纳工伤保险、高危行业安全生产责任保险等费用，办理相关保险待遇

E. 为外协工进行派遣前的职业健康检查，将职业健康检查结果报派遣单位备案，建立外协工职业健康档案

8. 依据《安全生产监管监察职责和行政执法责任追究的规定》，安全监管监察部门在监督检查中，发现生产经营单位存在安全生产非法、违法行为的，有权依法采取下列行政强制措施，予以查封或者扣押，并依法作出处理决定。以下正确的是（　　）。

A. 现场检查认为生产经营单位在用安全工艺技术落后的设备

B. 对有根据认为不符合安全生产的国家标准或者行业标准的在用设施、设备、器材的

C. 违法生产、储存、使用、经营、运输的危险物品

D. 以及违法生产、储存、使用、经营危险物品的作业场所

E. 实施查封、扣押的，应当制作并当场交付查封、扣押决定书和清单

9. 依据《用人单位劳动防护用品管理规范》的规定，劳动防护用品分为十大类，其中用于防御物理、化学和生物危险、有害因素对头部伤害的头部防护用品有（　　）。

A. 安全帽　　　B. 普通工作帽　　　C. 防尘帽　　　D. 鸭舌帽　　　E. 工作帽

10. 依据《安全评价检测检验机构管理办法》的规定，申请安全评价机构资质应当具备以下哪些基本条件（　　）。

A. 独立法人资格，固定资产不少于1000万元

B. 工作场所建筑面积不少于1000平方米，其中档案室不少于100平方米，设施、设备、软件等技术支撑条件满足工作需求

C. 承担单一业务范围的安全评价机构，其专职安全评价师不少于25人

D. 有健全的内部管理制度和安全评价过程控制体系

E. 配备专职技术负责人和过程控制负责人

11. 我国安全生产标准体系按标准对象特征分类可分为（　　）。

A. 基础标准　　B. 产品标准　　C. 方法标准　　D. 推荐标准　　E. 强制标准

**参考答案：**

| 1. ABE | 2. BDE | 3. ABDE | 4. ABCE | 5. ACDE |
|---|---|---|---|---|
| 6. ABCD | 7. ABCD | 8. BCDE | 9. ABC | 10. BCDE |
| 11. ABC | | | | |

# 2019 年考试真题与解析

## 2019 年考试真题

**一、单项选择题**（共 70 题，每题 1 分。每题的备选项中，只有 1 个最符合题意）

1. 根据法的不同效力层级，下列安全生产法律法规和规章中，属于最低层级的安全生产立法是（ ）。

A. 国务院通过的《安全生产许可证条例》

B. 某直辖市人大常委会通过的《××市安全生产条例》

C. 某省人民政府通过的《××省煤矿安全生产监督管理规定》

D. 全国人大常委会通过的《特种设备安全法》

2. 某县政府通过招商引资，在当地成立了一家大型股份制化工公司。根据《安全生产法》，关于该公司安全生产责任的说法，正确的是（ ）。

A. 该公司应当保障安全生产条件所必需的资金投入，用于提高生产效率

B. 该公司必须建立健全安全生产责任制和安全生产规章制度，改善安全生产条件，推进安全生产标准化建设

C. 该公司股东大会对企业安全生产工作全面负责，应当定期听取安全生产工作汇报

D. 该公司在制定或者修改有关安全生产的规章制度时，可以听取本公司工会的意见

3. 刘某、赵某、黄某、张某四人合伙成立一家金属冶炼公司，该公司董事长由最大的股东刘某担任，但刘某因生病长期休养，并不直接参与公司生产经营活动；公司总经理由赵某担任，全面负责生产经营活动；黄某担任冶炼车间主任，负责车间日常生产管理；张某担任公司工会主席。根据《安全生产法》，由（ ）负责督促、检查公司安全生产工作，及时消除安全生产事故隐患。

A. 刘某　　　　　B. 赵某　　　　　C. 张某　　　　　D. 黄某

4. 依据《危险化学品安全管理条例》，关于危险化学品经营安全的说法，正确的是（ ）。

A. 依法取得危险化学品安全生产许可证的企业，可以凭安全生产许可证购买剧毒危险化学品

B. 危险化学品生产企业在其厂区范围内销售本企业生产的危险化学品，应取得危险化学品经营许可证

C. 危险化学品经营企业经批准，可以在规定范围经营没有化学品安全技术说明书的危险化学品

D. 个人不得购买剧毒危险化学品（包括属于剧毒化学品的农药）和易制爆危险化学品

5. 根据《生产经营单位安全培训规定》，下列从业人员安全培训时间符合规定的是（ ）。

A. 食品加工企业新上岗的从业人员，岗前安全培训时间达到 20 学时

B. 危险化学品生产企业的从业人员,每年再培训时间达到 20 学时

C. 烟花爆竹企业新上岗的从业人员,岗前安全培训时间达到 48 学时

D. 金属冶炼企业的从业人员,每年安全再培训时间达到 16 学时

6. 某客运公司经营城际客运业务,共有职工 65 人、中型客车 20 辆。根据《安全生产法》,关于安全生产管理机构设置和安全生产管理人员配备的说法,正确的是(    )。

A. 该公司应当设置安全生产管理机构或者配备兼职安全生产管理人员

B. 该公司应当设置安全生产管理机构或配备注册安全工程师

C. 该公司应当设置安全生产管理机构或配备专职安全生产管理人员

D. 该公司不需设置安全生产管理机构,但应当配备兼职安全生产管理人员

7. 根据《危险化学品重大危险源监督管理暂行规定》,关于危险化学品单位重大危险源安全管理的说法,正确的是(    )。

A. 一级重大危险源记录电子数据的保存时间,应当不少于 20 天

B. 涉及剧毒气体的重大危险源,应当至少配备一套气密型化学防护服

C. 重大危险源专项应急预案的演练,应当每两年至少进行一次

D. 重大危险源中储存剧毒物质的场所或者设施应当设置视频监控系统

8. 张某在单位从事接触职业病危害作业的劳动,根据《劳动合同法》,该单位未对张某进行(    ),不得解除与张某订立的劳动合同。

A. 离岗前职业健康检查                    B. 身体健康综合评估检查

C. 上岗前职业健康检查                    D. 在岗期间职业健康检查

9. 根据《矿山安全法》,关于矿山企业开采安全保障的说法,正确的是(    )。

A. 矿山设计规定保留的矿柱、岩柱,经论证在保证安全的前提下可以开采

B. 矿山闭坑后,对可能引起的危害,矿山企业应当采取预防措施

C. 矿山企业必要时可以对井下空气含氧量进行检测,保证符合作业要求

D. 矿山企业使用的有特殊安全要求的设备、器材、安全检测仪器,可以由非专业厂家生产

10. 根据《工伤保险条例》,关于工伤保险费缴纳的说法,正确的是(    )。

A. 工伤保险基金在留有一定比例的储备金后可用于投资经营

B. 工伤保险费可以由职工个人缴纳

C. 工伤保险费的数额为用人单位职工工资总额乘以单位缴费费率

D. 工伤保险费率根据以收定支原则确定

11. 某金属冶炼厂发生一起火灾事故,当场造成 2 人死亡、1 人重伤、3 人轻伤,事故发生 3 天后,重伤者因救治无效死亡。根据《生产安全事故报告和调查处理条例》,该厂应自事故发生之日起(    )内补报该事故伤亡情况。

A. 45 日              B. 30 日              C. 15 日              D. 7 日

12. 根据《特种设备安全法》,下列设备的安全监督管理适用该法的是(    )。

A. 核材料运输车辆                        B. 军用起重设施

C. 航天特种设备                          D. 大型游乐设施

13. 某化肥生产企业存在重大事故隐患,安全监管部门对该企业作出停产决定,但该企业仍然继续生产,随时有发生生产安全事故的现实危险,安全监管部门决定对该企业采取停止供电措施。根据《安全生产法》,除有危及生产安全的紧急情形外,应当提前(    )小时通知对该企业采取停止供电措施。

A. 8                 B. 24                C. 12                D. 36

14. 甲建筑公司在某市承建商业大厦,进行吊装作业。根据《安全生产法》,关于该吊装作业现场安全管理的说法,正确的是(          )。

A. 甲建筑公司应当安排专门人员进行现场安全管理

B. 该市安全监管部门应当安排专门人员进行现场安全管理

C. 该市建设主管部门应当安排专门人员负责现场安全管理

D. 项目设计单位应当安排专门人员负责现场安全管理

15. 矿山企业为改善矿井安全生产条件,制定了安全生产费用提取和使用管理制度。根据《安全生产法》,关于该企业安全生产费用提取和使用的说法,正确的是(          )。

A. 该企业应当根据经营情况提取和使用安全生产费用

B. 该企业可使用安全生产费用提高安全生产管理人员待遇

C. 该企业应当在成本中据实列支安全生产费用

D. 该企业在发生亏损时可以停止提取安全生产费用

16. 根据《安全生产培训管理办法》,关于生产经营单位安全生产培训的说法,正确的是(          )。

A. 煤矿企业的主要负责人和安全生产管理人员、特种作业人员的培训大纲由省级安全监管部门组织制定

B. 对从业人员的安全培训,具备安全培训条件的生产经营单位应当以自主培训为主,也可以委托具备安全培训条件的机构进行安全培训

C. 生产经营单位的从业人员的安全培训,由所在地县级安全监管部门负责

D. 生产经营单位委托其他机构进行安全培训的,安全培训责任由被委托的机构承担

17. 某市安全监管部门在安全检查中发现一公司存在重大事故隐患,责令其停产停业。根据《安全生产事故隐患排查治理暂行规定》,关于公司开展隐患治理的说法,错误的是(          )。

A. 应当及时开展安全生产事故隐患治理工作

B. 必须委托安全评价机构进行安全评估

C. 应当适时对治理情况进行安全评估

D. 安全评估合格后,再提交恢复生产的申请

18. 某企业职工孙某发生事故,认定为工伤,经治疗伤情相对稳定后留下残疾,影响劳动能力。根据《工伤保险条例》,关于劳动能力鉴定的说法,正确的是(          )。

A. 生活自理障碍分为两个等级:生活完全不能自理、生活部分不能自理

B. 对孙某劳动能力鉴定的专家组,应当从专家库中随机抽取 7 名专家组成

C. 劳动功能障碍分为十个伤残等级,最重的为一级,最轻的为十级

D. 自劳动能力鉴定结论作出之日起半年后,孙某认为伤残情况发生变化,可以申请劳动能力复查

19. 根据《生产安全事故应急预案管理办法》,关于应急预案备案的说法,正确的是(          )。

A. 中央企业总部的应急预案,报所在地省级或设区的市级应急管理部门备案

B. 油气输送管线运营企业的应急预案,报所跨行政区域的县级应急管理部门备案

C. 煤矿企业的应急管理,报所在地的煤矿安全监察机关备案

D. 省属金属冶炼企业的应急预案,报省级应急管理管理部门备案

20. 根据《工贸企业有限空间作业安全管理与监督暂行规定》,关于安全监管部门对违法行为行政处罚的说法,正确的是(          )。

A. 未在有限空间作业场所设置明显的安全警示标志,逾期未改正的,责令停产停业整顿,

并处 2 万元的罚款

B. 未按照规定为作业人员提供符合国家标准或者行业标准的劳动防护用品的,责令停产停业整顿,并处 1 万元的罚款

C. 未按照规定对有限空间作业制定作业方案或者方案未经审批擅自作业的,责令限期改正,可处 2 万元的罚款

D. 有限空间作业未按照规定进行危险有害因素检测,未实行专人监护作业,逾期未改正的,责令停产停业整顿,并处 5 万元的罚款

21. 根据《危险化学品重大危险源监督管理暂行规定》,关于危险化学品重大危险源的说法,正确的是( )。

A. 危险化学品单位必须由安全评价机构对重大危险源每年进行安全评估

B. 重大危险源根据其危险程度,分为一级、二级、三级和四级,四级为最高级别

C. 对构成重大危险源的场所进行扩建时,危险化学品单位应当对重大危险源重新进行辨识、安全评估及分级

D. 构成一级重大危险源,且毒性气体实际存在量与《危险化学品重大危险源辨识》中规定的临界量比值之和小于 1 的,应当委托具有相应资质的安全评价机构进行安全评估

22. 根据《民用爆炸物品安全管理条例》,关于销售和购买民用爆炸物品的说法,正确的是( )。

A. 购买民用爆炸物品使用现金或者实物进行交易的,应当经所在地县级人民政府公安机关批准

B. 民用爆炸物品销售企业取得《民用爆炸物品销售许可证》,即可销售民用爆炸物品

C. 购买民用爆炸物品的单位应当自买卖成交之日起 5 日内,向所在地县级人民政府公安机关备案

D. 民用爆炸物品生产企业凭《民用爆炸物品生产许可证》,可以销售本企业生产的民用爆炸物品

23. 某矿山企业为改善矿井安全生产条件,制定了安全生产费用提取和使用管理制度。根据《安全生产法》,关于该企业安全生产费用提取和使用的说法,正确的是( )。

A. 该企业应当根据经营情况提取和使用安全生产费用

B. 该企业可使用安全生产费用提高安全生产管理人员待遇

C. 该企业应当在成本中据实列支安全生产费用

D. 该企业在发生亏损时可以停止提取安全生产费用

24. 为了加强事故应急处置能力,某建筑工程施工公司计划编制生产安全事故应急预案。根据《生产安全事故应急预案管理办法》,关于该公司应急预案编制的说法,正确的是( )。

A. 该公司根据不同事故类型,针对具体场所、装置所制定的应急处置措施,属于专项应急预案

B. 该公司应当针对不同工作场所、岗位的特点,编制简明、实用、有效的应急处置卡

C. 该公司应当根据多种事故风险,编制专项应急预案,并可以根据实际需要编制综合应急预案

D. 该公司编制应急预案应当成立编制小组,且必须由公司主要负责人担任组长

25. 根据《安全生产事故隐患排查治理暂行规定》,关于事故隐患排查治理的做法,正确的是( )。

A. 某煤矿对排查出的事故隐患,按照事故隐患的等级进行登记,建立事故隐患信息档案

B. 某化工企业被有关部门挂牌督办的重大事故隐患治理完毕后，将治理情况报有关部门备案后恢复生产

C. 某建筑施工公司将排查出的一般事故隐患及时向安全监管部门报告，并申请整改验收

D. 某冶金厂在定期排查中发现的重大事故隐患，由车间负责人组织制定隐患治理方案

26. 根据《特种作业人员安全技术培训考核管理规定》，下列危险化学品特种作业人员应当具备的条件中，正确的是（　　　）。

A. 具备高中或者相当于高中及以上文化程度

B. 经设区的市级以上医疗机构体检健康合格

C. 具备 3 年以上现场工作经验

D. 年满 16 周岁并且不超过国家法定退休年龄

27. 根据《烟花爆竹安全管理条例》，关于烟花爆竹生产安全规定的说法，正确的是（　　　）。

A. 生产烟花爆竹的企业为扩大生产能力进行技术改造的，应当依照规定申请办理安全生产许可证

B. 生产烟花爆竹的企业申请获得《烟花爆竹安全生产许可证》后，即可从事烟花爆竹生产活动

C. 生产烟花爆竹的企业从事危险工序的作业人员经企业进行专业技术培训合格，方可上岗作业

D. 生产烟花爆竹的企业应当在烟花爆竹产品上印制易燃易爆危险物品警示标志，并标注燃放说明

28. 甲是 A 市 B 县的烟花爆竹零售经营商，经由道路向 C 市 D 县运输烟花爆竹。根据《烟花爆竹安全管理条例》，甲需要向（　　　）公安机关提出运输许可申请。

A. A 市　　　　　　B. B 县　　　　　　C. C 市　　　　　　D. D 县

29. 根据《危险化学品安全管理条例》，关于危险化学品运输安全的说法，正确的是（　　　）。

A. 通过道路运输剧毒化学品的，托运人应当向运输始发地或者目的地交通运输主管部门申请剧毒化学品道路运输通行证

B. 载运危险化学品的船舶在内河航行，通过过船建筑物的，应当提前向水利主管部门申报

C. 船舶载运危险化学品进出内河港口，应当将危险化学品的名称、危险特性、包装以及进出港时间等事项，事先报告海事管理机构

D. 在内河港口内进行危险化学品的装卸、过驳作业，应当将危险货物的名称、特性、包装和作业的时间、地点等事项报告公安部门

30. 甲市乙县某焦化企业发生一起有毒气体泄漏事故，当场造成 3 人死亡、2 人重伤。根据《生产安全事故信息报告和处置办法》，关于该事故信息报告与处置的做法，正确的是（　　　）。

A. 甲市安全监管部门负责人接到报告后，立即安排乙县安全监管部门负责人代其赶赴事故现场组织抢险救援

B. 乙县安全监管部门从县医院接到又有 1 人因伤势过重死亡的报告后，因听说甲市安全监管部门已知该消息，故未向甲市安全监管部门补报

C. 乙县安全监管部门按照有关规定，在县政府的统一安排下，组织开展事故调查处理工作

D. 乙县安全监管部门在接到报告后 2 小时内上报甲市安全监管部门，并在 1 小时内电话快报省安全监管部门

31. 根据《道路交通安全法》，关于高速公路车辆通行的说法，正确的是（　　　）。

A. 韩某驾驶的私家车在高速上行驶赶往医院，时速可以超过 130 公里

B. 某公司运货的全挂拖斗车在高速公路上行驶,时速不得低于 70 公里

C. 人民法院的执法人员依法执行紧急公务时,有权在高速公路上拦截检查行驶的车辆

D. 公安机关的人民警察依法执行紧急公务时,可以在高速公路上拦截检查行驶的车辆

32. 某医院年轻女职工较多,并且处于生育和哺乳高峰期。该医院安排(　　)的女职工值夜班或者加班工作,违反了《劳动法》。

A. 怀孕 3 个月　　　　　　　　　　B. 怀孕 6 个月

C. 哺乳出生未满 9 个月婴儿　　　　D. 哺乳出生未满 15 个月婴儿

33. 根据《特种设备安全法》,关于特种设备安全监管的说法,正确的是(　　)。

A. 负责特种设备安全监管的部门在紧急情况下,要求有关单位采取紧急处置措施的,应当随后补发特种设备安全监察指令

B. 负责特种设备安全监管的部门在特定情形下,可以要求对已经依法在其他地方取得许可的特种设备生产单位重新取得许可

C. 负责特种设备安全监管的部门实施安全监督检查时,应当有 3 名以上特种设备安全监察人员参加

D. 负责特种设备安全监管的工作人员经本部门负责人同意,方可监制特种设备

34. 根据《消防法》,应当建立专职消防队的单位是(　　)。

A. 大型电子企业

B. 大型别墅区管理单位

C. 大型发电厂

D. 省级重点文物保护单位的古建筑群管理单位

35. 根据《消防法》,关于灭火救援的说法,正确的是(　　)。

A. 单位专职消防队参加扑救外单位火灾所损耗的灭火剂和器材等,应当由被救援单位给予补偿

B. 消防救援机构在进行灭火救援时,不得破损毗邻火灾现场的建筑物

C. 消防救援机构统一组织和指挥火灾现场扑救,应当优先保障重要设施的安全

D. 人员密集场所发生火灾,该场所的现场工作人员应当立即组织、引导在场人员疏散

36. 甲装备公司(简称甲公司)在乙化工公司(简称乙公司)生产车间拆除尾气炉,用气割断开与尾气炉相连接的管道,因炉体锈蚀严重,发生倾倒,导致甲公司一名工人从炉体顶部坠落死亡。在分析事故时,有四种主要观点:①甲、乙公司应当签订专门的安全生产管理协议,或者在设备拆除施工合同中约定各自的安全生产管理职责;②甲公司应当对在乙公司的施工安全生产工作统一协调、管理;③甲公司在对该施工进行安全检查时发现的问题,应当及时进行整改;④甲公司的拆除作业资质正在审核中,在此期间甲公司是可以进行作业的。根据《安全生产法》,这四种主要观点中,正确的是(　　)。

A.①③　　　　　B.①②　　　　　C.②③　　　　　D.③④

37. 某市政工程公司进行地下管道安装施工,李某作为项目经理违反安全管理规定安排工人作业,造成 2 名工人死亡。根据《刑法》及相关司法解释,李某的行为涉嫌构成(　　)。

A. 重大责任事故罪　　　　　　　　B. 一般责任事故罪

C. 强令违章冒险作业罪　　　　　　D. 重大劳动安全事故罪

38. 某市汛期持续多日大雨,市人民政府发布洪灾警报,启动防汛抢险应急预案,责令市水利等部门加强水文监测,及时报告有关信息,责令市防汛抢险大队和有关人员进入待命状态,动员后备人员做好参加防汛抢险工作准备。根据《突发事件应对法》,该市人民政府发布的洪灾警

报级别属于(　　)。

  A. 蓝色警报　　　　　　　　　　　　B. 一级或二级警报

  C. 黄色警报　　　　　　　　　　　　D. 三级或四级警报

39. 某石化集团欲投资建设生产硫化物的工厂,委托某安全评价机构对项目进行评价。安全评价机构在评价过程中发现了若干不符合安全条件的问题,在石化集团将服务费提高至 30 万元后,便直接出具了建设项目符合要求的安全评价报告。根据《安全生产法》,关于安全监管部门对该机构实施处罚的做法,正确的是(　　)。

  A. 没收违法所得,并处 120 万元的罚款

  B. 没收违法所得,并处 30 万元的罚款

  C. 没收违法所得,并处 50 万元的罚款

  D. 没收违法所得,并处 200 万元的罚款

40. 根据《民用爆炸物品安全管理条例》,关于民用爆炸物品生产安全管理的说法,正确的是(　　)。

  A. 民用爆炸物品生产企业应当持《民用爆炸物品生产许可证》到工商行政管理部门办理工商登记,并在办理工商登记后 1 个月内,向所在地县级人民政府公安机关备案

  B. 民用爆炸物品生产企业为调整生产能力及品种进行改建、扩建的,应当按规定申请办理《民用爆炸物品生产许可证》

  C. 民用爆炸物品生产企业应当对民用爆炸物品做出警示标识、登记标识,并编码打号

  D. 试验或者试制民用爆炸物品,在保障安全距离的条件下,可以在生产车间或者仓库内试验或者试制

41. 某市安全监管部门对该市一木材加工厂有限公司进行执法检查,发现该公司多套安全设备的安装、使用不符合国家标准,遂依法作出罚款 5 万元的行政处罚。根据《行政处罚法》,关于该罚款收缴的说法,正确的是(　　)。

  A. 该市安全监管部门作出处罚决定后,执法人员应当当场收缴罚款,将罚款交到银行

  B. 该公司自收到行政处罚决定书之日起 15 日内应当到指定银行缴纳罚款,银行将收缴的罚款直接上缴国库

  C. 该公司自收到行政处罚决定书之日起 7 日内应当到该市安全监督管理部门缴纳罚款,安全监管部门将收缴的罚款直接上缴银行

  D. 该公司自收到行政处罚决定书之日起 30 日内应当到该市安全监督管理部门缴纳罚款,安全监管部门将收缴的罚款直接上缴国库

42. 根据《生产经营单位安全培训规定》,关于安全培训组织实施的说法,正确的是(　　)。

  A. 生产经营单位从业人员的安全培训工作必须由有资质的机构进行

  B. 生产经营单位委托其他机构进行安全培训,保证安全培训的责任由其他机构承担

  C. 生产经营单位安排从业人员参加培训期间,可以不支付从业人员工资

  D. 生产经营单位安排从业人员参加培训,应当承担从业人员的培训费用

43. 某建筑工程公司在施工中起重机整体倾覆,事故没有造成人员伤亡。根据《特种设备安全法》等法律法规,负责组织对该起事故调查的部门是(　　)。

  A. 国务院负责特种设备安全监管的部门会同有关部门

  B. 设区的市级负责特种设备安全监管的部门会同有关部门

  C. 省级负责特种设备安全监管的部门会同有关部门

  D. 县级负责特种设备安全监管的部门会同有关部门

44. 负有危险化学品安全监管职责的部门,在监督检查某化工公司时,发现该化工公司未按规定在作业场所设置通信、报警装置。根据《危险化学品安全管理条例》,关于负有安全监管职责的部门采取的执法措施,正确的是(    )。

A. 责令改正,处 4 万元的罚款

B. 查封生产危险化学品的场所

C. 暂扣安全生产许可证

D. 提请政府予以关闭

45. 根据《道路交通安全法》,关于道路通行条件的说法,正确的是(    )。

A. 在城市道路范围内,政府有关部门不得施划停车泊位

B. 施工作业单位应当在批准的路段和时间内施工作业,并在施工作业地点的去车方向设置安全警示标志

C. 工程建设需要穿越道路架设管线设施时,施工单位应当首先征得公安交通管理部门同意

D. 学校、医院、养老院门前的道路没有行人过街设施的,应当施划人行横道线,设置提示标志

46. 根据《特种设备安全法》,关于特种设备检验、检测人员执业要求的说法,正确的是(    )。

A. 注册安全工程师执业范围包括安全检验、检测,可以在特种设备检验、检测机构从事特种设备的检验、检测工作

B. 特种设备检验、检测机构的检验、检测人员在为客户服务时可以推荐质量、声誉好的特种设备

C. 特种设备检验、检测机构的检验、检测人员可以同时在两个以上检验、检测机构中执业

D. 特种设备检验、检测机构的检验、检测人员应当经考核取得检验、检测人员资格,方可从事检验、检测工作

47. 安全监管部门对某生产经营单位进行安全生产监督检查。根据《安全生产法》,关于对该单位安全监督检查的说法,错误的是(    )。

A. 监督检查人员有权进入现场,调阅相关资料,向现场个人了解相关情况

B. 检查发现存在违法行为的,当场予以纠正或者要求限期改正

C. 检查发现安全设备使用不符合国家标准的,应当采取停止供电措施

D. 检查发现事故隐患的,应当责令立即排除

48. 根据《安全生产法》,关于生产安全事故应急救援与调查处理的说法,正确的是(    )。

A. 单位负责人接到事故报告后,除因病重、出国或无法及时赶到现场等原因外,必须迅速采取一切有效措施,组织事故抢救

B. 除尚未查清伤亡人数、财产损失等原因外,必须立即将事故报告当地安全监管部门

C. 除尚未核实事故起因和伤亡人数等原因外,不得迟报事故

D. 在任何情况下均不得故意破坏事故现场和毁灭有关证据

49. 某设区的市发生泥石流灾害,该市人民政府启动应急预案,统一领导市应急管理、市自然资源等部门和泥石流灾害发生地县人民政府采取有效措施,及时进行了处置。根据《突发事件应对法》,应急处置工作结束后,由(    )负责组织进行损失评估,恢复生产、生活、工作和社会秩序。

A. 市人民政府                          B. 市应急管理部门

C. 市自然资源部门                      D. 县人民政府

50. 根据《安全生产许可证条例》,企业依法参加(    ),为从业人员缴纳保险费,是取得安全生产许可证的必备条件。

    A. 人身意外伤害险
    B. 工伤保险
    C. 重大疾病险
    D. 第三者责任险

51. 某自来水公司的安全设施不符合国家规定,造成 2 名工人在进行管道维修作业时死亡。根据《刑法》及相关司法解释,关于犯罪主体及其罪名的说法,正确的是(    )。

    A. 自来水公司直接责任人员涉嫌构成重大责任事故罪
    B. 自来水公司负责人涉嫌构成强令违章冒险作业罪
    C. 自来水公司安全管理人员涉嫌构成重大责任事故罪
    D. 自来水公司直接负责的主管人员涉嫌构成重大劳动安全事故罪

52. 我国安全生产国家标准与行业标准的制定修订程序的不同之处是(    )。

    A. 国家标准有备案阶段,行业标准无备案阶段
    B. 国家标准有复审要求,行业标准无复审要求
    C. 国家标准无复审要求,行业标准有复审要求
    D. 国家标准无备案阶段,行业标准有备案阶段

53. 根据《危险化学品安全管理条例》,下列关于危险化学品生产、储存安全管理的说法,正确的是(    )。

    A. 剧毒化学品应当在专用仓库内单独存放,并实行双人收发、双人保管制度
    B. 生产、储存危险化学品的企业,应当每 5 年进行一次安全评价工作
    C. 进行可能危及危险化学品管道安全的施工作业,施工单位应当在开工的 5 日前书面通知管道所属单位
    D. 剧毒化学品储存单位应当将储存数量、储存地点以及管理人员的情况,报所在地设区的市级安全监管部门和公安机关备案

54. 某企业建设 100 万吨/年乙烯项目,根据《建设项目安全设施"三同时"监督管理办法》,关于该项目试运行和安全设施竣工验收的说法,正确的是(    )。

    A. 该建设项目试运行时间,应当不少于 60 天
    B. 该建设项目试运行时间,最长可为 2 年
    C. 该建设项目试运行方案应当报负责安全许可的安全监管部门备案
    D. 该建设项目安全设施竣工验收报告应当报安全监管部门备案

55. 张某由劳务派遣公司派遣到某生产经营单位工作,根据《安全生产法》,关于张某安全生产权利和义务的说法,错误的是(    )。

    A. 张某有权了解其作业场所和工作岗位存在的危险因素
    B. 张某只需要接受劳务派遣公司的安全生产教育和培训
    C. 张某应当遵守该生产经营单位的安全生产规章制度和操作规程
    D. 张某发现事故隐患应当及时报告

56. 某矿山企业新建项目可能产生职业危害,应当进行职业危害预评价,根据《职业病防治法》,关于该矿山企业新建项目职业病危害预评价的说法,正确的是(    )。

    A. 矿山企业应当在项目实施阶段进行职业病危害预评价
    B. 职业病危害预评价报告不包括对劳动者健康影响的评价
    C. 职业病危害预评价应当经卫生行政部门审核同意
    D. 矿山企业应当在可行性论证阶段进行职业病危害预评价

57. 甲建筑公司和乙装饰装修公司在同一作业区域内进行作业活动,可能危及对方生产安全。根据《安全生产法》,关于在同一作业区域内安全管理的说法,正确的是(　　)。

A. 甲、乙公司应当签订合作经营协议,各指定一名人员负责各自的安全管理

B. 所在地安全监管部门应当派专人,负责甲、乙公司交叉作业的安全管理

C. 所在地建设主管部门应当派专人,负责甲、乙公司交叉作业的安全管理

D. 甲、乙公司应当签订安全生产管理协议,指定专职安全生产管理人员进行安全检查与协调

58. 根据《煤矿安全监察条例》,煤矿安全监察机构发现某煤矿作业场所的瓦斯浓度超过国家安全标准,应该采取的现场处理措施是(　　)。

A. 责令限期改正　　　　　　　　　　B. 责令限期达到要求

C. 责令立即停止作业　　　　　　　　D. 责令关闭

59. 根据《建设工程安全生产管理条例》,关于实行施工总承包的建设工程安全责任的说法,正确的是(　　)。

A. 总承包单位和分包单位依据承包合同的规定,对施工现场的安全生产各自独立承担相应责任

B. 建设单位、总承包单位和分包单位对分包工程的安全生产承担连带责任

C. 分包单位不服从管理导致生产安全事故的,由分包单位承担全部责任

D. 总承包单位依法将建设工程分包给其他单位的,分包合同中应当明确各自安全生产方面的权利、义务

60. 甲企业为大型危险化学品储存仓库,乙企业为大型建筑施工单位,丙企业为地铁运营单位,丁企业为大型机械加工单位。根据《安全生产法》,关于建立应急救援组织的说法,正确的是(　　)。

A. 甲企业可以不建立应急救援组织,但应当指定兼职的应急救援人员

B. 乙企业应当建立应急救援组织

C. 丙企业可以不建立应急救援组织,但应当指定兼职的应急救援人员

D. 丁企业应当建立应急救援组织

61. A市B县的某化工厂于2018年3月5日采购一批压力容器,计划于2018年5月1日投入使用。根据《特种设备安全监察条例》,该化工厂可(　　)登记。

A. 在2018年4月15日向A市的特种设备安全监管部门

B. 2018年4月10日向B县的特种设备安全监管部门

C. 在2018年6月10日向A市的特种设备安全监管部门

D. 在2018年3月10日向B县的特种设备安全监管部门

62. 某危险化学品生产企业不再具备安全生产条件,省安全监管部门决定依法给予吊销安全生产许可证的行政处罚,该企业提出听证要求,根据《行政处罚法》,省安全监管部门应当在举行听证(　　)前通知该企业举行听证的时间、地点。

A. 3日　　　　　　B. 2日　　　　　　C. 7日　　　　　　D. 10日

63. 根据《危险化学品输送管道安全管理规定》,规划危险化学品输送管道时应(　　)。

A. 严格控制光气管道穿(跨)越公共区域

B. 禁止氢管道穿(跨)越公共区域

C. 严格控制硫化氢管道穿(跨)越公共区域

D. 严格控制氯气管道穿(跨)越公共区域

64. 根据《安全生产法》，关于生产安全事故应急救援工作的说法，正确的是( )。

A. 乡镇人民政府组织制定的生产安全事故应急救援预案必须报上级政府安全监管部门批准

B. 任何单位和个人都应当支持、配合事故抢救，并提供一切便利条件

C. 负有安全监管职责的部门的负责人接到事故报告后，应当立即采取警戒、疏散措施

D. 应急救援工作结束后，地方人民政府必须立即对应急救援工作进行评估

65. 根据《安全生产法》，关于安全生产监督检查人员履行安全监管职责的说法，正确的是
( )。

A. 监督检查人员忘记携带执法证件，可以口头告知被检查单位来意

B. 涉及被检查单位技术秘密和业务秘密的，监督检查人员不得进行检查

C. 监督检查人员将检查出来的问题及其处理情况，可以书面或者口头形式告知被检查单位的负责人

D. 被检查单位的负责人拒绝签字的，监督检查人员应当将情况记录在案，并向负有安全监管职责的部门报告

66. 甲煤矿企业拟对矿井进行改扩建，通过招投标与乙矿山设计院签订了安全设施设计合同，与丙矿山建筑公司签订了施工合同，与丁公司签订了建设项目施工监理合同。根据《安全生产法》，关于该煤矿改扩建项目安全管理的说法，正确的是( )。

A. 项目安全设施设计应当经甲煤矿企业审查批准后即可施工

B. 乙矿山设计院、丁公司应当对该项目安全设施设计共同负责

C. 丙公司应当对该矿井改扩建项目安全设施的施工质量负责

D. 项目竣工后应当由安全监管部门负责组织对安全设施进行验收

67. 根据《安全生产法》，关于企业安全生产管理的做法，正确的是( )。

A. 某化工企业因厂房紧张，在外租用一处独栋三层楼房存放电石半成品，一楼用作仓库，二楼用作仓库管理人员宿舍，三楼用作员工活动室

B. 某肉类加工企业生产车间设有四个安全出口，为方便职工考勤管理，只保留一个出口作为职工上下班使用，其他三个出口长期锁闭

C. 某 KTV 酒吧重新进行装修，改变了内部格局，同时设置了若干疏散标志和两个紧急安全出口

D. 某煤矿企业根据矿井设计要求建设了一处地面炸药库，该炸药库远离该矿职工自盖简易生活用房，但紧邻煤矿地面主要生产经营场所

68. 煤矿安全监察机构在安全生产专项执法检查过程中，发现某煤矿违反安全生产教育培训和特种作业人员持证上岗的规定。根据《国务院关于预防煤矿生产安全事故的特别规定》，应当提请有关地方人民政府对该煤矿予以关闭的情形是( )。

A. 1 个月内 2 次发现特种作业人员无证上岗

B. 1 个月内 3 次发现特种作业人员无证上岗

C. 3 个月内 1 次发现特种作业人员无证上岗

D. 3 个月内 2 次发现特种作业人员无证上岗

69. 根据《道路交通安全法》，关于车辆通行的说法，正确的是( )。

A. 机动车装载爆炸物品应当按最短路线和公安机关指定的时间、速度行驶，悬挂警示标志并采取必要的安全措施

B. 高速公路限速标志标明的最高时速不得超过 120 公里

C. 电动自行车在非机动车道内行驶时,最高时速不得超过 20 公里

D. 全挂拖斗车驶入高速公路,最高时速不得超过 70 公里

70. 劳动能力鉴定委员会收到劳动能力鉴定后,应该从医疗卫生专家库中随机抽取(　　)相关专家进行劳动能力鉴定。

A. 3 名以上奇数

B. 3 名或 5 名

C. 5 名或 7 名

D. 5 名以上奇数

**二、多项选择题**(共 15 题,每题 2 分,共 30 分。每题的备选项中,有 2 个或 2 个以上符合题意,至少有 1 个错项。错选,本题不得分;少选,所选的每个选项得 0.5 分)

71. 根据《安全生产法》,关于企业安全生产管理机构设置和安全生产管理人员配备的说法,正确的有(　　)。

A. 某食品加工厂共有职工 115 人,配备了 3 名专职安全生产管理人员

B. 某露天采石场共有职工 85 人,设置了安全生产管理机构,并配备 6 名专职安全生产管理人员

C. 某大型酒店共有职工 130 人,配备了 8 名兼职安全生产管理人员

D. 某贸易公司共有职工 45 人,未配备专兼职安全生产管理人员

E. 某仓储企业共有职工 105 人,配备了 5 名专职安全生产管理人员

72. 王某为某煤矿企业矿长,李某为该矿安全管理科科长,根据《安全生产法》,关于此 2 人安全生产职责的说法,正确的有(　　)。

A. 王某负责保证该矿安全生产投入的有效实施

B. 王某负责组织制定该矿安全生产规章制度和操作规程

C. 王某负责督促落实该矿安全生产整改措施,及时、如实报告生产安全事故

D. 李某负责组织制定并实施该矿生产安全事故应急救援预案

E. 李某负责检查该矿安全生产状况,及时排查生产安全事故隐患,提出改进安全生产管理的建议

73. 根据《建设工程安全生产管理条例》,关于建设工程安全的说法,正确的有(　　)。

A. 监理单位应当与施工单位共同拟定安全技术措施或专项施工方案

B. 勘察单位提供的勘察文本应当真实、准确,满足建设工程安全生产的要求

C. 监理单位在监理中,发现事故隐患苗头,应当立即要求施工单位停止施工

D. 采用新结构、新材料、新工艺的建设工程,设计单位应当提出保障施工作业人员的措施建议

E. 如涉及地下管线的防护、外电防护、深基坑工程,设计单位应当在设计文件中注明

74. 根据《生产经营单位安全培训规定》,关于生产经营单位主要负责人、安全生产管理人员安全培训学时的做法,正确的有(　　)。

A. 某制衣厂主要负责人进行 32 学时的初次安全培训

B. 某铁矿企业安全生产管理人员进行 48 学时的初次安全培训

C. 某烟花爆竹企业安全生产管理人员每年进行 20 学时的再培训

D. 某金属冶炼企业主要负责人每年进行 14 学时的安全再培训

E. 某纺织企业安全生产管理人员每年进行 12 学时的安全再培训

75. 某生产经营单位未向从业人员提供符合国家标准或行业标准的劳动防护用品。根据《安全生产法》,关于对该违法行为责任追究的说法,正确的有(　　)。

A. 责令限期改正,逾期未改正的,处五万元以上二十万元以下的罚款

B. 责令限期改正,可以处十万元以下的罚款

C. 对直接负责的主管人员和其他直接责任人员处二万元以上五万元以下的罚款

D. 情节严重的,责令停产停业整顿

E. 相关责任人员构成犯罪的,依照刑法有关规定追究刑事责任

76. 根据《生产安全事故报告和调查处理条例》,属于较大生产安全事故的有(　　　)。

A. 甲企业发生的造成 15 人重伤、3000 万元直接经济损失的事故

B. 丁企业发生的造成 5 人重伤、6000 万元直接经济损失的事故

C. 乙企业发生的造成 3 人死亡的事故

D. 丙企业发生的造成 10 人急性工业中毒的事故

E. 戊企业发生的造成 3 人死亡、60 人重伤的事故

77. 某危险化学品生产企业发生火灾事故。根据《安全生产法》等法律法规,关于该企业事故报告和应急救援的说法,正确的有(　　　)。

A. 事故现场有关人员应当立即报告本单位负责人

B. 该企业负责人接到报告后,应当于 12 小时内向事故发生地县级以上人民政府安全监管部门和负有安全监管职责的有关部门报告

C. 该企业负责人接到事故报告后,应当迅速采取有效措施,组织抢救,防止事故扩大,减少人员伤亡和财产损失

D. 该企业主要负责人应当按照本企业危险化学品应急预案组织救援,并向当地安全监管部门和环境保护、公安、卫生行政主管部门报告

E. 该企业主要负责人不得瞒报、谎报或者迟报,不得故意破坏事故现场、毁灭有关证据

78. 根据《危险化学品安全管理条例》,某化工企业申请危险化学品安全使用许可证,应当具备的条件有(　　　)。

A. 组织技术人员进行安全评估并出具安全评估报告

B. 配备与所使用的危险化学品相适应的专业技术人员

C. 制定符合国家规定的危险化学品事故应急预案

D. 配置必要的应急救援器材、设备

E. 设置安全管理机构和配备专职安全管理人员

79. 根据《工贸企业有限空间作业安全管理与监督暂行规定》,关于有限空间作业安全保障的说法,正确的有(　　　)。

A. 有限空间作业应当严格遵守"先检测、再通风、后作业"的原则

B. 工贸企业应当对从事有限空间作业的现场负责人、监护人员、作业人员、应急救援人员进行专项安全培训

C. 进入有限空间作业必须经检测合格,检测的时间不得早于作业开始前 1 小时

D. 工贸企业应当按照有限空间作业方案,明确作业现场负责人、监护人员、作业人员及其安全职责

E. 工贸企业实施有限空间作业前,应当将有限空间作业方案和作业现场可能存在的危险有害因素、防控措施告知作业人员

80. 根据《消防法》,关于某公司预防火灾的做法,正确的有(　　　)。

A. 对建筑消防设施每两年全面检测一次,确保完好有效,将完整准确的检测记录存档备查

B. 组织进行有针对性的消防演练

C. 组织防火检查,及时消除火灾隐患

D. 保障疏散通道、安全出口、消防车通道畅通

E. 按规定设置消防安全标志,并定期组织检验和维修,确保完好有效

81. 根据《危险化学品输送管道安全管理规定》,关于危险化学品管道运行安全的说法,正确的有（　　）。

A. 在穿越河流的危险化学品管道线路中心线两侧 1000 米地域范围内,管道单位发现有实施水下爆破作业的,应当及时予以制止

B. 管道单位应当对危险化学品管道设置明显标志,发现标志毁损的,应当及时予以修复或者更新

C. 管道单位应当建立、健全危险化学品管道巡护制度,配备专人进行日常巡护

D. 管道单位对危险化学品管道存在的事故隐患应当及时排除;对自身排除确有困难的外部事故隐患,应当向当地安全监管部门报告

E. 禁止在危险化学品管道附属设施的上方架设电力线路、通信线路

82. 根据《工伤保险条例》,关于工伤认定的说法,正确的有（　　）。

A. 社会保险行政部门应当自受理工伤认定申请之日起 60 日内作出工伤认定的决定

B. 社会保险行政部门对受理的事实清楚、权利义务明确的工伤认定申请,应当在 15 日内作出工伤认定的决定

C. 职工或者其近亲属认为是工伤,用人单位不认为是工伤的,由用人单位承担举证责任

D. 所在单位应当自事故伤害发生之日或者被诊断、鉴定为职业病之日起 60 日内,向统筹地区社会保险行政部门提出工伤认定申请

E. 用人单位未在规定时限内提交工伤认定申请,在此期间发生符合规定的工伤待遇等有关费用由本人负担

83. 根据《特种设备安全法》,下列设备的制造,其设计文件需要经过特种设备安全监管部门核准的检验机构鉴定后方可实施的有（　　）。

A. 锅炉

B. 电梯

C. 气瓶

D. 客运索道

E. 大型游乐设施

84. 根据《道路交通安全法》,关于道路通行的做法,正确的有（　　）。

A. 适逢临近春节,某货运机动车顺路搭载了 5 名急于回老家的客人

B. 在允许拖拉机通行的道路上,张某驾驶拖拉机拒绝别人搭载

C. 某残疾人驾驶机动轮椅车在非机动车道内行驶时,最高时速达 14 公里

D. 为装修新房,孙某将装修用的木材塞满自家的客运机动车,上路行驶

E. 某客运机动车核定载客人数为 18 人,实际载客 21 人,其中 3 人为儿童

85. 根据《行政处罚法》,关于行政处罚管辖的说法,正确的有（　　）。

A. 地域管辖以违法行为发生地的行政机关管辖为一般原则

B. 对管辖发生争议的,报请共同的上一级行政机关指定管辖

C. 行政处罚由具有行政处罚权的行政机关在法定职权范围内实施

D. 行政处罚由违法行为发生地的县级以上人民政府具有行政处罚权的行政机关管辖

E. 行政处罚由违法行为人所在地的县级以上人民政府具有行政处罚权的行政机关管辖

# 2019 年考试真题参考答案与解析

| 1. C | 2. B | 3. B | 4. A | 5. B |
|------|------|------|------|------|
| 6. C | 7. D | 8. A | 9. B | 10. C |
| 11. D | 12. D | 13. B | 14. A | 15. C |
| 16. B | 17. B | 18. C | 19. C | 20. C |
| 21. C | 22. D | 23. C | 24. B | 25. A |
| 26. A | 27. A | 28. D | 29. C | 30. D |
| 31. D | 32. C | 33. A | 34. C | 35. D |
| 36. A | 37. A | 38. B | 39. A | 40. B |
| 41. B | 42. D | 43. C | 44. B | 45. D |
| 46. D | 47. C | 48. D | 49. A | 50. B |
| 51. D | 52. D | 53. A | 54. C | 55. B |
| 56. D | 57. D | 58. B | 59. D | 60. B |
| 61. A | 62. C | 63. C | 64. B | 65. D |
| 66. C | 67. C | 68. B | 69. B | 70. B |
| 71. ABE | 72. ABE | 73. BDE | 74. ABCE | 75. ADE |
| 76. ACD | 77. ACDE | 78. BCDE | 79. BDE | 80. BCDE |
| 81. BCDE | 82. ABC | 83. ACDE | 84. BC | 85. ABCD |

**一、单项选择题**

1.【参考答案】C

【解析】考查安全生产法律体系中法的不同效力层级。A 属于行政法规,B 属于地方性法规,C 属于地方政府规章,D 属于法律。依据法的效力层级由高到低排序是,法律、行政法规、地方性法规、地方政府规章。因此,选项 C 正确。

2.【参考答案】B

【解析】《安全生产法》第四条规定,生产经营单位必须遵守本法和其他有关安全生产的法律、法规,加强安全生产管理,建立、健全安全生产责任制和安全生产规章制度,改善安全生产条件,推进安全生产标准化建设,提高安全生产水平,确保安全生产。故选项 B 正确。

3.【参考答案】B

【解析】《安全生产法》第十八条规定,生产经营单位的主要负责人对本单位安全生产工作负有下列职责:

(1)建立、健全本单位安全生产责任制;

(2)组织制定本单位安全生产规章制度和操作规程;

(3)组织制定并实施本单位安全生产教育和培训计划;

(4)保证本单位安全生产投入的有效实施;

(5)督促、检查本单位的安全生产工作,及时消除生产安全事故隐患;

(6)组织制定并实施本单位的生产安全事故应急救援预案;

(7)及时、如实报告生产安全事故。

4.【参考答案】A

【解析】《危险化学品安全管理条例》第四章第三十八条规定,依法取得危险化学品安全生产许可证、危险化学品安全使用许可证、危险化学品经营许可证的企业,凭相应的许可证件购买剧毒化学品、易制爆危险化学品。民用爆炸物品生产企业凭民用爆炸物品生产许可证购买易制爆危险化学品。前款规定以外的单位购买剧毒化学品的,应当向所在地县级人民政府公安机关申请取得剧毒化学品购买许可证;购买易制爆危险化学品的,应当持本单位出具的合法用途说明。个人不得购买剧毒化学品(属于剧毒化学品的农药除外)和易制爆危险化学品。

5.【参考答案】B

【解析】《生产经营单位安全培训规定》第十三条规定,生产经营单位新上岗的从业人员,岗前安全培训时间不得少于 24 学时。煤矿、非煤矿山、危险化学品、烟花爆竹、金属冶炼等生产经营单位新上岗的从业人员安全培训时间不得少于 72 学时,每年再培训的时间不得少于 20 学时。

6.【参考答案】C

【解析】《安全生产法》第二十一条规定,矿山、金属冶炼、建筑施工、道路运输单位和危险物品的生产、经营、储存单位,应当设置安全生产管理机构或者配备专职安全生产管理人员。前款规定以外的其他生产经营单位,从业人员超过一百人的,应当设置安全生产管理机构或者配备专职安全生产管理人员;从业人员在一百人以下的,应当配备专职或者兼职的安全生产管理人员。

7.【参考答案】D

【解析】《危险化学品重大危险源监督管理暂行规定》第十三条规定,①重大危险源配备温度、压力、液位、流量、组份等信息的不间断采集和监测系统以及可燃气体和有毒有害气体泄漏检测报警装置,并具备信息远传、连续记录、事故预警、信息存储等功能;一级或者二级重大危险源,具备紧急停车功能。记录的电子数据的保存时间不少于 30 天,故选项 A 错误。②重大危险源中储存剧毒物质的场所或者设施,设置视频监控系统,故选项 D 正确。③对重大危险源中的毒性气体、剧毒液体和易燃气体等重点设施,设置紧急切断装置;毒性气体的设施,设置泄漏物紧急处置装置。涉及毒性气体、液化气体、剧毒液体的一级或者二级重大危险源,配备独立的安全仪表系统(SIS),故选项 B 错误。第二十一条规定,危险化学品单位应当制定重大危险源事故应急预案演练计划,并按照下列要求进行事故应急预案演练:①对重大危险源专项应急预案,每年至少进行一次;②对重大危险源现场处置方案,每半年至少进行一次,故选项 C 错误。

8.【参考答案】A

【解析】《劳动合同法》第四十二条规定,劳动者有下列情形之一的,用人单位不得依照本法第四十条、第四十一条的规定解除劳动合同:

(1)从事接触职业病危害作业的劳动者未进行离岗前职业健康检查,或者疑似职业病病人在诊断或者医学观察期间的;

(2)在本单位患职业病或者因工负伤并被确认丧失或者部分丧失劳动能力的;

(3)患病或者非因工负伤,在规定的医疗期内的;

(4)女职工在孕期、产期、哺乳期的;

(5)在本单位连续工作满十五年,且距法定退休年龄不足五年的;

(6)法律、行政法规规定的其他情形。

9.【参考答案】B

【解析】《矿山安全法》第三章第十四条规定,矿山设计规定保留的矿柱、岩柱,在规定的期限内,应当予以保护,不得开采或者毁坏。故选项 A 错误。第十九条规定,矿山企业对使用机械、电气设备,排土场、矸石山、尾矿库和矿山闭坑后可能引起的危害,应当采取预防措施。故选项 B 正确。第十七条规定,矿山企业必须对作业场所中的有毒有害物质和井下空气含氧量进行检测,保证符合安全要求。故选项 C 错误。第十五条规定,矿山使用的有特殊安全要求的设备、器材、防护用品和安全检测仪器,必须符合国家安全标准或者行业安全标准;不符合国家安全标准或者行业安全标准的,不得使用。故选项 D 错误。

10.【参考答案】C

【解析】《工伤保险条例》第二章第十二条规定,任何单位或者个人不得将工伤保险基金用于投资运营、兴建或者改建办公场所、发放奖金,或者挪作其他用途。故选项 A 错误。第十条规定,用人单位应当按时缴纳工伤保险费。职工个人不缴纳工伤保险费。用人单位缴纳工伤保险费的数额为本单位职工工资总额乘以单位缴费费率之积。故选项 B 错误,选项 C 正确。第八条规定,工伤保险费根据以支定收、收支平衡的原则,确定费率。故选项 D 错误。

11.【参考答案】D

【解析】《生产安全事故报告和调查处理条例》第二章第十三条规定,自事故发生之日起 30日内,事故造成的伤亡人数发生变化的,应当及时补报。道路交通事故、火灾事故自发生之日起7 日内,事故造成的伤亡人数发生变化的,应当及时补报。

12.【参考答案】D

【解析】《特种设备安全法》第一章第二条规定,本法所称特种设备,是指对人身和财产安全有较大危险性的锅炉、压力容器(含气瓶)、压力管道、电梯、起重机械、客运索道、大型游乐设施、场(厂)内专用机动车辆,以及法律、行政法规规定适用本法的其他特种设备。

13.【参考答案】B

【解析】《安全生产法》第四章第六十七条规定,负有安全生产监督管理职责的部门依照前款规定采取停止供电措施,除有危及生产安全的紧急情形外,应当提前二十四小时通知生产经营单位。生产经营单位依法履行行政决定、采取相应措施消除事故隐患的,负有安全生产监督管理职责的部门应当及时解除前款规定的措施。

14.【参考答案】A

【解析】《安全生产法》第二章第四十条规定,生产经营单位进行爆破、吊装以及国务院安全生产监督管理部门会同国务院有关部门规定的其他危险作业,应当安排专门人员进行现场安全管理,确保操作规程的遵守和安全措施的落实。

15.【参考答案】C

【解析】《安全生产法》第二章第二十条规定,有关生产经营单位应当按照规定提取和使用安全生产费用,专门用于改善安全生产条件。安全生产费用在成本中据实列支。安全生产费用提取、使用和监督管理的具体办法由国务院财政部门会同国务院安全生产监督管理部门征求国务院有关部门意见后制定。

16.【参考答案】B

【解析】《安全生产培训管理办法》第二章第六条规定,煤矿企业的主要负责人和安全生产管理人员、特种作业人员的培训大纲由国家煤矿安监局组织制定。生产经营单位委托其他机构进行安全培训的,保证安全培训的责任仍由本单位负责。故选项 A、D 错误。第九条规定,对从业人员的安全培训,具备安全培训条件的生产经营单位应当以自主培训为主,也可以委托具备安全培训条件的机构进行安全培训。故选项 B 正确。第八条规定,生产经营单位的从业人员的安全培训,由生产经营单位负责。故选项 C 错误。

17.【参考答案】B

【解析】《安全生产事故隐患排查治理暂行规定》第二章第十八条规定,地方人民政府或者安全监管监察部门及有关部门挂牌督办并责令全部或者局部停产停业治理的重大事故隐患,治理工作结束后,有条件的生产经营单位应当组织本单位的技术人员和专家对重大事故隐患的治理情况进行评估;其他生产经营单位应当委托具备相应资质的安全评价机构对重大事故隐患的治理情况进行评估。

18.【参考答案】C

【解析】《工伤保险条例》第四章第二十二条规定,劳动功能障碍分为十个伤残等级,最重的为一级,最轻的为十级。生活自理障碍分为三个等级:生活完全不能自理、生活大部分不能自理和生活部分不能自理。故选项 A 错误,选项 C 正确。第二十五条规定,设区的市级劳动能力鉴定委员会收到劳动能力鉴定申请后,应当从其建立的医疗卫生专家库中随机抽取 3 名或者 5 名相关专家组成专家组,由专家组提出鉴定意见。设区的市级劳动能力鉴定委员会根据专家组的鉴定意见作出工伤职工劳动能力鉴定结论;必要时,可以委托具备资格的医疗机构协助进行有关的诊断。故选项 B 错误。第二十八条规定,自劳动能力鉴定结论作出之日起 1 年后,工伤职工或者其近亲属、所在单位或者经办机构认为伤残情况发生变化的,可以申请劳动能力复查鉴定。故选项 D 错误。

19.【参考答案】C

【解析】《生产安全事故应急预案管理办法》第三章第二十六条规定,易燃易爆物品、危险化学品等危险物品的生产、经营、储存、运输单位,矿山、金属冶炼、城市轨道交通运营、建筑施工单位,以及宾馆、商场、娱乐场所、旅游景区等人员密集场所经营单位,应当在应急预案公布之日起 20 个工作日内,按照分级属地原则,向县级以上人民政府应急管理部门和其他负有安全生产监督管理职责的部门进行备案,并依法向社会公布。前款所列单位属于中央企业的,其总部(上市公司)的应急预案,报国务院主管的负有安全生产监督管理职责的部门备案,并抄送应急管理部;其所属单位的应急预案报所在地的省、自治区、直辖市或者设区的市级人民政府主管的负有安全生产监督管理职责的部门备案,并抄送同级人民政府应急管理部门。故选项 A 错误。本条第一款所列单位不属于中央企业的,其中非煤矿山、金属冶炼和危险化学品生产、经营、储存、运输企业,以及使用危险化学品达到国家规定数量的化工企业、烟花爆竹生产、批发经营企业的应急预案,按照隶属关系报所在地县级以上地方人民政府应急管理部门备案;本款前述单位以外的其他生产经营单位应急预案的备案,由省、自治区、直辖市人民政府负有安全生产监督管理职责的部门确定,故选项 D 错误。油气输送管道运营单位的应急预案,除按照本条第一款、第二款的规定备案外,还应当抄送所经行政区域的县级人民政府应急管理部门。故选项 B 错误。煤矿企业的应急预案除按照本条第一款、第二款的规定备案外,还应当抄送所在地的煤矿安全监察机构,故选项 C 正确。

20.【参考答案】C

【解析】《工贸企业有限空间作业安全管理与监督暂行规定》第四章第二十八条规定,工贸企业有下列行为之一的,由县级以上安全生产监督管理部门责令限期改正,可以处 5 万元以下的罚款;逾期未改正的,处 5 万元以上 20 万元以下的罚款,其直接负责的主管人员和其他直接责任人员处 1 万元以上 2 万元以下的罚款;情节严重的,责令停产停业整顿:①未在有限空间作业场所设置明显的安全警示标志的;②未按照本规定为作业人员提供符合国家标准或者行业标准的劳动防护用品的,故选项 A、B 错误。第三十条规定,工贸企业有下列情形之一的,由县级以上安全生产监督管理部门责令限期改正,可以处 3 万元以下的罚款,对其直接负责的主管人员和其他直接责任人员处 1 万元以下的罚款:①未按照本规定对有限空间作业进行辨识、提出防范措施、建立有限空间管理台账的;②未按照本规定对有限空间作业制定作业方案或者方案未经审批擅自作业的;②有限空间作业未按照本规定进行危险有害因素检测或者监测,并实行专人监护作业的,故选项 C 正确,选项 D 错误。

21.【参考答案】C

【解析】《危险化学品重大危险源监督管理暂行规定》第二章第八条规定,重大危险源根据其危险程度,分为一级、二级、三级和四级,一级为最高级别,故选项 B 错误。第九条规定,重大危险源有下列情形之一的,应当委托具有相应资质的安全评价机构,按照有关标准的规定采用定量风险评价方法进行安全评估,确定个人和社会风险值:①构成一级或者二级重大危险源,且毒性气体实际存在(在线)量与其在《危险化学品重大危险源辨识》中规定的临界量比值之和大于或等于 1 的;②构成一级重大危险源,且爆炸品或液化易燃气体实际存在(在线)量与其在《危险化学品重大危险源辨识》中规定的临界量比值之和大于或等于 1 的,故选项 D 错误。第十一条规定,有下列情形之一的,危险化学品单位应当对重大危险源重新进行辨识、安全评估及分级:①重大危险源安全评估已满三年的;②构成重大危险源的装置、设施或者场所进行新建、改建、扩建的;③危险化学品种类、数量、生产、使用工艺或者储存方式及重要设备、设施等发生变化,影响重大危险源级别或者风险程度的;④外界生产安全环境因素发生变化,影响重大危险源级别和风险程度的;⑤发生危险化学品事故造成人员死亡,或者 10 人以上受伤,或者影响到公共安全的;⑥有关重大危险源辨识和安全评估的国家标准、行业标准发生变化的,故选项 A 错误,选项 C 正确。

22.【参考答案】D

【解析】《民用爆炸物品安全管理条例》第二十三条规定,销售、购买民用爆炸物品,应当通过银行账户进行交易,不得使用现金或者实物进行交易。故选项 A 错误。

第二十条规定,民用爆炸物品生产企业凭《民用爆炸物品生产许可证》,可以销售本企业生产的民用爆炸物品。故选项 B 错误,选项 D 正确。

第二十一条规定,民用爆炸物品使用单位申请购买民用爆炸物品的,应当向所在地县级人民政府公安机关提出购买申请,并提交下列有关材料:①工商营业执照或者事业单位法人证书;②《爆破作业单位许可证》或者其他合法使用的证明;③购买单位的名称、地址、银行账户;④购买的品种、数量和用途说明。受理申请的公安机关应当自受理申请之日起 5 日内对提交的有关材料进行审查,对符合条件的,核发《民用爆炸物品购买许可证》;对不符合条件的,不予核发《民用爆炸物品购买许可证》,书面向申请人说明理由。故选项 C 错误。

23.【参考答案】C

【解析】《安全生产法》第二章第二十条规定,生产经营单位应当具备的安全生产条件所必需的资金投入,由生产经营单位的决策机构、主要负责人或者个人经营的投资人予以保证,并对由于安全生产所必需的资金投入不足导致的后果承担责任。有关生产经营单位应当按照规定提取和使用安全生产费用,专门用于改善安全生产条件。安全生产费用在成本中据实列支。

24.【参考答案】B

【解析】《生产安全事故应急预案管理办法》第一章第六条规定,生产经营单位应急预案分为综合应急预案、专项应急预案和现场处置方案。

综合应急预案,是指生产经营单位为应对各种生产安全事故而制定的综合性工作方案,是本单位应对生产安全事故的总体工作程序、措施和应急预案体系的总纲。

专项应急预案,是指生产经营单位为应对某一种或者多种类型生产安全事故,或者针对重要生产设施、重大危险源、重大活动防止生产安全事故而制定的专项性工作方案。

现场处置方案,是指生产经营单位根据不同生产安全事故类型,针对具体场所、装置或者设施所制定的应急处置措施。故选项 A 错误。

第二章第九条规定,编制应急预案应当成立编制工作小组,由本单位有关负责人任组长,吸收与应急预案有关的职能部门和单位的人员,以及有现场处置经验的人员参加。故选项 D

错误。

第二章第十四条规定,对于某一种或者多种类型的事故风险,生产经营单位可以编制相应的专项应急预案,或将专项应急预案并入综合应急预案。

专项应急预案应当规定应急指挥机构与职责、处置程序和措施等内容。故选项C错误。

第二章第十九条规定,生产经营单位应当在编制应急预案的基础上,针对工作场所、岗位的特点,编制简明、实用、有效的应急处置卡。

生产经营单位应当在编制应急预案的基础上,针对工作场所、岗位的特点,编制简明、实用、有效的应急处置卡。故选项B正确。

25.【参考答案】A

【解析】《安全生产事故隐患排查治理暂行规定》第二章第十条规定,生产经营单位应当定期组织安全生产管理人员、工程技术人员和其他相关人员排查本单位的事故隐患。对排查出的事故隐患,应当按照事故隐患的等级进行登记,建立事故隐患信息档案,并按照职责分工实施监控治理。故选项A正确。

第十四条规定,生产经营单位应当每季、每年对本单位事故隐患排查治理情况进行统计分析,并分别于下一季度15日前和下一年1月31日前向安全监管监察部门和有关部门报送书面统计分析表。统计分析表应当由生产经营单位主要负责人签字。

对于重大事故隐患,生产经营单位除依照前款规定报送外,应当及时向安全监管监察部门和有关部门报告。故选项C错误。

第十五条规定,对于一般事故隐患,由生产经营单位(车间、分厂、区队等)负责人或者有关人员立即组织整改。对于重大事故隐患,由生产经营单位主要负责人组织制定并实施事故隐患治理方案。故选项D错误。

第三章第二十三条规定,对挂牌督办并采取全部或者局部停产停业治理的重大事故隐患,安全监管监察部门收到生产经营单位恢复生产的申请报告后,应当在10日内进行现场审查。审查合格的,对事故隐患进行核销,同意恢复生产经营;审查不合格的,依法责令改正或者下达停产整改指令。故选项B错误。

26.【参考答案】A

【解析】《特种作业人员安全技术培训考核管理规定》第一章第四条规定,特种作业人员应当符合下列条件:①年满18周岁,且不超过国家法定退休年龄;②经社区或者县级以上医疗机构体检健康合格,并无妨碍从事相应特种作业的器质性心脏病、癫痫病、美尼尔氏症、眩晕症、癔病、震颤麻痹症、精神病、痴呆症以及其他疾病和生理缺陷;③具有初中及以上文化程度;④具备必要的安全技术知识与技能;⑤相应特种作业规定的其他条件。危险化学品特种作业人员除符合前款第一项、第二项、第四项和第五项规定的条件外,应当具备高中或者相当于高中及以上文化程度。故选项A正确。

27.【参考答案】A

【解析】《烟花爆竹安全管理条例》第二章第十条规定,生产烟花爆竹的企业为扩大生产能力进行基本建设或者技术改造的,应当依照本条例的规定申请办理安全生产许可证。生产烟花爆竹的企业,持《烟花爆竹安全生产许可证》到工商行政管理部门办理登记手续后,方可从事烟花爆竹生产活动。故选项A正确,选项B错误。

第二章第十二条规定,生产烟花爆竹的企业,应当对生产作业人员进行安全生产知识教育,对从事药物混合、造粒、筛选、装药、筑药、压药、切引、搬运等危险工序的作业人员进行专业技术培训。从事危险工序的作业人员经设区的市人民政府安全生产监督管理部门考核合格,方可上岗作业。故选项 C 错误。

第二章第十四条规定,生产烟花爆竹的企业,应当按照国家标准的规定,在烟花爆竹产品上标注燃放说明,并在烟花爆竹包装物上印制易燃易爆危险物品警示标志。故选项 D 错误。

28.【参考答案】D

【解析】《烟花爆竹安全管理条例》第四章第二十三条规定,经由道路运输烟花爆竹的,托运人应当向运达地县级人民政府公安部门提出申请,所以甲应该向 D 县公安机关提出申请。

29.【参考答案】C

【解析】《危险化学品安全管理条例》第五章第五十条规定,通过道路运输剧毒化学品的,托运人应当向运输始发地或者目的地县级人民政府公安机关申请剧毒化学品道路运输通行证。故选项 A 错误。

第六十条规定,船舶载运危险化学品进出内河港口,应当将危险化学品的名称、危险特性、包装以及进出港时间等事项,事先报告海事管理机构。海事管理机构接到报告后,应当在国务院交通运输主管部门规定的时间内作出是否同意的决定,通知报告人,同时通报港口行政管理部门。定船舶、定航线、定货种的船舶可以定期报告。故选项 C 正确。

在内河港口内进行危险化学品的装卸、过驳作业,应当将危险化学品的名称、危险特性、包装和作业的时间、地点等事项报告港口行政管理部门。港口行政管理部门接到报告后,应当在国务院交通运输主管部门规定的时间内作出是否同意的决定,通知报告人,同时通报海事管理机构。故选项 D 错误。

载运危险化学品的船舶在内河航行,通过过船建筑物的,应当提前向交通运输主管部门申报,并接受交通运输主管部门的管理。故选项 B 错误。

30.【参考答案】D

【解析】《生产安全事故信息报告和处置办法》第七条规定,安全生产监督管理部门、煤矿安全监察机构接到事故发生单位的事故信息报告后,应当按照下列规定上报事故情况,同时书面通知同级公安机关、劳动保障部门、工会、人民检察院和有关部门:

(1)一般事故和较大涉险事故逐级上报至设区的市级安全生产监督管理部门、省级煤矿安全监察机构;

(2)较大事故逐级上报至省级安全生产监督管理部门、省级煤矿安全监察机构;

(3)重大事故、特别重大事故逐级上报至国家安全生产监督管理总局、国家煤矿安全监察局。

前款规定的逐级上报,每一级上报时间不得超过 2 小时。安全生产监督管理部门依照前款规定上报事故情况时,应当同时报告本级人民政府。

第八条规定,发生较大生产安全事故或者社会影响重大的事故的,县级、市级安全生产监督管理部门或者煤矿安全监察分局接到事故报告后,在依照本办法第七条规定逐级上报的同时,应当在 1 小时内先用电话快报省级安全生产监督管理部门、省级煤矿安全监察机构,随后补报文字报告;乡镇安监站(办)可以根据事故情况越级直接报告省级安全生产监督管理部门、省级煤矿安全监察机构。

31.【参考答案】D

【解析】根据《道路交通安全法》第六十七条规定,行人、非机动车、拖拉机、轮式专用机械车、铰接式客车、全挂拖斗车以及其他设计最高时速低于七十公里的机动车,不得进入高速公路。高速公路限速标志标明的最高时速不得超过一百二十公里,故选项 A、B 错误。第六十九条规定,任何单位、个人不得在高速公路上拦截检查行驶的车辆,公安机关的人民警察依法执行紧急公务除外,故选项 C 错误,选项 D 正确。

32.【参考答案】C

【解析】《劳动法》第七章第六十一条规定,不得安排女职工在怀孕期间从事国家规定的第三级体力劳动强度的劳动和孕期禁忌从事的劳动。对怀孕七个月以上的女职工,不得安排其延长工作时间和夜班劳动。

第六十三条规定,不得安排女职工在哺乳未满一周岁的婴儿期间从事国家规定的第三级体力劳动强度的劳动和哺乳期禁忌从事的其他劳动,不得安排其延长工作时间和夜班劳动。故选项 C 正确。

33.【参考答案】A

【解析】《特种设备安全法》第四章第六十二条规定,负责特种设备安全监督管理的部门在依法履行职责过程中,发现违反本法规定和安全技术规范要求的行为或者特种设备存在事故隐患时,应当以书面形式发出特种设备安全监察指令,责令有关单位及时采取措施予以改正或者消除事故隐患。紧急情况下要求有关单位采取紧急处置措施的,应当随后补发特种设备安全监察指令。故选项 A 正确。

第六十四条规定,地方各级人民政府负责特种设备安全监督管理的部门不得要求已经依照本法规定在其他地方取得许可的特种设备生产单位重复取得许可,不得要求对已经依照本法规定在其他地方检验合格的特种设备重复进行检验。故选项 B 错误。

第六十五条规定,负责特种设备安全监督管理的部门实施安全监督检查时,应当有二名以上特种设备安全监察人员参加,并出示有效的特种设备安全行政执法证件。故选项 C 错误。

第六十七条规定,负责特种设备安全监督管理的部门及其工作人员不得推荐或者监制、监销特种设备;对履行职责过程中知悉的商业秘密负有保密义务。故选项 D 错误。

34.【参考答案】C

【解析】《消防法》第三章第三十九条规定,下列单位应当建立单位专职消防队,承担本单位的火灾扑救工作:①大型核设施单位、大型发电厂、民用机场、主要港口;②生产、储存易燃易爆危险品的大型企业;③储备可燃的重要物资的大型仓库、基地;④第一项、第二项、第三项规定以外的火灾危险性较大、距离国家综合性消防救援队较远的其他大型企业;⑤距离国家综合性消防救援队较远、被列为全国重点文物保护单位的古建筑群的管理单位。由此分析可知,四个选项中只有大型发电厂应当建立专职消防队。故选项 C 正确。

35.【参考答案】D

【解析】《消防法》第四章第四十四条规定,任何人发现火灾都应当立即报警。任何单位、个人都应当无偿为报警提供便利,不得阻拦报警。严禁谎报火警。人员密集场所发生火灾,该场所的现场工作人员应当立即组织、引导在场人员疏散。任何单位发生火灾,必须立即组织力量扑救。邻近单位应当给予支援。消防队接到火警,必须立即赶赴火灾现场,救助遇险人员,排除险情,扑灭火灾。故选项 D 正确。

第四十五条规定,消防救援机构统一组织和指挥火灾现场扑救,应当优先保障遇险人员的生命安全。故选项 C 错误。

火灾现场总指挥根据扑救火灾的需要,有权决定下列事项:①使用各种水源;②截断电力、可燃气体和可燃液体的输送,限制用火用电;③划定警戒区,实行局部交通管制;④利用邻近建筑物和有关设施;⑤为了抢救人员和重要物资,防止火势蔓延,拆除或者破损毗邻火灾现场的建筑物、构筑物或者设施等;⑥调动供水、供电、供气、通信、医疗救护、交通运输、环境保护等有关单位协助灭火救援。根据扑救火灾的紧急需要,有关地方人民政府应当组织人员、调集所需物资支援灭火。故选项 B 错误。

第四十九条规定,国家综合性消防救援队、专职消防队扑救火灾、应急救援,不得收取任何费用。单位专职消防队、志愿消防队参加扑救外单位火灾所损耗的燃料、灭火剂和器材、装备等,由火灾发生地的人民政府给予补偿。故选项 A 错误。

36.【参考答案】A

【解析】观点②错误,乙公司(不是甲公司)应当对乙公司的施工安全生产工作统一协调、管理。观点④错误,甲公司的拆除作业资质正在审核中,在此期间甲公司"不可以"进行作业的。故选项 A 正确。

37.【参考答案】A

【解析】重大责任事故罪:在生产、作业中违反有关安全管理的规定,因而发生重大伤亡事故或者造成其他严重后果的,处三年以下有期徒刑或者拘役;情节特别恶劣的,处三年以上七年以下有期徒刑。

38.【参考答案】B

【解析】《突发事件应对法》第四十五条规定,发布一级、二级警报,宣布进入预警期后,县级以上地方各级人民政府除采取本法第四十四条规定的措施外,还应当针对即将发生的突发事件的特点和可能造成的危害,采取下列一项或者多项措施:

(1)责令应急救援队伍、负有特定职责的人员进入待命状态,并动员后备人员做好参加应急救援和处置工作的准备;

(2)调集应急救援所需物资、设备、工具,准备应急设施和避难场所,并确保其处于良好状态、随时可以投入正常使用;

(3)加强对重点单位、重要部位和重要基础设施的安全保卫,维护社会治安秩序;

(4)采取必要措施,确保交通、通信、供水、排水、供电、供气、供热等公共设施的安全和正常运行;

(5)及时向社会发布有关采取特定措施避免或者减轻危害的建议、劝告;

(6)转移、疏散或者撤离易受突发事件危害的人员并予以妥善安置,转移重要财产;

(7)关闭或者限制使用易受突发事件危害的场所,控制或者限制容易导致危害扩大的公共场所的活动;

(8)法律、法规、规章规定的其他必要的防范性、保护性措施。

39.【参考答案】A

【解析】《安全生产法》第八十九条规定,承担安全评价、认证、检测、检验工作的机构,出具虚假证明的,①没收违法所得;②违法所得在十万元以上的,并处违法所得二倍以上五倍以下的罚款;没有违法所得或者违法所得不足十万元的,单处或者并处十万元以上二十万元以下的罚款;③对其直接负责的主管人员和其他直接责任人员处二万元以上五万元以下的罚款。本题 30 万元违法所得,应没收违法所得,并处违法所得 60 万元以上 150 万元以下的罚款。因此,选项 A 正确。

40.【参考答案】B

【解析】选项 A 错误。民用爆炸物品生产企业应当持《民用爆炸物品生产许可证》到工商行政管理部门办理工商登记,并在办理工商登记后 3 日内,向所在地县级人民政府公安机关备案。《民用爆炸物品安全管理条例》第十二条规定,申请从事民用爆炸物品生产的企业,应当向国务院民用爆炸物品行业主管部门提交申请书、可行性研究报告以及能够证明其符合本条例第十一条规定条件的有关材料。国务院民用爆炸物品行业主管部门应当自受理申请之日起 45 日内进行审查,对符合条件的,核发《民用爆炸物品生产许可证》;对不符合条件的,不予核发《民用爆炸物品生产许可证》,书面向申请人说明理由。民用爆炸物品生产企业为调整生产能力及品种进行改建、扩建的,应当依照前款规定申请办理《民用爆炸物品生产许可证》。民用爆炸物品生产企业持《民用爆炸物品生产许可证》到工商行政管理部门办理工商登记,并在办理工商登记后3日内,向所在地县级人民政府公安机关备案。

选项C错误。第十五条规定,民用爆炸物品生产企业应当对民用爆炸物品做出警示标识、登记标识,对雷管编码打号。民用爆炸物品警示标识、登记标识和雷管编码规则,由国务院公安部门会同国务院民用爆炸物品行业主管部门规定。

选项D错误。第十七条规定,试验或者试制民用爆炸物品,必须在专门场地或者专门的试验室进行。严禁在生产车间或者仓库内试验或者试制民用爆炸物品。

41.【参考答案】B

【解析】选项A错误,依据《行政处罚法》第三十三条,违法事实确凿并有法定依据,对公民处以五十元以下、对法人或者其他组织处以一千元以下罚款或者警告的行政处罚的,可以当场作出行政处罚决定。第四十七条规定,依照本法第三十三条的规定当场作出行政处罚决定,有下列情形之一的,执法人员可以当场收缴罚款:①依法给予二十元以下的罚款的;②不当场收缴事后难以执行的。本题5万元罚款,不得当场收缴。

选项B正确,第四十六条规定,作出罚款决定的行政机关应当与收缴罚款的机构分离。当事人应当自收到行政处罚决定书之日起十五日内,到指定的银行缴纳罚款。银行应当收受罚款,并将罚款直接上缴国库。因此C、D错误。

42.【参考答案】D

【解析】《生产经营单位安全培训规定》第二十条规定,具备安全培训条件的生产经营单位,应当以自主培训为主;可以委托具备安全培训条件的机构,对从业人员进行安全培训。不具备安全培训条件的生产经营单位,应当委托具备安全培训条件的机构,对从业人员进行安全培训。因此选项A错误。

生产经营单位委托其他机构进行安全培训的,保证安全培训的责任仍由本单位负责。因此选项B错误。

第二十三条规定,生产经营单位安排从业人员进行安全培训期间,应当支付工资和必要的费用。因此选项C错误。

第二十一条规定,生产经营单位应当将安全培训工作纳入本单位年度工作计划。保证本单位安全培训工作所需资金。因此选项D正确。

43.【参考答案】C

【解析】《特种设备安全监察条例》第六十三条规定,有下列情形之一的,为较大事故:①特种设备事故造成3人以上10人以下死亡,或者10人以上50人以下重伤,或者1000万元以上5000万元以下直接经济损失的;②锅炉、压力容器、压力管道爆炸的;③压力容器、压力管道有毒介质泄漏,造成1万人以上5万人以下转移的;④起重机械整体倾覆的;⑤客运索道、大型游乐设施高空滞留人员12小时以上的。本题属于较大事故。

《特种设备安全法》第七十二条规定,特种设备发生特别重大事故,由国务院或者国务院授权有关部门组织事故调查组进行调查。发生重大事故,由国务院负责特种设备安全监督管理的部门会同有关部门组织事故调查组进行调查。发生较大事故,由省、自治区、直辖市人民政府负责特种设备安全监督管理的部门会同有关部门组织事故调查组进行调查。发生一般事故,由设区的市级人民政府负责特种设备安全监督管理的部门会同有关部门组织事故调查组进行调查。

44.【参考答案】B

【解析】《危险化学品安全管理条例》第七条规定,负有危险化学品安全监督管理职责的部门

依法进行监督检查,可以采取下列措施:

(1)进入危险化学品作业场所实施现场检查,向有关单位和人员了解情况,查阅、复制有关文件、资料;

(2)发现危险化学品事故隐患,责令立即消除或者限期消除;

(3)对不符合法律、行政法规、规章规定或者国家标准、行业标准要求的设施、设备、装置、器材、运输工具,责令立即停止使用;

(4)经本部门主要负责人批准,查封违法生产、储存、使用、经营危险化学品的场所,扣押违法生产、储存、使用、经营、运输的危险化学品以及用于违法生产、使用、运输危险化学品的原材料、设备、运输工具;

(5)发现影响危险化学品安全的违法行为,当场予以纠正或者责令限期改正。

45.【参考答案】D

【解析】《道路交通安全法》第三章第三十二条规定,因工程建设需要占用、挖掘道路,或者跨越、穿越道路架设、增设管线设施,应当事先征得道路主管部门的同意;影响交通安全的,还应当征得公安机关交通管理部门的同意。故选项 C 错误。

施工作业单位应当在经批准的路段和时间内施工作业,并在距离施工作业地点来车方向安全距离处设置明显的安全警示标志,采取防护措施;施工作业完毕,应当迅速清除道路上的障碍物,消除安全隐患,经道路主管部门和公安机关交通管理部门验收合格,符合通行要求后,方可恢复通行。故选项 B 错误。

第三十三条规定,在城市道路范围内,在不影响行人、车辆通行的情况下,政府有关部门可以施划停车泊位。故选项 A 错误。

第三十四条规定,学校、幼儿园、医院、养老院门前的道路没有行人过街设施的,应当施划人行横道线,设置提示标志。故选项 D 正确。

46.【参考答案】D

【解析】《特种设备安全法》第五十一条规定,特种设备检验、检测机构的检验、检测人员应当经考核,取得检验、检测人员资格,方可从事检验、检测工作。特种设备检验、检测机构的检验、检测人员不得同时在两个以上检验、检测机构中执业;变更执业机构的,应当依法办理变更手续。第五十五条规定,特种设备检验、检测机构及其检验、检测人员对检验、检测过程中知悉的商业秘密,负有保密义务。特种设备检验、检测机构及其检验、检测人员不得从事有关特种设备的生产、经营活动,不得推荐或者监制、监销特种设备。

47.【参考答案】C

【解析】《安全生产法》第六十二条规定,安全生产监督管理部门和其他负有安全生产监督管理职责的部门依法开展安全生产行政执法工作,对生产经营单位执行有关安全生产的法律、法规和国家标准或者行业标准的情况进行监督检查,行使以下职权:①进入生产经营单位进行检查,调阅有关资料,向有关单位和人员了解情况;②对检查中发现的安全生产违法行为,当场予以纠正或者要求限期改正;对依法应当给予行政处罚的行为,依照本法和其他有关法律、行政法规的规定作出行政处罚决定;③对检查中发现的事故隐患,应当责令立即排除;重大事故隐患排除前或者排除过程中无法保证安全的,应当责令从危险区域内撤出作业人员,责令暂时停产停业或者停止使用相关设施、设备;重大事故隐患排除后,经审查同意,方可恢复生产经营和使用;④对有根据认为不符合保障安全生产的国家标准或者行业标准的设施、设备、器材以及违法生产、储存、使用、经营、运输的危险物品予以查封或者扣押,对违法生产、储存、使用、经营危险物品的作业场所予以查封,并依法作出处理决定。因此选项 C 错误,检查发现安全设备使用不符合国家标准的,应当采取"查封或者扣押"措施。

48.【参考答案】D

【解析】《安全生产法》第五章第八十条规定,生产经营单位发生生产安全事故后,事故现场有关人员应当立即报告本单位负责人。单位负责人接到事故报告后,应当迅速采取有效措施,组织抢救,防止事故扩大,减少人员伤亡和财产损失,并按照国家有关规定立即如实报告当地负有安全生产监督管理职责的部门,不得隐瞒不报、谎报或者迟报,不得故意破坏事故现场、毁灭有关证据。故选项D正确。

49.【参考答案】A

【解析】《突发事件应对法》第五十九条规定,突发事件应急处置工作结束后,履行统一领导职责的人民政府应当立即组织对突发事件造成的损失进行评估,组织受影响地区尽快恢复生产、生活、工作和社会秩序,制定恢复重建计划,并向上一级人民政府报告。

50.【参考答案】B

【解析】《安全生产许可证条例》第六条规定,企业取得安全生产许可证,应当具备下列安全生产条件:

(1)建立、健全安全生产责任制,制定完备的安全生产规章制度和操作规程;

(2)安全投入符合安全生产要求;

(3)设置安全生产管理机构,配备专职安全生产管理人员;

(4)主要负责人和安全生产管理人员经考核合格;

(5)特种作业人员经有关业务主管部门考核合格,取得特种作业操作资格证书;

(6)从业人员经安全生产教育和培训合格;

(7)依法参加工伤保险,为从业人员缴纳保险费;

(8)厂房、作业场所和安全设施、设备、工艺符合有关安全生产法律、法规、标准和规程的要求;

(9)有职业危害防治措施,并为从业人员配备符合国家标准或者行业标准的劳动防护用品;

(10)依法进行安全评价;

(11)有重大危险源检测、评估、监控措施和应急预案;

(12)有生产安全事故应急救援预案、应急救援组织或者应急救援人员,配备必要的应急救援器材、设备;

(13)法律、法规规定的其他条件。

51.【参考答案】D

【解析】重大劳动安全事故罪:安全生产设施或者安全生产条件不符合国家规定,因而发生重大伤亡事故或者造成其他严重后果的,对直接负责的主管人员和其他直接责任人员,处三年以下有期徒刑或者拘役;情节特别恶劣的,处三年以上七年以下有期徒刑。

52.【参考答案】D

【解析】根据有关规定,国家标准制定程序分9个阶段,即预阶段、立项阶段、起草阶段、征求意见阶段、审查阶段、批准阶段、出版阶段、复审阶段、废止阶段。修订程序和制定程序基本一样,但没有预阶段,起草阶段改为修订阶段。行业标准的制定、修订程序和国家标准的制定、修订程序一样,不同之处是,行业标准有一个备案阶段,需向国务院标准化行政主管部门备案。

53.【参考答案】A

【解析】选项A正确,《危险化学品安全管理条例》第二十四条规定,剧毒化学品以及储存数量构成重大危险源的其他危险化学品,应当在专用仓库内单独存放,并实行双人收发、双人保管制度。

选项 B 错误,第二十二条规定,生产、储存危险化学品的企业,应当委托具备国家规定的资质条件的机构,对本企业的安全生产条件每 3 年进行一次安全评价,提出安全评价报告。

选项 C 错误,第十三条规定,进行可能危及危险化学品管道安全的施工作业,施工单位应当在开工的 7 日前书面通知管道所属单位,并与管道所属单位共同制定应急预案,采取相应的安全防护措施。

选项 D 错误,第二十五条规定,对剧毒化学品以及储存数量构成重大危险源的其他危险化学品,储存单位应当将其储存数量、储存地点以及管理人员的情况,报所在地县级人民政府安全生产监督管理部门(在港区内储存的,报港口行政管理部门)和公安机关备案。

54.【参考答案】C

【解析】《建设项目安全设施"三同时"监督管理办法》第二十一条规定,本办法第七条规定的建设项目竣工后,根据规定建设项目需要试运行(包括生产、使用,下同)的,应当在正式投入生产或者使用前进行试运行。试运行时间应当不少于 30 日,最长不得超过 180 日,国家有关部门有规定或者特殊要求的行业除外。生产、储存危险化学品的建设项目和化工建设项目,应当在建设项目试运行前将试运行方案报负责建设项目安全许可的安全生产监督管理部门备案。

55.【参考答案】B

【解析】生产经营单位使用被派遣劳动者的,应当将被派遣劳动者纳入本单位从业人员统一管理,对被派遣劳动者进行岗位安全操作规程和安全操作技能的教育和培训。劳务派遣单位应当对被派遣劳动者进行必要的安全生产教育和培训。

56.【参考答案】D

【解析】选项 A 错误,矿山企业在可行性论证阶段应当进行职业病危害预评价,因此选项 D 正确。选项 B 错误,职业病危害预评价报告应当对建设项目可能产生的职业病危害因素及其对工作场所和劳动者健康的影响作出评价,确定危害类别和职业病防护措施。选项 C 错误,医疗机构建设项目可能产生放射性职业病危害的,职业病危害预评价应当经卫生行政部审核同意。

57.【参考答案】D

【解析】两个以上生产经营单位在同一作业区域内进行生产经营活动,可能危及对方生产安全的,应当签订安全生产管理协议,明确各自的安全生产管理职责和应当采取的安全措施,并指定专职安全生产管理人员进行安全检查与协调。

58.【参考答案】C

【解析】煤矿安全监察机构发现煤矿矿井通风、防火、防水、防瓦斯、防毒、防尘等安全设施和条件不符合国家安全标准、行业安全标准、煤矿安全规程和行业技术规范要求的,应当责令立即停止作业或者责令限期达到要求。因此,瓦斯浓度超过国家安全标准,采取的现场处理措施应当是责令立即停止作业。

59.【参考答案】D

【解析】总承包单位依法将建设工程分包给其他单位的,分包合同中应当明确各自的安全生产方面的权利、义务。总承包单位和分包单位对分包工程的安全生产承担连带责任。分包单位应当服从总承包单位的安全生产管理,分包单位不服从管理导致生产安全事故的,由分包单位承担主要责任。

60.【参考答案】B

【解析】《安全生产法》第五章第七十九条规定,危险物品的生产、经营、储存单位以及矿山、金属冶炼、城市轨道交通运营、建筑施工单位应当建立应急救援组织;生产经营规模较小的,可以不建立应急救援组织,但应当指定兼职的应急救援人员。故选项 B 正确。

61.【参考答案】A

【解析】《特种设备安全监察条例》第三十三条规定,特种设备使用单位应当在特种设备投入使用前或者投入使用后三十日内,向(直辖市或设区的市)负责特种设备安全监督管理的部门办理使用登记,取得使用登记证书。

62.【参考答案】C

【解析】《行政处罚法》第四十二条规定,行政机关作出责令停产停业、吊销许可证或者执照、较大数额罚款等行政处罚决定之前,应当告知当事人有要求举行听证的权利;当事人要求听证的,行政机关应当组织听证。当事人要求听证的,应当在行政机关告知后三日内提出;行政机关应当在听证的七日前,通知当事人举行听证的时间、地点。

63.【参考答案】C

【解析】《危险化学品输送管道安全管理规定》第七条规定,禁止光气、氯气等剧毒气体化学品管道穿(跨)越公共区域。严格控制氨、硫化氢等其他有毒气体的危险化学品管道穿(跨)越公共区域。由此判断,选项 C 正确。

64.【参考答案】B

【解析】《安全生产法》第五章第七十七条规定,县级以上地方各级人民政府应当组织有关部门制定本行政区域内生产安全事故应急救援预案,建立应急救援体系。故选项 A 错误。

第八十一条规定,负有安全生产监督管理职责的部门接到事故报告后,应当立即按照国家有关规定上报事故情况。负有安全生产监督管理职责的部门和有关地方人民政府对事故情况不得隐瞒不报、谎报或者迟报。故选项 C 错误。

第八十二条规定,任何单位和个人都应当支持、配合事故抢救,并提供一切便利条件。故选项 B 正确。

65.【参考答案】D

【解析】《安全生产法》第四章第六十四条规定,安全生产监督检查人员应当忠于职守,坚持原则,秉公执法。安全生产监督检查人员执行监督检查任务时,必须出示有效的监督执法证件;对涉及被检查单位的技术秘密和业务秘密,应当为其保密。故选项 A、B 错误。

第六十五条规定,安全生产监督检查人员应当将检查的时间、地点、内容、发现的问题及其处理情况,作出书面记录,并由检查人员和被检查单位的负责人签字;被检查单位的负责人拒绝签字的,检查人员应当将情况记录在案,并向负有安全生产监督管理职责的部门报告。故选项 C 错误,选项 D 正确。

66.【参考答案】C

【解析】《安全生产法》第二章第三十一条规定,矿山、金属冶炼建设项目和用于生产、储存、装卸危险物品的建设项目的施工单位必须按照批准的安全设施设计施工,并对安全设施的工程质量负责。故选项 C 正确。

67.【参考答案】C

【解析】《安全生产法》第二章第三十九条规定,生产、经营、储存、使用危险物品的车间、商店、仓库不得与员工宿舍在同一座建筑物内,并应当与员工宿舍保持安全距离。故选项 A 错误。

生产经营场所和员工宿舍应当设有符合紧急疏散要求、标志明显、保持畅通的出口。禁止锁闭、封堵生产经营场所或者员工宿舍的出口。故选项 B 错误,选项 C 正确。

第二十九条规定,矿山、金属冶炼建设项目和用于生产、储存、装卸危险物品的建设项目,应当按照国家有关规定进行安全评价。故选项 D 错误。

**68.【参考答案】B**

**【解析】**《国务院关于预防煤矿生产安全事故的特别规定》第十七条规定,县级以上地方人民政府负责煤矿安全生产监督管理的部门、煤矿安全监察机构在监督检查中,1 个月内 3 次或者 3 次以上发现煤矿企业未依照国家有关规定对井下作业人员进行安全生产教育和培训或者特种作业人员无证上岗的,应当提请有关地方人民政府对该煤矿予以关闭。故选项 B 正确。

**69.【参考答案】B**

**【解析】**《道路交通安全法》第四十八条规定,机动车载运爆炸物品、易燃易爆化学物品以及剧毒、放射性等危险物品,应当经公安机关批准后,按指定的时间、路线、速度行驶,悬挂警示标志并采取必要的安全措施。故选项 A 错误。

第六十七条规定,行人、非机动车、拖拉机、轮式专用机械车、铰接式客车、全挂拖斗车以及其他设计最高时速低于七十公里的机动车,不得进入高速公路。高速公路限速标志标明的最高时速不得超过一百二十公里。选项 B 正确,选项 D 错误。

第五十八条规定,残疾人机动轮椅车、电动自行车在非机动车道内行驶时,最高时速不得超过十五公里。故选项 C 错误。

**70.【参考答案】B**

**【解析】**《工伤保险条例》第二十五条规定,设区的市级劳动能力鉴定委员会收到劳动能力鉴定申请后,应当从其建立的医疗卫生专家库中随机抽取 3 名或者 5 名相关专家组成专家组,由专家组提出鉴定意见。设区的市级劳动能力鉴定委员会根据专家组的鉴定意见作出工伤职工劳动能力鉴定结论;必要时,可以委托具备资格的医疗机构协助进行有关的诊断。设区的市级劳动能力鉴定委员会应当自收到劳动能力鉴定申请之日起 60 日内作出劳动能力鉴定结论,必要时,作出劳动能力鉴定结论的期限可以延长 30 日。劳动能力鉴定结论应当及时送达申请鉴定的单位和个人。

**二、多项选择题**

**71.【参考答案】ABE**

**【解析】**《安全生产法》第二十一条规定,矿山、金属冶炼、建筑施工、道路运输单位和危险物品的生产、经营、储存单位,应当设置安全生产管理机构或者配备专职安全生产管理人员。前款规定以外的其他生产经营单位,从业人员超过 100 人的,应当设置安全生产管理机构或者配备专职安全生产管理人员;从业人员在 100 人以下的,应当配备专职或者兼职的安全生产管理人员。

**72.【参考答案】ABE**

**【解析】**本题首先要判断出王某属于煤矿的主要负责人,李某为煤矿的安全生产管理人员。《安全生产法》第十八条规定,生产经营单位的主要负责人对本单位安全生产工作负有下列职责:

(1)建立、健全本单位安全生产责任制;

(2)组织制定本单位安全生产规章制度和操作规程;

(3)组织制定并实施本单位安全生产教育和培训计划;

(4)保证本单位安全生产投入的有效实施;

(5)督促、检查本单位的安全生产工作,及时消除生产安全事故隐患;

(6)组织制定并实施本单位的生产安全事故应急救援预案;

(7)及时、如实报告生产安全事故。

第二十二条规定,生产经营单位的安全生产管理机构以及安全生产管理人员履行下列职责:

(1)组织或者参与拟订本单位安全生产规章制度、操作规程和生产安全事故应急救援预案;

(2)组织或者参与本单位安全生产教育和培训,如实记录安全生产教育和培训情况;

(3)督促落实本单位重大危险源的安全管理措施;

(4)组织或者参与本单位应急救援演练;

(5)检查本单位的安全生产状况,及时排查生产安全事故隐患,提出改进安全生产管理的建议;

(6)制止和纠正违章指挥、强令冒险作业、违反操作规程的行为;

(7)督促落实本单位安全生产整改措施。

73.【参考答案】BDE

【解析】《建设工程安全生产管理条例》第二十六条规定,施工单位应当在施工组织设计中编制安全技术措施和施工现场临时用电方案,对达到一定规模的危险性较大的分部分项工程编制专项施工方案,并附具安全验算结果,经施工单位技术负责人、总监理工程师签字后实施,由专职安全生产管理人员进行现场监督。故选项 A 错误。第十二条规定,勘察单位应当按照法律、法规和工程建设强制性标准进行勘察,提供的勘察文件应当真实、准确,满足建设工程安全生产的需要。故选项 B 正确。第十四条规定,工程监理单位在实施监理过程中,发现存在安全事故隐患的,应当要求施工单位整改;情况严重的,应当要求施工单位暂时停止施工,并及时报告建设单位。施工单位拒不整改或者不停止施工的,工程监理单位应当及时向有关主管部门报告。故选项 C 错误。第十三条规定,设计单位应当考虑施工安全操作和防护的需要,对涉及施工安全的重点部位和环节在设计文件中注明,并对防范生产安全事故提出指导意见。故选项 E 正确。采用新结构、新材料、新工艺的建设工程和特殊结构的建设工程,设计单位应当在设计中提出保障施工作业人员安全和预防生产安全事故的措施建议。故选项 D 正确。

74.【参考答案】ABCE

【解析】《生产经营单位安全培训规定》第九条规定,生产经营单位主要负责人和安全生产管理人员初次安全培训时间不得少于 32 学时,每年再培训时间不得少于 12 学时。煤矿、非煤矿山、危险化学品、烟花爆竹、金属冶炼等生产经营单位主要负责人和安全生产管理人员初次安全培训时间不得少于 48 学时,每年再培训时间不得少于 16 学时。

75.【参考答案】ADE

【解析】《安全生产法》第九十六条规定,生产经营单位有下列行为之一的,责令限期改正,可以处五万元以下的罚款;逾期未改正的,处五万元以上二十万元以下的罚款,对其直接负责的主管人员和其他直接责任人员处一万元以上二万元以下的罚款;情节严重的,责令停产停业整顿;构成犯罪的,依照刑法有关规定追究刑事责任:

(1)未在有较大危险因素的生产经营场所和有关设施、设备上设置明显的安全警示标志的;

(2)安全设备的安装、使用、检测、改造和报废不符合国家标准或者行业标准的;

(3)未对安全设备进行经常性维护、保养和定期检测的;

(4)未为从业人员提供符合国家标准或者行业标准的劳动防护用品的;

(5)危险物品的容器、运输工具,以及涉及人身安全、危险性较大的海洋石油开采特种设备和矿山井下特种设备未经具有专业资质的机构检测、检验合格,取得安全使用证或者安全标志,投入使用的;

(6)使用应当淘汰的危及生产安全的工艺、设备的。

76.【参考答案】ACD

【解析】《生产安全事故报告和调查处理条例》将生产安全事故分为下列四级:①特别重大事故,是指一次造成 30 人以上死亡,或者 100 人以上重伤(包括急性工业中毒,下同),或者 1 亿元以上直接经济损失的事故。②重大事故,是指一次造成 10 人以上 30 人以下死亡,或者 50 人以上 100 人以下重伤,或者 5000 万元以上 1 亿元以下直接经济损失的事故。③较大事故,是指一次造成 3 人以上 10 人以下死亡,或者 10 人以上 50 人以下重伤,或者 1000 万元以上 5000 万元以下直接经济损失的事故。④一般事故,是指一次造成 3 人以下死亡,或者 10 人以下重伤,或者 1000 万元以下直接经济损失的事故。上述规定中的"以上"含本数,"以下"不含本数。故选项 B、E 属于重大事故。

77.【参考答案】ACDE

【解析】选项 A 正确,事故发生后,事故现场有关人员应当立即向本单位负责人报告。选项 B 错误,单位负责人接到报告后,应当于 1 小时内向事故发生地县级以上人民政府安全生产监督管理部门和负有安全生产监督管理职责的有关部门报告。选项 C 正确,事故发生单位负责人接到事故报告后,应当立即启动事故应急预案,或者采取有效措施,组织抢救,防止事故扩大,减少人员伤亡和财产损失。选项 D 正确,发生危险化学品事故,单位主要负责人应当按照本单位危险化学品应急预案组织救援,并向当地安全生产监督管理部门和环境保护、公安、卫生主管部门报告。选项 E 正确,单位负责人不得隐瞒不报、谎报或者迟报,不得故意破坏事故现场、毁灭有关证据。

78.【参考答案】BCDE

【解析】《危险化学品安全管理条例》第三十条规定,申请危险化学品安全使用许可证的化工企业,除应当符合有关规定外,还应当具备下列条件:

(1)有与所使用的危险化学品相适应的专业技术人员;

(2)有安全管理机构和专职安全管理人员;

(3)有符合国家规定的危险化学品事故应急预案和必要的应急救援器材、设备;

(4)依法进行了安全评价。

79.【参考答案】BDE

【解析】选项 A 错误,《工贸企业有限空间作业安全管理与监督暂行规定》规定,有限空间作业应当严格遵守"先通风、再检测、后作业"的原则。选项 B 正确,工贸企业应当对从事有限空间作业的现场负责人、监护人员、作业人员、应急救援人员进行专项安全培训。选项 C 错误,未经通风和检测合格,任何人员不得进入有限空间作业。检测的时间不得早于作业开始前 30 分钟。选项 D 正确,工贸企业应当按照有限空间作业方案,明确作业现场负责人、监护人员、作业人员及其安全职责。选项 E 正确,工贸企业实施有限空间作业前,应当将有限空间作业方案和作业现场可能存在的危险有害因素、防控措施告知作业人员。现场负责人应当监督作业人员按照方案进行作业准备。

80.【参考答案】BCDE

【解析】《消防法》第十六条规定,机关、团体、企业、事业等单位应当履行下列消防安全职责:

(1)落实消防安全责任制,制定本单位的消防安全制度、消防安全操作规程,制定灭火和应急疏散预案;

(2)按照国家标准、行业标准配置消防设施、器材,设置消防安全标志,并定期组织检验、维修,确保完好有效;

(3)对建筑消防设施每年至少进行一次全面检测,确保完好有效,检测记录应当完整准确,存档备查;

(4)保障疏散通道、安全出口、消防车通道畅通,保证防火防烟分区、防火间距符合消防技术标准;

(5)组织防火检查,及时消除火灾隐患;

(6)组织进行有针对性的消防演练;

(7)法律、法规规定的其他消防安全职责。

81.【参考答案】BCDE

**【解析】**选项 A 错误,在穿越河流的危险化学品管道线路中心线两侧 500 米地域范围内,管道单位发现有实施抛锚、拖锚、挖沙、采石、水下爆破等作业的,应当及时予以制止,无法处置时应当向当地安全生产监督管理部门报告。选项 B 正确,危险化学品管道应当设置明显标志。发现标志毁损的,管道单位应当及时予以修复或者更新。选项 C 正确,管道单位应当建立、健全危险化学品管道巡护制度,配备专人进行日常巡护。选项 D 正确,管道单位对危险化学品管道存在的事故隐患应当及时排除;对自身排除确有困难的外部事故隐患,应当向当地安全生产监督管理部门报告。选项 E 正确,禁止在危险化学品管道附属设施的上方架设电力线路、通信线路。

82.【参考答案】ABC

**【解析】**选项 A 正确,社会保险行政部门应当自受理工伤认定申请之日起 60 日内作出工伤认定的决定,并书面通知申请工伤认定的职工或者其近亲属和该职工所在单位。选项 B 正确,社会保险行政部门对受理的事实清楚、权利义务明确的工伤认定申请,应当在 15 日内作出工伤认定的决定。选项 C 正确,职工或者其近亲属认为是工伤,用人单位不认为是工伤的,由用人单位承担举证责任。选项 D 错误,职工发生事故伤害或者按照职业病防治法规定被诊断、鉴定为职业病,所在单位应当自事故伤害发生之日或者被诊断、鉴定为职业病之日起 30 日内,向统筹地区社会保险行政部门提出工伤认定申请。选项 E 错误,用人单位未在规定的时限内提交工伤认定申请,在此期间发生符合规定的工伤待遇等有关费用由该用人单位负担。

83.【参考答案】ACDE

**【解析】**锅炉、气瓶、氧舱、客运索道、大型游乐设施的设计文件,应当经负责特种设备安全监督管理的部门核准的检验机构鉴定,方可用于制造。

84.【参考答案】BC

**【解析】**选项 A 错误,禁止货运机动车载客。选项 B 正确,在允许拖拉机通行的道路上,拖拉机可以从事货运,但是不得用于载人。选项 C 正确,残疾人机动轮椅车、电动自行车在非机动车道内行驶时,最高时速不得超过十五公里。选项 D、E 错误,机动车载人不得超过核定的人数,客运机动车不得违反规定载货。

85.【参考答案】ABCD

**【解析】**本题考查的是行政处罚的管辖。选项 A 正确,地域管辖又称一般管辖或者属地管辖,它是以违法行为发生地作为确定管辖权的依据,以违法行为发生地的行政机关管辖为一般原则,即为违法行为发生在何处,就由当地有行政处罚权的行政机关管辖,这样便于及时发现和查处违法行为。选项 B 正确,《行政处罚法》第二十一条规定,对管辖发生争议的,报请共同的上一级行政机关指定管辖。选项 C 正确,《行政处罚法》第十五条规定,行政处罚由具有行政处罚权的行政机关在法定职权范围内实施。选项 D 正确,选项 E 错误,《行政处罚法》第二十条规定,行政处罚由违法行为发生地的县级以上地方人民政府具有行政处罚权的行政机关管辖。法律、行政法规另有规定的除外。

# 2020 年考试真题与解析

## 2020 年考试真题

**一、单项选择题**(共 70 小题,每题 1 分。每题的备选项中,只有 1 个最符合题意)

1. 危险化学品单位应当制定本单位事故应急救援预案。根据《危险化学品安全管理条例》,危险化学品事故应急救援预案应当报( )应急管理部门备案。

A. 省级人民政府
B. 县级人民政府
C. 设区的市级人民政府
D. 乡镇人民政府

2. 对特种设备进行检测、检验,是保证特种设备性能良好、运行正常的重要措施。根据《安全生产法》,矿山井下特种设备投入使用前应经具有专业资质的机构检测、检验合格,并应取得的证照或者标志是( )。

A. 生产许可证或者安全警示标志
B. 检验合格证或者安全警示标志
C. 安全生产许可证或者安全标志
D. 安全使用证或者安全标志

3. 《突发事件应对法》规定了突发事件预防与应急准备的基础性工作。关于突发事件的预防与应急准备的说法,正确的是( )。

A. 各级人民政府应当建立应急救援物资、生活必需品和应急处置装备的储备制度
B. 学校应当把应急知识教育纳入教学内容,对学生进行相关知识教育
C. 国务院有关部门组织制定国家突发事件总体应急预案,并适时修订
D. 突发事件分国家、省、市、县四级

4. 某企业发生一起危险化学品爆炸事故,事故发生后,该企业主要负责人擅离职守,未立即组织抢救。根据《安全生产法》,应急管理部门对该企业主要负责人可处上一年年收入百分之( )的罚款。

A. 七十
B. 十
C. 三十
D. 五十

5. 某气瓶充装单位擅自转移被执法机关查封的气瓶,情节严重,其充装许可证于 2018 年 6 月 30 日被依法吊销。根据《特种设备安全法》,特种设备安全监督管理部门不予受理该单位新的许可申请的截止时间为( )。

A. 2019 年 6 月 30 日
B. 2020 年 6 月 30 日
C. 2021 年 6 月 30 日
D. 2022 年 6 月 30 日

6. 根据《生产安全事故信息报告和处置办法》,下列事故中,属于较大涉险事故的是( )。

A. 非煤矿山企业的矿井坍塌,导致 1 人被困井下、1 人下落不明
B. 纺织加工企业仓库突然发生火灾,紧急疏散员工及周边居民 300 人
C. 设备安装公司的装卸平台倒塌,所幸 8 名现场工作人员都有惊无险

D. 化工企业的运输车辆发生故障,泄漏的化学品流入农田造成严重污染

7. 某建筑公司的管理人员强令其员工冒险作业,威胁到员工人身安全。根据《劳动合同法》,关于该员工的做法,错误的是(    )。

    A. 立即解除劳动合同              B. 可拒执行命令

    C. 控告用人单位               D. 要求给予风险补偿

8. 某企业发生火灾事故,从业人员张三看到火势较大,快速撤离现场时背部被灼伤,经鉴定达到了四级伤残。根据《安全生产法》,关于张三安全生产权利和义务的说法,正确的是(    )。

    A. 张三应当立即协助救火,保障企业财产安全,不得擅自撤离现场

    B. 张三撤离现场前未请示当班领导,该企业有权降低其当班工资

    C. 张三现场工作时未佩戴合格的劳动防护用品,无权享受工伤保险

    D. 张三有权依照有关民事法律向该企业提出赔偿要求

9. 根据《安全生产法》,关于生产经营单位从业人员安全生产权利和义务的说法,错误的是(    )。

    A. 从业人员拒绝违章指挥造成损失的,应承担一定的责任

    B. 从业人员有权了解其作业场所和工作岗位存在的危险因素、防范措施及事故应急措施

    C. 从业人员有权对本单位安全生产工作中存在的问题提出批评、检举、控告

    D. 从业人员发现直接危及人身安全的紧急情况时,有权停止作业

10. 某企业开会讨论员工安全培训工作。张某认为,安全培训走走形式就行了,别耽误生产;李某认为,培训的重点是安全规章制度和操作规程,不要培训员工的安全权利;赵某认为,我没有经过培训照样上岗也没出事,培训无所谓;王某认为,培训内容应该与工作相关,培训考核不合格不能工作。根据《安全生产法》,下列员工中,说法正确的是(    )。

    A. 张某          B. 李某          C. 王某          D. 赵某

11. 2019 年 12 月,某公司因必要的安全投入不足导致生产安全事故,造成 2 人死亡、3 人重伤。王某任该公司总经理,其 2018 年、2019 年的年收入分别为 200 万元、300 万元。根据《生产安全事故报告和调查处理条例》,应急管理部门对王某处以罚款的金额应当为(    )万元。

    A. 80          B. 60          C. 90          D. 120

12. 某省甲市乙县某化工厂委托该县某具备资质的运输公司,将其生产的 1 吨 TNT 炸药,运至该省丙市丁县某爆破公司。根据《民用爆炸物品安全管理条例》,该爆破公司应向(    )申领民用爆炸物品运输许可证。

    A. 甲市公安机关              B. 丁县公安机关

    C. 乙县公安机关              D. 丙市公安机关

13. 某煤矿安全监察分局对某矿业公司进行现场检查时,发现该矿业公司存在未建立安全生产责任制度、未记录安全生产教育培训、使用的安全设备不符合国家标准等违法行为,决定对该矿业公司罚款。如果该矿业公司到期未缴纳罚款,根据《行政处罚法》,关于该煤矿安全监察分局采取措施的说法,错误的是(    )。

    A. 向该矿业公司的开户行下达划款指令

    B. 对该矿业公司每日按罚款数额的百分之三加处罚款

    C. 将查封、扣押的不符合国家标准的安全设备拍卖所得价款抵缴罚款

    D. 申请人民法院强制执行

14. 甲公司将某住宅项目发包给乙公司施工,并与丙公司签订监理合同。乙公司承接后,将其中的外墙装饰工程分包给丁公司。根据《建设工程安全生产管理条例》,负责统一组织编制建

设工程生产安全事故应急预案的单位是( )。

  A. 甲公司    B. 丙公司    C. 乙公司    D. 丁公司

15. 某中央企业总部位于北京市朝阳区,王某是该企业设在石家庄市的河北分公司主要负责人,按规定参加安全生产培训。根据《安全生产培训管理办法》,安全生产培训结束后,负责对王某进行考核的部门是( )。

  A. 河北省应急管理部门    B. 北京市应急管理部门

  C. 北京市朝阳区应急管理部门    D. 河北省石家庄市应急管理部门

16. 根据《注册安全工程师分类管理办法》,下列专业类别中,属于注册安全工程师专业类别的是( )。

  A. 特种设备安全    B. 矿山安全

  C. 机械安全    D. 金属冶炼安全

17. 某建筑施工企业的注册地在甲县,该企业在乙县施工过程中发生脚手架坍塌事故,造成1人死亡、1人重伤,直接经济损失 1350 万元。甲县和乙县相邻,都隶属于丙省丁市。根据《生产安全事故报告和调查处理条例》,负责调查该事故的单位是( )。

  A. 甲县人民政府    B. 丁市人民政府

  C. 丙省人民政府    D. 乙县人民政府

18. 王某是甲化工企业的法定代表人,该企业与农村进城务工人员张某、李某等多人签订了劳动合同。有关部门对甲化工企业现场检查时,发现该企业与张某、李某等人签订的劳动合同中有"员工因自身过错造成工伤的,企业概不承担责任"的约定。根据《安全生产法》《劳动合同法》,关于劳动合同效力及法律责任的说法,错误的是( )。

  A. 关于"员工因自身过错造成工伤的,企业概不承担责任"的约定无效

  B. 有关部门有权因上述约定对王某进行罚款

  C. 有关部门无权因上述约定对甲企业进行罚款

  D. 甲企业与张某、李某等人签订的劳动合同无效

19. 建设项目安全设施"三同时"是安全生产基本制度,是预防事故隐患的重要措施。根据《建设项目安全设施"三同时"监督管理办法》,下列建设项目安全设施设计中,可以由生产经营单位组织审查的是( )。

  A. 使用危险化学品从事非危险物品生产的化工建设项目

  B. 金属矿山建设项目

  C. 烟花爆竹储存建设项目

  D. 金属冶炼建设项目

20. 甲公司为某施工项目总承包单位,乙公司为该项目分包单位。根据《建筑法》,关于施工现场安全管理责任的说法,正确的是( )。

  A. 乙公司作为独立单位,承担施工作业任务,全权负责施工现场安全生产管理

  B. 分包合同中约定乙公司承担安全生产管理责任,甲公司不承担安全生产管理责任

  C. 甲公司负责施工现场安全,乙公司应向甲公司负责,服从甲公司的安全生产管理

  D. 乙公司不服从甲公司安全生产管理导致生产安全事故,甲公司不承担安全生产责任

21. 生产经营单位必须为从业人员提供劳动防护用品,并监督、教育从业人员按照使用规则佩戴、使用。根据《安全生产法》,关于企业为员工提供劳动防护用品的做法,正确的是( )。

  A. 甲企业经理办公会研究决定,按照略低于国家标准的本企业标准为从业人员提供劳动防护用品

B. 丙企业为特种作业人员只提供了一般劳动防护用品,但是特种防护用品由个人自购后单位报销

C. 丁企业通过市场调研,将从业人员所需劳动防护用品折算为现金与工资一并发放

D. 乙企业提供符合本省地方标准的劳动防护用品,该地方标准的要求高于国家标准和行业标准

22. 道路通行条件有明确的法律规定和要求。根据《道路交通安全法》,关于道路通行条件的说法,正确的是(    )。

A. 施工作业单位施工作业完毕,必须经道路主管部门和公安机关交通管理部门验收合格,方可恢复通行

B. 铁路与道路平面交叉的道口,应当设置警示灯、警示标志或者安全防护设施,并配备专人看守

C. 穿越道路架设、增设通信线路,必须同时征得道路主管部门和公安机关交通管理部门的同意

D. 在城市道路范围内,在不影响行人、车辆通行的情况下,有关企事业单位可施划停车泊位

23. 张某从技工学校电焊专业毕业后,被招录到某建筑公司从事电焊工作,按要求申办特种作业操作证。根据《特种作业人员安全技术培训考核管理规定》,关于张某安全培训要求的说法,正确的是(    )。

A. 免于安全培训,可以直接取得操作证

B. 免于实际操作培训,仍需理论培训

C. 免于理论培训,仍需实际操作培训

D. 持学历证明经考核发证机关同意,可免于专业培训

24. 根据《生产安全事故应急条例》,关于生产安全事故应急工作的说法,正确的是(    )。

A. 国务院应急管理部门统一领导全国的生产安全事故应急工作

B. 生产安全事故应急工作涉及两个行政区域的,可由共同的上一级人民政府负责

C. 根据生产安全事故的类型确定统一领导生产安全事故应急工作的部门

D. 生产安全事故应急工作涉及两个行政区域的可由这两个行政区域人民政府共同负责

25. 根据以支定收、收支平衡的原则,以一个周期内工伤保险基金的支付额度确定工伤保险费征缴额度。根据《工伤保险条例》,下列费用中,不属于工伤保险基金支付范围的是(    )。

A. 工伤保险待遇费用                    B. 劳动能力鉴定费用

C. 工伤预防宣传和培训费用              D. 工伤保险经办机构运行费用

26. 应急管理部门发现某企业高炉煤气上升存在重大事故隐患,责令停止生产,并对隐患治理实行挂牌督办。该企业治理后向该部门提出恢复生产的书面申请。根据《安全生产事故隐患排查治理暂行规定》,关于该部门对重大事故隐患治理监督检查的说法,正确的是(    )。

A. 经审查不合格的,对企业主要负责人罚款 10 万元

B. 经审查发现该企业整改无望的,注销其安全生产许可证

C. 收到申请报告后,在 10 日内进行现场审查

D. 对拒不执行整改指令的,提请政府予以关闭

27. 2016 年 10 月 31 日,全国安全生产监管监察系统先进集体和先进工作者表彰大会在京召开。中共中央总书记、国家主席、中央军委主席习近平作出重要指示,强调各级安全监管监察部门要牢固树立发展决不能以牺牲(    )为代价的红线意识,以防范和遏制重特大事故为重点,坚持标本兼治、综合治理、系统建设、统筹推进安全生产领域改革发展。

A. 安全　　　　　　　B. 健康　　　　　　　C. 环境　　　　　　　D. 质量

28. 党政主要负责人是本地区安全生产的第一责任人,地方其他成员对分管范围内的安全生产工作负领导责任,地方各级安全生产委员会由(　　)担任。

A. 党委主要负责人　　　　　　　　　　　B. 政府主要负责人

C. 党委分管负责人　　　　　　　　　　　D. 政府分管负责人

29. 安全预评价是分析与预测性质的评价,其主要目的是预测发生事故的可能性及其严重程度,提出安全对策措施建议,作出安全评价结论。根据《建设项目安全设施"三同时"监督管理办法》,安全预评价应当在建设项目的(　　)阶段进行。

A. 建议书编制　　　　　　　　　　　　　B. 可行性研究

C. 初步设计　　　　　　　　　　　　　　D. 开工建设

30. 王某是某化工企业氯化岗位特种作业人员,2019 年 5 月因病住院,2020 年 6 月病愈上班。根据《特种作业人员安全技术培训考核管理规定》,关于王某重新上岗的说法,正确的是(　　)。

A. 无须参加理论和实际操作考试

B. 必须再申请特种作业操作证

C. 应当重新进行实际操作考试并经确认合格

D. 应当再经过实际操作培训但无须进行考试

31. 根据《建设工程安全生产管理条例》,关于施工现场起重机械安装及责任的说法,正确的是(　　)。

A. 施工现场起重机械必须由施工单位安装,建设单位不承担安全责任

B. 施工单位编制安装方案,制定安全措施,建设单位应安排人员现场监督

C. 建设单位对施工现场起重机械安装情况进行检验,办理验收手续并签字

D. 安装单位安装完毕后应当自检,并出具自检合格证明

32. 灭火救援工作应当符合法律的规定。根据《消防法》,关于灭火救援的说法,正确的是(　　)。

A. 专职消防队参加火灾以外的其他重大灾害事故的应急救援工作,由设区的市级以上人民政府统一领导

B. 国家综合性消防救援队扑救火灾的,可以向火灾发生单位收取燃料等耗材的成本费用

C. 单位专职消防队参加扑救外单位火灾所损耗的燃料、灭火剂,由火灾发生单位予以补偿

D. 消防救援机构的火灾现场总指挥根据扑救火灾的需要,有权截断电力、可燃气体和可燃液体的输送

33. 特种作业操作证应当定期复审。根据《特种作业人员安全技术培训考核管理规定》,关于特种作业人员特种作业操作证复审的说法,正确的是(　　)。

A. 申请复审的,应当参加必要的安全培训并考核合格

B. 连续从事本工种 10 年以上的,复审时间自动延长至每 6 年一次

C. 申请复审的,安全培训时间不少于 4 学时

D. 有 1 次违章行为并查证属实的,复审不予通过

34. 国家对煤矿安全实行监察制度。根据《煤矿安全监察条例》,关于煤矿安全监管体制及机构职责的说法,正确的是(　　)。

A. 我国煤矿安全监察实行国家、省、市、县四级监察体制

B. 地区煤矿安全监察机构在省级煤矿安全监察机构规定的权限范围内,可以对违法行为实

施行政处罚

C. 地区煤矿安全监察机构应当每 15 日向国家煤矿安全监察机构报告一次煤矿安全监察情况

D. 煤矿发生伤亡事故的,由煤矿所在地人民政府负责组织调查处理

35. 根据《注册安全工程师分类管理办法》,该办法实施 2 年内,危险化学品生产企业安全生产管理人员中的中级及以上注册安全工程师占比应当达到( )左右并逐步提升。

A. 5% B. 10% C. 15% D. 20%

36. 法的效力层次是指规范性法律文件之间的效力层级关系。根据《立法法》,关于我国安全生产法律法规规章效力层次的说法,正确的是( )。

A. 《安全生产法》的效力高于《突发事件应对法》

B. 国务院安全生产行政法规的效力高于某省安全生产地方性法规

C. 应急管理部安全生产规章的效力高于某省政府安全生产规章

D. 民族自治区安全生产地方性法规的效力低于民族自治区政府安全生产规章

37. 张某是某矿业公司的法定代表人,该公司一台安全设备已经超过使用期限,因更换成本过高,张某不同意更换设备,后因该设备故障发生生产安全事故,造成 3 人死亡。根据《安全生产法》,关于张某职责及事故责任的说法,错误的是( )。

A. 张某未履行保证本单位必要的安全生产投入的职责

B. 张某未履行及时消除安全生产事故隐患的职责

C. 张某应当受到负有安全生产监督管理职责部门的行政处罚

D. 张某终身不得担任任何生产经营单位的主要负责人

38. 生产经营项目、场所、设备发包或出租必须符合法律规定。根据《安全生产法》,关于生产经营项目、场所、设备发包或者出租的做法,正确的是( )。

A. 丙仓储企业为盘活固定资产,将位于市郊的 300 平方米的仓库租赁给附近某加工厂作为库房,双方签订了安全生产管理协议,丙企业定期组织安全检查

B. 甲建筑企业将某楼盘附属设施拆除工程发包给个体老板张某,张某借用有建筑施工资质企业的名义与甲企业签订了承包合同

C. 乙煤矿企业将某采区副井施工工程承包给某建筑企业,并签订了安全生产管理协议,规定由该建筑企业在施工期间承担全部安全生产管理职责

D. 丁公路运输企业具有运输危险化学品专业资质,因运输业务不足,将部分闲置车辆租借给个人从事危险化学品运输

39. 根据《女职工劳动保护特别规定》,下列劳动作业中,属于女职工禁忌从事的劳动作业是( )。

A. 体力劳动强度分级标准中规定的第三级体力劳动强度的作业

B. 体力劳动强度分级标准中规定的第四级体力劳动强度的作业

C. 高处作业分级标准中规定的第三级高处作业

D. 高处作业分级标准中规定的第四级高处作业

40. 规范安全生产事故应急预案管理工作,是提高预案质量、科学开展应急救援工作的重要举措。根据《生产安全事故应急预案管理办法》,关于企业应急预案论证或评审的说法,正确的是( )。

A. 危险化学品存储企业应当对本单位编制的应急预案进行评审

B. 金属冶炼企业应当对本单位编制的应急预案进行论证

C. 大型食品加工企业应当对本单位编制的应急预案进行论证

D. 小型家具制造企业应当对本单位编制的应急预案进行评审

41. 民用爆炸物品储存不当极易导致重大事故,我国实行严格的民用爆炸物品储存安全管理制度。根据《民用爆炸物品安全管理条例》,关于民用爆炸物品储存安全的说法,正确的是( )。

A. 对性质相抵触的民用爆炸物品同库储存时,必须分开存放

B. 容易引起燃烧、爆炸的其他物品带入仓库时,应与所储存爆炸物品保持安全距离

C. 民用爆炸物品应当储存在专用仓库内,其储存数量不得超过设计容量

D. 爆破作业现场严禁存放民用爆炸物品

42. 某石膏矿发生采空区重大坍塌事故,经调查,该矿总经理尹某涉嫌构成重大责任事故罪。根据《刑法》及相关司法解释,可以对尹某处 3 年以上 7 年以下有期徒刑的情形是( )。

A. 造成 1 人死亡,负事故次要责任

B. 造成 1 人死亡,负事故主要责任

C. 造成直接经济损失 500 万元,负事故次要责任

D. 造成直接经济损失 500 万元,负事故主要责任

43. 工伤保险是法定的强制性社会保险,是通过对受害人实施医疗救治和给予必要的经济补偿以保障其经济权利的补救措施。根据《工伤保险条例》,关于缴纳工伤保险费和享受工伤保险待遇的说法,正确的是( )。

A. 用人单位的全体职工享有工伤保险待遇的权利

B. 合伙制律师事务所不需要为员工缴纳工伤保险费

C. 因职工过错导致事故发生的,该职工不享受工伤保险待遇

D. 未缴纳工伤保险费的用人单位职工不享受工伤保险待遇

44. 李某计划在甲市乙县开办一个烟花爆竹零售店,需要办理烟花爆竹经营(零售)许可证。根据《烟花爆竹安全管理条例》,李某应当向( )提出申请办理经营许可证。

A. 甲市应急管理部门　　　　　　　　　B. 甲市公安机关

C. 乙县应急管理部门　　　　　　　　　D. 乙县公安机关

45. 某港务公司起重机械数量众多,经有关部门核准设立了特种设备检测所,具体负责本公司起重机械的检验检测工作。根据《特种设备安全监察条例》,下列检验检测工作中,该检测所可以开展的是( )。

A. 起重机械监督检验　　　　　　　　　B. 起重机械定期检验

C. 自制非标起重机械的型式试验　　　　D. 起重机械无损检测

46. 某化工企业生产车间发生火灾事故,造成 1 人死亡,2 人受伤。根据《安全生产法》,关于该企业事故报告和抢救的说法,正确的是( )。

A. 接到事故报告后,立即向当地有关部门报告并等待抢救

B. 立即采取措施组织抢救,防止事故扩大

C. 向当地有关部门报告死亡 1 人,未报 2 人受伤

D. 立即清理事故现场,防止产生负面影响

47. 根据《大型群众性活动安全管理条例》,举办大型群众性活动预计参加人数达到( )人以上的,由活动所在地设区的市级人民政府公安机关实施安全许可。

A. 3000　　　　　B. 5000　　　　　C. 8000　　　　　D. 10000

48. 根据《特种设备安全法》,关于电梯安装的说法,正确的是( )。

A. 电梯安装必须由电梯制造单位实施,禁止委托其他单位实施安装

B. 电梯安装单位对电梯安全性能负责,其他单位不承担任何安全责任

C. 电梯安装前,应书面告知直辖市或者设区的市级人民政府负责特种设备安全监督管理部门

D. 竣工后,电梯安装施工单位应当在验收后六十日内将相关技术资料和文件移交给电梯使用单位

49. 根据《安全生产培训管理办法》,关于负有安全监督管理职责的部门颁发的证书效力的说法,正确的是（　　）。

A. 赵某在北京市取得的企业安全管理人员安全合格证,在广东省也有效

B. 李某在上海市取得的企业主要负责人安全合格证,仅在上海市范围内有效

C. 王某在山东省取得的煤矿安全管理人员安全合格证,仅在山东省范围内有效

D. 张某在安徽省取得的特种作业操作证,仅在安徽省范围内有效

50. 某化工企业生产国家禁止生产的危险化学品,应急管理部门接到群众举报后,依法对该化工企业进行查处。根据《危险化学品安全管理条例》,关于应急管理部门对该企业采取的执法措施,正确的是（　　）。

A. 责令限期改正　　　　　　　　　　B. 强制关闭

C. 处 10 万元罚款　　　　　　　　　　D. 责令停止生产

51. 王某是一家金属矿山公司的董事长,聘请李某担任该公司的高级安全主管。根据《生产经营单位安全培训规定》,关于从业人员安全培训时间要求的说法,正确的是（　　）。

A. 王某的初次安全培训时间不得少于 32 学时

B. 王某每年再培训时间不得少于 16 学时

C. 李某的初次安全培训时间不得少于 24 学时

D. 李某每年再培训时间不得少于 12 学时

52. 根据《工伤保险条例》,下列情形中,应当认定为工伤或者视同工伤的是（　　）。

A. 李某在公司上班期间突发脑溢血,经抢救无效三天后死亡

B. 王某下班乘公交车回家途中,因公交车发生交通事故死亡

C. 张某调任新的工作岗位后,因工作压力大患抑郁症自杀死亡

D. 贾某在公司上班期间因过量饮酒,经抢救无效三天后死亡

53. 国家对危险化学品的使用实施许可制度。根据《危险化学品安全管理条例》,下列使用危险化学品的单位中,必须取得安全使用许可证的是（　　）。

A. 使用危险化学品从事生产且使用量达到规定数量的化工企业

B. 危险化学品生产企业

C. 科研院所实验室

D. 使用危险化学品且使用量达到规定数量的金属冶炼企业

54. 根据《国务院关于预防煤矿生产安全事故的特别规定》《煤矿重大生产安全事故隐患判定标准》,下列隐患中,属于重大生产安全事故隐患的是（　　）。

A. 煤矿超出采矿许可证批准的范围开采煤炭

B. 煤矿提升系统没有安全警示标志

C. 煤矿放炮监控系统不能正常运行

D. 煤矿将井下巷道维修材料的运输作业进行劳务承包

55. 某县应急管理部门对甲公司进行现场检查时,发现甲公司存在事故隐患,要求甲公司限

期消除,期限届满。甲公司未采取任何有效措施消除事故隐患,该县应急管理部门对甲公司的行为依法责令停产停业整顿,并处 20 万元罚款。根据《行政处罚法》,关于行政处罚程序的说法,错误的是(　　)。

　　A. 县应急管理部门调查取证时,不得少于 2 名执法人员

　　B. 该行政处罚不适用听证程序

　　C. 该行政处罚应当进行法制审核

　　D. 该行政处罚应当进行集体讨论决定

56. 某县化工企业发生危险化学品泄漏爆炸事故,造成 5 人死亡。根据《生产安全事故报告和调查处理条例》,关于事故报告的说法,正确的是(　　)。

　　A. 该化工企业负责人接到事故报告后,应当在 2 小时内向县应急管理部门报告

　　B. 县应急管理部门接到事故报告后,应当在 24 小时内向上级应急管理部门报告

　　C. 县应急管理部门在向上一级应急管理部门报告的同时,应当将事故情况报告本级人民政府

　　D. 该事故应当逐级上报,不得越级直接向所在地省应急管理部门报告

57. 我国非常重视危险物品安全管理工作。根据《危险化学品安全管理条例》,下列危险物品中,适用该条例的是(　　)。

　　A. 矿山爆破用炸药　　　　　　　　B. 进口农药

　　C. 实验室放射源　　　　　　　　　D. 烟花爆竹

58. 根据《建设工程消防监督管理规定》,下列建设活动或工程中,适用本规定调整的是(　　)。

　　A. 某宾馆委托施工单位对客房外墙的保温层进行施工

　　B. 张某委托装修公司对新购商品房进行室内装修

　　C. 村民李某在新审批的宅基地上建设住宅

　　D. 某地震灾区进行临时性建筑的建设活动

59. 某地发生锅炉爆炸重大事故,根据《特种设备安全法》,负责组织调查该事故的部门是(　　)。

　　A. 国务院或者国务院授权的有关部门

　　B. 省级人民政府负责特种设备安全监督管理的部门会同有关部门

　　C. 国务院负责特种设备安全监督管理的部门会同有关部门

　　D. 设区的市级人民政府负责特种设备安全监督管理的部门会同有关部门

60. 张某投资兴办一家烟花爆竹企业,引入新型安全环保生产线生产大型焰火晚会专用烟花。根据《烟花爆竹安全管理条例》,关于该企业安全管理的说法,正确的是(　　)。

　　A. 扩大产能进行技术改造的,应当按规定办理安全生产许可证

　　B. 从事危险工序的作业人员经企业培训考核合格,即可上岗作业

　　C. 使用的原料超过规定用量的,应当报企业主要负责人批准

　　D. 在生产的烟花爆竹上,应当印制易燃易爆危险品警示标志

61. 根据《生产安全事故应急条例》,甲市乙县人民政府负有安全生产监督管理职责的部门制定的生产安全事故应急救援预案应当报送(　　)。

　　A. 甲市应急管理部门备案　　　　　　B. 乙县人民政府审批

　　C. 甲市应急管理部门审批　　　　　　D. 乙县人民政府备案

62. 根据《安全生产事故隐患排查治理暂行规定》,由生产经营单位(　　)组织制定和实施

重大事故隐患治理方案。

    A. 安全生产管理机构            B. 安全生产管理机构负责人

    C. 主要负责人                    D. 车间、分厂、区队等负责人

63. 根据《危险化学品输送管道安全管理规定》,管道单位发现的下列行为应当及时予以制止的是(　　)。

    A. 在距离危险化学品管道附属设施外缘一侧 10 米处进行挖掘施工

    B. 在距离危险化学品管道中心线一侧 15 米处修水渠

    C. 在距离危险化学品管道附属设施外缘一侧 20 米处修建水产养殖场

    D. 在距离危险化学品管道中心线一侧 4 米处种植芦苇

64. 根据《行政处罚法》,下列行政行为中,属于行政处罚的是(　　)。

    A. 责令改正安全生产违法行为          B. 责令立即排除事故隐患

    C. 查封不符合国家标准的设备          D. 没收非法所得

65. 张某是某化工厂的厂长,李某是该厂安全生产管理人员,根据《安全生产法》,关于张某和李某安全生产职责的说法,正确的是(　　)。

    A. 张某负责拟定安全生产规章制度、操作规程和生产安全事故应急救援预案

    B. 李某负责组织或者参与安全生产教育和培训,如实记录安全生产教育和培训情况

    C. 张某负责检查安全生产状况,及时排查生产安全事故隐患,提出改进安全生产管理的建议

    D. 李某负责实施生产安全事故应急救援预案,参与应急救援演练

66. 某企业在库区存放大量危险化学品,2017 年 1 月经过评估后,构成三级重大危险源。根据《危险化学品重大危险源监督管理暂定规定》,关于该重大危险源辨别评估的说法,正确的是(　　)。

    A. 该企业进行重大危险源评估时,必须委托具有资质的评价机构进行安全评估

    B. 该企业应当最迟在 2020 年 2 月前,对重大危险源重新进行辨别、安全评估及分级

    C. 该企业应当最迟在 2019 年 2 月前,对重大危险源重新进行辨别、安全评估及分级

    D. 该库区危险化学品的储存量激增,重新评估后可能升级为四级重大危险源

67. 某乳制品生产企业 4 名员工进入有限空间沉淀池进行清淤作业。根据《工贸企业有限空间作业安全管理与监督暂行规定》,关于该企业清淤作业安全保障的做法,正确的是(　　)。

    A. 采用纯氧通风换气

    B. 检测氧含量为 16%,佩戴过滤式呼吸器进入沉淀池作业

    C. 在开始作业前 20 分钟进行检测

    D. 先检测,再通风,后进入沉淀池作业

68. 应急预案演练是应急管理的基础工作,是检验和提升应急救援预案科学性和有效性的重要措施。根据《生产安全事故应急预案管理办法》,关于应急预案演练的说法,正确的是(　　)。

    A. 旅游景区应当每半年至少组织一次应急预案演练

    B. 矿山企业应当每年至少组织一次现场处置方案演练

    C. 建筑施工企业应当每年至少组织一次应急预案演练

    D. 高尔夫球场应当每半年至少组织一次专项应急预案演练

69. 根据《安全生产许可证条例》,关于安全生产许可证监督管理的说法,正确的是(　　)。

    A. 县级以上人民政府负责安全生产监督管理的部门负责对建筑施工企业、民用爆炸物品

生产企业、煤矿企业取得安全生产许可证的情况进行管理和监督

B. 安全生产许可证颁发管理机关在检查中发现取得安全生产许可证的企业不再具备安全生产条件的,应当责令立即停产,并注销安全生产许可证

C. 企业取得安全生产许可证后,不得降低安全生产条件,并应当接受安全生产许可证颁发管理机关的监督检查

D. 安全生产许可证颁发管理机关应当自收到申请之日起 30 日内审查完毕,经审查符合本条例规定的安全生产条件的,颁发安全生产许可证

70. 某化工厂发生爆炸事故,当地政府立即采取有力措施,积极开展应急救援工作。根据《突发事件应对法》,关于应急处置措施的说法,错误的是(　　)。

A. 封锁现场,严禁无关人员出入

B. 调用急需的物资、设备

C. 封锁事故信息,避免群众恐慌

D. 疏散、撤离受到威胁的人员

**二、多项选择题**(共 15 小题,每题 2 分。每题的备选项中,有 2 个或 2 个以上符合题意,至少有 1 个错项。错选,本题不得分;少选,所选的每个选项得 0.5 分)

71. 工伤保险费按照以支定收、收支平衡的原则确定费率。依据《工伤保险条例》,确定工伤保险缴费档次和费率的依据有(　　)。

A. 企业所有制性质

B. 工伤发生率

C. 工伤保险费的使用情况

D. 不同行业不同工种的危险等级

E. 不同行业的工伤风险程度

72. 某化工企业拟投资设立一条易制爆危险化学品的生产线。根据《危险化学品安全管理条例》,关于该企业易制爆危险化学品生产、储存安全的说法,正确的有(　　)。

A. 易制爆危险化学品管道应设置明显标志,并定期检查、检测

B. 发现易制爆危险化学品丢失的,应当立即向当地应急管理部门报告

C. 应当设置治安保卫机构或配备专职治安保卫人员

D. 易制爆危险化学品专用仓库应当设置相应的技术防范措施

E. 应当如实记录易制爆危险化学品的数量和流向

73. 煤矿从事生产,必须依法取得相关证照。根据《国务院关于预防煤矿生产安全事故的特别规定》,关于煤矿证照的说法,正确的有(　　)。

A. 煤矿安全监管部门发现煤矿证照不全从事生产,应当于 5 日内提请当地人民政府予以关闭

B. 煤矿从事生产,必须依法取得采矿许可证

C. 证照颁发部门一经发现煤矿无证照从事生产的,应当责令限期整改

D. 煤矿从事生产,必须依法取得安全生产许可证

E. 煤矿未依法取得有关证照擅自从事生产的,属非法煤矿

74. 根据《危险化学品安全管理条例》,关于危险化学品生产、储存安全管理的说法,正确的有(　　)。

A. 危险化学品生产企业进行生产前,应当取得危险化学品安全生产许可证

B. 施工单位进行可能危及危险化学品管道安全的施工作业,应当在开工 3 日前书面通知管

道所属单位

C. 剧毒化学品以及储存数量构成重大危险源的其他危险化学品,应当在专用仓库内单独存放,并实行双人收发、双人保管制度

D. 已建的危险化学品生产装置不符合规定,需要转产、停产、搬迁、关闭的,由设区的市级人民政府应急管理部门决定并组织实施

E. 生产、储存危险化学品的企业,应当委托安全技术专家对本企业的安全生产条件每3年进行一次安全评价

75. 重大危险源具有较大危险性,一旦发生事故后果非常严重,根据《安全生产法》《危险化学品重大危险源监督管理暂行规定》,关于生产经营单位重大危险源安全管理的说法,正确的是(　　)。

A. 应对一级或二级重大危险源装备紧急停车系统

B. 对辨别确认的重大危险源,应当及时报送县应急管理部门逐项登记建档

C. 对重大危险源现场处置方案,应当每年组织一次事故应急演练并记录在档

D. 应当告知有关人员在紧急情况下采取的应急措施

E. 应当将本单位重大危险源及有关安全措施报有关地方人民政府审批

76. 矿山开采危险性较大,安全设施是矿山开采的重要组成部分,根据《矿山安全法》,关于矿山建设工程设计、施工和验收的说法,正确的有(　　)。

A. 矿山建设工程的安全设施,必须和主体工程同时设计、同时施工、同时投入生产和使用

B. 矿山建设工程的设计文件,必须符合矿山安全规程和行业技术规范

C. 每个矿井必须有两个以上的出口,出口之间的距离必须符合矿山安全规程和行业技术规范

D. 矿山建设工程安全设施竣工后,由施工单位负责组织对安全设施进行验收

E. 矿山必须有与外界相通的,符合安全要求的运输和通信设施

77. 有关单位建立专职消防队,应当符合国家有关规定,并报当地消防救援机构验收。根据《消防法》,下列单位中,必须建立专职消防队的有(　　)。

A. 大中型危化品仓储企业

B. 大型玻璃制造厂

C. 大型钢材仓库

D. 小型民用飞机场

E. 大型核能发电厂

78. 应急管理部门在对某机械铸造企业进行安全生产监督检查时,发现熔炼炉存在重大事故隐患。根据《安全生产法》《安全生产事故隐患排查治理暂行规定》,关于该部门处理该重大事故隐患的说法,正确的有(　　)。

A. 必要时可以作出关闭该企业的决定

B. 应当下达整改指令书并建立信息管理台账

C. 有权作出该企业停止使用熔炼炉的决定

D. 经负责人批准可以对该企业作出停电的决定

E. 应当采用书面的方式通知相关部门对该企业停电

79. 事故发生后,生产经营单位应当实施应急救援。根据《生产安全事故应急条例》,生产经营单位采取的应急救援措施,正确的是(　　)。

A. 及时通知可能受到事故影响的单位和人员

B. 事故发生后立即组织现场人员撤离

C. 维护事故现场秩序,等待救援

D. 采取必要措施,防止事故危险扩大和次生、衍生灾害发生

E. 立即征用相邻单位的物资进行救援,控制事故危害扩大

80. 甲煤矿在 A 区进行开采活动,乙采石场在 B 区进行采石活动,A、B 两区相邻,甲煤矿的开采活动可能危及乙采石场安全生产。根据《安全生产法》,关于甲、乙安全管理的说法,正确的有( )。

A. 甲、乙可以不签订协议,但必须明确各自的安全生产管理职责

B. 甲、乙可以通过口头约定,明确各自的管理范围

C. 甲、乙协商由甲设立安全生产管理机构,同时负责甲、乙的安全管理

D. 甲、乙应当签订安全生产管理协议

E. 甲、乙应当协商指定专职安全生产管理人员进行安全检查与协调

81. 根据《特种作业人员安全技术培训考核管理规定》,关于特种作业人员资格许可的说法,正确的是( )。

A. 特种作业人员必须取得《中华人民共和国特种作业操作证》后,方可上岗作业

B. 县级以上地方人民政府应急管理部门负责监督检查本行政区域特种作业人员的安全技术培训和持证上岗工作

C. 特种作业人员的安全技术培训、考核、发证、复审工作,实行统一监管、集中考核、分类实施、教考分离的原则

D. 煤矿特种作业人员的安全技术培训、考核、发证、复审工作,由省级煤矿安全监督管理部门指导、监督

E. 省级人民政府应急管理部门可以委托县级人民政府应急管理部门实施特种作业人员的考核、发证、复审工作

82. 事故单位的责任人和对事故负有监管职责的人员在事故发生后弄虚作假,贻误事故抢救,应承担相应的法律责任。根据《刑法》及相关司法解释,关于不报、谎报安全事故犯罪情形,应当认定为情节特别严重的有( )。

A. 导致事故后果扩大增加死亡 3 人以上的

B. 导致事故后果扩大增加重伤 10 人以上的

C. 采用暴力、胁迫、命令等方式组织他人报告事故情况,导致事故后果扩大的

D. 导致事故后果扩大增加死亡 2 人以下的

E. 导致事故后果扩大增加经济损失 500 万元以上的

83. 职工发生工伤,经治疗伤情相对稳定后仍然存在残疾、影响劳动能力的,应当进行劳动能力鉴定。根据《工伤保险条例》,关于劳动能力鉴定的说法,正确的有( )。

A. 劳动能力鉴定是指劳动功能障碍程度和生活自理障碍程度的等级鉴定,劳动能力鉴定标准由国务院卫生行政部门会同国务院应急管理部门等部门制定

B. 劳动能力鉴定委员会由社会保险行政部门、卫生行政部门、应急管理部门、工会组织、经办机构代表以及用人单位代表组成

C. 劳动能力鉴定由用人单位、工伤职工或者其近亲属向设区的市级劳动能力鉴定委员会提出申请,并提供工伤认定决定和职工工伤医疗的有关资料

D. 劳动能力鉴定委员会建立医疗卫生专家库,设区的市级劳动能力鉴定委员会根据专家组的鉴定意见作出工伤职工劳动能力鉴定结论

E. 劳动能力鉴定委员会建立医疗卫生专家库,省级劳动能力鉴定委员会根据专家组的鉴定意见作出工伤职工劳动能力鉴定结论

84. 陈某应聘到一家危险化学品生产企业从事过氧化工艺作业。根据《特种作业人员安全技术培训考核管理规定》,陈某应当具备的条件有(      )。

A. 身体健康,并无妨碍从事相应特种作业的疾病和生理缺陷

B. 年满 16 周岁

C. 具有初中及以上文化程度

D. 具有 3 年以上相应工作岗位经历

E. 具备必要的安全技术知识与技能

85. 发生事故后,生产经营单位应该开展事故应急救援工作。根据《安全生产法》,关于企业应急管理的做法,正确的有(      )。

A. 某金属冶炼企业制定生产安全事故应急救援预案后,建立了应急救援组织,配备了专职应急救援人员

B. 某危险化学品经营企业制定生产安全事故应急救援预案,多年未发生事故,未定期组织应急演练

C. 某矿山企业因生产经营规模较小,未建立应急救援组织,但指定了若干名兼职的应急救援人员

D. 某城市轨道交通运营企业独立制定生产安全事故应急救援预案,未与所在地政府生产安全事故应急救援预案相衔接

E. 某建筑施工企业配备了生产安全事故应急设备和物资,并进行经常性维护、保养

# 2020 年考试真题参考答案与解析

| | | | | |
|---|---|---|---|---|
| 1. C | 2. D | 3. B | 4. A | 5. C |
| 6. D | 7. D | 8. D | 9. A | 10. C |
| 11. B | 12. B | 13. C | 14. C | 15. A |
| 16. D | 17. B | 18. C | 19. A | 20. C |
| 21. D | 22. A | 23. D | 24. B | 25. D |
| 26. C | 27. A | 28. B | 29. A | 30. C |
| 31. D | 32. D | 33. A | 34. C | 35. C |
| 36. B | 37. D | 38. A | 39. B | 40. A |
| 41. C | 42. D | 43. A | 44. C | 45. B |
| 46. B | 47. B | 48. C | 49. A | 50. D |
| 51. B | 52. B | 53. A | 54. A | 55. B |
| 56. C | 57. B | 58. A | 59. C | 60. A |
| 61. D | 62. C | 63. D | 64. D | 65. B |
| 66. B | 67. C | 68. A | 69. C | 70. C |
| 71. BCE | 72. ACDE | 73. BDE | 74. AC | 75. AD |
| 76. ABE | 77. DE | 78. BCDE | 79. AD | 80. DE |
| 81. AB | 82. ABCE | 83. CD | 84. ACE | 85. ACE |

**一、单项选择题**

1.【参考答案】C

【解析】《危险化学品安全管理条例》第七十条规定,危险化学品单位应当制定本单位危险化学品事故应急预案,配备应急救援人员和必要的应急救援器材、设备,并定期组织应急救援演练。危险化学品单位应当将其危险化学品事故应急预案报所在地设区的市级人民政府安全生产监督管理部门备案。

2.【参考答案】D

【解析】《安全生产法》第三十四条规定,生产经营单位使用的危险物品的容器、运输工具,以及涉及人身安全、危险性较大的海洋石油开采特种设备和矿山井下特种设备,必须按照国家有关规定,由专业生产单位生产,并经具有资质的检测、检验机构检测、检验合格,取得安全使用证或者安全标志,方可投入使用。

3.【参考答案】B

【解析】《突发事件应对法》第三十二条规定,国家建立健全应急物资储备保障制度,完善重要应急物资的监管、生产、储备、调拨和紧急配送体系。设区的市级以上人民政府和突发事件易发、多发地区的县级人民政府应当建立应急救援物资、生活必需品和应急处置装备的储备制度。故选项 A 错误。

第三十条规定,各级各类学校应当把应急知识教育纳入教学内容,对学生进行应急知识教育,培养学生的安全意识和自救与互救能力。故选项 B 正确。

第十七条规定,国家建立健全突发事件应急预案体系。国务院制定国家突发事件总体应急预案,组织制定国家突发事件专项应急预案;国务院有关部门根据各自的职责和国务院相关应急预案,制定国家突发事件部门应急预案。故选项 C 错误。

第三条规定,本法所称突发事件,是指突然发生,造成或者可能造成严重社会危害,需要采取应急处置措施予以应对的自然灾害、事故灾难、公共卫生事件和社会安全事件。按照社会危害程度、影响范围等因素,自然灾害、事故灾难、公共卫生事件分为特别重大、重大、较大和一般四级。法律、行政法规或者国务院另有规定的,从其规定。故选项 D 错误。

4.【参考答案】A

【解析】《安全生产法》第一百零六条规定,生产经营单位的主要负责人在本单位发生生产安全事故时,不立即组织抢救或者在事故调查处理期间擅离职守或者逃匿的,给予降级、撤职的处分,并由安全生产监督管理部门处上一年年收入百分之六十至百分之一百的罚款,对逃匿的处十五日以下拘留,构成犯罪的,依照《刑法》有关规定追究刑事责任。

5.【参考答案】C

【解析】《特种设备安全法》第九十六条规定,违反本法规定,被依法吊销许可证的,自吊销许可证之日起三年内,负责特种设备安全监督管理的部门不予受理其新的许可申请。

6.【参考答案】D

【解析】《生产安全事故信息报告和处置办法》第二十六条规定,较大涉险事故是指:

(1)涉险 10 人以上的事故;

(2)造成 3 人以上被困或者下落不明的事故;

(3)紧急疏散人员 500 人以上的事故;

(4)因生产安全事故对环境造成严重污染(人员密集场所、生活水源、农田、河流、水库、湖泊等)的事故;

(5)危及重要场所和设施安全(电站、重要水利设施、危化品库、油气站和车站、码头、港口、机

场及其他人员密集场所等)的事故;

(6)其他较大涉险事故。

**7.【参考答案】D**

**【解析】**《劳动合同法》第三十二条规定,劳动者拒绝用人单位管理人员违章指挥、强令冒险作业的,不视为违反劳动合同。劳动者对危害生命安全和身体健康的劳动条件,有权对用人单位提出批评、检举和控告。

第三十八条规定,用人单位以暴力、威胁或者非法限制人身自由的手段强迫劳动者劳动的,或者用人单位违章指挥、强令冒险作业危及劳动者人身安全的,劳动者可以立即解除劳动合同,不需事先告知用人单位。

**8.【参考答案】D**

**【解析】**《安全生产法》第五十二条规定,从业人员发现直接危及人身安全的紧急情况时,有权停止作业或者在采取可能的应急措施后撤离作业场所。生产经营单位不得因从业人员在前款紧急情况下停止作业或者采取紧急撤离措施而降低其工资、福利等待遇或者解除与其订立的劳动合同。

第五十三条规定,因生产安全事故受到损害的从业人员,除依法享有工伤保险外,依照有关民事法律尚有获得赔偿的权利的,有权向本单位提出赔偿要求。

**9.【参考答案】A**

**【解析】**《安全生产法》第五十条规定,生产经营单位的从业人员有权了解其作业场所和工作岗位存在的危险因素、防范措施及事故应急措施,有权对本单位的安全生产工作提出建议。故选项B正确。

第五十一条规定,从业人员有权对本单位安全生产工作中存在的问题提出批评、检举、控告;有权拒绝违章指挥和强令冒险作业。故选项C正确。

生产经营单位不得因从业人员对本单位安全生产工作提出批评、检举、控告或者拒绝违章指挥、强令冒险作业而降低其工资、福利等待遇或者解除与其订立的劳动合同。

第五十二条规定,从业人员发现直接危及人身安全的紧急情况时,有权停止作业或者在采取可能的应急措施后撤离作业场所。故选项D正确。

生产经营单位不得因从业人员在前款紧急情况下停止作业或者采取紧急撤离措施而降低其工资、福利等待遇或者解除与其订立的劳动合同。故选项A错误。

**10.【参考答案】C**

**【解析】**《安全生产法》第二十五条规定,生产经营单位应当对从业人员进行安全生产教育和培训,保证从业人员具备必要的安全生产知识,熟悉有关的安全生产规章制度和安全操作规程,掌握本岗位的安全操作技能,了解事故应急处理措施,知悉自身在安全生产方面的权利和义务。未经安全生产教育和培训合格的从业人员,不得上岗作业。

**11.【参考答案】B**

**【解析】**《生产安全事故报告和调查处理条例》第三条规定,根据生产安全事故(以下简称事故)造成的人员伤亡或者直接经济损失,事故一般分为以下等级:①特别重大事故,是指造成30人以上死亡,或者100人以上重伤(包括急性工业中毒,下同),或者1亿元以上直接经济损失的事故;②重大事故,是指造成10人以上30人以下死亡,或者50人以上100人以下重伤,或者5000万元以上1亿元以下直接经济损失的事故;③较大事故,是指造成3人以上10人以下死亡,或者10人以上50人以下重伤,或者1000万元以上5000万元以下直接经济损失的事故;④一般事故,是指造成3人以下死亡,或者10人以下重伤,或者1000万元以下直接经济损失的事故。

本条所称的"以上"包括本数,"以下"不包括本数。

题干中 2 人死亡,3 人重伤,属于一般事故。

第三十八条规定,事故发生单位主要负责人未依法履行安全生产管理职责,导致事故发生的,依照下列规定处以罚款;属于国家工作人员的,并依法给予处分;构成犯罪的,依法追究刑事责任:

(1)发生一般事故的,处上一年年收入 30% 的罚款;

(2)发生较大事故的,处上一年年收入 40% 的罚款;

(3)发生重大事故的,处上一年年收入 60% 的罚款;

(4)发生特别重大事故的,处上一年年收入 80% 的罚款。

事故发生单位主要负责人未依法履行安全生产管理职责,导致事故发生,发生一般事故的,处上一年年收入 30% 的罚款,即 200 万×30%＝60 万元。

12.【参考答案】B

【解析】根据《民用爆炸物品安全管理条例》第二十六条,运输民用爆炸物品,收货单位应当向运达地县级人民政府公安机关提出申请,并提交相关材料。

13.【参考答案】C

【解析】依据《行政处罚法》第七十二条,当事人逾期不履行行政处罚决定的,作出行政处罚决定的行政机关可以采取下列措施:

(1)到期不缴纳罚款的,每日按罚款数额的百分之三加处罚款,加处罚款的数额不得超出罚款的数额;

(2)根据法律规定,将查封、扣押的财物拍卖、依法处理或者将冻结的存款、汇款划拨抵缴罚款;

(3)根据法律规定,采取其他行政强制执行方式;

(4)依照《中华人民共和国行政强制法》的规定申请人民法院强制执行。

行政机关批准延期、分期缴纳罚款的,申请人民法院强制执行的期限,自暂缓或者分期缴纳罚款期限结束之日起计算。

14.【参考答案】C

【解析】根据《建设工程安全生产管理条例》第四十九条,施工单位应当根据建设工程施工的特点、范围,对施工现场易发生重大事故的部位、环节进行监控,制定施工现场生产安全事故应急救援预案。实行施工总承包的,由总承包单位统一组织编制建设工程生产安全事故应急救援预案,工程总承包单位和分包单位按照应急救援预案,各自建立应急救援组织或者配备应急救援人员,配备救援器材、设备,并定期组织演练。

15.【参考答案】A

【解析】依据《安全生产培训管理办法》第二十条,国家安全监管总局负责省级以上安全生产监督管理部门的安全生产监管人员、各级煤矿安全监察机构的煤矿安全监察人员的考核;负责中央企业的总公司、总厂或者集团公司的主要负责人和安全生产管理人员的考核。

省级安全生产监督管理部门负责市级、县级安全生产监督管理部门的安全生产监管人员的考核;负责省属生产经营单位和中央企业分公司、子公司及其所属单位的主要负责人和安全生产管理人员的考核;负责特种作业人员的考核。

16.【参考答案】D

【解析】《注册安全工程师分类管理办法》第三条规定,注册安全工程师专业类别划分为:煤矿安全、金属非金属矿山安全、化工安全、金属冶炼安全、建筑施工安全、道路运输安全、其他安全（不包括消防安全）。

17.【参考答案】B

【解析】依据《生产安全事故报告和调查处理条例》第三条，属于较大事故。依据第十九条，较大事故由事故发生地设区的市级人民政府负责调查。故应由丁市人民政府负责调查该事故。第十九条规定，特别重大事故由国务院或者国务院授权有关部门组织事故调查组进行调查。重大事故、较大事故、一般事故分别由事故发生地省级人民政府、设区的市级人民政府、县级人民政府负责调查。省级人民政府、设区的市级人民政府、县级人民政府可以直接组织事故调查组进行调查，也可以授权或者委托有关部门组织事故调查组进行调查。未造成人员伤亡的一般事故，县级人民政府也可以委托事故发生单位组织事故调查组进行调查。

18.【参考答案】C

【解析】依据《安全生产法》第一百零三条，生产经营单位与从业人员订立协议，免除或者减轻其对从业人员因生产安全事故伤亡依法应承担的责任的，该协议无效；对生产经营单位的主要负责人、个人经营的投资人处二万元以上十万元以下的罚款。

19.【参考答案】A

【解析】《建设项目安全设施"三同时"监督管理办法》第七条规定，下列建设项目在进行可行性研究时，生产经营单位应当按照国家规定，进行安全预评价：

（1）非煤矿矿山建设项目；

（2）生产、储存危险化学品（包括使用长输管道输送危险化学品，下同）的建设项目；

（3）生产、储存烟花爆竹的建设项目；

（4）金属冶炼建设项目；

（5）使用危险化学品从事生产并且使用量达到规定数量的化工建设项目（属于危险化学品生产的除外，下同）；

（6）法律、行政法规和国务院规定的其他建设项目。

第十六条规定，本办法第七条第（一）项、第（二）项、第（三）项和第（四）项规定以外的建设项目安全设施设计，由生产经营单位组织审查，形成书面报告备查。

20.【参考答案】C

【解析】依据《建设工程安全生产管理条例》第二十四条，建设工程实行施工总承包的，由总承包单位对施工现场的安全生产负总责。总承包单位应当自行完成建设工程主体结构的施工。总承包单位依法将建设工程分包给其他单位的，分包合同中应当明确各自的安全生产方面的权利、义务。总承包单位和分包单位对分包工程的安全生产承担连带责任。分包单位应当服从总承包单位的安全生产管理，分包单位不服从管理导致生产安全事故的，由分包单位承担主要责任。

21.【参考答案】D

【解析】依据《安全生产法》第四十二条，生产经营单位必须为从业人员提供符合国家标准或者行业标准的劳动防护用品，并监督、教育从业人员按照使用规则佩戴、使用。

22.【参考答案】A

【解析】《道路交通安全法》第二十七条规定，铁路与道路平面交叉的道口，应当设置警示灯、警示标志或者安全防护设施。无人看守的铁路道口，应当在距道口一定距离处设置警示标志。故选项B错误。

第三十二条规定，因工程建设需要占用、挖掘道路，或者跨越、穿越道路架设、增设管线设施，应当事先征得道路主管部门的同意;影响交通安全的,还应当征得公安机关交通管理部门的同意。故选项 C 错误。

施工作业单位应当在经批准的路段和时间内施工作业,并在距离施工作业地点来车方向安全距离处设置明显的安全警示标志,采取防护措施;施工作业完毕,应当迅速清除道路上的障碍物,消除安全隐患,经道路主管部门和公安机关交通管理部门验收合格,符合通行要求后,方可恢复通行。故选项 A 正确。

第三十三条规定,在城市道路范围内,在不影响行人、车辆通行的情况下,政府有关部门可以施划停车泊位。故选项 D 错误。

23.【参考答案】D

【解析】《特种作业人员安全技术培训考核管理规定》第九条规定,特种作业人员应当接受与其所从事的特种作业相应的安全技术理论培训和实际操作培训。已经取得职业高中、技工学校及中专以上学历的毕业生从事与其所学专业相应的特种作业,持学历证明经考核发证机关同意,可以免予相关专业的培训。

24.【参考答案】B

【解析】《生产安全事故应急条例》第三条规定,国务院统一领导全国的生产安全事故应急工作,县级以上地方人民政府统一领导本行政区域内的生产安全事故应急工作。生产安全事故应急工作涉及两个以上行政区域的,由有关行政区域共同的上一级人民政府负责,或者由各有关行政区域的上一级人民政府共同负责。

25.【参考答案】D

【解析】《工伤保险条例》第十二条规定,工伤保险基金存入社会保障基金财政专户,用于本条例规定的工伤保险待遇,劳动能力鉴定,工伤预防的宣传、培训等费用,以及法律、法规规定的用于工伤保险的其他费用的支付。

26.【参考答案】C

【解析】《安全生产事故隐患排查治理暂行规定》第二十三条规定,对挂牌督办并采取全部或者局部停产停业治理的重大事故隐患,安全监管监察部门收到生产经营单位恢复生产的申请报告后,应当在 10 日内进行现场审查。审查合格的,对事故隐患进行核销,同意恢复生产经营;审查不合格的,依法责令改正或者下达停产整改指令。对整改无望或者生产经营单位拒不执行整改指令的,依法实施行政处罚;不具备安全生产条件的,依法提请县级以上人民政府按照国务院规定的权限予以关闭。

27.【参考答案】A

【解析】2016 年 10 月 31 日国家领导人在全国安全生产监管监察系统先进集体和先进工作者表彰大会上的重要指示:党的十八大以来,以习近平同志为核心的党中央对安全生产工作空前重视,习近平总书记对安全生产工作发表重要讲话,反复强调要坚持发展决不能以牺牲安全为代价这条红线。

28.【参考答案】B

【解析】坚持党政同责、一岗双责、齐抓共管、失职追责,健全安全生产责任体系,强化地方党委和政府的领导责任,明确党政主要负责人是本地区安全生产第一责任人,班子其他成员对分管范围内的安全生产工作负领导责任,地方各级安全生产委员会主任由政府主要负责人担任,成员由同级党委和政府及相关部门负责人组成。

29.【参考答案】B

【解析】《建设项目安全设施"三同时"监督管理办法》规定,高危项目在进行可行性研究时,生产经营单位应当按照国家规定进行安全预评价。

30.【参考答案】C

【解析】《特种作业人员安全技术培训考核管理规定》第三十二条规定,离开特种作业岗位6个月以上的特种作业人员,应当重新进行实际操作考试,经确认合格后方可上岗作业。

31.【参考答案】D

【解析】《建设工程安全生产管理条例》第十七条规定,在施工现场安装、拆卸施工起重机械和整体提升脚手架、模板等自升式架设设施,必须由具有相应资质的单位承担。安装、拆卸施工起重机械和整体提升脚手架、模板等自升式架设设施,应当编制拆装方案、制定安全施工措施,并由专业技术人员现场监督。施工起重机械和整体提升脚手架、模板等自升式架设设施安装完毕后,安装单位应当自检,出具自检合格证明,并向施工单位进行安全使用说明,办理验收手续并签字。

32.【参考答案】D

【解析】《消防法》第四十六条规定,公安消防队、专职消防队参加火灾以外的其他重大灾害事故的应急救援工作,由县级以上人民政府统一领导,故选项A错误。

第四十九条规定,公安消防队、专职消防队扑救火灾、应急救援,不得收取任何费用,故选项B错误。

单位专职消防队、志愿消防队参加扑救外单位火灾所损耗的燃料、灭火剂和器材、装备等,由火灾发生地的人民政府给予补偿,故选项C错误。

第四十五条规定,公安机关消防机构统一组织和指挥火灾现场扑救,应当优先保障遇险人员的生命安全。火灾现场总指挥根据扑救火灾的需要,有权决定下列事项:

(1)使用各种水源;

(2)截断电力、可燃气体和可燃液体的输送,限制用火用电;

(3)划定警戒区,实行局部交通管制;

(4)利用邻近建筑物和有关设施;

(5)为了抢救人员和重要物资,防止火势蔓延,拆除或者破损毗邻火灾现场的建筑物、构筑物或者设施等;

(6)调动供水、供电、供气、通信、医疗救护、交通运输、环境保护等有关单位协助灭火救援。

33.【参考答案】A

【解析】《特种作业人员安全技术培训考核管理规定》第二十一条规定,特种作业操作证每3年复审1次。特种作业人员在特种作业操作证有效期内,连续从事本工种10年以上,严格遵守有关安全生产法律法规的,经原考核发证机关或者从业所在地考核发证机关同意,特种作业操作证的复审时间可以延长至每6年1次,故选项B错误。第二十三条规定,特种作业操作证申请复审或者延期复审前,特种作业人员应当参加必要的安全培训并考试合格。安全培训时间不少于8个学时,主要培训法律、法规、标准、事故案例和有关新工艺、新技术、新装备等知识,故选项C错误。

第二十五条规定,特种作业人员有下列情形之一的,复审或者延期复审不予通过:

(1)健康体检不合格的;

(2)违章操作造成严重后果或者有2次以上违章行为,并经查证确实的;

(3)有安全生产违法行为,并给予行政处罚的;

(4)拒绝、阻碍安全生产监管监察部门监督检查的;

(5)未按规定参加安全培训,或者考试不合格的;

(6)具有本规定第三十条、第三十一条规定情形的。故选项 D 错误。

**34.【参考答案】C**

**【解析】**《煤矿安全监察条例》第八条规定,本条例所称煤矿安全监察机构,是指国家煤矿安全监察机构和在省、自治区、直辖市设立的煤矿安全监察机构(以下简称地区煤矿安全监察机构)及其在大中型矿区设立的煤矿安全监察办事处,故选项 A 错误。

第九条规定,地区煤矿安全监察机构及其煤矿安全监察办事处负责对划定区域内的煤矿实施安全监察;煤矿安全监察办事处在国家煤矿安全监察机构规定的权限范围内,可以对违法行为实施行政处罚,故选项 B 错误。

第十三条规定,地区煤矿安全监察机构、煤矿安全监察办事处应当每 15 日分别向国家煤矿安全监察机构、地区煤矿安全监察机构报告一次煤矿安全监察情况;有重大煤矿安全问题的,应当及时采取措施并随时报告,故选项 C 正确。

第十八条规定,煤矿发生伤亡事故的,由煤矿安全监察机构负责组织调查处理。煤矿安全监察机构组织调查处理事故,应当依照国家规定的事故调查程序和处理办法进行,故选项 D 错误。

**35.【参考答案】C**

**【解析】**《注册安全工程师分类管理办法》第十二条规定,危险物品的生产、储存单位以及矿山、金属冶炼单位应当有相应专业类别的中级及以上注册安全工程师从事安全生产管理工作。危险物品的生产、储存单位以及矿山单位安全生产管理人员中的中级及以上注册安全工程师比例应自本办法施行之日起 2 年内,金属冶炼单位安全生产管理人员中的中级及以上注册安全工程师比例应自本办法施行之日起 5 年内达到 15% 左右并逐步提高。

**36.【参考答案】B**

**【解析】**安全生产法律法规规章效力层级为:法律＞行政法规＞地方性法规＞部门规章。

**37.【参考答案】D**

**【解析】**根据《生产安全事故报告和调查处理条例》第三条的相关规定,3 人死亡属于较大事故。

《安全生产法》第九十一条规定,生产经营单位的主要负责人未履行本法规定的安全生产管理职责的,责令限期改正;逾期未改正的,处二万元以上五万元以下的罚款,责令生产经营单位停产停业整顿。生产经营单位的主要负责人有前款违法行为,导致发生生产安全事故的,给予撤职处分;构成犯罪的,依照刑法有关规定追究刑事责任。生产经营单位的主要负责人依照前款规定受刑事处罚或者撤职处分的,自刑罚执行完毕或者受处分之日起,五年内不得担任任何生产经营单位的主要负责人;对重大、特别重大生产安全事故负有责任的,终身不得担任本行业生产经营单位的主要负责人。

**38.【参考答案】A**

**【解析】**《安全生产法》第四十六条规定,生产经营单位不得将生产经营项目、场所、设备发包或者出租给不具备安全生产条件或者相应资质的单位或者个人。生产经营项目、场所发包或者出租给其他单位的,生产经营单位应当与承包单位、承租单位签订专门的安全生产管理协议,或者在承包合同、租赁合同中约定各自的安全生产管理职责;生产经营单位对承包单位、承租单位的安全生产工作统一协调、管理,定期进行安全检查,发现安全问题的,应当及时督促整改。

**39.【参考答案】B**

**【解析】**根据《女职工劳动保护特别规定》,女职工禁忌从事的劳动范围为:

(1)矿山井下作业;

(2)体力劳动强度分级标准中规定的第四级体力劳动强度的作业;

(3)每小时负重 6 次以上、每次负重超过 20 公斤的作业,或者间断负重、每次负重超过 25 公斤的作业。

40.【参考答案】A

【解析】《生产安全事故应急预案管理办法》第二十一条规定,矿山、金属冶炼企业和易燃易爆物品、危险化学品的生产、经营(带储存设施的,下同)、储存、运输企业,以及使用危险化学品达到国家规定数量的化工企业、烟花爆竹生产、批发经营企业和中型规模以上的其他生产经营单位,应当对本单位编制的应急预案进行评审,并形成书面评审纪要。前款规定以外的其他生产经营单位可以根据自身需要,对本单位编制的应急预案进行论证。

41.【参考答案】C

【解析】《民用爆炸物品安全管理条例》第四十一条规定,储存民用爆炸物品应当遵守下列规定:

(1)建立出入库检查、登记制度,收存和发放民用爆炸物品必须进行登记,做到账目清楚,账物相符;

(2)储存的民用爆炸物品数量不得超过储存设计容量,对性质相抵触的民用爆炸物品必须分库储存,严禁在库房内存放其他物品;

(3)专用仓库应当指定专人管理、看护,严禁无关人员进入仓库区内,严禁在仓库区内吸烟和用火,严禁把其他容易引起燃烧、爆炸的物品带入仓库区内,严禁在库房内住宿和进行其他活动;

(4)民用爆炸物品丢失、被盗、被抢,应当立即报告当地公安机关。

第四十条规定,民用爆炸物品应当储存在专用仓库内,并按照国家规定设置技术防范设施。

第四十二条规定,在爆破作业现场临时存放民用爆炸物品的,应当具备临时存放民用爆炸物品的条件,并设专人管理、看护,不得在不具备安全存放条件的场所存放民用爆炸物品。

42.【参考答案】D

【解析】《刑法》第七条规定,实施刑法第一百三十二条、第一百三十四条第一款、第一百三十五条、第一百三十五条之一、第一百三十六条、第一百三十九条规定的行为,因而发生安全事故,具有下列情形之一的,对相关责任人员,处三年以上七年以下有期徒刑:

(1)造成死亡三人以上或者重伤十人以上,负事故主要责任的;

(2)造成直接经济损失五百万元以上,负事故主要责任的;

(3)其他造成特别严重后果、情节特别恶劣或者后果特别严重的情形。

43.【参考答案】A

【解析】工伤保险补偿实行"无责任补偿",即无过错补偿的原则。《工伤保险条例》第二条规定,中华人民共和国境内的企业、事业单位、社会团体、民办非企业单位、基金会、律师事务所、会计师事务所等组织和有雇工的个体工商户(以下称用人单位)应当依照本条例规定参加工伤保险,为本单位全部职工或者雇工(以下称职工)缴纳工伤保险费。第六十二条第二款规定,依照本条例规定应当参加工伤保险而未参加工伤保险的用人单位职工发生工伤的,由该用人单位按照本条例规定的工伤保险待遇项目和标准支付费用。

44.【参考答案】C

【解析】《烟花爆竹安全管理条例》第十九条规定,申请从事烟花爆竹零售的经营者,应当向所在地县级人民政府安全生产监督管理部门提出申请,并提供有关材料。受理申请的安全生产监督管理部门应当自受理申请之日起20日内对提交的有关材料和经营场所进行审查,对符合条件的,核发《烟花爆竹经营(零售)许可证》;对不符合条件的,应当说明理由。

45.【参考答案】B

【解析】《特种设备安全监察条例》第四十一条规定,特种设备使用单位设立的特种设备检验检测机构,经国务院特种设备安全监督管理部门核准,负责本单位核准范围内的特种设备定期检验工作。

46.【参考答案】B

【解析】《安全生产法》第八十条规定,生产经营单位发生生产安全事故后,事故现场有关人员应当立即报告本单位负责人。单位负责人接到事故报告后,应当迅速采取有效措施,组织抢救,防止事故扩大,减少人员伤亡和财产损失,并按照国家有关规定立即如实报告当地负有安全生产监督管理职责的部门,不得隐瞒不报、谎报或者迟报,不得故意破坏事故现场、毁灭有关证据。

47.【参考答案】B

【解析】《大型群众性活动安全管理条例》第十二条规定,大型群众性活动的预计参加人数在1000 人以上 5000 人以下的,由活动所在地县级人民政府公安机关实施安全许可;预计参加人数在 5000 人以上的,由活动所在地设区的市级人民政府公安机关或者直辖市人民政府公安机关实施安全许可;跨省、自治区、直辖市举办大型群众性活动的,由国务院公安部门实施安全许可。

48.【参考答案】C

【解析】《特种设备安全法》第二十二条规定,电梯的安装、改造、修理,必须由电梯制造单位或者其委托的依照本法取得相应许可的单位进行。电梯制造单位委托其他单位进行电梯安装、改造、修理的,应当对其安装、改造、修理进行安全指导和监控,并按照安全技术规范的要求进行校验和调试。电梯制造单位对电梯安全性能负责,故选项 A、B 错误。

第二十三条规定,特种设备安装、改造、修理的施工单位应当在施工前将拟进行的特种设备安装、改造、修理情况书面告知直辖市或者设区的市级人民政府负责特种设备安全监督管理的部门,故选项 C 正确。

第二十四条规定,特种设备安装、改造、修理竣工后,安装、改造、修理的施工单位应当在验收后三十日内将相关技术资料和文件移交特种设备使用单位。特种设备使用单位应当将其存入该特种设备的安全技术档案。故选项 D 错误。

49.【参考答案】A

【解析】《安全生产培训管理办法》第二十六条规定,特种作业操作证和省级安全生产监督管理部门、省级煤矿安全培训监管机构颁发的主要负责人、安全生产管理人员的安全合格证,在全国范围内有效。

50.【参考答案】D

【解析】《危险化学品安全管理条例》第七十五条规定,生产、经营、使用国家禁止生产、经营、使用的危险化学品的,由安全生产监督管理部门责令停止生产、经营、使用活动,处 20 万元以上50 万元以下的罚款,有违法所得的,没收违法所得;构成犯罪的,依法追究刑事责任。

51.【参考答案】B

【解析】《生产经营单位安全培训规定》第九条规定,生产经营单位主要负责人和安全生产管理人员初次安全培训时间不得少于 32 学时。每年再培训时间不得少于 12 学时。煤矿、非煤矿山、危险化学品、烟花爆竹、金属冶炼等生产经营单位主要负责人和安全生产管理人员初次安全培训时间不得少于 48 学时,每年再培训时间不得少于 16 学时。

52.【参考答案】B

【解析】《工伤保险条例》第十四条规定,职工有下列情形之一的,应当认定为工伤:

(1)在工作时间和工作场所内,因工作原因受到事故伤害的;

(2)工作时间前后在工作场所内,从事与工作有关的预备性或者收尾性工作受到事故伤

害的;

(3)在工作时间和工作场所内,因履行工作职责受到暴力等意外伤害的;

(4)患职业病的;

(5)因工外出期间,由于工作原因受到伤害或者发生事故下落不明的;

(6)在上下班途中,受到非本人主要责任的交通事故或者城市轨道交通、客运轮渡、火车事故伤害的;(选项 B 正确)

(7)法律、行政法规规定应当认定为工伤的其他情形。

第十五条规定,职工有下列情形之一的,视同工伤:

(1)在工作时间和工作岗位,突发疾病死亡或者在 48 小时之内经抢救无效死亡的;(选项 A 错误)

(2)在抢险救灾等维护国家利益、公共利益活动中受到伤害的;

(3)职工原在军队服役,因战、因公负伤致残,已取得革命伤残军人证,到用人单位后旧伤复发的。

职工有前款第(1)项、第(2)项情形的,按照本条例的有关规定享受工伤保险待遇;职工有前款第(3)项情形的,按照本条例的有关规定享受除一次性伤残补助金以外的工伤保险待遇。

第十六条规定,职工符合本条例第十四条、第十五条的规定,但是有下列情形之一的,不得认定为工伤或者视同工伤:

(1)故意犯罪的;

(2)醉酒或者吸毒的;(选项 D 错误)

(3)自残或者自杀的。(选项 C 错误)

53.【参考答案】A

【解析】《危险化学品安全管理条例》第二十九条规定,使用危险化学品从事生产并且使用量达到规定数量的化工企业(属于危险化学品生产企业的除外,下同),应当依照本条例的规定取得危险化学品安全使用许可证。前款规定的危险化学品使用量的数量标准,由国务院安全生产监督管理部门会同国务院公安部门、农业主管部门确定并公布。

54.【参考答案】A

【解析】《煤矿重大生产安全事故隐患判定标准》第十条规定,"超层越界开采"重大事故隐患,是指有下列情形之一的:

(1)超出采矿许可证规定开采煤层层位或者标高而进行开采的;

(2)超出采矿许可证载明的坐标控制范围而开采的;

(3)擅自开采保安煤柱的。

55.【参考答案】B

【解析】《行政处罚法》第四十二条规定,行政处罚应当由具有行政执法资格的执法人员实施。执法人员不得少于两人,法律另有规定的除外,故选项 A 正确。第六十三条规定,行政机关拟作出下列行政处罚决定,应当告知当事人有要求听证的权利,当事人要求听证的,行政机关应当组织听证:

(1)较大数额罚款;

(2)没收较大数额违法所得、没收较大价值非法财物;

(3)降低资质等级、吊销许可证件;

(4)责令停产停业、责令关闭、限制从业;

(5)其他较重的行政处罚;

（6）法律、法规、规章规定的其他情形。

当事人不承担行政机关组织听证的费用,故选项 B 错误。

第五十七条规定,调查终结,行政机关负责人应当对调查结果进行审查,根据不同情况,分别作出如下决定:

（1）确有应受行政处罚的违法行为的,根据情节轻重及具体情况,作出行政处罚决定;

（2）违法行为轻微,依法可以不予行政处罚的,不予行政处罚;

（3）违法事实不能成立的,不予行政处罚;

（4）违法行为涉嫌犯罪的,移送司法机关。

对情节复杂或者重大违法行为给予行政处罚,行政机关负责人应当集体讨论决定,故选项 C、D 正确。

56.【参考答案】C

【解析】《生产安全事故报告和调查处理条例》第九条规定,事故发生后,事故现场有关人员应当立即向本单位负责人报告;单位负责人接到报告后,应当于 1 小时内向事故发生地县级以上人民政府安全生产监督管理部门和负有安全生产监督管理职责的有关部门报告,故选项 A 错误。

情况紧急时,事故现场有关人员可以直接向事故发生地县级以上人民政府安全生产监督管理部门和负有安全生产监督管理职责的有关部门报告,故选项 D 错误。

第十一条规定,安全生产监督管理部门和负有安全生产监督管理职责的有关部门逐级上报事故情况,每级上报的时间不得超过 2 小时,故选项 B 错误。

第十条规定,安全生产监督管理部门和负有安全生产监督管理职责的有关部门接到事故报告后,应当依照下列规定上报事故情况,并通知公安机关、劳动保障行政部门、工会和人民检察院:

（1）特别重大事故、重大事故逐级上报至国务院安全生产监督管理部门和负有安全生产监督管理职责的有关部门;

（2）较大事故逐级上报至省、自治区、直辖市人民政府安全生产监督管理部门和负有安全生产监督管理职责的有关部门;

（3）一般事故上报至设区的市级人民政府安全生产监督管理部门和负有安全生产监督管理职责的有关部门。

安全生产监督管理部门和负有安全生产监督管理职责的有关部门依照前款规定上报事故情况,应当同时报告本级人民政府。国务院安全生产监督管理部门和负有安全生产监督管理职责的有关部门以及省级人民政府接到发生特别重大事故、重大事故的报告后,应当立即报告国务院。必要时,安全生产监督管理部门和负有安全生产监督管理职责的有关部门可以越级上报事故情况。故选项 C 正确。

57.【参考答案】B

【解析】《危险化学品安全管理条例》第九十七条规定,监控化学品、属于危险化学品的药品和农药的安全管理,依照本条例的规定执行;法律、行政法规另有规定的,依照其规定。民用爆炸物品、烟花爆竹、放射性物品、核能物质以及用于国防科研生产的危险化学品的安全管理,不适用本条例。

58.【参考答案】A

【解析】根据《建设工程消防监督管理规定》第二条规定,本规定适用于新建、扩建、改建（含室内外装修、建筑保温、用途变更）等建设工程的消防监督管理。本规定不适用住宅室内装修、村民自建住宅、救灾和其他非人员密集场所的临时性建筑的建设活动。

59.【参考答案】C

【解析】《特种设备安全法》第七十二条规定,特别重大事故由国务院或者国务院授权有关部门组织事故调查组进行调查,故选项 A 错误。重大事故由国务院特种设备安全监督管理部门会同有关部门组织事故调查组进行调查,故选项 C 正确。较大事故由省、自治区、直辖市特种设备安全监督管理部门会同有关部门组织事故调查组进行调查,故选项 B 错误。一般事故由设区的市级特种设备安全监督管理部门会同有关部门组织事故调查组进行调查,故选项 D 错误。

60.【参考答案】A

【解析】《烟花爆竹安全管理条例》第十条规定,生产烟花爆竹的企业为扩大生产能力进行基本建设或者技术改造的,应当依照本条例的规定申请办理安全生产许可证,故选项 A 正确。第十二条规定,生产烟花爆竹的企业,应当对生产作业人员进行安全生产知识教育,对从事药物混合、造粒、筛选、装药、筑药、压药、切引、搬运等危险工序的作业人员进行专业技术培训。从事危险工序的作业人员经设区的市人民政府安全生产监督管理部门考核合格,方可上岗作业,故选项 B 错误。第十三条规定,生产烟花爆竹使用的原料,应当符合国家标准的规定。生产烟花爆竹使用的原料,国家标准有用量限制的,不得超过规定的用量。不得使用国家标准规定禁止使用或者禁忌配伍的物质生产烟花爆竹,故选项 C 错误。第十四条规定,生产烟花爆竹的企业,应当按照国家标准的规定,在烟花爆竹产品上标注燃放说明,并在烟花爆竹包装物上印制易燃易爆危险物品警示标志,故选项 D 错误。

61.【参考答案】D

【解析】《生产安全事故应急条例》第七条规定,县级以上人民政府负有安全生产监督管理职责的部门应当将其制定的生产安全事故应急救援预案报送本级人民政府备案;易燃易爆物品、危险化学品等危险物品的生产、经营、储存、运输单位,矿山、金属冶炼、城市轨道交通运营、建筑施工单位,以及宾馆、商场、娱乐场所、旅游景区等人员密集场所经营单位,应当将其制定的生产安全事故应急救援预案按照国家有关规定报送县级以上人民政府负有安全生产监督管理职责的部门备案,并依法向社会公布。

62.【参考答案】C

【解析】《安全生产事故隐患排查治理暂行规定》第十五条规定,对于一般事故隐患,由生产经营单位(车间、分厂、区队等)负责人或者有关人员立即组织整改。对于重大事故隐患,由生产经营单位主要负责人组织制定并实施事故隐患治理方案。

63.【参考答案】D

【解析】《危险化学品输送管道安全管理规定》第二十一条规定,在危险化学品管道及其附属设施外缘两侧各 5 米地域范围内,管道单位发现下列危害管道安全运行的行为的,应当及时予以制止,无法处置时应当向当地安全生产监督管理部门报告:

(1)种植乔木、灌木、藤类、芦苇、竹子或者其他根系深达管道埋设部位可能损坏管道防腐层的深根植物;

(2)取土、采石、用火、堆放重物、排放腐蚀性物质、使用机械工具进行挖掘施工、工程钻探;

(3)挖塘、修渠、修晒场、修建水产养殖场、建温室、建家畜棚圈、建房以及修建其他建(构)筑物。

64.【参考答案】D

【解析】《行政处罚法》第九条规定,行政处罚的种类有:

(1)警告、通报批评;

（2）罚款、没收违法所得、没收非法财物；

（3）暂扣许可证件、降低资质等级、吊销许可证件；

（4）限制开展生产经营活动、责令停产停业、责令关闭、限制从业；

（5）行政拘留；

（6）法律、行政法规规定的其他行政处罚。

**65.【参考答案】B**

**【解析】**《安全生产法》第十八条规定，生产经营单位的主要负责人对本单位安全生产工作负有下列职责：

（1）建立、健全本单位安全生产责任制；

（2）组织制定本单位安全生产规章制度和操作规程；

（3）组织制定并实施本单位安全生产教育和培训计划；

（4）保证本单位安全生产投入的有效实施；

（5）督促、检查本单位的安全生产工作，及时消除生产安全事故隐患；

（6）组织制定并实施本单位的生产安全事故应急救援预案；

（7）及时、如实报告生产安全事故。

第二十二条规定，生产经营单位的安全生产管理机构以及安全生产管理人员履行下列职责：

（1）组织或者参与拟订本单位安全生产规章制度、操作规程和生产安全事故应急救援预案；

（2）组织或者参与本单位安全生产教育和培训，如实记录安全生产教育和培训情况；

（3）督促落实本单位重大危险源的安全管理措施；

（4）组织或者参与本单位应急救援演练；

（5）检查本单位的安全生产状况，及时排查生产安全事故隐患，提出改进安全生产管理的建议；

（6）制止和纠正违章指挥、强令冒险作业、违反操作规程的行为；

（7）督促落实本单位安全生产整改措施。

**66.【参考答案】B**

**【解析】**《危险化学品重大危险源监督管理暂定规定》第八条规定，危险化学品单位应当对重大危险源进行安全评估并确定重大危险源等级。危险化学品单位可以组织本单位的注册安全工程师、技术人员或者聘请有关专家进行安全评估，也可以委托具有相应资质的安全评价机构进行安全评估。依照法律、行政法规的规定，危险化学品单位需要进行安全评价的，重大危险源安全评估可以与本单位的安全评价一起进行，以安全评价报告代替安全评估报告，也可以单独进行重大危险源安全评估，故选项 A 错误。

重大危险源根据其危险程度，分为一级、二级、三级和四级，一级为最高级别，故选项 D 错误。

第十一条规定，有下列情形之一的，危险化学品单位应当对重大危险源重新进行辨识、安全评估及分级：

（1）重大危险源安全评估已满三年的；

（2）构成重大危险源的装置、设施或者场所进行新建、改建、扩建的；

（3）危险化学品种类、数量、生产、使用工艺或者储存方式及重要设备、设施等发生变化，影响重大危险源级别或者风险程度的；

（4）外界生产安全环境因素发生变化，影响重大危险源级别和风险程度的；

（5）发生危险化学品事故造成人员死亡，或者 10 人以上受伤，或者影响到公共安全的；

（6）有关重大危险源辨识和安全评估的国家标准、行业标准发生变化的。

故选项 B 正确，选项 C 错误。

**67.【参考答案】C**

**【解析】**《工贸企业有限空间作业安全管理与监督暂行规定》第十五条规定，在有限空间作业过程中，工贸企业应当采取通风措施，保持空气流通，禁止采用纯氧通风换气，故选项 A 错误。

第十二条规定，有限空间作业应当严格遵守"先通风、再检测、后作业"的原则。检测指标包括氧浓度、易燃易爆物质（可燃性气体、爆炸性粉尘）浓度、有毒有害气体浓度，故选项 D 错误。

未经通风和检测合格，任何人员不得进入有限空间作业。检测的时间不得早于作业开始前 30 分钟，故选项 C 正确。

《化学品生产单位特殊作业安全规范》（GB 20871）规定，作业前，应根据受限空间盛装（过）的物料特性，对受限空间进行清洗或置换，并达到如下要求：氧含量一般为 $18\% \sim 21\%$，在富氧环境下不应大于 $23.5\%$，故选项 B 错误。

**68.【参考答案】A**

**【解析】**《生产安全事故应急预案管理办法》第三十三条规定，生产经营单位应当制定本单位的应急预案演练计划，根据本单位的事故风险特点，每年至少组织一次综合应急预案演练或者专项应急预案演练，每半年至少组织一次现场处置方案演练。

《生产安全事故应急条例》第八条规定，县级以上地方人民政府以及县级以上人民政府负有安全生产监督管理职责的部门，乡、镇人民政府以及街道办事处等地方人民政府派出机关，应当至少每 2 年组织 1 次生产安全事故应急救援预案演练。

易燃易爆物品、危险化学品等危险物品的生产、经营、储存、运输单位，矿山、金属冶炼、城市轨道交通运营、建筑施工单位，以及宾馆、商场、娱乐场所、旅游景区等人员密集场所经营单位，应当至少每半年组织 1 次生产安全事故应急救援预案演练，并将演练情况报送所在地县级以上地方人民政府负有安全生产监督管理职责的部门。

**69.【参考答案】C**

**【解析】**《安全生产许可证条例》第十二条规定，国务院安全生产监督管理部门和省、自治区、直辖市人民政府安全生产监督管理部门对建筑施工企业、民用爆炸物品生产企业、煤矿企业取得安全生产许可证的情况进行监督。第七条规定，安全生产许可证颁发管理机关应当自收到申请之日起 45 日内审查完毕，经审查符合本条例规定的安全生产条件的，颁发安全生产许可证。

第十四条规定，企业取得安全生产许可证后，不得降低安全生产条件，并应当加强日常安全生产管理，接受安全生产许可证颁发管理机关的监督检查。安全生产许可证颁发管理机关应当加强对取得安全生产许可证的企业的监督检查，发现其不再具备本条例规定的安全生产条件的，应当暂扣或者吊销安全生产许可证。

**70.【参考答案】C**

**【解析】**《突发事件应对法》第四十九条规定，自然灾害、事故灾难或者公共卫生事件发生后，履行统一领导职责的人民政府可以采取下列一项或者多项应急处置措施：

（1）组织营救和救治受害人员，疏散、撤离并妥善安置受到威胁的人员以及采取其他救助措施；

（2）迅速控制危险源，标明危险区域，封锁危险场所，划定警戒区，实行交通管制以及其他控制措施；

（3）立即抢修被损坏的交通、通信、供水、排水、供电、供气、供热等公共设施，向受到危害的人员提供避难场所和生活必需品，实施医疗救护和卫生防疫以及其他保障措施；

（4）禁止或者限制使用有关设备、设施，关闭或者限制使用有关场所，中止人员密集的活动或者可能导致危害扩大的生产经营活动以及采取其他保护措施；

（5）启用本级人民政府设置的财政预备费和储备的应急救援物资，必要时调用其他急需物资、设备、设施、工具；

（6）组织公民参加应急救援和处置工作，要求具有特定专长的人员提供服务；

（7）保障食品、饮用水、燃料等基本生活必需品的供应；

（8）依法从严惩处囤积居奇、哄抬物价、制假售假等扰乱市场秩序的行为，稳定市场价格，维护市场秩序；

（9）依法从严惩处哄抢财物、干扰破坏应急处置工作等扰乱社会秩序的行为，维护社会治安；

（10）采取防止发生次生、衍生事件的必要措施。

二、多项选择题

71.【参考答案】BCE

【解析】《工伤保险条例》第八条规定，工伤保险费根据以支定收、收支平衡的原则，确定费率。国家根据不同行业的工伤风险程度确定行业的差别费率，并根据工伤保险费使用、工伤发生率等情况在每个行业内确定若干费率档次。行业差别费率及行业内费率档次由国务院社会保险行政部门制定，报国务院批准后公布施行。

72.【参考答案】ACDE

【解析】《危险化学品安全管理条例》第十三条规定，生产、储存危险化学品的单位，应当对其铺设的危险化学品管道设置明显标志，并对危险化学品管道定期检查、检测。进行可能危及危险化学品管道安全的施工作业，施工单位应当在开工的 7 日前书面通知管道所属单位，并与管道所属单位共同制定应急预案，采取相应的安全防护措施。管道所属单位应当指派专门人员到现场进行管道安全保护指导。

第二十三条规定，生产、储存剧毒化学品或者国务院公安部门规定的可用于制造爆炸物品的危险化学品（以下简称易制爆危险化学品）的单位，应当如实记录其生产、储存的剧毒化学品、易制爆危险化学品的数量、流向，并采取必要的安全防范措施，防止剧毒化学品、易制爆危险化学品丢失或者被盗；发现剧毒化学品、易制爆危险化学品丢失或者被盗的，应当立即向当地公安机关报告。生产、储存剧毒化学品、易制爆危险化学品的单位，应当设置治安保卫机构，配备专职治安保卫人员。

第二十六条规定，危险化学品专用仓库应当符合国家标准、行业标准的要求，并设置明显的标志。储存剧毒化学品、易制爆危险化学品的专用仓库，应当按照国家有关规定设置相应的技术防范设施。

73.【参考答案】BDE

【解析】《国务院关于预防煤矿生产安全事故的特别规定》第五条规定，煤矿未依法取得采矿许可证、安全生产许可证、营业执照和矿长未依法取得矿长资格证、矿长安全资格证的，煤矿不得从事生产。擅自从事生产的，属非法煤矿。负责颁发前款规定证照的部门，一经发现煤矿无证照或者证照不全从事生产的，应当责令该煤矿立即停止生产，没收违法所得和开采出的煤炭以及采掘设备，并处违法所得 1 倍以上 5 倍以下的罚款；构成犯罪的，依法追究刑事责任；同时于 2 日内提请当地县级以上地方人民政府予以关闭，并可以向上一级地方人民政府报告。

74.【参考答案】AC

【解析】《危险化学品安全管理条例》第十四条规定，危险化学品生产企业进行生产前，应当依照《安全生产许可证条例》的规定，取得危险化学品安全生产许可证。第十三条规定，生产、储存危险化学品的单位,应当对其铺设的危险化学品管道设置明显标志,并对危险化学品管道定期检查、检测。进行可能危及危险化学品管道安全的施工作业,施工单位应当在开工的 7 日前书面通知管道所属单位,并与管道所属单位共同制定应急预案,采取相应的安全防护措施。管道所属单位应当指派专门人员到现场进行管道安全保护指导。第二十四条规定,危险化学品应当储存在专用仓库、专用场地或者专用储存室(以下统称专用仓库)内,并由专人负责管理;剧毒化学品以及储存数量构成重大危险源的其他危险化学品,应当在专用仓库内单独存放,并实行双人收发、双人保管制度。第十九条规定,第二款已建的危险化学品生产装置或者储存数量构成重大危险源的危险化学品储存设施不符合前款规定的,由所在地设区的市级人民政府安全生产监督管理部门会同有关部门监督其所属单位在规定期限内进行整改;需要转产、停产、搬迁、关闭的,由本级人民政府决定并组织实施。第二十二条规定,生产、储存危险化学品的企业,应当委托具备国家规定的资质条件的机构,对本企业的安全生产条件每 3 年进行一次安全评价,提出安全评价报告。

75.【参考答案】AD

【解析】《危险化学品重大危险源监督管理暂行规定》第十三条规定,危险化学品单位应当根据构成重大危险源的危险化学品种类、数量、生产、使用工艺(方式)或者相关设备、设施等实际情况,按照下列要求建立健全安全监测监控体系,完善控制措施:

(1)重大危险源配备温度、压力、液位、流量、组份等信息的不间断采集和监测系统以及可燃气体和有毒有害气体泄漏检测报警装置,并具备信息远传、连续记录、事故预警、信息存储等功能;一级或者二级重大危险源,具备紧急停车功能。记录的电子数据的保存时间不少于 30 天。

(2)重大危险源的化工生产装置装备满足安全生产要求的自动化控制系统;一级或者二级重大危险源,装备紧急停车系统。

(3)对重大危险源中的毒性气体、剧毒液体和易燃气体等重点设施,设置紧急切断装置;毒性气体的设施,设置泄漏物紧急处置装置。涉及毒性气体、液化气体、剧毒液体的一级或者二级重大危险源,配备独立的安全仪表系统(SIS)。

(4)重大危险源中储存剧毒物质的场所或者设施,设置视频监控系统。

(5)安全监测监控系统符合国家标准或者行业标准的规定。

第二十一条规定,危险化学品单位应当制定重大危险源事故应急预案演练计划,并按照下列要求进行事故应急预案演练:

(1)对重大危险源专项应急预案,每年至少进行一次;

(2)对重大危险源现场处置方案,每半年至少进行一次。

第二十二条规定,危险化学品单位应当对辨识确认的重大危险源及时、逐项进行登记建档。

第十九条规定,危险化学品单位应当将重大危险源可能发生的事故后果和应急措施等信息,以适当方式告知可能受影响的单位、区域及人员。

第二十三条规定,危险化学品单位在完成重大危险源安全评估报告或者安全评价报告后 15日内,应当填写重大危险源备案申请表,连同本规定第二十二条规定的重大危险源档案材料(其中第二款第五项规定的文件资料只需提供清单),报送所在地县级人民政府安全生产监督管理部门备案。

76.【参考答案】ABE

【解析】《矿山安全法》第七条规定,矿山建设工程的安全设施必须和主体工程同时设计、同时施工、同时投入生产和使用。

第八条规定,矿山建设工程的设计文件,必须符合矿山安全规程和行业技术规范。

第十条规定,每个矿井必须有两个以上能行人的安全出口,出口之间的直线水平距离必须符合矿山安全规程和行业技术规范。

第十一条规定,矿山必须有与外界相通的、符合安全要求的运输和通信设施。

第十二条规定,矿山建设工程必须按照管理矿山企业的主管部门批准的设计文件施工。矿山建设工程安全设施竣工后,由管理矿山企业的主管部门验收,并须有劳动行政主管部门参加;不符合矿山安全规程和行业技术规范的,不得验收,不得投入生产。

77.【参考答案】DE

【解析】《消防法》第三十九条规定,下列单位应当建立单位专职消防队,承担本单位的火灾扑救工作:

(1)大型核设施单位、大型发电厂、民用机场、主要港口;

(2)生产、储存易燃易爆危险品的大型企业;

(3)储备可燃的重要物资的大型仓库、基地;

(4)第一项、第二项、第三项规定以外的火灾危险性较大、距离国家综合性消防救援队较远的其他大型企业;

(5)距离国家综合性消防救援队较远、被列为全国重点文物保护单位的古建筑群的管理单位。

78.【参考答案】BCDE

【解析】《安全生产事故隐患排查治理暂行规定》第二十条规定,安全监管监察部门应当建立事故隐患排查治理监督检查制度,定期组织对生产经营单位事故隐患排查治理情况开展监督检查;应当加强对重点单位的事故隐患排查治理情况的监督检查。对检查过程中发现的重大事故隐患,应当下达整改指令书,并建立信息管理台账。必要时,报告同级人民政府并对重大事故隐患实行挂牌督办。

《安全生产法》第六十七条规定,负有安全生产监督管理职责的部门依法对存在重大事故隐患的生产经营单位作出停产停业、停止施工、停止使用相关设施或者设备的决定,生产经营单位应当依法执行,及时消除事故隐患。生产经营单位拒不执行,有发生生产安全事故的现实危险的,在保证安全的前提下,经本部门主要负责人批准,负有安全生产监督管理职责的部门可以采取通知有关单位停止供电、停止供应民用爆炸物品等措施,强制生产经营单位履行决定。通知应当采用书面形式,有关单位应当予以配合。

79.【参考答案】AD

【解析】《生产安全事故应急条例》第十七条规定,发生生产安全事故后,生产经营单位应当立即启动生产安全事故应急救援预案,采取下列一项或者多项应急救援措施,并按照国家有关规定报告事故情况:

(1)迅速控制危险源,组织抢救遇险人员;

(2)根据事故危害程度,组织现场人员撤离或者采取可能的应急措施后撤离;

(3)及时通知可能受到事故影响的单位和人员;

(4)采取必要措施,防止事故危害扩大和次生、衍生灾害发生;

(5)根据需要请求邻近的应急救援队伍参加救援,并向参加救援的应急救援队伍提供相关技术资料、信息和处置方法;

(6)维护事故现场秩序,保护事故现场和相关证据;

(7)法律、法规规定的其他应急救援措施。

80.【参考答案】DE

【解析】《安全生产法》第四十五条规定,两个以上生产经营单位在同一作业区域内进行生产经营活动,可能危及对方生产安全的,应当签订安全生产管理协议,明确各自的安全生产管理职责和应当采取的安全措施,并指定专职安全生产管理人员进行安全检查与协调。

81.【参考答案】AB

【解析】《特种作业人员安全技术培训考核管理规定》第五条规定,特种作业人员必须经专门的安全技术培训并考核合格,取得《中华人民共和国特种作业操作证》(以下简称特种作业操作证)后,方可上岗作业。

第六条规定,特种作业人员的安全技术培训、考核、发证、复审工作实行统一监管、分级实施、教考分离的原则。

第七条规定,国家安全生产监督管理总局(以下简称安全监管总局)指导、监督全国特种作业人员的安全技术培训、考核、发证、复审工作;省、自治区、直辖市人民政府安全生产监督管理部门指导、监督本行政区域特种作业人员的安全技术培训工作,负责本行政区域特种作业人员的考核、发证、复审工作;县级以上地方人民政府安全生产监督管理部门负责监督检查本行政区域特种作业人员的安全技术培训和持证上岗工作。

国家煤矿安全监察局(以下简称煤矿安监局)指导、监督全国煤矿特种作业人员(含煤矿矿井使用的特种设备作业人员)的安全技术培训、考核、发证、复审工作;省、自治区、直辖市人民政府负责煤矿特种作业人员考核发证工作的部门或者指定的机构指导、监督本行政区域煤矿特种作业人员的安全技术培训工作,负责本行政区域煤矿特种作业人员的考核、发证、复审工作。

省、自治区、直辖市人民政府安全生产监督管理部门和负责煤矿特种作业人员考核发证工作的部门或者指定的机构(以下统称考核发证机关)可以委托设区的市人民政府安全生产监督管理部门和负责煤矿特种作业人员考核发证工作的部门或者指定的机构实施特种作业人员的考核、发证、复审工作。

82.【参考答案】ABCE

【解析】《刑法》第八条规定,在安全事故发生后,负有报告职责的人员不报或者谎报事故情况,贻误事故抢救,具有下列情形之一的,应当认定为刑法第一百三十九条之一规定的"情节特别严重":

(1)导致事故后果扩大,增加死亡三人以上,或者增加重伤十人以上,或者增加直接经济损失五百万元以上的;

(2)采用暴力、胁迫、命令等方式阻止他人报告事故情况,导致事故后果扩大的;

(3)其他情节特别严重的情形。

83.【参考答案】CD

【解析】《工伤保险条例》第二十二条规定,劳动能力鉴定是指劳动功能障碍程度和生活自理障碍程度的等级鉴定。劳动功能障碍分为十个伤残等级,最重的为一级,最轻的为十级。生活自理障碍分为三个等级:生活完全不能自理、生活大部分不能自理和生活部分不能自理。劳动能力鉴定标准由国务院社会保险行政部门会同国务院卫生行政部门等部门制定。

第二十三条规定,劳动能力鉴定由用人单位、工伤职工或者其近亲属向设区的市级劳动能力鉴定委员会提出申请,并提供工伤认定决定和职工工伤医疗的有关资料。

第二十四条规定,省、自治区、直辖市劳动能力鉴定委员会和设区的市级劳动能力鉴定委员会分别由省、自治区、直辖市和设区的市级社会保险行政部门、卫生行政部门、工会组织、经办机构代表以及用人单位代表组成。

第二十五条规定,设区的市级劳动能力鉴定委员会收到劳动能力鉴定申请后,应当从其建立的医疗卫生专家库中随机抽取3名或者5名相关专家组成专家组,由专家组提出鉴定意见。设区的市级劳动能力鉴定委员会根据专家组的鉴定意见作出工伤职工劳动能力鉴定结论;必要时,可以委托具备资格的医疗机构协助进行有关的诊断。

84.【参考答案】ACE

【解析】《特种作业人员安全技术培训考核管理规定》第四条规定,特种作业人员应当符合下列条件:

(1)年满 18 周岁,且不超过国家法定退休年龄;

(2)经社区或者县级以上医疗机构体检健康合格,并无妨碍从事相应特种作业的器质性心脏病、癫痫病、美尼尔氏症、眩晕症、癔病、震颤麻痹症、精神病、痴呆症以及其他疾病和生理缺陷;

(3)具有初中及以上文化程度;

(4)具备必要的安全技术知识与技能;

(5)相应特种作业规定的其他条件。

危险化学品特种作业人员除符合前款第(1)项、第(2)项、第(4)项和第(5)项规定的条件外,应当具备高中或者相当于高中及以上文化程度。

85.【参考答案】ACE

【解析】《安全生产法》第七十八条规定,生产经营单位应当制定本单位生产安全事故应急救援预案,与所在地县级以上地方人民政府组织制定的生产安全事故应急救援预案相衔接,并定期组织演练。

第七十九条规定,危险物品的生产、经营、储存单位以及矿山、金属冶炼、城市轨道交通运营、建筑施工单位应当建立应急救援组织;生产经营规模较小的,可以不建立应急救援组织,但应当指定兼职的应急救援人员。

危险物品的生产、经营、储存、运输单位以及矿山、金属冶炼、城市轨道交通运营、建筑施工单位应当配备必要的应急救援器材、设备和物资,并进行经常性维护、保养,保证正常运转。

# 附录　考试说明

一、考试目的

贯彻落实习近平新时代中国特色社会主义思想,适应我国经济社会安全发展需要,提高安全生产专业技术人员素质,客观评价中级安全生产专业技术人员的知识水平和业务能力。

二、考试性质

中级注册安全工程师职业资格考试是由国务院人力资源社会保障和应急管理部门共同组织实施的一项国家职业资格考试。考试合格者,可取得中华人民共和国注册安全工程师职业资格证书(中级)。

三、考试方式

中级注册安全工程师职业资格考试方式为闭卷考试,在答题卡上作答。

四、考试科目

中级注册安全工程师职业资格考试科目共四科,设公共科目和专业科目。公共科目为《安全生产法律法规》《安全生产管理》《安全生产技术基础》;专业科目为《安全生产专业实务》,包括煤矿安全、金属非金属矿山安全、化工安全、金属冶炼安全、建筑施工安全、道路运输安全、其他安全(不包括消防安全)7个专业类别。专业科目实行分卷考试,考生在报名时应根据工作需要选择一个专业类别进行考试。烟花爆竹、民用爆炸物品、石油天然气开采、燃气、电力等行业的考生应选择其他安全专业类别。

五、试卷结构

公共科目的考试题型为客观题,分为单项选择题和多项选择题两部分。单项选择题的备选项中,只有1个最符合题意。多项选择题的备选项中,有2个或2个以上符合题意,至少有1个错项。错选不得分。少选,所选的每个选项得0.5分。试卷中有70个单项选择题,每题1分;15个多项选择题,每题2分。

专业科目试题包括专业安全技术和安全生产案例分析两部分。专业安全技术部分题型为客观题,均为单项选择题,占分值的20%;安全生产案例分析部分题型包括客观题(占分值的10%)和主观题(占分值的70%),客观题为单项选择题和多项选择题,主观题为综合案例分析题。

四个科目试卷总分均为100分,考试时间均为2.5小时。